Reorganisationsstrategien in Wirtschaft
und Verwaltung

Schriftenreihe
Interdisziplinäre Organisations-
und Verwaltungsforschung 5

Herausgeberbeirat
Günther Ortmann
Wolfgang Seibel
Arndt Sorge
Jörg Sydow
Klaus Türk

Thomas Edeling/Werner Jann/Dieter Wagner (Hrsg.)

Reorganisationsstrategien in Wirtschaft und Verwaltung

Leske + Budrich, Opladen 2001

Gedruckt auf säurefreiem und alterungsbeständigem Papier.

Die Deutsche Bibliothek – CIP-Einheitsaufnahme
Ein Titeldatensatz für diese Publikation ist bei
Der Deutschen Bibliothek erhältlich

ISBN 3-8100-2609-3

© 2001 Leske + Budrich, Opladen

Das Werk einschließlich aller seiner Teile ist urheberrechtlich geschützt. Jede Verwertung außerhalb der engen Grenzen des Urheberrechtsgesetzes ist ohne Zustimmung des Verlages unzulässig und strafbar. Das gilt insbesondere für Vervielfältigungen, Übersetzungen, Mikroverfilmungen und die Einspeicherung und Verarbeitung in elektronischen Systemen.

Satz: Leske + Budrich
Druck: Druck Partner Rübelmann, Hemsbach
Printed in Germany

Inhaltsverzeichnis

Dieter Wagner
Einführung: Reorganisationsstrategien in Wirtschaft und Gesellschaft .. 7

I. Leitbilder: Wie weit führen sie – und wohin?

Hellmut Wollmann
Zwischen Management- und Politiksystem:
Die Kommunalverwaltung der 90er Jahre auf
einer Modernisierungswelle 15

Karin Lohr
Die Entkopplung von Leitbild, Strategie und sozialer Praxis
bei der Reorganisation von Unternehmen 59

Stefan Kühl
„Der Wandel als das einzige Stabile in Organisationen".
Die Rationalität des Organisationswandels und ihre Grenzen 73

Doris Blutner
Brandstifter unter Hochdruck:
Spekulationen über Voraussetzungen innovativen Handelns
im Vertrieb 91

II. Leitbilder und Leitdifferenzen des Wandels in Unternehmen und Verwaltungen

Birgitta Wolff
Der Einfluss institutioneller Rahmenbedingungen auf den Wandel
von Unternehmen 119

Lutz Zündorf
Interessenmanagement – Loyalität, Widerspruch und Abwanderung
transnationaler Unternehmen 171

Sören Lieske, Karsten Rogas, Roger Sitter
Leitbild Privatwirtschaft?
Selbstverständnis des Stadtwerkemanagements in Zeiten
von Deregulierung und Marktliberalisierung 191

Ferdinand Schuster
Benchmarking als Ersatz für Wettbewerb:
Können interkommunale Leistungsvergleiche ein Motor
für Veränderungen sein? 203

Christiane Büchner, Jochen Franzke
Organisationswandel auf Kreisebene.
Leitbild, Implementierung und Zwischenbilanz sechs Jahre
nach der brandenburgischen Kreisgebietsreform 229

Autorenverzeichnis 245

Dieter Wagner

Einführung: Reorganisationsstrategien in Wirtschaft und Verwaltung

Die Zeiten sind längst vorbei, wo öffentlichen und privaten Organisationen quasi wie Staats- und Industriebürokratien unterstellt wurde, dass ihre Strukturen auf gesetzten Zwecken und Zielen beruhen. Diese sind vielmehr einem permanenten Wandel unterworfen; Organisationen müssen dabei Strategien entwickeln, um einen möglichst stimmigen Fit zwischen den Veränderungen der Umwelt und den andererseits erforderlichen internen Strukturveränderungen herzustellen.

Allerdings ist dieser Zusammenhang nicht immer sehr stimmig: „Struktur" folgt nicht immer nur Strategie", wie Chandler es prägnant und plakativ zugleich formulierte. Es kann manchmal durchaus auch umgekehrt sein. Es ist aber auch möglich, dass sehr indirekte oder nur schwache Beziehungen zwischen Umwelt, Strategie und Struktur vorliegen. Und last but not least ist festzustellen, dass öffentliche und private Organisationen auch ihre durchaus recht markanten Eigengesetzlichkeiten aufweisen und insofern nicht so ohne weiteres miteinander zu vergleichen sind.

Insofern wäre es ein fast zu anspruchsvolles bzw. ein vermessenes Vorhaben, Reorganisationsstrategien in Wirtschaft und Verwaltung mit einem in sich stimmigen, abgeschlossenen Konzept zu präsentieren. Dies wird in diesem Sammelband auch nicht der Fall sein.

Die einzelnen Beiträge beruhen auf Vorträgen, die anlasslich des dritten Organisationswissenschaftlichen Seminars an der Universität Potsdam gehalten worden sind. Damit wurde eine Tradition fortgesetzt, die sich zunächst mit dem Unterschied von öffentlichem und privatem Management beschäftigte und sodann mit institutionentheoretischen Fragen ihre Fortsetzung fand. Der nächste Band dieser Schriftenreihe wird sich dann insbesondere mit öffentlichen Unternehmen auseinandersetzen.

Die ersten vier Beiträge konzentrieren sich auf Leitbilder der Reorganisation in der öffentlichen Verwaltung und in der Unternehmung. Dabei wird der Wandel von (z.T. konfligierenden) Leitbildern ebenso beschrieben, wie Entkopplungstendenzen zwischen Anspruch und Wirklichkeit, sowie dynamische

Aspekte im Hinblick auf Handlungsrationalitäten und -maximen im Prozess des organisationalen Wandels.

Helmut Wollmann skizziert im ersten Beitrag dieses Sammelbandes die Modernisierungswellen, mit denen die bundesdeutschen Kommunalverwaltungen bislang konfrontiert waren. Dabei fließen auch historische Aussagen über Veränderungsmuster und ihre Bestimmungsgründe mit ein, wie sie für die alte Bundesrepublik galten. Von entscheidender Bedeutung ist in mehrerlei Hinsicht allerdings die Beziehung zwischen dem Managementschub, der vor allem durch das sogenannte Neue Steuerungsmodell ausgelöst wurde und verschiedenen Facetten eines (zumindest partiell vorhandenen) direktdemokratischen Demokratieschubes, der im Zusammenhang mit dem Verhältnis von Verwaltung und Bürger bzw. kommunaler und zivilgesellschaftlicher Bürgergemeinde entsprechend zu erwähnen ist.

In großen, privatwirtschaftlich beherrschten Kapitalgesellschaften ist der Zusammenhang zwischen der politisch-normativen und der strategischen Ebene grundsätzlich insofern anders, weil politisch-gesetzliche Umwelteinflüsse, sofern sie einmal Gesetz geworden sind, den Charakter von zu beachtenden Rahmenbedingungen annehmen. Durch die Trennung von Eigentums- und Verfügungsgewalt insbesondere in der Aktiengesellschaft hat die Unternehmensleitung einen relativ großen Handlungsspielraum. Der Oberbürgermeister einer Kommune steht hingegen viel stärker im Spannungsfeld zwischen dem Parlament einerseits und der Verwaltung andererseits. Karin Lohr befasst sich mit der Entkopplung von Leitbild, Strategie und sozialer Praxis bei der Reorganisation von Unternehmen. Ein Leitbild beschreibt insbesondere Ziele und Wertvorstellungen der Organisation und formuliert Prinzipien für die Bestimmung der Aufgabenfelder. Dabei haben solche Normen, wie Kunden- und Service-, Qualitäts- und Umweltorientierung, nicht nur einen legitimierenden Charakter für Reorganisationen in privaten Organisationen. Im Zusammenhang mit der von Wollmann beschriebenen Welle des Managerialismus in der öffentlichen Verwaltung haben sie auch dort einen starken Imitationscharakter.

Leitbilder haben allerdings nicht nur eine Orientierungs- und Stabilisierungsfunktion oder die Aufgabe, einen Fit zwischen Umwelt- und Unternehmensentwicklung herzustellen. Sie können auch zu unglaubwürdigen Leerformeln und zu einer „Kulturtechnokratie" mit kontraproduktiven Wirkungen degenieren oder eben auch zu einer Differenz zwischen dem forcierten Leitbild und der konkreten unternehmerischen Strategie. Da es sich bei Strategien häufig um relativ autonome, beständige Wege zur Gewährleistung einer Zielerreichung handelt und das Leitkonzept häufig relativ abstrakt und vage bleibt, sind Abweichungen nicht überraschend. Die Akteure verwenden unterschiedliche interpretative Schemata und verfügen über ungleiche autoritative und allokative Ressourcen. Karin Lohr beschreibt die Abweichungen und diskutiert mögliche Erklärungsansätze, insbesondere in situations- und neoinstitutionalistischer Hinsicht, wobei sie hier den Strukturationstheorien eine relativ große Bedeutung beimisst.

Stefan Kühl beschäftigt sich mit der Rationalität des Organisationswandels und ihren Grenzen. Dabei ist für ihn der Wandel „das einzige Stabile" in Organisationen. Er beginnt mit einem Überblick, welche Rolle der Wandel in wichtigen Ansätzen der Organisationstheorie, wie z.b. bei Max Weber (nämlich keinen) oder bei Cohen, March und Olsen (garbage can) gespielt hat, und kommt zu dem Ergebnis, dass Rationalität immer einen Schatten von Unberechenbarkeit hinter sich her zieht.

Insofern steht das Lernen des Managements für ihn im Mittelpunkt der Analyse. Damit verbunden ist die Frage, wie Kontingenzen und Umweltbedingungen wahrgenommen werden. Die Annahme, dass Organisationen steuerbare, „triviale" Systeme sind, löst sich auf, weil man von dem, was man gegenwärtig weiß, nicht automatisch auf die Zukunft schließen kann. Unsicherheit wird nun als Voraussetzung für den Erfolg gesehen, wobei nun die Stabilisierung des Wandels bzw. die Rationalität des Weges im Vordergrund steht. Damit nehmen Partizipationsstrategien an Bedeutung zu, bei denen z.B. von mehrdeutigen Zielen, unterschiedlichen Werten und Wahrnehmungen auszugehen ist. Der Prozess des Organisierens ist dann das kollektive Bemühen, diese Widersprüche und Mehrdeutigkeiten zu reduzieren, indem die Vorstellung der „lernenden Organisation" als rationale Strategie zum Leitbild wird. Kann diese Vorstellung auch für öffentliche Organisationen gelten, indem etwa Bürger und ihre Vertreter sowie das Verwaltungspersonal gemeinsam eine „lernende Verwaltung" bilden?

Doris Blutner beschäftigt sich mit den Voraussetzungen innovativen Handelns im Vertrieb. Als Grenzstellen der Organisation kommen diesen Bereichen wichtige Funktionen zu. Einerseits sollen Unsicherheiten ausgeschaltet und Stabilität gewährleistet werden, andererseits sind Innovationsstrategien wie Dezentralisierung, Vermarktlichung und kooperative Vernetzung überlebensnotwendig. In diesem Zusammenhang werden grundlegende Schwierigkeiten innovativen Handelns in Grenzstellen umrissen, aktuelle Formen organisationaler Innovationssteuerung skizziert und exemplarisch einige Innovationsbarrieren, wie z.B. rigide Vorgaben und mangelnde Kundenorientierung, identifiziert. Am Beispiel des Großkundenmanagements mit seinen Systemangeboten in einem großen, sich privatisierenden Unternehmen werden Kompetenzfiktionen als Innovationsfallen beschrieben.

Insgesamt werden Routine, Improvisation und Innovation als drei Phasen innovativen Handelns angesehen, die eng miteinander verbunden sind. Damit einher geht sowohl die Öffnung als auch die Schließung (Routinisierung) von Grenzstellen. Innovationserfolg erfordert dabei einen sinnvollen Umgang mit konfligierenden Orientierungsoptionen und damit sowohl die Trennung von etablierten Routinen als auch die Anerkennung des Neuen als „neue Routine". Dabei stellt sich die Frage nach den Grenzstellen in der öffentlichen Organisation. Hier dürfte es der Vertrieb eines Unternehmens mit seiner Marktberührung leichter haben.

Eine zweite Gruppe von Beiträgen konzentriert sich auf Leitbilder und Leitdifferenzen des Wandels in Unternehmen und Verwaltungen.

Birgitta Wolff untersucht den Einfluss institutioneller Rahmenbedingungen auf den Wandel von Unternehmen, wobei auch individuelle Eigenschaften zu den Einflussfaktoren betrieblicher Entscheidungen zu zählen sind. Es wird zunächst von einem Modell der Unternehmensreorganisation ausgegangen, bei dem in einem dynamischen Spiel mit zwei Spielern ein Reorganisationsplan mit jeweiligen Anreizbedingungen im Mittelpunkt steht. Hieraus werden durch Modifikationen realitätsnähere Abbildungen typischer Reorganisationsprobleme abgeleitet, wobei z.b. die governance structure eines Unternehmens durchaus spielendogen bestimmt und geändert werden kann.

Dies gilt jedoch nicht für eine Änderung der Rahmenbedingungen, die für alle Unternehmen gelten. Dabei wird von Wolff sowohl der nationale als auch der internationale Kontext betrachtet, wobei der Einfluss expliziter Rahmenbedingungen im inländischen Sozialstaat und bei Globalisierung sowie die Auswirkungen auf das Reorganisationsspiel behandelt werden. Sodann werden am Beispiel von Hirschmans Überlegungen über Abwanderung und Widerspruch mögliche Maßnahmen zur Beeinflussung von Rahmenbedingungen diskutiert. Insgesamt wird die Notwendigkeit rahmenbedingungsgerechter Lösungen durch das deutsche Management selbst deutlich, um international wettbewerbsfähig zu bleiben, aber auch Folgerungen für die Politikberatung dahingehend, dass durch eine entsprechende Änderung der Rahmenbedingungen mehr Kapital eingesetzt und mehr Arbeit beschäftigt wird. Neoklassik, Shareholder value und Marktwirtschaft bilden somit das Leitbild zur erfolgreichen Reorganisation, sowohl im Kleinen wie im Großen. Die Leitdifferenzen sind auch hier unübersehbar: Während bei Karin Lohr die Unternehmen nicht so handeln, wie sie es in ihrem Leitbild vorgeben, müssten bei Birgitta Wolff die Unternehmen konsequenter agieren, um tendenziell verbesserte, marktwirtschaftliche Rahmenbedingungen zu erhalten.

Der Beitrag von Lutz Zündorf bietet hier insofern eine sinnvolle Ergänzung, indem er nicht nur, insbesondere im internationalen Kontext, Hirschmans Bild von Abwanderung und Widerspruch verwendet, sondern auch im Zusammenhang mit dem Interessenmanagement sowohl den ökonomischen Aspekt der Ressourcenkombination aufgreift als auch die sozio-politische Seite der Unternehmensvergesellschaftung. Theorieansätze hierzu findet er insbesondere bei Max Weber sowie bei Colemans und Vanbergs Konzeption des Unternehmens als korporativer Akteur.

Zündorf untersucht das Interessenmanagement transnational orientierter Unternehmen, indem er folgende Hypothesen zugrundelegt. Erstens tendieren die Führungsgruppen dieser Organisationen zunehmend von der Stakeholder- zur Shareholder-Orientierung. Zweitens betonen sie die Wirksamkeit ihres Widerspruchs gegenüber politisch-gesetzlichen Umwelteinflüssen durch Abwanderungsdrohungen, wobei hier nicht nur allein ökonomische Ziele eine Rolle spielen, sondern drittens auch politische Ziele im Sinne einer größeren Beherrschbarkeit der relevanten Interessenkonstellation eines Unternehmens.

Im zunehmenden „Aktionärskapitalismus" richtet sich der polit-ökonomische Widerspruch vor allem gegen den Staat und gegen die Gewerkschaften.

Dabei kommt der Abwanderungsdrohung weniger in Niedriglohnländern, sondern in vergleichbar hoch entwickelten Ländern eine besondere Bedeutung zu. Insofern ist die Wettbewerbsfähigkeit der Standortqualität zu fördern, womit wieder eine Querverbindung zum Beitrag von Birgitta Wolff hergestellt ist.

Shareholder-Orientierung und Aktionärskapitalismus einerseits, Deregulierung und Marktliberalisierung andererseits beeinflussen zur Zeit in erheblichem Maße das Management in den Stadtwerken, einem besonders häufigen Typus öffentlicher Unternehmen in Deutschland. Ausgehend von der Frage, inwieweit die öffentliche Wirtschaft einen autonomen Bereich zwischen Politik und Wirtschaft darstellt und im politischen Zusammenhang entstandene Ziele unternehmerisch umsetzt, werden von Sören Lieske, Karsten Rogas und Roger Sitter empirische Untersuchungsergebnisse danach analysiert, welche Leitbilder das Handeln des Managements beeinflussen. Ferner interessiert, was die öffentliche Führungskraft vom Verwaltungsbeamten und vom Unternehmer unterscheidet. Obwohl die Befragten schon deutliche Anforderungsunterschiede zwischen dem öffentlichen und dem privaten Management angaben, sieht die Mehrheit der Befragten kaum Unterschiede, wenn es um die tägliche Arbeit geht und nach der beruflichen Selbsteinordnung gefragt wird. Dann wird die öffentliche Verwaltung zum Störfaktor und das „private Management" dient als Leitbild für eine ungewisse Zukunft, in der die Ergebnisse der Deregulierungsprozesse für das einzelne öffentliche Unternehmen und sein Management durchaus sehr ungewiss sein können. Aber wahrscheinlich sind Manager auch im Stadtwerk in erster Linie erst einmal „Manager", und da, wo die politische Steuerung als nebulös und nicht nachvollziehbar erscheint, ist die Attraktivität des „private managements" eben höher. Hinzu kommt, dass Wettbewerbsgedanken und Managerialismustendenzen, auf die Wollmann im ersten Beitrag dieses Bandes schon hingewiesen hat, auch in der öffentlichen Verwaltung von aktueller Bedeutung sind.

Schuster geht der Frage nach, ob Benchmarking als Ersatz für Wettbewerb anzusehen ist. Im Mittelpunkt steht der kommunale Leistungsvergleich, der nicht zuletzt im Zusammenhang mit der Diskussion um die Elemente des Neuen Steuerungsmodells von aktueller Bedeutung ist. Allerdings kann das Benchmarking nicht den marktlichen Wettbewerb ersetzen, sondern kann bestenfalls den qualitativen Wettkampf um das interessanteste Konzept oder die besten Ergebnisse anstreben. Dies kann aber schon sehr viel sein und markiert einen großen Unterschied zum traditionellen „so haben wir es immer schon gemacht". Im Einzelnen werden angelsächsische Verfahren sowie die Konzepte der KGSt und der Bertelsmann-Stiftung vorgestellt. Eine Würdigung der Ergebnisse zeigt, dass über den Kennziffernvergleich der dynamische Aspekt fehlt, der dazu beiträgt, dass „bessere" Kennziffern entstehen, von der treffenden Erforschung der Ursache-Wirkungs-Relationen ganz zu schweigen. Insofern stellt der Wettbewerb doch ein Leitbild dar, das zumindest durch ein effektives Controlling zu gewährleisten ist.

Hier gerade zeigt der Beitrag von Büchner und Franzke, welchen Stellenwert Konzeptionen haben, die auf politischem Wege entstanden sind. So waren für die Kreisgebietsreform in Brandenburg Dezentralisierung, Bürgernähe und Strukturförderung wichtige Leitideen für einen insgesamt recht erfolgreichen Reformprozess.

Sicherlich kann man Reorganisationsstrategien in Wirtschaft und Verwaltung nicht in allen Punkten miteinander vergleichen, obwohl in beiden Bereichen sowohl der politische Aushandlungsprozess als auch das Gebot der Wirtschaftlichkeit, wenn auch mit unterschiedlicher Gewichtung, vorhanden sind. Festzustellen ist jedoch, dass die öffentliche Verwaltung sich nicht nur mit dem Managerialismus konfrontiert sieht. Hinzu kommen Deregulierungs- und Marktliberalisierungsbestrebungen sowie der zunehmende Einfluss der Shareholder-Orientierung, nicht zuletzt im internationalen Zusammenhang. Gleichwohl gibt es Anzeichen für ein Wiedererstarken der Bürgergesellschaft und die stärkere Betonung des Politischen im Zeitalter der Globalisierung.

Dies ändert aber nichts an der Tatsache, dass Reformen zur Selbstverständlichkeit geworden sind und sich inzwischen dem Wettbewerb der Quervergleiche und nicht zuletzt dem Wettbewerb der Zielergebnisse stellen müssen. Dabei gerät der Modernisierungsprozess selbst in den Mittelpunkt, einerseits im Widerspruch von Anspruch und Wirklichkeit und andererseits in der Betonung des Wandels selbst als das einzige Stabile.

I. Leitbilder:
   Wie weit führen sie – und wohin?

Hellmut Wollmann

Zwischen Management- und Politiksystem: Die Kommunalverwaltung der 90er Jahre auf einer Modernisierungswelle

Im nachstehenden Aufsatz sollen zwei (eng zusammenhängende) Fragestellungen und Argumentationsspuren verfolgt werden:
- Zunächst (unten 1) sollen in einer (kaum mehr als stichworthaften) Skizze die *Veränderungen*, die die Verwaltung in der Bundesrepublik auf der kommunalen Ebene, in den 90er Jahren durchlaufen hat und deren wesentliche Bestimmungsfaktoren identifiziert und der Wandel, um sein Tempo und Ausmaß abzuschätzen, mit den vorausgegangenen Veränderungsmustern der *alten* Bundesrepublik (wiederum kaum mehr als ansatzweise) vergleichend in Beziehung gesetzt werden.
- Sodann (unten 2) sollen der (als *Neues Steuerungsmodell* firmierende) *Managementschub* und der (in der jüngsten Verstärkung direktdemokratischer Teilhaberechte der Bürger zum Ausdruck kommende) *Demokratieschub* als die maßgeblichen auf die Politik- und Verwaltungswelt einwirkenden Faktoren herausgehoben und diese – anhand einiger Schlüsselfelder im Verhältnis von Kommunalvertretung und Kommunalverwaltung – unter der Fragestellung erörtert werden, wie sie sich konzeptionell und instrumentell zueinander verhalten, nämlich, ob sich wechselseitig ausschließend (*konträr*), miteinander vereinbar (*kompatibel*) oder sich wechselseitig ergänzend (*komplementär*)?
- Schließlich (unten 3) werden einige Schlussfolgerungen formuliert.

1. Verwaltung in den 90er Jahren im Veränderungsschub? Bestimmungsfaktoren, Hemmnisse, Zwischenstand

Die folgende Analyse von Entstehung und Verlauf der Verwaltungsmodernisierung orientiert sich an einem in Untersuchungen zur Institutionenentwicklung (*institution building*) angewandten Analyserahmen (Wollmann 1991, 1995), in dem diese als das Ergebnis von Auswahlentscheidungen (*institutio-*

nal choice) begriffen wird, die von einer Konstellation anstoßender und hemmender (restriktiver) Bedingungen und Faktoren beeinflusst werden. Unter diesen wird hier wiederum zwischen *exogenen*, vom internationalen Kontext ausgehenden, und *endogenen*, im innerstaatlichen Kontext liegenden Faktoren unterschieden.

1.1. Anstoßende Faktoren

In den 90er Jahren geriet die Verwaltungsmodernisierungspolitik in der Bundesrepublik unter den Einfluss einer singulären Konstellation teilweise dramatisch veränderter Rahmenbedingungen und sich überstürzender Ereignisse.

Exogen angestoßener Strategiewechsel im Modernisierungsdiskurs[1]

Zum einen vollzog sich im Modernisierungsdiskurs ein radikaler, wesentlich vom internationalen Kontext (exogen) angestoßener Strategiewechsel.

Bekanntlich war seit den späten 70er Jahren der politische und konzeptionelle *Diskurs* über die Modernisierung von Staat und Verwaltung – unter dem Eindruck der sich im Gefolge der Erdölpreiserhöhung von 1973 vertiefenden Wirtschafts- und Budgetkrise in allen westlichen Industrieländern – zunehmend von neo-liberalen und neo-konservativen Vorstellungen bestimmt, die mit der Regierungsübernahme der Tories unter Margaret Thatcher 1979 im Vereinigten Königreich und mit der Präsidentschaft Ronald Reagans ab 1980 in den USA Regierungspolitik wurden. Unter diesen Vorzeichen eroberte den internationalen Modernisierungsdiskurs im Sturmschritt die Vorstellung und Forderung eines *New Public Management (NPM)*, die, weniger in einem kohärenten Konzept denn aus einem Bündel von Organisations- und Verfahrensmaximen bestehend, vor allem auf die Reduzierung der Staatsaufgaben (durch Privatisierung und Aufgabenabbau), auf den Abbau der Regelungen für öffentliches und privates Handeln (durch Deregulierung) und die Erhöhung administrativer Effizienz (*interne Ökonomisierung, value for money*) durch binnenstrukturelle Managementreformen sowie durch die Einführung von Wettbewerb gerichtet sind (König/Füchtner 1998, S. 1989ff.; Schröter/Wollmann 1998b, S. 59ff.). Im Kern hat *NPM* seinen konzeptionellen Bezugsrahmen im *privatwirtschaftlichen Unternehmens- und Marktmodell* (Budäus 1994, S. 33), möchte dessen Managementlehren und *ökonomische Rationalität* auf den Öffentlichen Sektor übertragen und sieht den Bürger in erster Linie als *Kunden*. Seine Dominanz im internationalen Modernisierungsdiskurs wurde im Laufe der 80er Jahre noch dadurch befestigt, dass NPM in der Modernisierungspolitik maßgeblicher internationaler Organisationen, insbesondere der Weltbank und der OECD, *zum*

---

[1] Zum *Diskurs*konzept vgl. Wittrock/Wagner/Wollmann 1991, zur Unterscheidung eines *New Public Management*, traditioneller und *alternativer* Diskurse vgl. Wollmann 1996a.

einzigen Entwicklungspfad avancierte, der vom klassisch europäischen (*sozialdemokratischen*) Wohlfahrtsstaat zum (*neo-liberalen*) „schlanken" Staat und von der staatlichen Dienstleistungsproduktion zu funktionierenden Wettbewerbsmärkten führen soll.[2] Bis in die späten 80er Jahre hatte sich der Verwaltungsmodernisierungsdiskurs in der Bundesrepublik diesem international dominierenden Diskursregime – aus einer Reihe benennbarer Gründe – weitgehend verschlossen und entzogen.

Dies änderte sich geradezu schlagartig in den frühen 90er Jahren – unter den Einwirkungen fortschreitender Internationalisierung, einer sich – insbesondere durch die finanziellen Folgelasten der deutschen Vereinigung – vertiefenden Fiskalkrise und einer sich rasch zuspitzenden Infragestellung („Delegitimierung") des überkommenen Verwaltungsmodells. Wesentlichen Anteil an der Formulierung und Durchsetzung der – als *Neues Steuerungsmodell* sprachlich, konzeptionell und instrumentell eingedeutschten – Grundvorstellungen des *New Public Management*, zumal auf der kommunalen Ebene, hatte die *KGSt* und an deren Spitze ihr damaliger Leiter *Gerhard Banner* (dazu ausführlich Wollmann 1996a, S. 19ff.).

In der deutschen Modernisierungsdiskussion wird der Begriff *Neues Steuerungsmodell (NSM)* zwar vielfach als eine Art Sammel-(„catch all"-)Bezeichnung für alle derzeit laufenden Reformkonzepte und -maßnahmen reklamiert und verwendet, „einerlei, ob es sich um neuartige oder, wie es oft der Fall ist, im Prinzip um altbekannte Reformvorschläge handelt" (Jann 1996, S. 70). In seinem Kern lässt sich das *NSM* jedoch vor allem an drei Dimensionen festmachen (Jann 1998, S.73ff.; Kißler u.a., S. 29ff.):

– im Verhältnis von Politik und Verwaltung: Steuerung und Kontrolle der Verwaltung durch die Politik mittels Leistungs- und Wirkungs-(*output*) orientierte Budgets, „politische" Kontrakte (Zielvereinbarungen) und Berichtswesen (*Controlling*),
– verwaltungsintern (Binnenorientierung): Erhöhung der Leistungsfähigkeit und Wirtschaftlichkeit durch dezentrale Ressourcenverantwortung, Kosten-Leistungs-Rechnung, administrative Kontrakte (Zielvereinbarungen) und Controlling,
– im Verhältnis von Verwaltung und Bürger: Einführung von Wettbewerb, Kundenbefragung usw.

Zwar war das *NSM* im Prinzip durchaus darauf angelegt, auch die (politischen) „Außenbeziehungen" der Verwaltung zu erfassen und zu verändern, und es wurde von einigen Wortführern einer umfassenden, am *NPM* orientierten Verwaltungsmodernisierung frühzeitig deren Ergänzung durch die Einbeziehung demokratischer Teilhaberechte und Mitwirkungsformen angemahnt[3]. Jedoch lei-

---

2   Vgl. Naschold 1995, S. 69: „Ein idealisiertes angelsächsisches Modell verheißt den effektivsten Weg zur Modernisierung des Wohlfahrtsstaats".
3   Vgl. insbesondere Naschold/Bogumil 1998, S. 95, zur „Modernisierung der Außenbeziehungen" der Verwaltung vor allem durch eine „Verknüpfung von demokratischen Rechten und marktlicher Gegenmacht". Vgl. auch Naschold 1997, S. 107, mit Hin-

stete die KGSt einem *betriebswirtschaftlich-managerialistischen* und *binnenstrukturellen* Prägestempel dadurch Vorschub, dass in ihren ersten Gutachten, die ihrem Grundsatzpapier in rascher Sequenz folgten (KGSt 1993a, 1993b, 1994a, 1994b), die Nutzung betriebswirtschaftlicher Instrumente und die Stärkung der Managementebene eindeutig präferiert und forciert wurden (Kißler u.a. 1997) – mit den Leitkonzepten der Kommune als Dienstleistungs*unternehmen* und des Bürgers als *Kunden* und „Marktbürger" im Blick. Darauf, dass in der letzten Zeit die Verfechter der *NSM*-Modernisierung die „Bürgergemeinde" als politische (und demokratische) Ergänzung und Absicherung der Modernisierungspolitik „wiederentdeckt" haben, wird sogleich einzugehen sein.

Verstärkung der politisch-demokratischen Konturen der kommunalen Politik- und Verwaltungswelt als politischer Bürgergemeinde

Ein weiterer Strang für die Verwaltungspolitik maßgeblicher Veränderungen geht auf der kommunalen Ebene von dem Wandel der politisch-demokratischen Konturen des kommunalen Politik- und Verwaltungssystems aus, das in den 90er Jahren durch die Einführung direktdemokratischer Teilhaberechte neue Akzente erhalten hat.

Nachdem es in der deutschen Verfassungs- und Kommunaltradition bis weit in die Nachkriegszeit als ein – in das letzte Jahrhundert zurückreichendes und von der deutschen Staatsrechtslehre mit großer Beharrlichkeit festgehaltenes und bekräftigtes – Dogma gegolten hatte, dass, staatsrechtlich besehen, die Kommunen als Teil der *Landesverwaltung (-exekutive)* und die (demokratisch gewählten) Kommunalvertretungen als *Verwaltungsorgane* aufzufassen seien, wurden die Kommunen zunehmend als „voll ausgebildete politische Systeme" (Faber 1984, Art 28 GG Rdnr. 55) in einem Verständnis begriffen, das es rechtfertigt, in (vorsichtiger) verfassungsrechtlicher Analogie die Verfassungsfiguren und -institutionen von Gewaltenteilung, Parlament und Exekutive auf das *kommunale politische System* zu übertragen.[4] Folgerichtig wurde denn auch das überkommene *monistische* Modell, wonach die Kommunalvertretungen *allzuständig* in der Regelung der kommunalen (Selbstverwaltungs-)Angelegenheiten seien, in Frage gezogen und durch eine („parlamentarisierende") Dualisierung der Aufgabenverteilung zwischen der Kommu-

---

weisen auf skandinavische Beispiele „kleiner" (d.h. auf Nachbarschaftsebene praktizierter) und „Nutzerdemokratie", insbesondere in der vielzitierten finnischen Mittelstadt *Hämeenlinna*.

4 | Zu dieser kontroversen Debatte über die (staats-)rechtliche Interpretation der kommunalen Selbstverwaltung und der Kommunalvertretungen vgl. ausführlich Wollmann 1998a, S. 50ff. mit zahlreichen Nachweisen u. (grundlegend) Ott 1994. Zur (noch herrschenden) überkommenen staatsrechtlichen Lehre vgl. etwa Knemeyer 1989, S. 748: Es „bleibe festzuhalten, dass der Stadtrat trotz parlamentarisch-demokratischer Elemente auch weiterhin Verwaltungsorgan ist".

nalvertretung (als Kommunal*parlament*) und der kommunalen Verwaltung, insbesondere der Verwaltungsspitze (als kommunaler *Exekutive*) ersetzt bzw. ergänzt. Diese (funktionale) *Parlamentarisierung* des Verhältnisses von Kommunalvertretung und Kommunalverwaltung/-spitze fand in den Kommunalverfassungen der Länder zunehmend Ausdruck und Anerkennung darin, dass – in Anlehnung an das Verfassungs- und Parlamentsrecht der Bundes- und Landesebene – die Kommunalvertretungen, ihre Fraktionen und einzelnen Mitglieder mit quasi-parlamentarischen Verfahrens-, insbesondere Kontrollrechten gegenüber der Verwaltung ausgestattet wurden. Als Ergebnis dieser Entwicklung wurde das *politische* Profil der Kommune – als Kontext für Verwaltung und Verwaltungsreform – deutlich geschärft.

Zwar brachten die 70er Jahre – im Gefolge der „partizipatorischen Revolution" – Mitwirkungsrechte der Bürger vor allem in Planungsverfahren (Bauleitplanung, Stadtsanierung usw.). Jedoch beschränkten sich diese auf „partizipatorische" Anhörungs- und Beratungsrechte. Die letztliche Entscheidungskompetenz der Vertretungsorgane und damit die repräsentativ-demokratische Grundstruktur blieben davon unberührt.

In dieses für das Verfassungssystem der Bundesrepublik insgesamt kennzeichnende repräsentativdemokratisch-parlamentarische Entscheidungsprofil ist in den 90er Jahren in mehrfacher Hinsicht Bewegung gekommen:

Zum einen hat die landesgesetzgeberische Welle, in der die Bundesländer seit den frühen 90er Jahren – in bemerkenswertem Gleichklang und beinahe im Handumdrehen – fast durchweg die kommunalen Referenden, die Direktwahl der Bürgermeister (und Landräte) und teilweise deren Abwahl eingeführt haben, eine beachtliche direktdemokratische Um- und Aufrüstung der Kommunalverfassungen bewirkt, mit der – sieht man einmal von der Schweiz als Traditions- und Erzland direktdemokratischer (Kommunal-)Politik ab (Wollmann 1999a, S. 13ff.) – die Bundesrepublik unter den europäischen Ländern an der Spitze steht.[5]

Durch die Verstärkung der direktdemokratischen Teilhabe- und Entscheidungsrechte der Bürger sind die Karten im *kommunalpolitischen Dreieck* von Bürger (als „lokalem Souverän"), Kommunalvertretung (als „lokalem Parlament") und Verwaltung/Verwaltungsspitze (als „lokaler Exekutive") neu gemischt worden. Durch die Direktwahl des Bürgermeisters (und dessen Abwahlmöglichkeit in einigen Ländern) wurde eine Dimension politischer Verantwortlichkeit der Verwaltung gegenüber dem Bürger einbezogen, durch die lokalen Referenden ein neues Einflussmittel in dessen Hand begründet. Zwar erlauben die letzteren keine unmittelbare Einwirkung des Bürgers auf die Verwaltung, zudem können Fragen der internen Organisation der Kommunalverwaltung nach den landesgesetzlichen Regelungen nicht zum Gegen-

---

5   In Frankreich, z.B. aber auch in Schweden, sind (verbindliche) lokale Referenden nach wie vor nicht geläufig; in Großbritannien sind (abgesehen von ad hoc anberaumten Referenden, z.B. zur Bildung der Regionalparlamente von Schottland und Wales und der Einführung eines direkt gewählten Bürgermeisters von Greater Lonon) bislang lediglich konsultative lokale Referenden in der Diskussion.

stand von lokalen Referenden gemacht werden (Ossenbühl 1997, S. 260). Jedoch können die Bürger über kommunale Referenden mittelbar durchaus Einfluss auf den Modernisierungskurs ihrer Kommune dadurch nehmen, dass sie sich etwa auf die (von der Gemeindevertretung geplante bzw. unterlassene) Schaffung, Schließung, Privatisierung, Auslagerung usw. von kommunalen Einrichtungen (Schule, Schwimmbäder usw.) richten.[6] Allerdings bleibt festzuhalten, dass, sieht man einmal von den verhältnismäßig zahlreichen Referenden in Bayern und den sich zeitweise häufenden Bürgermeister-Abwahlverfahren in Brandenburg ab (Wollmann 1999a, S. 17ff., 21f.), die Ausübung der neuen direktdemokratischen Entscheidungsrechte durch die Gemeindebürger in der kommunalpolitischen Praxis bislang weithin noch immer eher eine kommunalpolitische Randerscheinung und Ausnahme[7] darstellt. Ungeachtet dieser Einschränkungen ist festzuhalten, dass im Zuge dieser Aufrüstung direktdemokratischer Verfahren das Profil der Kommunen als *politische,* demokratisch bestimmte und kontrollierte *Bürgergemeinden* und das Profil des Bürgers als *politischer Bürger (citoyen)* – und dies nicht zuletzt als Kontext für die Verwaltung und deren Modernisierung – um ein entscheidendes Stück geschärft worden ist.

War in der *NSM*-bezogenen Modernisierungsdebatte infolge ihrer Fokussierung auf eine betriebswirtschaftliche „Managerialisierung" der Kommunalverwaltung die politisch-demokratische Rahmenbedingung kommunalen Handelns zunächst einigermaßen aus dem Blick verloren und auch deren Verstärkung durch die direktdemokratische Welle weithin ignoriert, so wird – vor allem von politikwissenschaftlicher Seite (etwa Kißler/Bogumil 1997; Wewer 1997) – neuerdings die Stärkung der Teilhaberechte und Mitwirkungsformen des Bürgers in seiner politisch-gesellschaftlichen Rolle als Kernelement der Modernisierungspolitik – in Ergänzung und Korrektur einer einseitigen managerialen Ausrichtung – betont.[8]

---

6 Vgl. die instruktiven Fallbeispiele bei Knemeyer 1996 (zu Bayern); Ritgen 1997 (zu Nordrhein-Westfalen), Ballauf 1998.

7 Dies wird deutlich, wenn man (in einem etwas gewagten Rechenexempel) die Zahl der in der bisherigen Praxisphase registrierten kommunalen Bürgerentscheide auf die einzelnen Gemeinden umrechnet. Auf der Grundlage der bisherigen Daten würde es demnach selbst im Spitzenreiter Bayern pro Gemeinde nur alle 20 Jahre, in Hessen alle 40 Jahre und in Baden-Württemberg gar nur alle 200 Jahre zu einem Bürgerentscheid kommen (Jung 1999, S. 118).

8 Vgl. insbesondere das Netzwerk *Kommunen der Zukunft,* das 1998 von der *Bertelsmann-Stiftung,* der *Hans-Böckler-Stiftung* und der *KGSt* ins Leben gerufen worden ist und das programmatisch darauf zielt, die verschiedenen Elemente der „New Public Managementbewegung" einschließlich der „Verbesserung des Außenverhältnisses der Verwaltung durch stärkeren Bürgerbezug" zu verknüpfen (Bogumil/Vogel 1999a, S. 5). Vgl. ferner Bogumil/Vogel 1999b mit der Leitvorstellung von einer *Bürgergemeinde,* in der „den Bürgerinnen und Bürgern eine neue, aktive und selbstbewusste Rolle bei der Gestaltung der Kommune zugewiesen und diese kommunalpolitisch unterstützt werden (sollen). Es geht darum, demokratische Führung neu zu denken" (zit. nach Mezger 1998, S. 23; vgl. auch Mitbestimmung 1998). Hatte Banner in seinem programmatischen Aufsatz 1991 die Transformation der Kommune „von der Behörde

Verstärkung des Profils als zivile bzw. zivilgesellschaftliche Bürgergemeinde

Mit fließenden begrifflichen und inhaltlichen Übergängen von den vorrangig *politischen* Teilhabe- und Mitwirkungsrechten des Bürgers in seiner politischen *(staatsbürgerlichen citoyen-)* Rolle, die als für die *politische* Bürgergemeinde konstitutiv angesehen werden kann, wird seit längerem – von unterschiedlichen gesellschaftstheoretischen Prämissen und mit unterschiedlicher gesamtgesellschaftlicher und strategischer Absicht – ein breites Repertoire von gesellschaftlichen Initiativen und Betätigungen diskutiert, die eher einer *zivilgesellschaftlichen* Entwicklung und, anders ausgedrückt, einer *zivilen bzw. zivilgesellschaftlichen Bürgergemeinde* zugeordnet werden können. Hatte sich die Diskussion in den 70er Jahren vor allem im Zusammenhang mit den *sozialen Bewegungen, Selbsthilfebewegung* und *Alternativem Sektor* besonders gegen die *Monetarisierung, Verrechtlichung und Professionalisierung* der sozialstaatsbürokratischen Erbringung sozialer Dienstleitungen gewandt und die Gründung einer *Gegengesellschaft* als gesamtgesellschaftliche Alternative in Spiel gebracht (Wollmann 1983), so geht es in der gegenwärtigen Diskussion – weitgehend „ideologiefrei" und weithin konsentiert (von Alemann 1999, S. 121f.) – um die Belebung und Stärkung des Bürgers in seiner „Mitgestalterrolle"[9] oder „zivilbürgerlichen" Rolle[10] mit der Kernvorstellung *gesellschaftlichen Engagements* als *sozialem Kapital* (Evers 1999; Brandel u.a. 1999, S. 86ff.).

Vom Verwaltungs- zum Verhandlungsstaat

Des Weiteren wird die Verwaltungspolitik durch eine reale Entwicklung beeinflusst, die seit längerem im Gang ist und die die politik- und verwaltungswissenschaftliche Diskussion als Übergang von der Ordnungs- und Vollzugsverwaltung zur *Leistungs*verwaltung und – noch grundsätzlicher – von der *hoheitlichen* und *obrigkeitlichen* Verwaltung zur *verhandelnd und informal* agierenden Verwaltung (Heinelt 1998) identifiziert und in den Zusammenhang mit einer grundlegenden Neubestimmung des Staates unter den Vorzeichen der „Postmoderne" (Böhret/Konzendorf 1997; Böhret 1998) und im Kontext gesamtgesellschaftlicher Veränderung und Modernisierung rückt

---

zum Dienstleistungsunternehmen" gefordert (Banner 1991), so lautet die Formel nunmehr: „von der Ordnungs- zur Dienstleistungs- und Bürgergemeinde" (Banner 1998; KGSt 1996b, S. 36).
9 So Bogumil/Holtkamp 1999, wo zwischen drei Rollen des Bürgers – als *politischer Auftraggeber*, als *Kunde/Klient der Leistungserstellung* und als *Mitgestalter des Gemeinwesens* unterschieden wird – wobei die erste der *politischen Bürgergemeinde*, die zweite der Gemeinde als *Unternehmen* und die dritte der *zivilen Bürgergemeinde* zugeordnet werden kann.
10 Vgl. Schröter/Wollmann 1998a, wo zwischen der staatsbürgerlichen, marktbürgerlichen und zivilbürgerlichen Rolle unterschieden wird – wiederum mit der jeweiligen Zuordnung zur Kommune als politischer Bürgergemeinde, als Unternehmen und als ziviler Bürgergemeinde.

(Mayntz 1997). Diese realen Entwicklungen wirken auf die objektiven Rahmenbedingungen für Verwaltungsmodernisierung ebenso ein wie der sie verarbeitende wissenschaftliche Diskurs, durch den die verwaltungspolitischen Vorstellungen des traditionellen Weber'schen Verwaltungstypus eines primär juristisch gesteuerten, hierarchischen Vollzugs in Frage gestellt (de-legitimiert) und die heraufziehenden Konturen einer „postmodernen" (Nach-Weber'schen) Verwaltung beschworen werden.

(Exogene) verwaltungspolitische Bestimmungskraft der fortschreitenden Europäischen Integration

Als Folge der fortschreitenden Europäischen Integration, die von einer ständigen Expansion europäisch gesetzten, von den nationalen Verwaltungen zu vollziehenden Rechts und von der Ausdehnung eines „gesamteuropäisch" bestimmten Verwaltungs*regimes* (Kohler-Koch 1991, S. 47ff.) (etwa bei der Implementation der EU-Strukturpolitik durch die nationalen Verwaltungen) begleitet ist, ist in den Mitgliedsländern eine wachsende „Internationalisierung oder Europäisierung der öffentlichen Verwaltung" (Siedentopf 1997, S. 712) und damit eine Einengung und Erosion der nationalen institutionen- und verwaltungspolitischen Entscheidungs- und Gestaltungsmacht als überkommenen „Innenhofes souveräner Staatsmacht" (König/Füchtner 1998, S. 7) zu erkennen.

Verwaltungsmodernisierung durch „Digitalisierung"

Der sich im Zuge der Globalisierung immer stärker durchsetzende Einzug der *elektronischen Informations- und Kommunikationstechnologie* in die öffentliche Verwaltung birgt deren Innen- wie Außenbeziehungen umstürzendes Veränderungspotential (Vgl. Reinermann 1999).

Verwaltungspolitische Rückwirkungen der deutschen Vereinigung

Die *deutsche Vereinigung* war beim Um- und Neubau der politischen und administrativen Strukturen in Ostdeutschland zwar (zunächst) von einem massiven Institutionen-, Personen- und Finanztransfer *von West nach Ost* geprägt, jedoch kann dieser institutionelle Umbruch (zumindest mittelfristig) auf die Politik- und Institutionenwelt des *vereinigten* Deutschlands zurückwirken (Lehmbruch 1993; Wollmann1996b).

Staatsüberschuldung und Fiskalkrise als maßgeblicher verwaltungspolitischer Treibsatz

Durch die finanziellen Lasten der deutschen Einigung, die sich in einer rapide ansteigenden *Staatsverschuldung* und Zinslast niederschlagen, sowie durch den fiskalpolitischen Imperativ der „Maastricht-Kriterien" sehen sich die politischen Akteure auf Bundes-, Landes- und Kommunalebene unter immer stärkerem Druck, eine forcierte Staats- und Verwaltungsmodernisierung als „Haushaltskonsolidierung mit anderen Mitteln" zu betreiben. Die vorstehende Auflistung und Zusammensicht der veränderten Rahmenbedingungen und singulären Ereignisse, die in den 90er Jahren in einer ungewöhnlichen Konstellation zusammengetreten sind und zusammengewirkt haben, lassen vollends deren auf die Verwaltungspolitik einwirkende Wucht erkennen (darunter auch solcher Entwicklungsstränge, deren Entstehung zwar schon länger zurückreicht, die jedoch ihre volle Bestimmungskraft erst in den 90er Jahren, just im Verein mit den anderen Entwicklungen, entfalteten).

1.2. Hemmende und retardierende Faktoren der Verwaltungsmodernisierung

Dem verwaltungs- und modernisierungspolitischen Veränderungspotential der vorgenannten „antreibenden" Faktoren stehen mögliche hemmende und retardierende Faktoren (*restriktive Bedingungen*) gegenüber, unter denen zwischen *strukturellen* (d.h. aus empirischen und rechtlich-normativen Gründen kaum oder nur schwer veränderbaren) und *kontingenten* (d.h. in der aktuellen Handlungssituation begründeten und insoweit „manipulierbaren") Faktoren unterschieden werden kann.

Verwaltungstradition und Verfassungsrecht als restriktive Bedingungen

Zu den eher *strukturellen* Restriktionen sind in der (bundes-)deutschen (Rechts- und Sozial-) Staats- und Verwaltungstradition und -kultur verankerte Eigentümlichkeiten zu rechnen, infolge derer sich die hiesige Verwaltungswelt für eine durchgreifende *Ökonomisierung empirisch* als in deutlich geringerem Maße zugänglich erweisen dürfte (und dies aus verfassungs- und verwaltungspolitisch-*normativen* Gründen wohl auch bleiben sollte), als dies beispielsweise in der angelsächsischen Politik- und Verwaltungswelt aufgrund ihrer ganz anderen Politik-, Rechts- und Verwaltungstradition und -kultur der Fall ist.[11] Der Einführung primär betriebswirtschaftlich geprägter,

---

11 Der *angelsächsischen* „civil culture"-Tradition ist die Vorstellung eines Staates als einer mit Souveränitätsrechten ausgestatteten Rechtsperson, die der Gesellschaft hoheitlich gegenübertritt, herkömmlich fremd (vgl. Dyson 1980; Heady 1987). In dieser „staatslosen" („*stateless*") Vorstellungswelt sind die Grenzen zwischen dem öffentlichen und dem privaten Sektor damit fließend und lässt sich die Übertragung von Organisationsprinzipien vom letzteren („managerialism", „contractualism" usw., vgl. Schäfer 1998, S. 242) auf den ersteren umstandslos bewerkstelligen (König/Füchtner 1998, S. 8f.). Vor diesem politikkulturellen Hintergrund zeigten die nationalen Eliten in Großbritannien herkömmlich die Bereitschaft und Neigung, in Fragen der Verwal-

der *ökonomischen Rationalität* Vorrang sichernder Verfahren und Instrumente in die Verwaltung sind verwaltungstraditionell und -kulturell *empirische*, aber auch verfassungsrechtlich und -politisch *normative* Grenzen dadurch gezogen, dass die Verwaltung im *demokratischen Verfassungs- und Rechtsstaat* der Bundesrepublik – und dies gilt auch und gerade für die kommunale Ebene als das „Arbeitspferd" der öffentlichen Verwaltung – in einem weit stärkeren Maße der rechtlich-*justiziellen* Überprüfung und der politisch-*demokratischen* Verantwortlichkeit unterliegt, als dies beispielsweise für Großbritannien – wiederum aufgrund einer anderen Politiktradition und deren ungebrochener Rechts- und Demokratiesicherheit – zutrifft.

Modernisierungspolitische Ambivalenz der aktuellen Fiskalkrise

Eher *kontingente*, d.h. der gegenwärtigen Handlungssituation geschuldete, Modernisierungshürden sind in der grundlegenden Ambivalenz der aktuellen Fiskalkrise zu erkennen. Erweist sich diese einerseits als Antrieb und Peitsche für (insbesondere in der Erwartung rascher Kosteneinsparungen unternommene) Modernisierungsaktivitäten, so birgt just dieser Spardruck die Gefahr ihres Scheiterns, sei es dadurch, dass die Modernisierungsschritte auf die enge Spur der Kostenreduktion geraten, sei es dadurch, dass die Verwaltungsbeschäftigten, mit deren Mitwirkung die Reformprojekte stehen oder fallen, diese als Verfahren der Stelleneinsparung beargwöhnen und ablehnen, anstatt sich aktiv zu beteiligen (Wollmann 1998c).

1.3. Zwischenbilanz

Vor dem Hintergrund der vorstehend skizzierten nachgerade singulären Konstellation von Faktoren haben sich in der deutschen Verwaltungswelt in den 90er Jahren tiefgreifende Veränderungen vollzogen. Um den ungewöhnlichen Kranz der Bestimmungsfaktoren und die Bandbreite dieser Veränderungen zu veranschaulichen, wird auf *Tabelle 2* verwiesen, wo versucht wird, diese schematisch (um den Preis idealtypisierender Vereinfachung und Verkürzung) abzubilden. (Vom Um- und Neubau der Verwaltungsstrukturen in *Ostdeutschland* wird an dieser Stelle abgesehen, vgl. hierzu etwa Wollmann 1996b, 1997a.)

---

tungs- und Organisationsreform den Kriterien administrativer und ökonomischer Effizienz den Vorrang zu geben. (Mit Blick auf die einschneidenden kommunalen Gebietsreformen, die die Zentralregierung in Großbritannien am Ende des letzten Jahrhunderts und in den 1970er Jahren durchsetzte, spricht Sharpe von einer „almost obsessive predominance of production efficiency" als Leitmotiv der zentralstaatlichen Verwaltungsreform (Sharpe 1993, S 252; vgl. auch Wollmann 1998b, S. 32).

Wie vorliegende Erhebungen und Forschungsergebnisse belegen,[12] ist insbesondere die *kommunale Ebene* seit den frühen 90er Jahren von einer tiefgreifenden und weitreichenden Modernisierungs*welle* ergriffen worden.[13] Aufs kürzeste gefasst, sei Verlauf und Stand des Modernisierungsschubs so gekennzeichnet:

- Unterscheidet man unter den beobachtbaren Veränderungen solche Modernisierungsbausteine, die dem *Neuen Steuerungsmodell* im engeren Sinne zuzuordnen sind, von eher *traditionellen,* deren Konzepte, erste Erprobungen und (Erfolgs- wie Misserfolgs-) Erfahrungen auf die 60er, 70er und auch 80er Jahre zurückgehen, so scheint die Veränderungsdynamik der letzten Jahre wesentlich dadurch charakterisiert, dass neben NSM-spezifischen Konzepten eher *traditionelle* Reformansätze aufgegriffen und die beiden Modernisierungsstränge „amalgamiert" worden sind.
- Dabei deutet die Modernisierungspraxis darauf hin, dass die Umsetzung und Realisierung der *traditionellen* Reformkonzepte verhältnismäßig fortgeschritten ist, während sich die dem NSM im engeren Sinne zuzurechnenden Modernisierungsbausteine noch vielfach eher in einem „Entwurfs- und Experimentierstadium" befinden (Reichard 1997).

Inzwischen sind die Modernisierungsvorhaben mancherorts ins Stocken geraten (vgl. zuletzt Brandel u.a. 1999, S. 9), und die Kommunen sind hinsichtlich des Zeithorizontes für den Abschluss der Modernisierungsmaßnahmen[14], wenn nicht über den Ausgang des Vorhabens insgesamt[15] skeptischer geworden.

---

12 Informationen zum gegenwärtigen Stand der Verwaltungsmodernisierung in den deutschen Kommunen liefern zum einen die schriftlichen Umfragen, die der *Deutsche Städtetag* (DSt) inzwischen dreimal (1994/1995, 1996 und 1998) mit Hilfe eines standardisierten Fragebogens bei seinen westdeutschen und ostdeutschen Mitgliedsstädten durchgeführt hat. Anlässlich der jüngsten Umfrage wurden insgesamt 266 Mitgliedsstädte des DSt angeschrieben, von denen 85% antworteten (Grömig/Thiele 1996; Grömig/Gruner 1998, S. 581ff.). Des Weiteren ist auf die jüngste Umfrage der *KGSt* unter ihren (1.430 west- wie ostdeutschen) Mitgliedskommunen (vor allem zur Einführung der Budgetierung) zu verweisen (KGSt 1998). Schließlich sind Befragungen hervorzuheben, die das Deutsche Institut für Urbanistik, Difu, bislang zweimal (1995 und 1998) bei 200 Kommunen zur Budgetierung vorgenommen hat (Mäding 1998, S. 9ff.). Auf den Ergebnissen empirischer Fallstudien beruhen Kißler u.a. 1997, Wegrich u.a. 1998 sowie Jaedicke u.a. 1999, zu Ostdeutschland auch Wollmann 1999b.
13 Vgl. hierzu die schon „klassische" Darstellung von Reichard 1994.
14 Ausweislich der Umfragen des Deutschen Städtetages ist der Anteil der Städte, die (optimistisch) angaben, die Modernisierung innerhalb der nächsten drei bis fünf Jahre abzuschließen, laufend geschrumpft, von 66% (1994/95) auf knapp 50% (1996) und auf ein Drittel (1998) (Grömig/Gruner 1998, S. 587; vgl. auch Klages 1998, S. 32).
15 Vgl. hierzu auch Kißler u.a. 1997, S. 146, die als Ergebnis ihrer Fallstudien in drei Modernisierungskommunen (Herten, Wuppertal, Saarbrücken) konstatieren, dass zum gegenwärtigen Zeitpunkt „noch niemand sagen (könne), ob die Reform über ihre

Um Fortschritt und Schwierigkeiten der Umsetzung der *NSM*-spezifischen Modernisierungsstrategie am Beispiel zweier ihrer Schlüsselkonzepte anzudeuten: Auch wenn davon auszugehen ist, dass bislang „jede Stadt ihr eigenes Budgetierungsverfahren" (Mäding 1998, S. 2) entwickelt hat, ist die kommunale Praxis weithin dadurch gekennzeichnet, dass es überwiegend im Kern bei der traditionellen „input"-Budgetierung geblieben ist, diese sich also weiterhin auf Ausgabenbewilligungen beschränkt, jedoch – etwa gar in Produktform gefasste – Aussagen zu den mit den Ressourcen zu erbringenden Leistungen kaum enthält. „Produktbudgets" bilden bislang seltene Ausnahmen.[16] Zudem ist die Budgetierung als Zuweisung dezentraler Globalbudgets (etwa auf Dezernatsebene) darauf gerichtet, den dezentralen Verwaltungseinheiten „gedeckelte" Haushaltsmittel in Form von pauschalen Einsparauflagen zu bewilligen, deren Verteilung und Konfliktbewältigung den Dezernaten „autonom" überlassen bleibt. Schließlich ist zur Handhabung der dezentralen Ressourcenverantwortung zu beobachten, dass sich die dezentrale Entscheidungsbefugnis auf geringfügige Positionen (wie Fortbildungsreisen, Porti) begrenzt.[17] Darin, dass die Kommunen die Budgetierung bislang in erster Linie als einen – durchaus traditionell „input-budgetären – Hebel" begreifen und handhaben, um ihre Konsolidierungs- und Sparpolitik gegenüber ihrer Verwaltung und deren Sektoren durchzusetzen, spiegeln sich die Finanznöte wider, in denen die Kommunen – in den alten wie in den neuen Bundesländern – stecken. In dem Maße, wie sich die Kommunen veranlasst sehen, die Budgetierung auf ein Verfahren und Instrument ihrer Sparpolitik zu verkürzen, wird eine instrumentelle Engführung und Verwaltungsbinnenorientierung ausgeprägt und festgeschrieben, die das NSM in seinem strategischen Anspruch zu unterlaufen und zu entleeren droht.

Einen weiteren strategischen Dreh- und Angelpunkt in der NSM-Architektur bilden die Produkte als zentrale Informationsträger für die Leistungen und Kosten des Verwaltungshandelns und als Basis- und Ausgangsinformation, auf die die anderen maßgeblichen Modernisierungselemente (Kosten-Leistungs-Rechnung, Controlling und auch output-Budgetierung) systematisch aufbauen. Wie aus den Umfragen des DSt und der KGSt erhellt, sind die Kommunen in den letzten Jahren verbreitet in Modernisierungsaktivitäten vornehmlich dadurch eingestiegen, dass sie sich mit Produktdefinitionen und Produktkatalogen auseinandergesetzt haben – getreu den Empfehlungen und Handreichungen der KGSt und unter Mitwirkung von Unternehmensberatern, die in „produktzentrierter" Kommunalberatung längst einen interessanten Markt entdeckt haben. Vorliegende Berichte und Informationen deuten darauf hin, dass die Umsetzung der Produkte in die weiteren Elemente und Schritte des NSM

Sparziele hinaus tatsächlich auch Erfolge im Bereich der Mitarbeiterorientierung, der Verbesserung der Arbeitsqualität und der Kundenorientierung zeitigen wird".

16 Nach der KGSt-Umfrage geben knapp 3% der befragten Städte an, ein Produktbudget zu haben (KGSt 1998, S. 8), in der Difu-Umfrage sind dies 5% (Mäding 1998, S. 22).

17 Vgl. die Ergebnisse zu Modernisierungsfällen in ostdeutschen Kommunen in Wegrich u.a. 1997, S. 27.

verbreitet ins Stocken geraten ist, sich Ratlosigkeit: („Produkte – was nun?")[18] ausbreitet und der Produktansatz mancherorts schon wieder verlassen wird (Maaß/Reichard 1998, S. 274). Diese Unsicherheit kommt auch darin zum Ausdruck, dass erst ein verschwindender Bruchteil der modernisierungsaktiven Kommunen die Arbeiten an der Kosten- und Leistungs-Rechnung bereits abgeschlossen hat[19] und sich diese insgesamt – so die Einschätzung der KGSt – „noch im Anfangsstadium" befinden (KGSt 1998, S.8).[20]

Auf eine zusammenfassende Einschätzung – auch im verwaltungsreformgeschichtlichen Zusammenhang – ist im Schlussabschnitt des Aufsatzes zurückzukommen.

2. Demokratie- und Managementschub – konträr, kompatibel oder komplementär?

Die Modernisierungspolitik der 90er Jahre war, wie im ersten Abschnitt herausgearbeitet, vom Zusammentreten und -treffen vor allem zweier Entwicklungs- und Diskussionsstränge gekennzeichnet, deren einer – das *Neue Steuerungsmodell* – idealtypisierend zugespitzt gesagt, um das modernisierungspolitische Leitbild der Kommune als (betriebswirtschaftlich inspiriertes) *Managementsystem* und dessen *ökonomische Rationalität* kreist, während der andere sein modernisierungspolitisches Bezugssystem in der Kommune als (demokratisch bestimmtes) *Politik- und Verwaltungssystem* und dessen *politischer und administrativer Rationalität* hat. Im 2. Abschnitt des Aufsatzes geht es, wie eingangs erwähnt, um die Frage, wie sich diese beiden unterschiedlichen Veränderungs- und Diskussionsstränge konzeptionell zueinander verhalten, ob sich wechselseitig ausschließend (*konträr*), miteinander vereinbar (*kompatibel*) oder sich ergänzend (*komplementär*) (Wollmann1998c, 1999c).

Zur Untersuchung dieser Frage soll in erster Linie auf das Verhältnis zwischen Kommunalvertretung und Kommunalverwaltung/-verwaltungsspitze abgehoben werden, für dessen Ausgestaltung besonders relevante Felder diskutiert werden sollen, nämlich:

- die Aufgaben- und „Rollen"verteilung zwischen Kommunalvertretung und -verwaltung,
- das Budgetverfahren,
- (politische) Kontrakte,
- die politische Verantwortung der Verwaltungsspitze sowie
- das Verhältnis von Bürger und Verwaltung.

---

18 So Plamper 1998, S. 15 u. Grunow 1998, S. 9.
19 Dies sind gemäß der KGSt-Umfrage 2% der Städte (KGSt 1998, S. 8).
20 Zur Kritik des „Produktansatzes" vgl. auch Reichard/Wegener 1996; Reichard 1998.

Im Folgenden wird auf der einen Seite vom „*politisch-parlamentarischen Modell*" zur Kennzeichnung der Zuständigkeitsregeln und Rollenerwartungen die Rede sein, wie sie sich – im Verhältnis von Kommunalvertretung und Kommunalverwaltung/-verwaltungsspitze – aus der zunehmenden (von der jüngsten Einführung direktdemokratischer Rechte unterstrichenen) Konturierung und Profilierung der Kommunen als *politische* Handlungssysteme ergeben. Auf der anderen Seite werden die als Bestandteile des *NSM* vorgeschlagenen Zuständigkeitsregeln und Rollenerwartungen herangezogen.

2.1. Zuständigkeitsregelung und Rollenerwartungen im Verhältnis von Kommunalvertretung und Kommunalverwaltung/-verwaltungsspitze

Diagnose und Therapie

In der *verfassungs- und kommunalpolitischen* sowie *politikwissenschaftlichen* Diskussion wird die Ohnmacht, in der sich die Kommunalvertretungen als formal oberstes kommunales Entscheidungsorgan im Allgemeinen und gegenüber der an Informations- und Handlungsressourcen weit überlegenen Kommunalverwaltung und deren Verwaltungsspitze im Besonderen befinden, seit langem diskutiert (Wollmann 1996a, S. 36ff.; von Kodolitsch, S. 169ff.). Dieses Machtgefälle ist durch die in den 90er Jahren in allen Flächenländern eingeführte Direktwahl des Bürgermeisters/Landrats, die diesem die einem „lokalen Präsidenten" ähnliche Stellung verschafft, zu Lasten der Kommunalvertretung noch verstärkt worden. Ein wesentlicher Grund für die Ohnmacht der Kommunalvertretung wird seit langem darin gesehen, dass diese im überkommenen „monistischen" Kommunalmodell zwar *formal* die alleinige Befugnis besitzt, über *alle* Angelegenheiten der kommunalen Selbstverwaltung, im Prinzip einschließlich aller Einzelfragen, zu entscheiden, dass sich diese *formale* *All*zuständigkeit und „*All*macht" jedoch *faktisch* in eine *Nicht*zuständigkeit und *Ohn*macht verkehrt hat, da die in den Kommunalvertretungen agierenden Kommunalpolitiker – als ehrenamtliche Feierabend- und „Amateur"politiker – überfordert sind, eine solche Aufgabenbreite und -fülle innerhalb ihrer schmalen Zeitbudgets zu meistern, und es vorziehen, sich mit den eher trivialen (und leicht übersichtlichen) Fragen der Kommunalpolitik, eben dem vielzitierten „klappernden Kanaldeckel", zu befassen (und sich in diesen zu verzetteln), anstatt sich den „großen" (und vielfach sehr viel komplexeren) Problemen ihrer Kommune zu stellen und hierfür das kommunalpolitische Steuer zu ergreifen.[21]

---

21 Vgl. Dieckmann 1996, S. 25: „In welcher Stadt wird nicht von den Stadtverordneten zehnmal länger über die Ausstattung einer Fußgängerzone gestritten als über einen Millionenkredit?"

Zwischen Management- und Politiksystem

Abhilfe von dieser Fehlentwicklung wird in der kommunalpolitischen und politikwissenschaftlichen Diskussion seit langem in einer *Dualisierung der (inneren) Verfassung der Kommunen* gesehen, die dadurch gekennzeichnet ist, dass – in einer kommunalen Variante von Gewaltenteilung – die Zuständigkeiten der Kommunalvertretung und die der Kommunalverwaltung, insbesondere deren Verwaltungsspitze, gegeneinander schärfer abgegrenzt werden – in einem Zuständigkeits- und Rollenmodell, in dem die Kommunalvertretung als oberstes kommunales Verfassungsorgan vor allem für die „großen" und generellen Entscheidungen (insbesondere Haushalts-, Satzungs-, Leitungs-, Steuerungs- und planungshoheitliche Entscheidungen) und die Kontrolle der Verwaltung zuständig sei, während die laufenden (operativen) Entscheidungen bei der Kommunalverwaltung bzw. bei der Verwaltungsspitze liegen sollen.[22] Diese „Dualisierung" des kommunalverfassungsrechtlichen Zuständigkeits- und Rollenmodells steht im Mittelpunkt der als *Parlamentarisierung* der kommunalen Politik- und Verwaltungswelt diskutierten kommunalverfassungsrechtlichen und -politischen Veränderungen und ist zunehmend von der Kommunalgesetzgebung der Länder anerkannt worden.

Mit dieser (langjährigen) politikwissenschaftlichen Diskussion stimmen die Verfechter des *NSM* sowohl in ihrer Ausgangsdiagnose (die Mitglieder der Kommunalvertretungen lassen sich von den Detailfragen in einer die Handlungsfähigkeit der Kommunalvertretung als Leitungs- und Steuerungsorgan gefährdenden Weise absorbieren) als auch in der Therapie (Konzentration der Kommunalvertretung auf die „großen" Entscheidungen) weitgehend überein (Janning 1996, S. 152ff.).

Konkretisierung und Umsetzung der Dualisierung der Entscheidungszuständigkeit

War in der frühen NSM-Diskussion zunächst vorgeschlagen worden, die Zuständigkeits- und Rollenverteilung zwischen Kommunalvertretung und Kommunalverwaltung/-verwaltungsspitze so festzulegen, dass die Gemeindevertretung über das *Was* und die Kommunalverwaltung über das *Wie* entscheidet (KGSt 1993a; Banner 1996, S. 142), so sind die NSM-Proponenten – ange-

---

22 An dieser Stelle soll der kommunalverfassungs*rechtliche* und zugleich -*politische* Disput auf sich beruhen, ob es sich bei der kommunalen Selbstverwaltung, staatsrechtlich betrachtet, um einen Teil der Landesexekutive und bei den Kommunalvertretungen um *Verwaltungsorgane* handelt (so die traditionelle Lehre, vgl. Knemeyer 1998), oder ob die Kommunen inzwischen als eigenständige „politische Systeme" und die Kommunalvertretungen als *kommunale Parlamente* einzustufen seien (so die neuere Lehre, vgl. zum Diskussionsstand Wollmann 1998 mit Votum und Begründung für die neuere Auffassung). Mit Blick auf die hier angesprochene *Dualisierung* sei hervorgehoben, dass diese nicht nur schlüssig aus der Vorstellung einer „Parlamentarisierung" des kommunalen Verfassungssystems folgt, sondern auch von den Vertretern der *traditionellen* Lehre aus funktionalen Erfordernissen gefolgert wird.

sichts der massiven Kritik, die an dieser verwaltungswissenschaftlich, kommunalverfassungsrechtlich und institutionenpolitisch gleichermaßen kaum brauchbaren Unterscheidung geübt worden ist (Jann 1998a, S. 50.; 1998b, S. 77f.) – inzwischen selber von dieser abgerückt.[23]

Im geltenden Kommunalverfassungsrecht der Länder findet sich zum einen die herkömmliche Vorschrift, dass die Bürgermeister (und Landräte) für Angelegenheiten der „laufenden Verwaltung" (in eigener ansatzweise „dualen" Kompetenz) zuständig seien. Darüber hinaus können die Kommunalvertretungen bestimmte Zuständigkeiten (mit Ausnahme von Kernzuständigkeiten) durch eine Regelung in der Hauptsatzung der Kommune an den Bürgermeister „delegieren". Allerdings sichern die Kommunalverfassungen den Kommunalvertretungen für diesen Fall das „Rückholrecht", also die Befugnis, die Entscheidungszuständigkeit jederzeit wieder an sich zu ziehen.

Demnach war es bereits in der Vergangenheit kommunale Praxis, in der kommunalen Hauptsatzung für bestimmte kommunale Entscheidungen (Investitionen, Ausschreibungen, Immobiliengeschäfte) bestimmte finanzielle Obergrenzen festzusetzen, innerhalb derer die Verwaltungsspitze im Rahmen der „laufenden Aufgaben" ohne Zustimmung der Gemeindevertretung entscheiden durfte. Diese Obergrenzen und damit die Bandbreite der einfachen Geschäfte der laufenden Verwaltung sind im Zuge der jüngsten NSM-angeleiteten Reformen erweitert worden (Brandel u.a. 1999, S. 38f.).[24] Auch in der im Rahmen von NSM-Reformen getroffenen Neubestimmung und Erweiterung des Kranzes der von der Verwaltungsspitze allein zu entscheidenden gemeindlichen Angelegenheiten haben die Kommunalvertretungen bislang davon Abstand genommen, auf ihr *Rückholrecht* zu verzichten.

Kontrollfunktion

Neben einer Neuverteilung der *Entscheidungs*zuständigkeiten fand die *Dualisierung* des kommunalen Zuständigkeitsmodells (und im hier vertretenen Verständnis: dessen *Parlamentarisierung*) auch darin ihren Ausdruck, dass die Kommunalverfassungen der Länder in zunehmendem Umfang Vorschriften enthielten, in denen die *Kontroll*funktion der Kommunalvertretungen gegenüber der Kommunalverwaltung verfahrensrechtlich aufgerüstet[25] und – in

---

23 Vgl. KGSt 1996b, S. 17, wo die KGSt nicht mehr von einer strikten Trennung von Politik und Verwaltung, sondern von einer „Verminderung der Schnittmenge von gemeinsamen Kompetenzen" spricht.
24 Zu der (in der Übertragung von Aufgaben auf die Verwaltung besonders weitgehenden) neuen Zuständigkeitsordnung der Stadt Wuppertal vgl. Brandel u.a. 1999, S. 39.
25 Zwar beziehen sich diese Entscheidungs- und Kontrollrechte der Kommunalvertretungen grundsätzlich nur auf die *Selbstverwaltungs*angelegenheiten der Kommunen, nicht aber auf die diesen übertragenen (staatlichen) „Aufgaben zur Erfüllung nach Weisung", zu denen insbesondere die ordnungsbehördlichen Aufgaben (Baugenehmigungsverfahren, Umwelt-, Wasserschutz usw.) zählen; diese werden nach den landesgesetzlichen Regelungen herkömmlich vom Bürgermeister bzw. Landrat in eigener Zu-

Anlehnung an das Parlamentsrecht auf Landes- und Bundesebene – eine breite Palette von (quasi-)parlamentarischen Kontroll- und Informationsrechten festgelegt worden sind (dazu ausführlich Wollmann 1998b, S. 406ff.).

So regeln die Gemeinde- und Kreisordnungen der Länder *Auskunftsrechte* der Kommunalvertretungen als Ganzes sowie von Teilen oder von einzelnen ihrer Mitglieder bzw. *Auskunfts- und Informationspflichten* des Bürgermeisters/Landrats (Schefold/Neumann 1996; von Mutius 1997, S. 700 Anm. 70).

Darüber hinaus geben *Akteneinsichtsrechte* den Kommunalparlamenten, ihren Fraktionen und einzelnen Mitgliedern unter bestimmten Voraussetzungen den Zugang zu den Verwaltungsakten.[26]

- Fraktions- und andere Minderheitsrechte sichern vor allem der *Opposition* in der Kommunalvertretung und ihren Mitgliedern parlamentarische Verfahrenshandhaben.
- Die (dem Parlamentsrecht vertrauten) Kleinen und Großen Anfragen verschaffen den Kommunalvertretern die willkommene Gelegenheit, ihre Kontrollfunktion öffentlichkeitswirksam und wählersichtbar wahrzunehmen (Meyer 1996, S. 89).

Wenn mithin ein quasi-parlamentarisches Repertoire von Informations-, Auskunfts- und Fragerechten den Kommunalvertretungen, nicht zuletzt ihren oppositionellen Fraktionen und Mitgliedern, die Ausübung ihrer Kontrollfunktion gegenüber der Verwaltung sichert, so eröffnet sie gleichzeitig Gelegenheit und Anreiz, hierbei just den *kleinen* Fragen des kommunalpolitischen Alltags (à la *klappernder Kanaldeckel*) nachzugehen und damit die (sowohl vom *politisch-parlamentarischen* als auch vom *NSM* angestrebte) Konzentration und Beschränkung der Kommunalvertretungen auf die *großen Fragen* zu konterkarieren.

Soweit die Kommunalvertretungen und ihre Mitglieder im Rahmen ihrer Kontrollfunktion einzelne Verwaltungsentscheidungen und -vorgänge aufzugreifen beabsichtigen, dürften sie schon nach geltendem Kommunalrecht

---

ständigkeit – ohne Mitwirkungsrechte der Kommunalvertretung – wahrgenommen. Jedoch ist auch in diese traditionelle Regelung – im Zuge der fortschreitenden funktionalreformerischen „Kommunalisierung" übertragener Aufgaben (vgl. Wollmann 1997b, S. 238f). Bewegung gekommen. Zu einer Neuerung hat sich die Kommunalgesetzgebung in Brandenburg entschlossen. Nach überwiegender Interpretation hat die Kommunalvertretung auch für die „Pflichtaufgaben nach Weisung" – mit Ausnahme des schmalen Bereichs der „Angelegenheiten der Gefahrenabwehr" – ein formales, insbesondere ihre Kontrollfunktion begründendes Mitwirkungsrecht. Vgl. VG Potsdam, Beschluss vom 12.8.1996, in dem es um das Akteneinsichtsrecht von Kreistagsmitgliedern in Bezug auf ein Baugenehmigungsverfahren ging, vgl. ebenda, S. 239 FN 9.

26 Außer in Bayern ist diese Materie nunmehr in allen Bundesländern gesetzlich geregelt. In unterschiedlicher landesgesetzlicher Detailregelung steht der Kommunalvertretung als Ganzer, einem Ausschuss, einer Minderheit oder auch einzelnen Mitgliedern – unter bestimmten Voraussetzungen – das Recht auf Akteneinsicht zu (Meyer 1996, S. 90f.).

daran gehindert sein, mit dem betreffenden Amt oder Sachbearbeiter unmittelbar in Verbindung zu treten, sondern sind – in einer Art kommunalpolitischen „Dienstwegs" – gehalten, sich an den Bürgermeister als Verwaltungschef zu wenden[27].

Berichtswesen/Controlling

In den 60er und 70er Jahren fand die Stärkung der Kontrollfunktion der Kommunalvertretungen auch darin ihren Ausdruck, dass die für jene Phase kennzeichnenden *Evaluierungsverfahren,* die auf die empirische Erfassung der Politikverläufe und -ergebnisse sowie auf deren „Rückmeldung" an die Parlamente gerichtet waren, auch auf der kommunalen Ebene eingeführt wurden (Hellstern/Wollmann 1984a, 1984b; Wollmann 1994). Diese Entwicklung fand im Aufbau entsprechender organisatorischer und personeller Strukturen (z.B. Erweiterung der kommunalen *statistischen Ämter* zu *Ämtern für Stadtforschung,* vereinzelte Einrichtung von Evaluierungs- und *Controlling-*Einheiten) und im *Berichtswesen* ihren institutionellen Niederschlag, in dem die Verwaltungen in einer wachsenden Zahl von Politikfeldern periodisch oder ad hoc (Umwelt-, Wohnungs-, Alten-, Sozialhilfe-, Beschäftigungs- usw.) *Berichte* vorlegen; mancherorts war den (jährlichen) Stadtentwicklungsberichten die Aufgabe zugedacht, entlang der Aufgabenstruktur der Kommune systematisch (anhand von Indikatoren) über Veränderungen und Zielerreichungsgrad der einzelnen Politiken Auskunft zu geben.

Die *NSM-*Bewegung hat den strategischen Grundgedanken des Evaluierungsansatzes, die Wirkungstransparenz des Verwaltungshandelns durch systematische Analyseverfahren und „Rückmeldeschleifen" zu erhöhen, aufgegriffen und im Konzept eines umfassenden Berichts- und Steuerungssystems erweitert. Zwar liegt in der bisherigen beobachtbaren Modernisierungspraxis der Schwerpunkt des *Controlling-*Konzepts auf der Installierung und Nutzung von Datenerfassungs- und *Rückmelde-*Verfahren im *inneradministrativen Kontext* (insbesondere im Verhältnis von Verwaltungsleitung und nachgeordneten Verwaltungsteilen). Jedoch zielt das *NSM* – jedenfalls konzeptionell-strategisch – darauf, die Kommunalvertretungen zur wirksamen Wahrnehmung ihrer Steuerungs- und Kontrollfunktion in das Berichtswesen und Controlling-System einzubinden.[28] Allerdings ist bislang zu beobachten, dass

---

27 Der Verwaltungsapparat und sein Personal unterstehen ausschließlich der Verwaltungsführung und sind insoweit gegenüber der Kommunalvertretung „mediatisiert" (von Mutius 1997, S. 685ff.).

28 Ausführlich zuletzt Brandel u.a. 1999, S. 58ff., dort (62ff.), das instruktive Beispiel des im Aufbau befindlichen Berichtswesens in der Stadt *Wuppertal.* Hier liegen dem Berichtswesen Programme zugrunde, die sich in ein Geschäftsprogramm und ein Managementprogramm untergliedern. Die Berichte werden monatlich erstellt und entlang der Aufbauorganisation von unten nach oben verdichtet. Die Kommunalvertretung und ihre Ausschüsse erhalten einmal im Quartal aggregierte Berichte, wobei die „Ge-

der Ausbau der institutionellen Architektur von Berichtswesen und Controlling (etwa in Gestalt von *Steuerungsdiensten*) bislang allein der Stärkung der *inneradministrativen* Informations- und Steuerungskapazität dient, während die Kommunalvertretungen davon abgeschnitten bleiben und sich ihre Handlungsschwäche gegenüber der Verwaltung damit eher noch verschärft. Mit Recht ist das „Informationsmanagement" zwischen Kommunalvertretung und Verwaltung als „die entscheidende Voraussetzung für eine gelingende Umsetzung des Neuen Steuerungsmodells" bezeichnet worden (Hill 1997, S. 27). Umso größere Aufmerksamkeit verdienen die in einigen Städten – vorerst in Form von Pilotvorhaben – eingeleiteten Schritte, die neuen *Informations- und Kommunikationstechnologien* (einschließlich *Internet* und *E-Mail*) für die Einrichtung eines Berichtswesens und dessen Nutzung durch die Kommunalvertretungen und deren Mitglieder einzusetzen.

Rolle und Qualifikation der Kommunalvertreter

In dem Maße, wie sowohl das *politisch-parlamentarische* als auch das *Neue Steuerungsmodell* – mit insoweit übereinstimmender Stoßrichtung – auf eine *Dualisierung* im Verhältnis von Kommunalvertretung und -verwaltung zielen und diese im Kern mit der Rollenerwartung verknüpft ist, dass sich die Kommunalvertretungen und ihre Mitglieder künftig auf die *großen* Entscheidungen der Kommunalpolitik konzentrieren (und beschränken) und die *kleinen* Entscheidungen der Kommunalverwaltung überlassen, geraten sie beide in Widerspruch nicht nur mit dem *tatsächlichen* in der kommunalen Praxis verbreiteten Rollenverständnis der Kommunalvertreter, sondern auch mit den grundsätzlichen kommunalpolitisch-*normativen* Prämissen dessen, was *Kommunalpolitik* und die Aufgabe und Funktion der Kommunalvertretung und ihrer Mitglieder ausmacht. Ist verfassungsrechtlich, wie im Art. 28 Abs. 1, Satz 2 GG ausdrücklich bestätigt, davon auszugehen, dass die Kommunalvertretungen als demokratisch gewählte kommunale *Volksvertretungen* agieren, so ist es für die Aufgabe und Funktion des einzelnen kommunalen *Volksvertreters* als konstitutiv anzusehen, dass er von den Bürgern – zumal im kommunalen (und das heißt in aller Regel: im mittel- und kleinstädtischen) Kontext – in *allen* kommunalen Angelegenheiten (und, wenn es denn so kommt, auch wegen des legendären *klappernden Kanaldeckels*) ansprechbar zu sein und diese gegebenenfalls in der Kommunalvertretung zur Sprache zu bringen hat. Auch und gerade die Beschäftigung des Kommunalvertreters mit den *alltäglichen Fragen* der *örtlichen Gemeinschaft* machen den *Humus* und die *Graswurzeln* der lokalen Demokratie aus. Nachdem die Verfechter des *NSM* in dessen Frühphase (etwa mit der

---

schäftsbereichsleitung" (d.h. die früheren Dezernenten) dem zuständigen Ausschuss und die „Geschäftsführung" (d.h. die Politik- und Verwaltungsspitze) der Kommunalvertretung berichtet. Die Berichte sollen sich möglichst auf Kennzahlen und Fakten stützen, enthalten jedoch auch qualitative Erläuterungen und Einschätzungen. Vgl. dort auch das Beispiel der Stadt *Detmold*.

kruden Was- und Wie-Daumenregel) diese kommunal*politischen* und *-normativen* Zusammenhänge und Prämissen weitgehend ignoriert hatten, werden diese von ihnen inzwischen berücksichtigt.[29] Gleiches müsste aber auch für eine überspitzte Variante des *politisch-parlamentarischen* Modells gelten.

Sind einerseits gute verfassungspolitische und -normative Gründe dafür zu nennen, dass die kommunalen Alltagsfragen weiterhin zum Aufgabenfeld und Rollenverständnis der Kommunalvertretung und ihrer Mitglieder gehören, sollten die Kommunalvertretungen andererseits (um zum Ausgangspunkt dieses Abschnitts zurückzukehren) die Einsicht beherzigen, dass ihre Handlungsfähigkeit als oberstes Entscheidungs- und Kontrollorgan der Kommune wesentlich davon abhängt, ob es ihr – im Sinne einer kommunalpolitischen Selbstbeschränkung und Zurückhaltung (self-restraint) – gelingt, sich auf die *großen* Fragen zu konzentrieren und die Beschäftigung mit den *kleinen* Fragen auf das dringendste Minimum zu beschränken.

Angesichts der Kumulierung von Aufgaben und Rollen, die einerseits aus dem *politisch-demokratisch-parlamentarischen* und andererseits aus dem neuen *Steuerungs- und Managementmodell* folgen, sehen sich die Kommunalvertreter gestiegenen *Qualifikationsanforderungen* und -erwartungen gegenüber. Erwiesen sich die als ehrenamtliche „Feierabend- und Amateurpolitiker" agierenden Kommunalvertreter schon in der Vergangenheit als vielfach (nicht zuletzt zeitlich) überfordert, neben den Aufgaben des kommunalpolitischen Alltags die eher strategischen Entscheidungs- und Kontrollaufgaben wahrzunehmen, so werden die Anforderungen an Qualifikation und Zeitbudget der Kommunalvertreter durch die Einführung der (betriebswirtschaftlichen) Managementstrukturen und -verfahren noch wesentlich komplexer und anspruchsvoller.

Schon in den 70er Jahren wurden Schritte unternommen, mit denen eine *Professionalisierung* der Kommunalvertreter durch Schulung und Fortbildung und eine Stärkung der fachlichen Kompetenz der Kommunalvertretungen und ihrer Fraktionen, zumindest in den Großstädten, durch deren Ausstattung mit hauptamtlichen Mitarbeitern und Assistenten angestrebt wurde. Während die Schulung und Qualifizierung der Kommunalvertreter derzeit mancherorts – als Teil der Einführung des NSM – verfolgt wird, ist der weitere Ausbau von die Kommunalvertretungen und die Fraktionen unterstützenden Personalstäben – vor dem Hintergrund der kommunalen Budgetnöte – kaum zu beobachten (und auch wenig wahrscheinlich) (Brandel u.a. 1999, S. 35ff.).

2.2. Haushalts-/Budgetverfahren

Das traditionelle deutsche Budgetverfahren zeichnet sich – institutionengeschichtlich bedingt – vor allem durch die folgenden Besonderheiten aus:

---

29 So betont die KGSt in ihrem „Politiker-Handbuch zur Verwaltungsreform" (KGSt 1996a), dass die Kommunalvertretung nach wie vor alles aufgreifen könne, was ihr wichtig erscheine (vgl. auch Brandel u.a. 1999, S. 75).

- Der vom Parlament beschlossene Haushaltsplan beschränkt sich auf die Festlegung der Ausgaben (neuerdings sog. Input-Orientierung), verzichtet jedoch darauf, Aussagen über die mit den Ausgaben angestrebten bzw. zu erreichenden Ziele (Leistungen, Wirkungen, Outputs) zu treffen.
- Die vom Parlament beschlossenen Ausgaben stellen haushaltsrechtlich eine Ermächtigung der Verwaltung, die festgelegten Ausgaben zu tätigen, aber keine Verpflichtung dar (Pünder 1998, S. 65).
- Die Parlamente legen die Ausgaben in tiefgegliederten, detaillierten Haushaltstiteln fest. In der Vergangenheit kannte die kommunale Budgetpraxis durchaus Ansätze, um diese traditionellen Grenzen der budgetären Festlegungen zu überwinden.

Insbesondere ist daran zu erinnern, dass schon nach bisherigem Haushaltsrecht die Kommunalvertretung auf Grund ihres Budgetrechts mit der Verabschiedung der Haushaltssatzung – neben dem eigentlichen Haushaltsplan und den sonstigen rechtlich vorgeschriebenen Bestandteilen – auch „weitere Vorschriften" beschließen kann, die sich auf die Einnahmen und Ausgaben beziehen – freilich in den Grenzen des sog. „Bepackungsverbots" (Wolf-Gegerbekermeier 1999, S. 422). Zudem können „Erläuterungen" zum Haushaltsplan mit Aussagen über die von der Kommunalvertretung angestrebten Zielen beigefügt werden. Indessen kann die Kommunalvertretung mit derartigen budgetären Begleitbeschlüssen und -festlegungen die Erwartung einer politischen Verbindlichkeit für die Verwaltung verknüpfen; eine haushaltsrechtliche Verbindlichkeit erzeugen solche flankierenden Beschlüsse nicht.

Auch die Neukonzipierung des Budgetverfahrens als Kernstück des NSM – mit Output- und Globalbudgetierung als ihren Schlüsselkonzepten – wird von dem der Dualisierung des kommunalen Zuständigkeitsmodells eigentümlichen Doppelziel geleitet:

Auf der einen Seite soll die Steuerungs- und Kontrollkompetenz und -macht der Kommunalvertretung dadurch gestärkt werden, dass die bisherige, auf die Festlegung und Ermächtigung der Ausgaben beschränkte (Input-) Budgetierung um die Aussage zu den mit den Mitteln zu erreichenden Zielen entscheidend erweitert wird (Output-Budgetierung). Mit dieser Konkretisierung der mit der Mittelbewilligung angestrebten Handlungsziele soll die Steuerungs- und zugleich die Kontrollfähigkeit des Parlaments gegenüber der Verwaltung verstärkt werden. Dadurch, dass – mit der Entwicklung der Produkte zum entscheidenden Träger der relevanten Kosten- und Leistungsinformationen – auch die im Budget festgelegten Leistungsziele (Outputs) als Produkte definiert und der Haushalt insgesamt als Produkthaushalt dargestellt werden sollen, soll der Budgetierungsprozess zum einen vorab (ex ante) der genaueren Explizierung und Konkretisierung der von der Kommunalvertretung politisch gewollten Ziele (Zielkonkretisierung) und zum andern durchführungsbegleitend oder nachträglich (ex post) der Vollzugs- und Leistungskontrolle der Verwaltung durch die Kommunalvertretung (Zielerreichungskontrolle) dienen. Gleichzeitig soll erreicht werden, dass die im Haushaltsplan gemachten Festlegungen der Ziele (Outputs) für die Verwaltung dadurch verbindlich gemacht werden, dass (worauf weiter unten zurückzukommen ist) politische Kontrakte bzw. Zielvereinbarungen zwischen der Kommunalvertretung und der Verwaltungsspitze geschlossen werden.

Auf der anderen Seite soll der eigenständige Entscheidungs- und Gestaltungsspielraum der Verwaltung durch die Globalbudgetierung erweitert werden, in der die Kommunalvertretung auf die traditionelle Detailsteuerung (in Form tiefgegliederter Ausgabenbewilligungen) verzichtet und ihren Steuerungs- und Kontrollanspruch in Gestalt inhaltlich breiterer Bewilligungen (Input) – in Verbindung mit Zielaussagen (Output) – geltend macht. Zweifellos ist das innerhalb des NSM vorgeschlagene veränderte Budgetierungsverfahren insbesondere vermöge seiner Output-Orientierung grundsätzlich geeignet, die Steuerungs- und Kontrollfähigkeit der Kommunalvertretung gegenüber der Verwaltung – und zwar ex-ante, begleitend (on-going) und expost – zu erhöhen.

Gegenüber der Globalbudgetierung jedoch sind ernsthafte verfassungs- und haushalts-rechtliche, aber auch institutionenpolitisch-normative und kommunalpolitische Bedenken dann anzumelden, wenn bei dieser dazu übergegangen wird, die Verwaltung und ihre Organisationseinheiten weitgehend von den Haushaltsgrundsätzen der sachlichen und zeitlichen Spezialität, der jährlichen Bindung und des Bruttoprinzips freizustellen. Bei diesen Überlegungen ist es – zumal angesichts der stattgefundenen Parlamentarisierung und der fortgeschrittenen Profilierung der Kommunen als politisch-parlamentarisches Modell – gerechtfertigt und geboten, die für die Parlamente auf Bundes- und Landesebene verfassungsrechtlich und -politisch geltenden Grundsätze auch auf die Kommunalvertretungen – neben spezifischen kommunebezogenen Argumenten – anzuwenden. Zwar dürfte (kommunal) verfassungsrechtlich davon auszugehen sein, dass die Globalbudgets, für die mehrere Bundesländer inzwischen entsprechende Öffnungsklauseln und Ausnahmeregeln geschaffen haben, sich auf verfassungsrechtlich zulässigem, insbesondere durch Art. 28 Abs. 1, Satz 2 GG abgedeckten Terrain bewegen (Oebbecke 1998, S. 855ff.). Jedoch würden durch eine weitgehende Globalisierung der Haushaltstitel sowie eine deutliche Erweiterung der gegenseitigen Deckungsfähigkeit und der Übertragbarkeit von Haushaltsansätzen die Kompetenzen der Exekutive beim Haushaltsvollzug in einem Maße erweitert und umgekehrt die politischen Steuerungs- und Kontrollmöglichkeiten der Parlamente in einem Umfang beschnitten, der verfassungsrechtlich ebenso wie -politisch bedenklich wäre (Linck 1997, S. 1ff.); der mit der „Globalisierung" der Bewilligung vollzogene weitgehende Verzicht der Kommunalvertretung auf eine (ex ante) Steuerung der Ausgaben wäre mit der Budgethoheit und -verantwortung, die für die kommunalverfassungsrechtliche und -politische Stellung der Kommunalvertretung als konstitutiv anzusehen ist (Mäding 1997, S. 1), und insbesondere mit dem zentralen Haushaltsgrundsatz der Spezialität der Ausgabenfestlegung (Wallerath 1997, S. 65), kaum vereinbar. Man denke an das Beispiel von Infrastrukturinvestitionen, wo innerhalb eines Globalbudgets der Verwaltung "pauschal" eine bestimmte Summe – etwa für Straßenbau – bewilligt würde und die Entscheidung darüber, welche Straßen wo und wann gebaut werden, völlig der Verwaltung überlassen bliebe.

In diesem Zusammenhang erscheint als fraglich, ob die Einbuße an kommunalpolitischer ex-ante Steuerung, die die Kommunalvertretung durch solche „globalisierte" Bewilligung erlitte, dadurch wettgemacht („kompensiert") würde, dass die Kommunalvertretung vermöge der Festlegung von Zielvorgaben das Controlling-Verfahren insbesondere für eine ex-post Kontrolle in die Hand bekäme. Zum einen stecken diese Controlling-Systeme noch in den Anfängen. Zum andern käme die ex-post-Kontrolle unter Umständen zu spät. Das Kind wäre bereits in den Brunnen gefallen.

2.3. Politische Kontrakte, Zielvereinbarungen, Aufträge

Im Gefolge der *New Public Management*-Bewegung ist auch die Vorstellung und Figur des *Kontraktes* bzw. der *Zielvereinbarung* als strategische und instrumentelle Komponente in das *NSM*-Konzept übernommen worden (Stöbe 1998, S. 326f.). Aus der Sicht seiner Verfechter dürfte der konzeptionelle Charme (abgesehen von seiner angelsächsischen Herkunft) insbesondere darin liegen, dass damit eine dem privaten Sektor eigentümliche Figur der vertraglichen Beziehung (Kontrakt, Zielvereinbarung) zwischen den Akteuren (als *Auftraggeber* und *Auftragnehmer*) auf die Modernisierung des öffentlichen Sektors übertragen und die Modalität einer *kontraktuellen* Verbindlichkeit in den bislang von hierarchischer Über- und Unterordnung sowie von einseitiger Weisung geprägten öffentlichen Sektor eingebracht werden.

Hierbei kann eine Kaskade solcher Vereinbarungen unterschieden werden:

- *politische Kontrakte* zwischen *Politik und Verwaltung*, d.h. zwischen dem Parlament und der Verwaltung/Regierung/Verwaltungs-/Regierungsspitze,
- *Managementkontrakte* zwischen Verwaltungsführung und den einzelnen Verwaltungseinheiten (Dezernaten/Fachbereichen, Abteilungen, Ämtern),
- *Servicekontrakte* zwischen den Verwaltungseinheiten und
- in Form von *Mitarbeitergesprächen* zwischen Vorgesetzten und Mitarbeitern (Wolf-Hegerbekermeier 1999, S. 419).

Die nachstehenden Ausführungen sollen sich im Wesentlichen auf die *politischen Kontrakte* konzentrieren.

Wie im Zusammenhang mit der Budgetierung bereits erwähnt, wird auch mit dem *politischen Kontrakt*, der – mit Bezug auf die Kommunen – als zwischen Kommunalvertretung und Verwaltungsspitze zu schließende „verbindliche Leistungsvereinbarungen (Kontrakte) für einen bestimmten Zeitraum" (KGSt 1996b, S. 20f.) definiert worden ist, jenes der *Dualisierung* eigentümliche Doppelziel verfolgt:

Der Stärkung der Steuerungs- und Kontrollressourcen des Parlaments (und als Ausgleich für dessen mit dem Globalbudget geleisteten Verzicht auf Detailsteuerung im Haushaltsverfahren) soll der *politische Kontrakt* bzw. die *Zielvereinbarung* vor allem dadurch dienen, dass die im geltenden Haushaltsrecht bestehende „Verbindlichkeitslücke", wonach die Festlegungen im Haushalt die Verwaltung zwar ermächtigen, aber nicht verpflichten, geschlossen wird. Aber auch außerhalb des Haushaltsverfahren soll der *politische Kontrakt* bzw. die *Zielvereinbarung* dem Parlament erlauben, mit der Verwaltung/Regierungs- bzw. Verwaltungsspitze Absprachen über die Handlungsziele *(outputs)*, Zeit- und Finanzrahmen usw. zu treffen. Auf der anderen Seite soll der *politische Kontrakt* die Handlungsfähigkeit und -sicherheit der Verwaltung dadurch stärken, dass sich das Parlament gegenüber der Verwaltung/Verwaltungsspitze für einen bestimmten Zeitraum zu bestimmtem Handeln oder Unterlassen verpflichtet, etwa von Haushaltssperren im laufenden Haushaltsjahr abzusehen oder (im Rahmen des *NSM)* eine neue, die Kommunalvertretung auf die *großen* Leitungsentscheidungen verweisende und beschränkende Zuständigkeitsverteilung zu beachten, also insbesondere auf Einzeleingriffe in die laufende Verwaltung zu verzichten.[30]

Hinsichtlich der rechtlichen Einordnung der (in der angelsächsischen Vorstellungs- und Politikwelt entstandenen) Figur des *politischen Kontraktes* in die deutsche Rechts- und Institutionenwelt besteht noch verbreitet Unsicherheit. Weitgehende Übereinstimmung herrscht indessen darüber, dass es sich – innerhalb der Dogmatik und des Repertoires des deutschen Rechts – weder um einen öffentlich- noch einen privatrechtlichen Vertrag handelt. Teilweise wird von „Quasi-Verträgen", teilweise von „informellen Absprachen" gesprochen (Pünder 1999, S. 67, 68ff.).[31] Die fast einhellige Schlussfolgerung lautet, dass die *politischen Kontrakte* und *Zielvereinbarungen* jedenfalls keinerlei (staats-, kommunal-, haushalts- usw.) *rechtliche* Verbindlichkeit besitzen, sondern ihre Verbindlichkeit in der *politischen* (Selbst-) Verpflichtung der Beteiligten und in deren Befolgungsbereitschaft gründet.[32]

Da sich der Begriff des *politischen Kontrakts* damit als eine *facon de parler* erweist, die eine (dem politischen System und Handeln auch ansonsten

---

30 Vgl. hierzu Brandel u.a. 1999, S. 31ff., mit dem Beispiel eines in der Stadt Husum zwischen der Stadtverwaltung und der Kommunalvertretung geschlossenen „Kontraktes", in dem es u.a. heißt: „Die gewählten Vertreter setzen die Ziele (u.a. Entscheidung über Leistung und Finanzziele) und kontrollieren die Verwaltung. Die Verwaltung hat die Aufgabe, die Politik hierbei zu unterstützen. Im Übrigen erreicht sie die vorgegebenen Ziele selbständig und ohne politische Detailaufsicht".

31 In einem ähnlichen Verständnis werden die Kontrakte innerhalb der Verwaltung (Management-, Servicekontrakte) als Spielarten „informalen Verwaltungshandelns" bezeichnet (Wolf-Hegerbekermeier 1999, S. 423).

32 Vgl. KGSt 1996b, S. 26: „Diese Selbstbeschränkung der Politik .... hat keine rechtliche Verbindlichkeit" (Vgl. auch Pünder 1998, S. 67). Gleiches gilt – nach holländischem Recht – für das „Leitmodell" Tilburg: Obwohl man von Kontrakt spreche, könne „davon im juristischen Sinn keine Rede sein", es gehe „mehr um die Absprache zwischen zwei Parteien" (Schrijvers zit. nach Wallerath 1997, S. 61).

geläufige) Form der *politischen Selbst- und Fremdbindung* politischer Akteure umschreibt, liegt die Frage nach *Sinn oder Unsinn* seiner weiteren Verwendung in der deutschen Politikwelt nahe. Zwar mag es sein, dass in den angelsächsischen Ländern, wie oben bereits angetippt, mit ihrer politik- und verwaltungsgeschichtlich „staatslosen" (*stateless*) Politik- und Verwaltungstradition und mit ihren fließenden konzeptionellen und institutionellen Übergängen zwischen öffentlichem und privatem Sektor auch der *contractualism* ziemlich umstandslos nicht nur auf die öffentliche Verwaltung, sondern auch auf das Verhältnis von Volksvertretung und Verwaltung übertragen werden kann (obgleich die Vorstellung, das britische Unterhaus – der Erzwahrer der *parliamentary sovereignity* – könnte sich dazu verstehen, mit der Regierung einen „contract" zu schließen, geradezu abenteuerlich und mit Sicherheit falsch wäre). Auch mag die Politik- und Verwaltungswelt der *Schweiz* vermöge ihrer ausgeprägt *konkordanz*demokratischen Tradition die Übernahme und Anwendung von *Kontrakten* auch im Verhältnis von Parlament und Regierung erleichtern (Brühlmeier u.a. 1998, S. 302; Wollmann 1998d). Jedoch ist in der kontinentaleuropäischen, jedenfalls in der deutschen Politik- und Verwaltungstradition davon auszugehen, dass es mit dem verfassungsrechtlichen und -politischen Status des Parlaments als obersten Verfassungsorgans nicht in Einklang zu bringen wäre, wenn dieses mit der Regierung über die Ausübung seiner Verfassungsrechte „Vereinbarungen" schlösse, die zwar der verfassungs*rechtlichen* Qualität entbehrten, aber immerhin den Charakter wechselseitiger politischer Selbstverpflichtung trügen. Aus dem überlegenen Verfassungsrang des Parlaments folgt vielmehr, dass dieses der Regierung in Form *einseitiger* Weisungen und *Aufträge* und (schwächer) auch Ersuchen gegenübertritt, deren Befolgung es *politisch* sicherstellt und deren Nichterfüllung es *politisch* – als *ultima ratio* mit dem Sturz der widerspenstigen Regierung – sanktioniert. Für *Paktieren* und *Kontraktieren* des Parlaments mit der Regierung lassen die Grundsätze der Gewaltenteilung und der Verfassungsstatus der parlamentarisch verantwortlichen Regierung verfassungsrechtlich und verfassungspolitisch keinen Raum (Wallerath 1997, S. 62). Dies gilt für die Bundes- und Landes-, aber (*mutatis mutandis*) auch für die kommunale Ebene. Auch die Direktwahl des Bürgermeisters/Landrats, mit der dieser – als lokale Variante eines *parlamentarisch-präsidentiellen* Regierungssystems – einen der Kommunalvertretung hinsichtlich der demokratischen Legitimation ebenbürtigen Status erhält, dürfte die Triftigkeit des die *politischen Kontrakte* verfassungsrechtlich abwehrenden Arguments nicht mindern.

Aber auch *modernisierungsstrategische* und *-politische* Gründe sprechen dafür, den Begriff des *politischen Kontraktes*, und sei es nur als *facon de parler*, zu vermeiden und stattdessen den (der Praxis des Umgangs zwischen Parlament und Regierung durchaus geläufigen) Begriff des (parlamentarischen) *Auftrags* zu verwenden. Birgt doch die Rede vom *politischen Kontrakt* oder auch von *Zielvereinbarung* die Gefahr, dass diese Begriffe bei den politischen Akteuren irreführende Assoziationen und Vorstellungen wecken.

Wie Beobachtungen zeigen, suggeriert der Ausdruck *Kontrakt* den Parlamentariern nicht selten die Vorstellung, als handle es sich um ein „völlig neues" parlamentarisches Steuerungs- und Kontrollmittel. Diese Fehleinschätzung lässt sie leicht aus dem Blick verlieren, dass die Parlamente längst über Verfahrensregelungen verfügen, um die Regierung – im Wege von parlamentarischen Aufträgen (z.B. Berichtsaufträge) und Beschlussfassungen (etwa im Rahmen der Haushaltsaufstellung) – auf bestimmtes Handeln festzulegen und zumindest politisch zu verpflichten, und enthebt sie überdies der Einsicht, dass ihre Ohnmacht gegenüber der Regierung weniger von dem Fehlen geeigneter Verfahrensregelungen, sondern von dem Unvermögen und den Selbst-Blockaden der Parlamente (Regierungsmehrheit versus Oppositionsminderheit, mangelnde personelle und qualifikatorische Ressourcen usw.) herrührt, von den bestehenden Rechten wirksam Gebrauch zu machen. Aber auch auf der Regierungsseite gibt die Rede vom *politischen Kontrakt* der Fehldeutung Nahrung, dieser eröffne dem Parlament eine ganz neue, von der verfassungsrechtlichen Grundfigur der Gewaltenteilung nicht mehr gedeckte Einmischung in die Domäne von Regierung und Verwaltung; dabei wird übersehen, dass solche parlamentarischen Einwirkungen über die Instrumente der parlamentarischen Aufträge, Beschlüsse usw. längst möglich und auch Praxis sind.

Auch wenn mithin einerseits eine Reihe von *rechtlichen*, aber auch institutionen*politischen* Überlegungen nahe legt, auf die Begriffe und Figuren von *politischem Kontrakt* und *Zielvereinbarung* im Verhältnis von Parlament/Kommunalvertretung und Regierung/Kommunalverwaltung/-verwaltungsspitze zu verzichten, so kann andererseits nicht ignoriert werden, dass die politische Praxis, nicht zuletzt auf der kommunalen Ebene, der *funktionalen Figur* von Vereinbarungen zwischen Kommunalvertretung und Verwaltung/Verwaltungsspitze, sei es unter der Bezeichnung *politischer Kontrakt* oder *Zielvereinbarung*, in wachsendem Umfang Gebrauch macht, wobei von beiden Seiten der Handlungsgewinn offenbar vor allem in der *beiderseitigen* Verpflichtung und der hieraus rührenden *beiderseitigen* Handlungssicherheit gesehen wird. Einer solchen handlungsstrategisch innovativen (kommunalen) Politik- und Verwaltungspraxis, deren institutionenpolitische Vorteile von den beteiligten Akteuren offenbar höher eingeschätzt werden als ihre Nachteile, sollte der „warnend erhobene juristische Zeigefinger" zunächst nicht im Wege stehen. Ist doch der Verwaltungs-, aber auch der Verfassungspraxis *informales Handeln* seit langem geläufig, mit dem die politisch-administrative Praxis noch fortbestehende Inflexibilitäten formaler Regelungen zur Erreichung bestimmter Handlungsziele zu überwinden sucht und das in der Verwaltungspraxis, etwa im Vollzug des Umwelt- und des Städtebaurechts, mitunter die Grauzone „pragmatischer Illegalität" (F. Wagener 1979) erreicht. So könnte das Vordringen der *politischen Kontrakte* und *Zielvereinbarungen* zwischen Kommunalvertretung und Kommunalverwaltung/-spitze als eine Zone *informalen Handelns* erkannt und anerkannt werden, in der die kommunalen Akteure um der Erhöhung oder Sicherung ihrer Handlungsfähigkeit willen neue (verfassungsrechtlich nicht unproblematische) Wege einschlagen.

2.4. Politische Verantwortung der Verwaltungsspitze

Während die Entwicklung des kommunalen Verfassungs- und Zuständigkeitsmodells im Verhältnis zwischen Kommunalvertretung und Kommunalverwaltung von einer *Dualisierung* und (in dem von uns vertretenen Verständnis) *Parlamentarisierung* bestimmt war, war die kommunale Politik- und Verwaltungswelt hinsichtlich der Institutionalisierung ihrer Politik- und Verwaltungsspitze von einer *Monokratisierung* gekennzeichnet. Diese war bekanntlich – innerhalb der institutionellen Vielfalt der Kommunalverfassungen, die sich nach 1945 die neugebildeten Länder gaben – zunächst in Bayern und Baden-Württemberg (mit direkt gewählten Bürgermeistern) und in Rheinland-Pfalz (mit von der Kommunalvertretung gewähltem Bürgermeister) ausgeprägt, während sich unter den Kommunalverfassungen der Länder Nordrhein-Westfalen und Niedersachsen eine „Doppelspitze" (bestehend aus Bürgermeister als aus deren Mitte gewähltem Vorsitzenden der Kommunalvertretung und Stadtdirektor als von der Kommunalvertretung bestelltem Verwaltungschef) entwickelte (Knemeyer 1998; Wollmann 1998c, S. 409ff.). In der jüngsten Runde der Kommunalverfassungsreform wurde die *monokratische* Institutionalisierung der Politik- und Verwaltungsspitze in Gestalt des direkt gewählten Bürgermeisters – und damit die lokale Variante eines *parlamentarisch-präsidentiellen Systems* – in allen Flächenländern eingeführt.

Die damit auf die *monokratische* Politik- und Verwaltungsspitze konzentrierte *politische Verantwortlichkeit* für die Verwaltung ist in zweifacher, unterschiedlich akzentuierter Weise gegeben:

– zum einen gegenüber der Bevölkerung, die ihn als „kommunalem Volkssouverän" unmittelbar gewählt hat; unmittelbar „zur (politischen) Rechenschaft" ziehen kann sie ihn allerdings nur im Falle seiner erneuten Kandidatur sowie in den Ländern, die das Abwahlverfahren (*recall*) eingeführt haben (alle Flächenländer außer Baden-Württemberg und Bayern), im Wege eines entsprechenden Bürgerentscheids;
– zum andern gegenüber der Kommunalvertretung; freilich ist sie – in der lokalen Variante eines *parlamentarisch-präsidentiellen* Systems – darauf verwiesen, die politische Verantwortlichkeit der Politik- und Verwaltungsspitze mittelbar, etwa im Wege der Haushaltsberatungen und -entscheidungen, einzufordern und in den Ländern, die das Abwahlverfahren vorgesehen haben, auf Grund des ihnen eingeräumten Initiativrechts ein Abwahlverfahren durch Bürgerentscheid einzuleiten.

Zwischen der *Monokratisierung* der kommunalen Politik- und Verwaltungsspitze, die im *Außenverhältnis* der Verwaltung gegenüber dem „lokalen Volkssouverän" und der Kommunalvertretung von einer entsprechenden *Mo-*

nopolisierung der *politischen Verantwortung* für die Verwaltung beim Politik- und Verwaltungschef begleitet ist, einerseits und organisatorischen Grundmaximen des *Neuen Steuerungsmodells* andererseits sind schwerwiegende Spannungen zu erkennen.

So zielt der *NSM*-Imperativ der (verwaltungsinternen) *dezentralen Ressourcenverantwortung* darauf, das traditionelle Nebeneinander von Querschnitts- und Fachverwaltungen – als eine Variante „doppelter Unterstellung" und Kontrolle des Verwaltungshandelns – abzuschaffen und die Facheinheiten (unter Umständen bis auf Sachbearbeiterebene) mit einem weiten Entscheidungs- und Verfügungsspielraum über personelle, sächliche und auch investive Mittel auszustatten. Auch wenn der Rückzug der Verwaltungsspitze aus dem bisherigen System hierarchisch abgestufter, enger Kontrollspannen vom Aufbau eines *Controlling*-Systems mit seinen *Rückmeldeschleifen* sowie vom Abschluss von (verwaltungsinternen) *Kontrakten* bzw. *Zielvereinbarungen* begleitet und steuerungsstrategisch wettgemacht werden soll, öffnet sich unverkennbar eine kommunal*rechtlich* wie *-politisch* problematische Lücke und Diskrepanz zwischen der *politischen* Grundmaxime der *externen* kommunal*politischen* Verantwortlichkeit des Politik- und Verwaltungschefs und dem *managerialistischen* Imperativ verwaltungs*interner* Zuständigkeits- und Verantwortungsdelegation und Flexibilisierung.

Ein ähnliches Spannungsverhältnis zeichnet sich in der Verwirklichung jener Elemente der *NSM*-Strategie ab, die auf eine möglichst weitgehende *Ausgründung* und *Auslagerung* von kommunalen Aufgabenfeldern – am ausgeprägtesten als Überführung der Kommunen in eine „Konzernstruktur" – zielen (Richter 1998). Wie die Diskussion um die Schwierigkeiten der „Beteiligungssteuerung" zeigt, stellt die hierdurch ausgelöste (zentrifugale) Eigendynamik *ausgelagerter* Kommunalaufgaben und *Beteiligungen* den (aus verfassungsrechtlichen und -politisch-normativen Gründen nicht zur Disposition stehenden) Grundsatz der *externen* politischen Verantwortung des *monokratischen* Politik- und Verwaltungschefs ernsthaft in Frage.

2.5. Bürger und Verwaltung

Obgleich das Verhältnis von Bürger und Verwaltung durch die jüngste Welle der *direktdemokratischen* Aufrüstung der kommunalen Politik- und Verwaltungswelt besondere Aufmerksamkeit verdient, soll und kann es in diesem Aufsatz, der das Verhältnis zwischen Kommunalvertretung und Kommunalverwaltung in den Mittelpunkt rückt, nur noch gestreift werden.

In ihrer frühen Phase lief die Diskussion um das *NSM* durch ihre vorrangig *betriebswirtschaftlich* bestimmte Sichtweise und Fokussierung auf *manageriale* Verfahren und Instrumente Gefahr, die Kommune auf ein *ökonomischer Rationalität* gehorchendes *Managementsystem* zu reduzieren, die Kommunal*politik* aus diesem sozusagen „hinauszudefinieren" und den Bürger folgerichtig im Wesentlichen auf die Rolle eines *Kunden* von Verwaltungsleistungen zu verkürzen. Ähnlich wie die betriebswirtschaftlich-manageriale Engführung (einschließlich der problematischen Grobunterscheidung zwischen Was- und Wie-Zuständigkeiten) den gewählten Kommunalvertreter in seiner *politischen* Vertretungsfunktion zu beschneiden tendierte, läuft dies – zumal mit ihrer kupierten Wahrnehmung des Bürgers als *Kunden* – darauf hinaus, seine kommunal*politische* Rolle und damit die Legitimität des Modells der kommunalen Selbstverwaltung und lokalen Demokratie insgesamt zu beschädigen (vgl. etwa Siedentopf 1998, S. 67; von Kodolitsch 1996, S. 174; Wollmann 1998c, S. 235ff.) – und dies in einer Phase, in der, wie der Siegeszug der direktdemokratischen Teilhaberechte verdeutlicht, die *politisch-demokratischen* Konturen der kommunalen Politik- und Verwaltungswelt unübersehbar geschärft worden sind.

Ihre frühe *betriebswirtschaftlich-manageriale* Engführung hat die *NSM*-Bewegung inzwischen selbst weitgehend verlassen und korrigiert, indem auch in ihrem *mainstream* die *politische* Dimension der Kommune als *politische Bürgergemeinde* betont und die Bürger in ihrer *politischen* (staatsbürgerlichen *Citoyen-*) Rolle und als maßgebliche Subjekte und Objekte der Verwaltungsmodernisierung hervorgehoben werden. Dabei verdienen die Aktivitäten des 1998 gegründeten Netzwerkes *Kommunen der Zukunft* vor allem mit Blick auf das Verhältnis von Bürger und Verwaltungsmodernisierung Beachtung (Bogumil/Vogel 1999).

3. Zusammenfassung

Abschließend sollen einige zusammenfassende Schlussfolgerungen aus den beiden Argumentationsschritten dieses Aufsatzes formuliert werden.

3.1. Die verwaltungspolitische Modernisierungswelle der 90er Jahre

Vor dem Hintergrund und unter der Einwirkung einer geradezu singulären Konstellation von Bestimmungsfaktoren ist die Verwaltungswelt der Bundesrepublik in den 90er Jahren, zumal auf der kommunalen Ebene, von einer tiefgreifenden Veränderungs- und Modernisierungs*welle* ergriffen worden. Das Tempo und Ausmaß dieser Veränderungen werden vollends sichtbar, wenn man sie, wie in *Tabelle 2* (mit der einer solchen Schematisierung innewohnenden Gefahr der idealtypisierenden Überspitzung und Vereinfachung), verdichtet und „zusammenschaut". Hierbei scheint die Veränderungsdynamik wesentlich dadurch bestimmt, dass *neue*, den 90er Jahren spezifische Veränderungen mit solchen zusammentreffen und sich verbinden, die bereits – eher inkremental und „schleichend" – im Gange waren und in der „katalysierenden" Konstellation der 90er Jahre eine „synergetische" Wirksamkeit gewannen.

Auch wenn die Modernisierungswelle inzwischen ihren ursprünglichen Schwung eingebüßt und die konzeptionelle und diskursive Wucht des *Neuen Steuerungsmodells* – zumindest in dessen (modellpuristischer) Zuspitzung und betriebswirtschaftlicher Engführung – ihren Zenit (insoweit dem Zyklus der *Planungsdiskussion* der 60er und frühen 70er Jahre nicht unähnlich) erreicht und überschritten zu haben scheint, kann kein Zweifel daran bestehen, dass in der deutschen Verwaltung in den 90er Jahren eine tiefreichende Veränderung in Gang gekommen ist. Wie immer es mit dem *Neuen Steuerungsmodell* als bisheriger Generallinie und -melodie der neueren Verwaltungsmodernisierung weitergehen mag, die Prinzipien des *Managerialismus* und der *Kostentransparenz* haben kaum umkehrbar prägenden Einfluss auf die deutsche Verwaltungswelt gewonnen und damit die traditionelle Dominanz des Typus einer primär rechtsregelgesteuerten, hierarchisch vollziehenden und gewissermaßen kostenblinden Verwaltung korrigiert und überwunden. Allein darin wären eine tiefgreifende *Metamorphose* des überkommenen deutschen Verwaltungssystems und das verwaltungshistorische Verdienst des Neuen Steuerungsmodells als maßgeblicher Auslöser und Treibsatz dieser Entwicklung zu erkennen.

Tabelle 1: Staat

Phasen *Analy*tische Dimension	60er und frühe 70er Jahre	90er Jahre
Internationalisierung der Wirtschafts- und Finanzmärkte	fortschreitend (Multinationale Unternehmen)	weit fortgeschrittene Verflechtung (*Globalisierung*) der Finanz- und Warenmärkte, transnationale „Mega-Mergers", wachsende Dominanz des *Shareholder value*-Regimes des *amerikanischen Kapitalismus*
Europäische Integration	fortschreitend	weit fortgeschritten (z.B. Währungsunion seit 1.1.1999)
international dominierender Diskurs zu Staatsfunktionen u. -aufgaben	aktiver Sozial- und Interventionsstaat (*sozialdemokratisches Modell*)	retraktiver, auf *Kernaufgaben* beschränkter Staat (lean state, minimal state), (*neo-liberales Modell*)
wirtschaftliche Rahmenbedingungen	stetiges Wirtschaftswachstum, Vollbeschäftigung	strukturelle Wirtschaftskrise, Dauerarbeitslosigkeit
fiskalische Rahmenbedingungen	günstig, fiskalische „Wachstumsdividende"	ungünstig, in der Schere zwischen *angebotspolitischer* Steuersenkung und fortgesetztem Ausgabendruck
Staatsschulden	moderat	steil ansteigend, insbesondere als fiskalische Folge der Deutschen Einigung
Deutsche Einigung	---------	singuläre politische, administrative, finanzielle, wirtschaftliche usw. Herausforderung der *alten* Bundesrepublik, umfassende *Systemtransformation* Ostdeutschlands durch *Beitritt/Integration*
Wirtschaftsmodell	soziale Marktwirtschaft („*rheinischer Kapitalismus*")	Globalisierung des *rheinischen Kapitalismus* durch Eindringen von Elementen des *amerikanischen Kapitalismus* (u.a. Shareholder value, Deregulierung der Arbeitsbeziehungen)

Zwischen Management- und Politiksystem

„Staats-Gesellschafts"-Modell	Staat tritt Gesellschaft hoheitlich anordnend gegenüber („Hoheitsstaat")	Staat interagiert mit Gesellschaft „verhandelnd" und setzt auf „gesellschaftliche Selbststeuerung", Verhandlungsstaat, (spätmoderner) funktionaler Staat
Verfassungstradition	Ausgeprägte Variante des (klassischen kontinentaleurop.) Gesetzes- u. Rechtsstaats (rechtsstaatlicher Etatismus)	Infragestellung und Erosion durch angelsächsisches Verfassungsmodell (civil culture-Tradition)
Demokratiemodell	Dominanz der repräsentativdemokr.-parlamentarischen Sturkturen und Verfahren	Vordringen direktdemokr. Verfahren (Direktwahl von Bürgermeister, Referenden)
Staatsaufgabenmodell	expansiv, Ausdehnung der Rechts-, Infrastruktur-, Wirtschafts-, Sozial-, politischen Staatsaktivitäten, steigende Staatsausgabenquote (60er Jahre: unter 40%, 1975: knapp über 50%), (Interventionsstaat)	retraktiv, Rückzug auf Kernaufgaben, Gewährleistungs-(enabling) Funktion, Staatsausgabenquote angestrebt: 45% (langfristig 40%?), Schlanker Staat (CDU), Aktivierender Staat (SPD). Jedoch: (Vorübergehende) Renaissance des aktiven Sozial- u. Interventionsstaats zur ostdeutschen Systemtransformation
Nationalstaatliche Bestimmungsmacht zum Staatsaufgabenmodell	verhältnismäßig hoch – ungeachtet der politischen, wirtschaftlichen und militärischen West-Einbindung der BRD	zunehmend beeinflusst durch europ. Integration und internationale Regelungs- und Diskursregime
Eigenwirtschaftliche Tätigkeit des Staates	eher Ausdehnung als Reduzierung	entschiedener Abbau (z.B. Privatisierung von Bundesbahn u. -post), Privatisierung der DDR-Staatswirtschaft in Ostdt.
Sozialstaatsmodell	expansiver Sozialstaat, Ausweitung der staatl. Regulierung u. Vergemeinschaftung der individuellen Lebensrisiken (Rundum-Versorgungs- und Betreuungsstaat)	retraktiver Sozialstaat, (Re-)Individualisierung der individuellen Lebensrisiken und deren Kosten
Grundprämissen des sozialen Sicherungssystems	Generationenvertrag und Beitragszentrierung begründet + legitim. in Alters- bzw. Erwerbsstruktur (Vollbeschäftigung)	zunehmend erodiert und de-legitimiert durch fortschreitende Überalterung bzw. strukturelle Arbeitslosigkeit
(Sozial-)Staatsmodell tragende politisch-gesellschaftliche Koalition	expansives Sozialstaatsmodell getragen von Grundkonsens einer („großen Koalition") aus SPD, (linkem Flügel der) CDU und Gewerkschaften	konflikthafte Suche eines neuen Grundkonsenses für retraktives („modernes") Sozialstaatsmodell zwischen Modernisierern in der SPD, (mittlerer) CDU u. (Teilen der) Gewerkschaften
Akzeptanz u. Unterstützung des (Sozial)staatsmodells in der Bevölkerung/Wählerschaft	breite Legitimität und Unterstützung des expansiven (Sozial-)Staats in Bevölkerung und Wählerschaft	hinhaltender (wahlwirksamer) Widerstand und Protest der vom Aufgaben- und Ausgabenabbau betroffenen Interessen- und Klientelgruppen, ausgeprägte sozialstaatliche Sensibilität in Ostdeutschland

Tabelle 2: Verwaltung

Phasen Analytische Dimension	60er und frühe 70er Jahre	90er Jahre
Internationaler Diskurs zur Verwaltungsreform/ -modernisierung	Modernisierung durch Planungs-, Informations- und Analysekapazitäten (*„Planungseuphorie"*)	Modernisierung durch *New Public Management* („Ökonomisierung", „Verwettbewerblichung" öffentlich. Handelns) (*„Managerismus-Euphorie"*)
Europäische Integration	Geringe Einwirkung auf nationale Verwaltung	steigende Einwirkung (EU-Recht, Implementation von EU-Strukturfonds)
Fiskalpolitische Rahmenbedingungen	günstige Budgetsituation („Wachstumsdividende") fördert ausgaben*steigernde* Verwaltungsmodernisierg.	ungünstige Budgetsituation erzwingt ausgaben*senkende* Verwaltungsmodernisierung
Nationalstaatliche Bestimmungsmacht in der Verwaltungspolitik	Verwaltungspolitik nach wie vor Domäne der (national-) staatlichen Gestaltungsmacht	(National-)staatlicher verwaltungspolitischer Gestaltungsspielraum zunehmend durch Europäische Integration (EU-Normen, Implementation von EU-Strukturpolitik) und internationale Regelungs- und Diskurs*regime* beeinflusst.
Verwaltungstradition	ausgeprägte Variante des („klassischen" kontinentaleurop.) Verwaltungsmodells: primär rechtliche Steuerung, hierarchischer Vollzug, verwaltungsgerichtl. Überprüfbarkeit, Trennung von öffentl. und privatem Sektor	Infragestellung durch angelsächsisches Verwaltungsmodell (geringere Akzentuierung von rechtlicher Steuerung u. von verwaltungsgerichtlicher Überprüfung, größere Nähe von öffentlichem und privatem Sektor)
Deutsche Einigung	-------	Um- und Neubau der ostdeutschen Verwaltungsstrukturen durch (zunächst) massiven Institutionen- und Personaltransfer West-Ost, beginnende Rückwirkungen auf *alt*republikanische Institutionenwelt
Hauptstadt	-------	Verlagerung des Sitzes der Bundesregierung von Bonn nach Berlin (Umzug Herbst 1999)
Verwaltungspersonal	Überwiegen von Juristen in Führungspositionen („Juristenmonopol")	Verstärkte Besetzung von Führungspositionen durch Nicht-Juristen (Ökonomen, Sozialwissenschaftler usw.)
Verwaltungsmodernisierungsdiskurs und -praxis	intensive (insb. von Juristen, Verwaltungs- u. Politikwissenschaftlern geführte) Reformdebatte (*Planungsdiskussion*) und (vor allem *binnenstrukturelle*) Modernisierungs*welle* auf Bundes-, Länder- u. Kommunalebene	intensive (insb. von Ökonomen u. Unternehmensberatern geprägte, betriebswirtschaftlich angeleitete) Modernisierungsdebatte (*New Public Management, Neues Steuerungsmodell*) und Modernisierungs*welle* zunächst vor allem auf der Kommunalebene
Verwaltungskultur	weiterhin Dominanz „juristischen Denkens" ungeachtet des Vordringens des „politischen" (d.h. für das gesell. Problemumfeld sensiblen) Bürokraten"	Abschwächung der Dominanz des *juristischen* und Verstärkung des *wirtschaftlichen Denkens* in der Verwaltung
Verwaltungs- „klima"	Arbeitsplatzsicherheit der Verwaltungsbeschäftigten durch expansives Staatsmodell und Vollbeschäftigung	Arbeitsplatzunsicherheit/-angst durch Personalabbau und Arbeitslosigkeit

Informations- und Kommunikationstechnologie	beginnende Einführung von EDV (ADV) als (überwiegend binnenadministrative) Verwaltungsautomation	rasch fortschreitende „Elektronisierung" (Internet, E-Mail) der Binnen- und auch der Außen-Kommunikation von Verwaltung
Steuerung der Verwaltung	Modell primär *rechtliche* Steuerung des Verwaltungshandelns. Leittypus: hierarchische Ordnungs- und Vollzugsverwaltung (*Max Weber'sche* Bürokratie)	zunehmende Kennzeichnung des Verwaltungshandelns durch *Verhandeln* und *Tausch* mit den ökonomischen und gesellschaftlichen Akteuren und *Klienten*. Leittypus: *Dienstleistungsunternehmen*
Leistungserbringung	administrat. „Eigenproduktion" von öffentlichen Leistungen bzw. deren Erbringung durch Gemeinnützige Träger (als quasi-öffentl. Sektor)	Auslagerung (*outsourcing*) der Erfüllung öffentlicher Aufgaben bzw. ihre „Verwettbewerblichung" (Märkte, Quasi-Märkte)
Binnenadministrative Kontrollverfahren	auf Leistungs*verbesserung* („Output-Optimierung") gerichtete Analyseverfahren (z.B. Evaluierung)	auf Aufgaben*abbau* und Kostenreduzierung („Input-Minimierung") gerichtete Analyse- und Kontrollverfahren (Aufgabenkritik, Controlling, Kosten-Leistungs-Rechnung)
Politische Kontrolle der Verwaltung	politisch-parlamentarische Kontrolle durch „parlamentarische Verantwortlichkeit" der Verwaltungsspitze	neue *direktdemokratische* Teilhabe- und Kontrollrechte insb. auf kommunaler Ebene durch Vordringen direktdemokr. Teilhaberechte (Direktwahl und Abwahl der Bürgermeister/Landräte)

3.2. Die Veränderungswelle der 90er Jahre im verwaltungsgeschichtlichen Zusammenhang

In der 50jährigen Entwicklung von *Staat und Verwaltung* der Bundesrepublik[33] sind einerseits Phasen zu erkennen, die jenes bemerkenswerte Maß an *Kontinuität* aufweisen, das die Politik- und Institutionenwelt der Bundesrepublik insgesamt über weite Strecken kennzeichnet (Schmidt 1991; Wollmann 1991). Diese Grundmelodie von *Kontinuität* durchzieht die Gründungs- und unmittelbaren Nachkriegsjahre der Bundesrepublik (mit ihrer gewissermaßen „restaurierenden" Anknüpfung an Basisinstitutionen der Zwischenkriegsjahre und deutschen Verwaltungstradition) sowie die späten 70er und 80er Jahre (mit ihren eher *inkrementalen verwaltungs- und modernisierungspolitischen* Anpassungen und Korrekturen). Auf der anderen Seite treten zwei Phasen tiefgreifenden Wandels und von *Diskontinuität* in den Blick, nämlich die *späten 60er und frühen 70er Jahre* sowie *die 90er Jahre*. Zur Veranschaulichung sei auch an dieser Stelle auf *Tabelle 1* als Versuch verwiesen, die Profile der beiden Veränderungs*wellen* schematisch abzubilden und gegenüberzustellen.[34]

---

33 Für Überblicke zur verwaltungsgeschichtlichen Entwicklung der Bundesrepublik vgl. Ellwein 1997, Seibel 1997, König 1997, 1999, S. 143ff.; Jann 1999, Wollmann 1996a, zuletzt 1999d. Für eine überaus informative Sammelbesprechung vgl. Ruck 1997, 1998.
34 Vgl. ausführlicher Wollmann 1999d. Zur *Kontinuitäts-* versus Diskontinuitätsthese vgl. auch Ellwein 1997, S. 42ff.; Jann 1999.

Von der ersten Veränderungs- und Modernisierungswelle wurde die Nachkriegs-Bundesrepublik in den *60er und frühen 70er Jahren* ergriffen, als – im Einklang mit der internationalen Entwicklung – auch in der Bundesrepublik das („*sozialdemokratische"*) Modell eines *aktiven Sozial- und Interventionsstaats* bestimmend wurde und – mit dem Ziel, dessen politisch-administrative Handlungsfähigkeit insbesondere durch den Auf- und Ausbau seiner Planungs- und Informationskapazitäten zu sichern – eine umfassende Restrukturierung der Institutionenwelt in Angriff genommen wurde; ungeachtet der Fehl- und Rückschläge, die dieser – seit den mittleren 70er Jahren verebbende – Reformschub erlitt, haben die eingeleiteten und durchgesetzten Reformen (kommunale Gebietsreform, „Neues Denken" im Planungs-/Managementzyklus und Evaluierung (Wollmann 1994, S. 103ff.), organisations- und personalstrukturelle Veränderungen usw.) institutionenpolitisch tiefreichende Spuren hinterlassen und auch die weitere Entwicklung nachhaltig beeinflusst.[35]

Als Phase einer zweiten einschneidenden *Modernisierungswelle* (mit einem eher *neo-liberal* bestimmten Staats- und Verwaltungsmodell) erweisen sich die (weiter vorn ausführlicher diskutierten) *90er Jahre*.

Die Tiefe und Breite der in diesen beiden Phasen in Gang gesetzten Veränderungen und deren jeweilige Verortung in gesamtpolitischen und -gesellschaftlichen Prämissen und Konzepten (hie *sozialdemokratischer – aktiver Sozial- und Interventionsstaat*, hie *neo-liberaler – schlanker* oder – *„neu-sozialdemokratischer" – aktivierender Staat*) könnten Anlass geben, mit gebotener Vorsicht von Phasen „*paradigmatischer"* Veränderungen zu sprechen (Reinermann 1994) und sie von den auch darin eher *inkrementalen* Phasen, einschließlich der 80er Jahre, abzugrenzen.

3.3. Entstehungszusammenhang und „Gelegenheitsfenster" der bisherigen zwei Veränderungswellen

Überblickt und vergleicht man die beiden Phasen, legen diese den Schluss nahe, dass sich deren „Gelegenheitsfenster" (*window of opportunity*) für einen Anlauf zu Veränderungs- und Modernisierungs*schub* (und damit zu einer Abweichung vom *inkrementalen* Muster) dann öffnete, wenn insbesondere drei Rahmenbedingungen gegeben waren (vgl. auch Wollmann 1996a, S. 11):

– *(Internationale) Diskursebene*: Ausbildung und (internationale) Dominanz eines Modernisierungs*diskurses* und dessen Einfluss auf den innerstaatlichen (*nationalen*) Diskurs und auf dessen Beitrag, das bisherige

---

35 Ähnlich etwa Seibel 1997, S. 96; König 1997. Deutlich anderer Auffassung sind Reichard 1997, S. 51: „Nahezu alle bisherigen Verwaltungsreformen seit dem Bestehen der Bundesrepublik waren ganz oder teilweise gescheitert"; Naschold 1995, S. 65: „Reformen im öffentlichen Sektor in Deutschland hatten eine große, letztlich jedoch erfolglose Phase in den 70er Jahren."; Klages 1998, S. 249.

Staats- und Verwaltungsmodell legitimatorisch in Zweifel zu ziehen (zu „de-legitimieren") und einem neuen („sozialdemokratischen" bzw. „neoliberalen") Staats- und Verwaltungsmodell Anerkennung und Gefolgschaft zu leisten. So wirkte die im internationalen Modernisierungsdiskurs dominierende *New Public Management*-Lehre im deutschen Modernisierungsdiskurs durch ihre Rezeption in der deutschen Debatte nach 1990 auf den hiesigen Modernisierungsprozess maßgeblich ein.

- *Handlungsbereitschaft und -fähigkeit der relevanten Akteurskonstellationen:* Konsens zwischen den relevanten politischen, administrativen und gesellschaftlichen Kräften über die Modernisierungsdringlichkeit und Bildung von – formalen (so die Große Koalition von 1966/69) oder informellen – „Modernisierungskoalitionen".

3.4. „Lange Wellen", Modernisierungs„treppen" und Lebenszyklen der Verwaltungsmodernisierung

Der institutionengeschichtliche und -politische Über- und Rückblick lässt mithin zwei („lange") *Wellen* erkennen, die die Verwaltungswelt der Bundesrepublik – im Abstand von 20 Jahren – durchlaufen hat und die sich – ungeachtet von Ebbe- und Stagnationsphasen – längerfristig als Aufwärtsbewegung auf einer, um es so zu sagen, Modernisierungs*treppe* abbilden lassen. Während die aktuelle Veränderungs*welle* einerseits in den vom *New Public Management*- und *Neues Steuerungsmodell*-Diskurs inspirierten Modernisierungskonzepten und -bausteinen modernisierungspolitische *Innovation* und – institutionengeschichtlich gesehen – *Diskontinuität* signalisiert, verrät sie andererseits darin ein beachtliches Maß an institutionengeschichtlicher *Kontinuität*, dass sie in erheblichem Umfang eher *traditionelle* Reformkonzepte und -elemente nutzt und „amalgamiert", deren konzeptionelle Ursprünge, erste Umsetzungen und (Erfolgs- wie Misserfolgs-)Erfahrungen auf die 60er, 70er und auch 80er Jahre zurückgehen und die in der Verwaltungspraxis – ungeachtet der zwischenzeitlichen modernisierungspolitischen Rückschläge, Abschwünge und Durchhänger – institutionell und personell überlebt und weitergewirkt haben. Diese *Kontinuitäten* (die bei einer *a-historischen* Fokussierung auf die je aktuellen Modernisierungsereignisse leicht übersehen werden) weisen die Verwaltungsmodernisierung in der Bundesrepublik als einen langfristigen, in aufeinander aufbauenden (meist inkrementalen) Schritt- und (gelegentlich ausgeprägten) „*Treppen"*bewegungen verlaufenden institutionenpolitischen Lern- und Innovationsprozess aus. (Diese Verbindung und „Amalgamierung" von *Diskontinuität* und *Kontinuität* könnte man fast als eine modernisierungspolitische *Dialektik* deuten, in der diese im geradezu Hegel'schen Doppelsinne *aufgehoben* werden).

Innerhalb der einzelnen Modernisierungs*wellen* ist ein sozusagen *biologistischer Zyklus* zu erkennen, in dem der „jugendlichen" Aufbruchphase eine Reife-, wenn nicht Alterungsperiode folgt. Manches spricht dafür, dass der in den 90er Jahren in Gang gekommene Modernisierungsschub inzwischen in eine Phase der Konsolidierung, wenn nicht Stagnation eingetreten ist, in der der frühe (rhetorische) Überschwang von der (selbst-)kritischen Überprüfung und Zwischenbilanzierung abgelöst wird und die erreichten (teilweise einschneidenden) Veränderungen von den politischen, administrativen und gesellschaftlichen Akteuren erst einmal organisatorisch, kognitiv, qualifikatorisch usw. *verarbeitet, sozusagen „verdaut"*[36] werden müssen.

3.5. Politisch-demokratisch-parlamentarisches System und Managementsystem – konträr, kompatibel, komplementär?

Mit der fortschreitenden „Parlamentarisierung" und der jüngsten „Direktdemokratisierung" sind im kommunalpolitischen Basisdreieck von Bürgern (als „lokalem Volkssouverän"), Kommunalvertretung (als Kommunal*parlament*) und Kommunalverwaltungsspitze (als Kommunal*exekutive*) die kommunalpolitischen Karten neu gemischt und ist das *politische* Profil der Kommunen auch und gerade als *politischer* Bezugsrahmen für die Verwaltungsmodernisierung geschärft worden. Damit sind aber die möglichen Konfliktzonen und -linien mit den Imperativen der *New Public Management*-Bewegung und dem (diese terminologisch, konzeptionell und instrumentell „eindeutschenden") *Neuen Steuerungsmodell*, insoweit diese ihren Bezugsrahmen im privatwirtschaftlichen Unternehmen und dessen betriebswirtschaftlich geprägten Management- und Produktionsmaximen haben, nur noch ausgeprägter gezogen.

In dem Maße, wie das hiesige kommunale Handlungssystem – im Unterschied beispielsweise zu Großbritannien mit seiner sehr viel anderen Politik- und Verwaltungsgeschichte – faktisch ebenso wie normativ vom *Primat* der *politisch-demokratisch-parlamentarischen* Prämissen geprägt ist, ist diesen im Falle eines Konfliktes mit institutionellen und instrumentellen Folgerungen aus dem *betriebswirtschaftlich* angeleiteten *Managementsystems* „im Zweifel" (gegebenenfalls als „Kosten der Demokratie") der Vorrang zu geben.

Allerdings zeigte die obige Diskussion einer Reihe von Problemfeldern im Verhältnis von Kommunalvertretung und Kommunalverwaltung/-verwaltungsspitze, dass einerseits zwischen dem *politisch-parlamentarischen* und dem *Neuen Steuerungsmodell* in wichtigen Modernisierungsaspekten nicht nur auffällige Übereinstimmung, also *Kompatibilität*, besteht, sondern dass sie sich instrumentell durchaus (*komplementär*) ergänzen. Um hier nur einige Punkte in Erinnerung zu rufen:

---

36 So in ähnlichem thematischen Zusammenhang bildhaft Carl Böhret im Verwaltungspolitischen Kolloquium Berlin-Brandenburg am 5.11.1999 an der Humboldt-Universität zu Berlin.

Zwischen Management- und Politiksystem 51

- So stimmen sie in der Vorstellung und Forderung einer *Dualisierung*, also einer neuen Zuständigkeits-, Aufgaben und Rollenverteilung zwischen Kommunalvertretung und Kommunalverwaltung überein.
- Das Konzept einer Ergänzung des überkommenen *Input*-lastigen Budgetierungsverfahren um die Festlegung von Handlungszielen (*Output*) verspricht, die auch aus dem *politisch-parlamentarischen* Modell gefolgerte Kräftigung der Budgetfunktion der Kommunalvertretung um ein wirksames Bestimmungs- und Kontrollmittel zu erweitern.
- Das im *NSM* in den Mittelpunkt gerückte *Controlling- und Berichtssystem* erweitert das *Evaluierungs- und Berichtssystem*, dem im *politisch-parlamentarischen* Modell – in die 60er und 70er Jahre zurückgehend – große Bedeutung beizumessen ist, um eine ausgeprägtere Steuerungsfunktion.

Auf der anderen Seite machte die obige Diskussion (durchaus *konträre*) Spannungs- und Konfliktzonen sichtbar, bei deren Lösung – in der Linie unserer Argumentation – „im Zweifel" dem *politischen* Profil und Bezugsrahmen des kommunalen Handlungssystem der Vorrang und Vorzug gegeben werden sollte:

- Eine – aus der *Dualisierung* gefolgerte – strikte Beschränkung der Zuständigkeiten der Kommunalvertretung auf die *großen* Fragen der Kommunalpolitik, wie sie der ursprünglichen kruden *Was/Wie*-Unterscheidung des *NSM* zu Grunde lag, würde Gefahr laufen, das kommunalpolitische Aufgabenprofil der Kommunalvertretungen und ihrer Mitglieder in einem den Kern und „Humus" der lokalen Demokratie und Politikkultur bedrohenden Maße auszudünnen und zu „entpolitisieren". Aus guten Gründen sind denn in der jüngeren NSM-Diskussion die *Was/Wie*-Formel aufgegeben und die Bedeutung der *kleinen* (Alltags-)Politik als konstitutives Element der *politischen Bürgergemeinde* „wiederentdeckt" worden.
- Die *Globalisierung* des Budgets erweist sich dann als verfassungsrechtlich ebenso wie institutionenpolitisch-*normativ* anstößig, wenn sie die Budgethoheit der Kommunalvertretung als die institutionengeschichtlich und politisch-funktional vornehmste parlamentarische Prärogative in einer auch nicht durch *Controlling*verfahren und *Kontrakte/Zielvereinbarungen* wettzumachenden (zu *kompensierenden*) Weise einschränkt.
- Die *politischen Kontrakte/Zielvereinbarungen* zwischen Kommunalvertretung und Kommunalverwaltung/-verwaltungsspitze haben in einer Verfassungstradition, in der – in zumindest analoger Anwendung auch auf der kommunalen Ebene – das Parlament als oberstes Verfassungsorgan mit der Exekutive keine „Vereinbarungen" trifft, sondern gegebenenfalls dieser (einseitige) Aufträge und Weisungen erteilt, an sich keinen Platz. Angesichts dessen, dass sie – im Falle ihres Zustandekommens – als rechtlich *un*verbindliche Absprachen zu qualifizieren sind, sollten sie – ungeachtet der verfassungsrechtlichen Problematik – als eine (der Ver-

fassungs- und Verwaltungswirklichkeit auch sonst nicht ungeläufige) Zone „informalen Handelns" erkannt und zugelassen werden, in der die Kommunen um der Steigerung ihrer Steuerungs- und Handlungsfähigkeit willen handlungsstrategisch opportune und innovative Wege gehen.
- Ein institutionenpolitisch bedeutsames Spannungsverhältnis liegt darin begründet, dass einerseits vermöge der *Monokratisierung* der Politik- und Verwaltungsspitze, die mit der jüngsten Einführung des direkt gewählten Bürgermeisters/Landrats in allen Flächenländern eine Zuspitzung erfahren hat, im *Außenverhältnis* der Verwaltung zu Kommunalvertretung und Bürgern die *politische* Verantwortlichkeit bei der Politik- und Verwaltungsspitze „monopolisiert" ist, während die Leitungs- und Kontrollverantwortung im *Innenverhältnis* der Verwaltung gemäß des Imperativs des *NSM* (Dezentrale Ressourcenverantwortung, „Konzernstruktur", Ausgliederung usw.) immer stärker *diffundiert* – eine Tendenz, die das *politische* Modell zumindest auf längere Sicht vermutlich am stärksten herausfordert und gefährdet.

Dort, wo die *NSM*-inspirierte Modernisierungspolitik die in den *politischen*, aber auch *verwaltungstraditionellen* Grundprämissen verankerten Gegebenheiten ignoriert, läuft sie Gefahr, sich Durchsetzungsbarrieren und Rückschläge einzuhandeln. Als Beispiel kann die Einführung der *Produkte* dienen. Der ein *betriebswirtschaftliches Reißbrett* verratende Modellpurismus und Perfektionismus, mit dem zumindest in der konzeptionellen Frühphase des NSM die *Produktbildung* zu seinem Dreh- und Angelpunkt deklariert wurde, trägt Züge einer *„falschen Theorie"*, in der die realen Gegebenheiten und Eigentümlichkeiten des politisch-administrativen Handlungsfeldes in einer ihre Anwendbarkeit und Realisierbarkeit von vornherein in Frage stellenden Weise übersehen oder vernachlässigt werden (Wollmann 1999b, S. 13).

Indessen scheint das (*konträre*) Widerspruchs- und Spannungsverhältnis dann auflösbar, wenn das NSM seiner konzeptionellen (nicht zuletzt *betriebswirtschaftlich* inspirierten) Engführungen und Übertreibungen entkleidet und seine „Anschlussfähigkeit" mit den *politisch-administrativen* Grundprämissen gesucht und genutzt wird. Eine solche konzeptionelle und instrumentelle Verknüpfung ist geeignet, den Imperativ *ökonomischer* Rationalität und der Wirtschaftlichkeit des Verwaltungshandelns in die Verwaltungsmodernisierung einzubringen und in der Politik- und Verwaltungswelt und in deren *politischer* und *administrativer* Rationalität zu verankern[37]. Zugleich könnten diese betriebswirtschaftlichen Instrumente und Verfahren dazu benutzt werden, die in der „parlamentarisierten" Politik- und Verwaltungswelt bereits verfügbaren (und ausbaufähigen) Handlungsressourcen *komplementär* zu verstärken.

---

37 Zur Unterscheidung und Kennzeichnung politischer, ökonomisch-betriebswirtschaftlicher, technischer usw. Rationalität vgl. König 1997, Reinermann 1998, Röber 1996; vgl. auch Wollmann 1998d, S. 255ff.

Literatur

Alemann, U. v. 1999: Wie lassen sich die Möglichkeiten bürgerschaftlichen Engagements ausbauen? In: Bogumil, J., Vogel, H.J. (Hg.) 1999a

Arnim, H.-H. v. (Hg.) 1999: Demokratie vor neuen Herausforderungen. Berlin

Ballauf, H. 1998: Das Kreuz mit dem Kreuz. In: Mitbestimmung 44(1998)11, S. 48-50

Bandemer, S. v., Blanke, B., Nullmeier, F., Wever, G. (Hg.) 1998: Handbuch zur Verwaltungsreform. Opladen

Banner, G. 1991: Von der Behörde zum Dienstleistungsunternehmen. Die Kommunen brauchen ein neues Steuerungsmodell. In: Verwaltung Organisation Personal (1991)1, S. 6ff.

Banner, G. 1996: Neues Steuerungsmodell zwischen Verwaltung und Politik. In: Reichard, Ch., Wollmann, H. (Hg.) 1996

Banner, G. 1998: Von der Ordnungs- zur Dienstleistungs- und Bürgergemeinde. In: Der Bürger im Staat 38(1998)4, S. 179ff.

Blanke, B., Wollmann, H. (Hg.) 1991: Die alte Bundesrepublik. Kontinuität und Wandel. Leviathan- Sonderheft 12/1991. Opladen

Bogumil, J., Holtkamp, L. 1999: Der Bürger als Auftraggeber, Kunde und Mitgestalter. In: Bogumil, J., Vogel, H.J. (Hg.) 1999a

Bogumil, J., Kißler, L. (Hg.) 1997: Verwaltungsmodernisierung und lokale Demokratie. Risiken und Chancen eines Neuen Steuerungsmodells für die lokale Demokratie. Baden-Baden

Bogumil, J., Kißler, L. (Hg.) 1998: Stillstand auf der „Baustelle"? Baden-Baden

Bogumil, J., Vogel, H.J. (Hg.) 1999a: Bürgerschaftliches Engagement in der kommunalen Praxis. KGSt. Köln

Bogumil, J., Vogel, H.J. 1999b: Einleitung der Herausgeber. In: Bogumil, J., Vogel, H.J. (Hg.) 1999a

Böhret, C. 1998: Verwaltungspolitik als Führungsauftrag. In: Bandemer, S. v. u.a. (Hg.) 1998

Böhret, C., Konzendorf, G. 1997: Ko-Evolution von Gesellschaft und funktionalem Staat: Ein Beitrag zur Theorie der Politik. Opladen

Brandel, R., Stöbe-Blossey, S., Wohlfahrt, N. 1999: Verwalten oder gestalten. Ratsmitglieder im Neuen Steuerungsmodell. Berlin

Brühlmeier, D., Haldemann, Th., Mastronardi, Ph., Schedler, K. 1998: New Public Management für das Parlament. In: Schweizer Zentralblatt für Staats- und Verwaltungsrecht 99(1998)7, S. 297-316

Budäus, D. 1994: Public Management. Konzepte und Verfahren zur Modernisierung öffentlicher Verwaltungen. Berlin

Burmeister, J. (Hg.) 1997: Verfassungsstaatlichkeit. München

Czada, R., Wollmann, H. (Hg.) 1999: Von der Bonner zur Berliner Republik. Leviathan Sonderband. Opladen

Deutscher Städtetag (Hg.) 1996: Produkte im Mittelpunkt. DST-Beiträge zur Kommunalpolitik. Reihe A, Heft 23. Köln

Deutscher Städtetag (Hg.) 1998: Verwaltungsmodernisierung: Warum so schwierig, warum so langsam? Eine Zwischenbilanz. DST-Beiträge zur Kommunalpoitik, Reihe A, Heft 27. Köln

Dyson, K. 1980: The State Tradition in Western Europe. Oxford

Dieckmann, J. 1996: Bürger, Rat und Verwaltung. In: Schöneich, M. (Hg.) 1996

Dill, G.W. 1999: The Political Dimension of Local Government Management Reform – Major Aspects and International Experience. Manuskript

Evers, A. 1999: Förderung bürgerschaftlichen Engagements. In: Bogumil, J., Vogel, H.J. (Hg.) 1999a

Faber, H. 1984: Art. 28 GG. Alternativ-Kommentar zum Grundgesetz der Bundesrepublik Deutschland. Neuwied, Darmstadt
Grande, E., Prätorius, R. (Hg.) 1997: Modernisierung des Staates? Baden-Baden
Grömig, E., Gruner, K. 1998: Reform in den Rathäusern. In: Der Städtetag 51(1998), S. 581-587
Grömig, E., Thielen, H. 1996: Städte auf dem Reformweg. Zum Stand der Verwaltungsmodernisierung. In: Der Städtetag 49(1996) S. 596-600
Grunow, D. 1998: Lokale Verwaltungsmodernisierung „in progress"? In: Grunow, D., Wollmann, H. (Hg.) 1998
Grunow, D., Wollmann, H. (Hg.) 1998: Lokale Verwaltungsreform in Aktion: Fortschritte und Fallstricke. Basel u.a.
Heady, F. 1987: Public Administration – A Comparative Perspective. 4. Auflage.. New York, Basel
Heinelt, H. 1998: Vom Verwaltungs- zum Verhandlungsstaat. In: Bandemer, S. v. u.a. (Hg.) 1998
Heinelt, H. (Hg.) 1997: Modernisierung der Kommunalpolitik. Opladen
Hellstern, G.-M., Wollmann, H. (Hg.) 1984a: Evaluierung und Erfolgskontrolle in Kommunalpolitik und -verwaltung. Basel u.a.
Hellstern, G.-M., Wollmann, H. 1984b: Evaluierung und Erfolgskontrolle in Kommunalpolitik und -verwaltung. Zwischenbilanz. In: Hellstern, G.-M., Wollmann, H. (Hg.) 1984a
Hill, H. 1997: Verwaltungsmodernisierung als Demokratiechance in der Kommune. In: Bogumil, J., Kißler, L. (Hg.) 1997
Hill, H., Klages, H. (Hg.) 1998: Zwischenbilanz der Verwaltungsmodernisierung. Düsseldorf
Jaedicke, W., Thrun, H., Wollmann, H. 1999: Evaluierungsstudie zur Modernisierung der Kommunalverwaltung im Bereich Planen, Bauen, Umwelt. Endbericht. Institut für Sozialforschung (IfS) Berlin
Jann, W. 1998a: Verwaltungswissenschaft und Managementlehre. In: Bandemer, S. v. u.a. (Hg.) 1998
Jann, W. 1998b: Neues Steuerungsmodell. In: Bandemer, S. v. u.a. (Hg.) 1998
Jann, W. 1999: Die Entwicklung der öffentlichen Verwaltung. In: Politische Vierteljahresschrift. Sonderheft 1999. Opladen
Janning, H. 1996: Neue Steuerungsmodelle im Spannungsverhältnis von Politik und Verwaltung. In: Reichard, Ch., Wollmann, H. (Hg.) 1996
Jung, O. 1999: Siegeszug direktdemokratischer Institutionen als Ergänzung des repräsentativen Systems? In: Arnim, H.-H. v. (Hg.) 1999
Kaase, M., Eisen, A., Niedermayer, O., Wollmann, H. (Hg.) 1996: Politisches System. Opladen
Kißler, L., Bogumil, J., Greifenstein, R., Wiechmann, E. 1997: Moderne Zeiten im Rathaus? Berlin
Klages, H. 1998: Verwaltungsmodernisierung: Zwischenbilanz 1998. In: Hill, H., Klages, H. (Hg.) 1998
Knemeyer, F.-L. 1989: Parlamentarisierung der Stadträte und Stadtregierung? In: Schwab, D. u.a. (Hg.) 1989
Knemeyer, F.-L. 1998: Kommunalverfassungen. In: Wollmann, H., Roth, R. (Hg.) 1998
Knemeyer, F.-L. (Hg.) 1996: Bürgerbegehren und Bürgerentscheid in Bayern. Stuttgart u.a.
Kodolitsch, P. v. 1996: Die Zusammenarbeit von Rat und Verwaltung – Herausforderungen durch das Neue Steuerungsmodell. In: Reichard, Ch., Wollmann, H. (Hg.) 1996
König, K. 1999: Verwaltungsstaat im Übergang: Transformation, Entwicklung, Modernisierung. Baden-Baden
König, K., Füchtner, N. (Hg.) 1998: „Schlanker Staat" – Verwaltungsmodernisierung im Bund: Zwischenbericht, Praxisbeiträge, Kommentare. Speyer
König, K., Siedentopf, H. (Hg.) 1997: Öffentliche Verwaltung in Deutschland. Baden-Baden

Kohler-Koch, B. 1991: Inselillusion und Interdependenz: Nationales Regieren unter den Bedingungen von „international governance". In: Blanke, B., Wollmann, H. (Hg.) 1991

KGSt 1995: Das neue Steuerungsmodell. Erste Zwischenbilanz. Köln

KGSt 1996a: KGSt-Politiker-Handbuch zur Verwaltungsreform. Köln

KGSt 1996b: Das Verhältnis von Politik und Verwaltung im Neuen Steuerungsmodell. Köln

Lehmbruch, G. 1993: Institutionentransfer. Zur politischen Logik der Verwaltungsintegration in Deutschland. In: Seibel, W., Benz, A., Mäding, H. (Hg.) 1993

Linck, J. 1997: Budgetierung. Abdankung der Parlamente und kommunalen Vertretungen? In: Zeitschrift für Gesetzgebung 12(1997), S. 1-16

Maaß, Ch., Reichard, Ch. 1998: Von Konzepten zur wirklichen Veränderungen? Erfahrungen mit der Einführung des neuen Steuerungsmodells in Brandenburgs Modellkommunen. In: Grunow, D., Wollmann, H. (Hg.) 1998

Mäding, H. 1997: Die Budgethoheit der Räte/Kreistage im Spannungsverhältnis zur dezentralen Ressourcenverantwortung. In: Zeitschrift für Kommunalfinanzen 47(1997), S. 98-104

Mäding, H. 1998: Empirische Untersuchungen zur Verwaltungsmodernisierung aus dem Deutschen Institut für Urbanistik. In: Deutscher Städtetag (Hg.) 1998

Mayntz, R. 1997: Verwaltungsreform und gesellschaftlicher Wandel. In: Grande, E., Prätorius, R. (Hg.) 1997

Mezger, E. 1998: Das Netzwerk „Kommunen der Zukunft" und der Beitrag der Hans-Böckler-Stiftung. In: Bogumil, J., Kißler, L. (Hg.) 1998

Mutius, A. v. 1997: Neues Steuerungsmodell in der Kommunalverwaltung. In: Burmeister, J. (Hg.) 1997

Naschold, F. 1995: Ergebnissteuerung, Wettbewerb, Qualitätspolitik. Entwicklungspfade des öffentlichen Sektors in Europa. Berlin

Naschold, F. 1997: Binnenmodernisierung, Wettbewerb, Haushaltskonsolidierung. Internationale Erfahrungen zur Verwaltungsreform. In: Heinelt, H. (Hg.) 1997

Naschold, F., Bogumil, J. 1998: Modernisierung des Staates. Opladen

Naschold, F., Oppen, M., Wegener, A. (Hg.) 1997: Innovative Kommunen. Internationale Trends und deutsche Erfahrungen. Stuttgart u.a.

Oebbecke, J. 1998: Verwaltungssteuerung im Spannungsfeld von Rat und Verwaltung. In: Die Öffentliche Verwaltung (51)1998, S. 853-859

Ossenbühl, F. 1997: Bürgerbegehren und Bürgerentscheid. In: Seiler, G. (Hg.) 1997

Ott, I. 1994: Der Parlamentscharakter der Gemeindevertretung. Baden-Baden

Plamper, H. 1998: Herausforderungen an die öffentliche Verwaltung. In: Hill, H., Klages, H. (Hg.) 1998

Pünder, H. 1998: Zur Verbindlichkeit der Kontrakte zwischen Politik und Verwaltung im Rahmen des Neuen Steuerungsmodells. In: Die Öffentliche Verwaltung 51(1998), S. 63-71

Reichard, Ch. 1994: Umdenken im Rathaus. Berlin.

Reichard, Ch. 1997: Deutsche Trends der kommunalen Verwaltungsmodernisierung. In: Naschold, F., Oppen, M., Wegener, A. (Hg.) 1997

Reichard, Ch. 1998: Der Produktansatz im „Neuen Steuerungsmodell" – von der Euphorie zur Ernüchterung. In: Grunow, D., Wollmann, H. (Hg.) 1998

Reichard, Ch., Wegener, A. 1996: Der deutsche Weg des Produktkatalogs – eine Sackgasse?. In: Deutscher Städtetag (Hg.) 1996

Reichard, Ch., Wollmann, H. (Hg.) 1996: Kommunalverwaltung im Modernisierungsschub? Basel u.a.

Reinermann, H. 1992: Marktwirtschaftliches Verhalten in der öffentlichen Verwaltung. In: Die Öffentliche Verwaltung 45(1992), S. 133-144

Reinermann, H. 1998: Neues Politik- und Verwaltungsmanagement. Leitbild und theoretische Grundlagen. Konrad-Adenauer-Stiftung, Interne Studien, Nr. 158/1998. St. Augustin

Reinermann, H. 1999: Das Internet und die öffentliche Verwaltung. In: Die öffentliche Verwaltung 52(1999), S. 20-25
Richter, W. 1998: Controlling im „Konzern" Stadt. In: Bandemer, S. v. u.a. (Hg.) 1998
Ritgen, K. 1997: Bürgerbegehren und Bürgerentscheid. Baden-Baden
Röber, M. 1996: Über einige Missverständnisse in der verwaltungswissenschaftlichen Modernisierungsdebatte: Ein Zwischenruf. In: Reichard, Ch., Wollmann, H. (Hg.) 1996
Ruck, M. 1997: Beharrung im Wandel: Neue Forschungen zur deutschen Verwaltung im 20. Jahrhundert (I). In: Neue Politische Literatur 42
Ruck, M. 1998: Beharrung im Wandel: Neue Forschungen zur deutschen Verwaltung im 20. Jahrhundert (II). In: Neue Politische Literatur 43
Schäfer, I.-E. 1998: Kontrakte als Steuerungsmodell für die öffentliche Verwaltung. Erfahrungen aus Neuseeland. In: Die Verwaltung 31(1998), S. 241-255
Schefold, D., Neumann, M. 1996: Entwicklungstendenzen der Kommunalverfassungen in Deutschland. Basel u.a.
Schöneich, M. (Hg.) 1996: Die Modernisierung der kommunalen Selbstverwaltung. Köln
Schröter, E., Wollmann, H. 1998a: Der Staats-, Markt- und Zivilbürger und seine Muskeln in der Verwaltungsmodernisierung. Oder: Vom Fliegen- zum Schwergewicht? In: Grunow, D., Wollmann, H. (Hg.) 1998
Schröter, E., Wollmann, H. 1998b: New Public Management. in: Bandemer, S. v. u.a. (Hg.) 1998
Schulze-Böing, M., Jorendt, N. (Hg.) 1994: Wirkungen kommunaler Beschäftigungsprogramme. Basel u.a.
Schwab, D. u.a. (Hg.) 1989: Staat, Kirche, Wissenschaft in einer pluralistischen Gesellschaft. Berlin
Seibel, W. 1997: Verwaltungsreformen. In: König, K., Siedentopf, H. (Hg.) 1997
Seibel, W., Benz, A., Mäding, H. (Hg.) 1993: Verwaltungsreform und Verwaltungspolitik im Prozess der deutschen Einigung. Baden-Baden
Seiler, G. (Hg.) 1997: Gelebte Demokratie. Stuttgart u.a.
Sharpe, L.J. 1993: The United Kingdom. The Disjointed Meso. In: Sharpe, L.J. (Hg.) 1993
Sharpe, L.J. (Hg.) 1993: The Rise of Meso Government in Europe. London u.a.
Siedentopf, H. 1997: Öffentliches Recht. In: König, K., Siedentopf, H. (Hg.) 1997
Siedentopf, H. 1998: Diskussionsbeitrag. In: Kommunale Selbstverwaltung am Ende des Jahrhunderts. Cappenberger Gespräch. Köln
Strünck, Ch. 1997: Kontraktmanagement und kommunale Demokratie. In: Heinelt, H. (Hg.) 1997
Voigt, R. (Hg.) 1983: Gegentendenzen zur Verrechtlichung. Opladen
Wagener, F. 1979: Der öffentliche Dienst im Staat der Gegenwart. In: Veröffentlichungen der Vereinigung der Deutschen Staatsrechtslehrer 37. Berlin, New York
Wagner, P., Weiss, C., Wittrock, B., Wollmann, H. (Hg.) 1991: Social Science and Modern States. Cambridge
Wallerath, M. 1997: Kontraktmanagement und Zielvereinbarungen als Instrumente der Verwaltungsmodernisierung: In: Die Öffentliche Verwaltung 50(1997), S. 57-67
Wegrich, K., Jaedicke, W., Lorenz, S., Wollmann, H. 1997: Kommunale Verwaltungspolitik in Ostdeutschland. Basel u.a.
Wewer, G. 1997: Vom Bürger zum Kunden? Beteiligungsmodelle und Verwaltungsreform. In ders.: Politische Beteiligung und Bürgerengagement in Deutschland. Baden-Baden
Wittrock, B., Wagner, P., Wollmann, H. 1991: Social science and modern state. In: Wagner, P. u.a. (Hg.) 1991
Wolf-Hegerbekermeier, Th.R. 1999: Die Verbindlichkeit im kommunalen Kontraktmanagement. In: DPV (1999), S. 419ff.
Wollmann, H. 1983: „Entbürokratisierung" durch „Implementation von unten" – Handlungsreserve sozialstaatlicher Verwaltungspolitik. In: Voigt, R. (Hg.) 1983

Wollmann, H. 1991: Vierzig Jahre Bundesrepublik zwischen gesellschaftlich-politischem Status-quo und Veränderung. In: Blanke, B., Wollmann, H. (Hg) 1991
Wollmann, H. 1994: Evaluierungsansätze und -institutionen in Kommunalpolitik und -verwaltung. In: Schulze-Böing, M., Jorendt, N. (Hg.) 1994
Wollmann, H. 1995: Variationen institutioneller Transformation in sozialistischen Ländern: Die (Wieder-) Einführung der kommunalen Selbstverwaltung in Ostdeutschland, Ungarn, Polen und Russland. In: Wollmann, H. u.a. (Hg.) 1995
Wollmann, H. 1996a: Verwaltungsmodernisierung: Ausgangsbedingungen, Reformanläufe und aktuelle Modernisierungsdiskurse. In: Reichard, Ch., Wollmann, H. (Hg.) 1996
Wollmann, H. 1996b: Institutionenbildung in Ostdeutschland: Neubau, Umbau und „schöpferische Zerstörung". In: Kaase, M. u.a. (Hg.) 1996
Wollmann, H. 1997a: Transformation der ostdeutschen Kommunalstrukturen: Rezeption, Eigenentwicklung, Innovation. In: Wollmann, H. u.a (Hg.) 1997
Wollmann, H. 1997b: „Echte Kommunalisierung" und Parlamentarisierung. Überfällige Reformen der kommunalen Politik- und Verwaltungswelt. In: Heinelt, H. (Hg.) 1997
Wollmann, H. 1998a: Kommunalvertretungen: Verwaltungsorgane oder Parlamente? In: Wollmann, H., Roth, R. (Hg.) 1998
Wollmann, H. 1998b: Entwicklungslinien lokaler Demokratie und kommunaler Selbstverwaltung im internationalen Vergleich. In: Wollmann, H., Roth, R. (Hg.) 1999
Wollmann, H. 1998c: Modernisierung der kommunalen Politik- und Verwaltungswelt - zwischen Demokratie und Managementschub. In: Grunow, D., Wollmann, H., (Hg.) 1998
Wollmann, H. 1998d: Ein Streitgespräch. In: Hill, H., Klages, H. (Hg.) 1998
Wollmann, H. 1998e: Überlegungen zum Thema: Politisches Kontraktmanagement, Schriftliche Stellungnahme für die Sitzung vom 1.12.1998 des Sonderausschusses Verwaltungsreform des Berliner Abgeordnetenhauses
Wollmann, H. 1999a: Kommunalpolitik: Mehr direkte Demokratie wagen. In: Aus Politik und Zeitgeschichte 49(1999)24-25, S. 145ff
Wollmann, H. 1999b: Modernisierung der Kommunalverwaltung in den neuen Bundesländern. Zwischen Worten und Taten. In: Landes- und Kommunalverwaltung 9(1999) Beilage I, S. 7-13
Wollmann, H. 1999c: Politik- und Verwaltungsmodernisierung in den Kommunen: Zwischen Managementlehre und Demokratiegebot. In: Die Verwaltung 32(1999)3, S. 354-375
Wollmann, Hellmut 1999d: Staat und Verwaltung in der Bundesrepublik in den 90er Jahren: Kontinuität oder Veränderungswelle? In: Czada, R., Wollmann, H. (Hg.) 1999
Wollmann H., Derlien, H.-U., König, K., Renzsch, W., Seibel, W. (Hg.) 1997: Transformation der politisch-administrativen Strukturen in Ostdeutschland. Opladen
Wollmann, H., Roth, R. (Hg.) 1998: Kommunalpolitik. Neuauflage. Opladen
Wollmann, H, Roth, R. (Hg.) 1999: Kommunalpolitik. 2. Auflage. Opladen
Wollmann, H., Wiesenthal, H, Bönker, F. (Hg.) 1995: Transformation sozialistischer Gesellschaften. Am Ende des Anfangs. Leviathan Sonderheft 15/1995. Opladen

Karin Lohr

Die Entkopplung von Leitbild, Strategie und sozialer Praxis bei der Reorganisation von Unternehmen

Vorbemerkung: Zur empirischen Evidenz der Fragestellung

Zentraler Befund einer empirischen Analyse, die im Rahmen eines von der Deutschen Forschungsgemeinschaft geförderten Forschungsprojektes zur Reorganisation von Unternehmen durchgeführt wurde, ist, dass ein starkes Auseinanderfallen von Leitbild, konkreten betrieblichen Strategien und der sozialen Praxis nach durchgeführter Reorganisation der Unternehmen festzustellen ist.

Im Mittelpunkt des Projektvorhabens stand die Frage, wie neue Organisationskonzepte, über die es seit geraumer Zeit eine intensive Debatte gibt, in der betrieblichen Praxis umgesetzt werden. Dabei ging es nicht primär um die Betrachtung einzelner Elemente organisatorischer Erneuerung der Produktion und ihrer Wirkung auf betriebliches Handeln, vielmehr sollte die Entstehung und Umsetzung moderner Organisationskonzepte in ihrer Ganzheitlichkeit betrachtet werden. Dazu war die Einbeziehung unterschiedlicher betrieblicher Ebenen (strukturelle Einbettung in Konzernstrukturen, Betriebsorganisation, Ebene der Arbeitssysteme) in die Analyse notwendig, und es wurden verschiedene Instrumente betrieblicher Reorganisation (Bildung von Profit-Centern, Verflachung von Hierarchien, Einführung von Gruppenarbeit u.a.) untersucht[1].

---

[1] Auswahlkriterium für unsere Untersuchungsbetriebe war das Vorhandensein eines ganzheitlichen Reorganisationskonzepts. Es wurden also solche Unternehmen ausgewählt, die ihren Unternehmensaufbau einer grundlegenden Umstrukturierung unterzogen bzw. unterziehen sowie verschiedene Elemente moderner Organisationsformen in der Betriebs-, Leitungs-, Fertigungs- und Arbeitsorganisation nutzen bzw. zu nutzen beabsichtigen (geschäftsfeldorientierte Organisation, rechnergestützte Fertigungssteuerung, Qualitätsmanagement, Reintegration von Arbeitsfunktionen, Gruppenarbeit etc.). Um die Vergleichbarkeit zu gewährleisten, wurden Unternehmen der gleichen Branche (metallverarbeitende Industrie), einer vergleichbaren Unternehmensgröße (mehr als 300 Beschäftigte), einem ähnlichen Fertigungssystem (jeweils Teilefertigung und Montage) sowie mit vergleichbaren Anforderungsstrukturen auf der ausführenden Ebene ausgewählt. Die komplexe Fragestellung und der damit verbundene hohe Erhebungsaufwand legten die Favorisierung von Intensivfallstudien nahe. Dabei kam ein Methodenmix qualitativer und quantitativer Methoden zur Anwendung. Der

Festzustellen ist, dass sich alle untersuchten Unternehmen im Umbruch befinden. Neue Rationalisierungsparadigma und neue Organisationskonzepte sind in den Unternehmen angekommen. Und dennoch: Zunehmender Konkurrenzdruck, veränderte Kundenerfordernisse, Flexibilisierungsnotwendigkeiten und Folgen einer zunehmenden Globalisierung und Internationalisierung der Wirtschaft, also vergleichbare situative Bedingungen, führen zu unterschiedlichen betrieblichen Entwicklungspfaden.

Differenzen im Leitbild sind nur partiell festzustellen: Alle Unternehmen setzten auf ein Mehr an Flexibilität, die Nutzung von Human-Ressourcen, eine Dezentralisierung betrieblicher Leitungs- und Entscheidungsstrukturen, die Autonomisierung betrieblicher Einheiten sowie eine Erweiterung von Handlungsspielräumen. Deutliche Unterschiede hingegen zeigt die Analyse betrieblicher Strategien zur Anpassung an die neuen Anforderungen.

Zum einen zeigen sich deutliche Muster dahingehend, inwiefern wirklich ganzheitlich oder „systemisch" reorganisiert wird. Empirisch nachweisbar sind:

– Unternehmen, in denen strategisch eine ganzheitliche, in starkem Maße *leitbildorientierte* Reorganisation aller betrieblichen Strukturen angestrebt wird,
– Betriebe, in denen Reorganisationsmaßnahmen an konkreten Kosten-, Qualitäts- oder Flexibilitätsproblemen ansetzen; Veränderungsdruck geht hier von strukturinnovativen Bereichen aus, wobei es im Ergebnis *pragmatischer* Gestaltung einzelner Prozesse zu einer betrieblichen Ausweitung von Reorganisationsmaßnahmen und somit durchaus zu einer letztlich ganzheitlichen Reorganisation kommt,
– Unternehmen, die relativ losgelöst voneinander einzelne Restrukturierungsinstrumente (Gruppenarbeit, KVP, TQM, Profitcenter u.a.) *punktuell, aber durchaus strategisch* durchzusetzen versuchen. Die einzelnen Instrumente wiederum sind in hohem Maße an Leitbildern (z.B. Gruppenarbeit, Profit-Center-Strukturen) orientiert.

Zum anderen wird deutlich, dass diese Strategien und Konzepte in unterschiedlichem Maße Eingang in das soziale Handeln der Beschäftigten gefunden haben und somit zur sozialen Praxis geworden sind. So lässt sich zeigen, dass auch wenn die Unternehmen auf den ersten Blick formal durch flache

---

Schwerpunkt lag dabei auf der Durchführung leitfadengestützter Interviews mit Managern aller Ebenen (Geschäftsführung, mittleres und unteres Management), mit Gruppensprechern sowie mit Betriebsratsmitgliedern. Die Interviews wurden aufgezeichnet und vollständig transkribiert. Darüber hinaus wurden eine Reihe betriebsspezifischer Unterlagen ausgewertet und in allen Unternehmen umfangreiche Betriebsbesichtigungen durchgeführt. Insgesamt liegen mehr als 70 Interviews vor, davon neun mit (zum Teil mehreren) Betriebsräten. Die Übrigen verteilen sich relativ gleichmäßig auf oberes (Vorstands- bzw. Geschäftsleiterebene), mittleres (Cost-Center-, Business-Unit- oder Segmentleiter) und unteres Management (Meister oder Coaches) sowie auf die Gruppenleiterebene.

Hierarchien, eine relative Autonomie von Unternehmensbereichen (Segmentierung, Profit- und Cost-Center-Strukturen) und eine teamförmige Betriebs- und Arbeitsorganisation gekennzeichnet sind, ein Spannungsverhältnis von strukturinnovativen und verhaltensinnovativen Ansätzen sichtbar wird. So wird beispielsweise die Integration von vor- und nachgelagerten Bereichen unterschiedlich gehandhabt. In einigen Fällen ist eine Reintegration von vorbereitenden Funktionen, die Erweiterung von Handlungs- und Entscheidungsspielräumen in den produktiven Bereichen auch formal strukturell angelegt. Die Wirksamkeit formaler Strukturveränderungen hängt hier in hohem Maße davon ab, wie diese von den betrieblichen Akteuren angenommen und für diese verhaltensrelevant werden. So ist häufig festzustellen, dass sich hinter modernen Strukturen tradierte Positionsgefüge, hierarchische Abstufungen und positionale Abgrenzungen verbergen, neue Formalstrukturen also (noch) nicht im Verhalten der Akteure verfestigt sind. Andere Unternehmen setzen stärker auf Verhaltensveränderungen. Strukturelle Veränderungen im Unternehmensaufbau sind dabei nachrangig. Auch wenn z.T. produktionsvorbereitende Bereiche hierarchisch übergeordnet sind, haben sich Informations- und Kommunikationsbeziehungen und Entscheidungsstrukturen real verändert. Hier sind Reorganisationsstrategien zur sozialen Praxis geworden.

Ziel des hier vorgelegten Beitrages ist es, nach theoretischen Erklärungen für die empirisch festgestellte Entkopplung von Leitbild, Strategie und sozialer Praxis zu suchen, um damit ein konzeptionelles Instrument zur Erklärung voneinander abweichender betrieblicher Entwicklungspfade zu gewinnen. Natürlich könnte man argumentieren, dass dieses Auseinanderfallen recht leicht daraus zu erklären ist, dass es sich um jeweils verschiedene Konkretisierungsstufen von Konzepten handelt. Diese Argumentation greift jedoch zu kurz, denn es geht hier nicht nur um einen Prozess fortschreitender Konkretisierung von Konzepten im zeitlichen Verlauf von Reorganisationsprozessen, sondern um inhaltliche Differenzen zwischen formulierten Vorhaben und deren praktischer Umsetzung (Dezentralisierung vs. neue Formen von Zentralisierung, Erweiterung von Handlungsspielräumen durch Einführung von Gruppenarbeit vs. Festhalten an tradierten Formen der Arbeitsteilung usw.). Bevor jedoch Erklärungen angeboten werden können, ist es erforderlich, sich kurz mit theoretischen Überlegungen zu den Begriffen Leitbild, Strategie und soziale Praxis zu befassen.

1. Begriffliche Klärungen und theoretische Ansätze: Leitbild, Strategie und soziale Praxis

1.1. Leitbilder als Legitimationsinstrumente

Die insbesondere von der sozialwissenschaftlichen Technikgeneseforschung entfachte Diskussion um die Wirksamkeit von Leitbildern (vgl. u.a. Dierkes/Hoffmann/Marz 1992) hat mittlerweile Eingang auch in die organisationswissenschaftliche und industriesoziologische Debatte gefunden. Der Begriff des Leitbilds wird allerdings sehr verschieden interpretiert. In der sozialwissenschaftlichen Technikgeneseforschung wird darunter eine Form von „Zukunftsantizipation" verstanden, die Intuition und (Erfahrungs-)Wissen bündelt und das Machbare sowie das Wünschbare zum Ausdruck bringt (Dierkes/Marz 1998). In der organisationswissenschaftlichen Literatur reicht die Bandbreite der begrifflichen Fassung von einem Verständnis von Leitbildern als allgemeine interpretative Schemata, als kognitive Ordnung (Küpper/Ortmann 1988), also gemeinsam geteilte Deutungen über die gesellschaftliche Wirklichkeit, insbesondere die Wahrnehmung von veränderten Markterfordernissen und einem gemeinsam geteilten Verständnis darüber, mit welchen Instrumenten diesen zu begegnen ist, bis hin zu normativen und in Unternehmensphilosophien, -grundsätzen und -verfassungen festgeschriebenen langfristigen Zielen der Unternehmen und Verhaltensrichtlinien für deren Mitarbeiter (beispielhaft dafür Belzer 1995, Bleicher 1991). Leitbilder werden aus dieser Perspektive zu konkreten Managementinstrumenten der Organisationsentwicklung.

Bezogen auf Reorganisationsprozesse in Unternehmen scheint das gegenwärtige Leitbild einer effizienten Unternehmensorganisation, unabhängig von konkreten Moden wie „lean production" (Womack u.a. 1992), „Fraktale Unternehmen" (Warnecke 1993), „Unternehmenskultur" (Peters/Watermann 1983) oder „Busines-Reengeniering" (Hammer/Champy 1993), leicht zu umschreiben. Als Stichworte zur Kennzeichnung der Grundelemente moderner Leitbilder betrieblicher Reorganisation mögen genügen: flache Hierarchien, dezentrale Leitungs- und Entscheidungsstrukturen, autonome Unternehmenseinheiten, erweiterte Autonomie- und Partizipationsspielräume auf allen Ebenen sowie die umfassende Nutzung von Human-Ressourcen.

Gemeinsam ist den Autoren unterschiedlicher Provenienz, dass Leitbildern spezifische Funktionen zugeschrieben werden, die sich nach außen und nach innen richten können. Leitbilder dienen zum einen der Legitimation und Information nach außen (Belzer 1994, S. 20ff.). Unternehmen präsentieren sich so als innovativ und den Anforderungen modernen Wirtschaftens gewachsen. Zum anderen werden ihnen Funktionen der Handlungsorientierung nach innen zugeschrieben. Sie sollen:

– den Organisationsmitgliedern Orientierungen vermitteln, indem ein Bezug auf gemeinsame Werte und Normen hergestellt wird,

Die Entkopplung von Leitbild, Strategie und sozialer Praxis 63

- zur Komplexitätsreduktion beitragen und insbesondere dem Management ein gewisses Maß an „Sicherheit" vermitteln, das „Richtige" zu tun,
- der Koordination von Handeln dienen, also zwischen unterschiedlichen Denk- und Verhaltensweisen vermitteln und Verständigung erleichtern,
- motivierend wirken, indem sie nicht nur die kognitiven, sondern auch die emotionalen und affektiven Potentiale der Handelnden aktivieren und damit Normen, Werte und (Vor)Urteile berühren (vgl. u.a. Dierkes/Hoffmann/Marz 1992, S. 41ff.).

Leitbilder sind also nicht wertneutral, sondern vermitteln bestimmte Werte, an die sich Erwartungen der Akteure knüpfen und ihr Handeln jeweils positiv oder negativ orientieren.

Hier muss man sich sicher erst einmal die Frage stellen, inwiefern eine Debatte um Leitbilder überhaupt relevant ist. Die These ist, dass sich mit der Debatte um ein neues Rationalisierungsparadigma, um das Ende des tayloristisch-fordistischen Produktionsmodells und um moderne Unternehmens- oder Organisationsstrukturen solch ein neues Leitbild herausgeprägt zu haben scheint. Wie aber kommt es zur Herausbildung neuer Leitbilder?

Unter Bezug auf neo-institutionalistische Ansätze scheint diese Entwicklung gut erklärbar. Der Wandel von Leitbildern wird – so die Argumentation von Vertretern des neo-institutionalistischen Ansatzes – hervorgerufen durch „Störungen in der Umwelt" (Veränderung auf Märkten, Japanschock) und die Suche nach verallgemeinerbaren Lösungen für neu auftretende wirtschaftliche Probleme. Leitbilder können so als Ergebnis von Institutionalisierungsprozessen auf überbetrieblicher Ebene verstanden werden. Sie repräsentieren Vorstellungen über die rationale Gestaltung von Unternehmen in der Umwelt der Organisation. Es haben sich also bestimmte Erwartungen und Annahmen über eine rationale Organisationsgestaltung durchgesetzt, diese sind zu gemeinsamen Deutungen geworden, werden nicht mehr hinterfragt, sondern als objektiv gegeben angenommen („taken-for-grantedness"). Der Begriff von „Rationalisierungsmythen" bezeichnet sicher treffend diesen Prozess. „Rationalitätsmythen sind Regeln und Annahmegefüge, die rational in dem Sinne sind, dass sie soziale Ziele bestimmen und in regelhafter Weise festlegen, welche Mittel zur rationalen Verfolgung dieser Zwecke die angemessenen sind" (Meyer/Rowan 1977 zitiert nach Kieser 1995b, S. 343). Der entscheidende Punkt scheint dabei zu sein, dass Organisationen diesen Leitbildern folgen, um Legitimität zu erlangen. Man zeigt sich nach außen (gegenüber Kunden, Abnehmern, gesellschaftlichen Institutionen, der Konzernzentrale usw.) über die Verkündung von Leitbildern als modernes, rationales, erfolgreiches Unternehmen.

Wieso es zur Aufnahme von Leitbildern in Unternehmen kommt, ist mit dem Begriff des Isomorphismus treffend beschrieben (DiMaggio, Powell 1991). Empirisch lässt sich zeigen, dass Unternehmen aus unterschiedlichen Gründen auf Leitbilder zurückgreifen: Ökonomischer Druck und Legitimation auf dem Markt (normative Prozesse) spielen dabei genauso eine Rolle wie die Wirksamkeit von Konzernzentralen, die Blaupausen liefern und erzwingen, dass diesen gefolgt wird (Isomorphismus durch Zwang). Oder: Unsicherheit führt zur Imitation erfolgreicher Modelle, vermittelt über Unternehmensberatungen, Wirtschaftsverbände und Personen (mimetische Prozesse).

Diese unterschiedlichen Mechanismen scheinen in den Unternehmen unterschiedliche Bedeutung zu haben und erklären möglicherweise, inwiefern Leitbilder auch in konkrete strategische Maßnahmen umgesetzt werden. Als These wäre zu formulieren, dass Mechanismen des Zwangs, z.B. wenn konkrete Organisationsempfehlungen von Konzernzentralen ausgehen, Strategiefindungsprozesse im Unternehmen deutlicher beeinflussen und zu einer stärkeren Vereinheitlichung von Organisationsstrukturen führen als die anderen Mechanismen, bei denen Gestaltungsspielräume betrieblicher Akteure größer sind und innerbetriebliche Aushandlungsprozesse eine entscheidende Bedeutung erlangen.

Als Problem bleibt jedoch, dass bei aller Einheitlichkeit von Leitbildern und der Möglichkeit, bestimmte gleiche Grundelemente betrieblicher Reorganisation in allen Unternehmen zu finden, nur empirisch zu klären ist, inwiefern diese wirklich zu gemeinsamen, also von allen Akteuren geteilten Deutungen geworden sind. Empirische Befunde sprechen dafür, dass die Legitimationsfunktion von Leitbildern nach außen überwiegt. Offen bleibt auch die Frage, wieso dann Unternehmen dennoch verschiedene Reorganisationspfade verfolgen.

Festzuhalten ist jedoch, dass es mit dem Begriff des Leitbilds möglich zu sein scheint, Reorganisationsprozesse in Unternehmen an Veränderungen auf Märkten oder in der Gesellschaft überhaupt anzubinden resp. die sehr auf Marktumwelten bezogene Argumentation der Vertreter des situativen Ansatzes („structure follows situation") zu erweitern und herauszuarbeiten, welche Rolle institutionelle und kulturelle Faktoren spielen.

1.2. Strategiefindungsprozesse

Aus der Feststellung, dass sich neue Leitbilder für die Organisationsgestaltung herausgebildet haben, ist aber nicht zu schlussfolgern, dass sich Leitbilder ebenso in konkreten betrieblichen Strategien wiederfinden. Wie bereits eingangs angedeutet, orientieren sich einige Unternehmen in den Prozessen der Strategiefindung stark an Leitbildern, während andere diese weitgehend nur zur Legitimation nach außen nutzen. Oder selbst dann, wenn mit Leitbildern argumentiert wird, heißt dies nicht, dass diese in konkreten betrieblichen Strategien umgesetzt werden, und es offensichtlich eine Differenz zwischen formulierten Leitbildern und konkreten unternehmerischen Strategien gibt. Eine überzogene Interpretation im Sinne „structure follows fashion" (Rumelt 1974) ist also in Frage zu stellen. Leitbilder müssen nicht auch zu konkreten Unternehmensstrategien werden. Sie können der reinen Legitimation nach außen dienen, ohne dass sich Organisationsstrukturen und Prozesse in Organisationen real geändert haben. Auch Vertreter neo-institutionalistischer Ansätze räumen ein, dass es Inkonsistenzen zwischen institutionalisierten Elementen und deren organisatorischer Umsetzung geben kann. Die zentrale Frage ist die nach der Passfähigkeit institutionell vermittelter Leitbilder zur Aufgabenstruktur im Unternehmen und den konkreten Umweltanforderungen, die an das Unternehmen gestellt werden. Beispielsweise gibt es in einigen der Untersuchungsbetriebe nach wie vor eine tayloristisch organisierte Fertigung, die durchaus rational und effizient ist, da es sich um Zulieferteile handelt, die in großen Losgrößen gefertigt werden. Bandentkopplung oder Gruppenarbeitsmodelle sind hier nur kosmetische Korrekturen, die zum einen das Ziel haben, sich nach außen hin – vor allem unter dem Aspekt der Qualitätsproduktion (Anforderungen von ISO 9000ff) – zu legitimieren und die zum anderen dazu dienen, die Mitarbeiter zu motivieren (verhaltensinnovative Organisationsmuster).

Dies ist möglicherweise aus der Art und Weise zu erklären, wie betriebliche Strategien entstehen. Bevor jedoch auf diese Frage zurückzukommen ist, scheint es notwendig, sich mit dem Begriff der „Strategien" auseinanderzusetzen. Auffällig ist, dass der Begriff der betrieblichen Strategien gerade in der Managementliteratur inflationäre Bedeutung erlangt, eine konkrete theoretische Bestimmung dessen, was Strategien sind, aber wesentlich seltener zu finden ist.

Sorge (in: Brussig u.a. 1997, S. 70, Hervorhebungen K.L.) umschreibt Strategien als „ spezielle, verschiedene betriebliche Funktionalbereiche *übergreifende* Ansätze des unternehmerischen und betrieblichen Handelns, mit denen höchst allgemeine Ziele des Unternehmens (wie Gewinnerzielung, Überleben oder Wachstum) in jeweils spezifischer Form angestrebt werden. Strategien sind also *institutionalisierte, relativ autonome und beständige* Wege hin zur Gewährleistung der Zielerreichung." Diese Auffassung rückt Strategien bei Betonung ihres übergreifenden und institutionellen Charakters stark in die Nähe von Leitbildern. Schreyögg (1996, S. 370f.) betont in seinem Versuch der Bestimmung von Unternehmensstrategien in starkem Maße situative Faktoren (Umwelt und Ressourcen): „Die Unternehmensstrategie kann man verstehen als unternehmensintern entwickeltes Leitkonzept zur Bestimmung des Verhältnisses von Unternehmung und Umwelt ..." und als „Medium, mit dem die Kompetenzen und Ressourcen der Organisation in Hinblick auf die Chancen und Risiken der Umwelt möglichst günstig positioniert werden sollen...". Auch hier wird der eher allgemeine Charakter von Strategien (Leitkonzept) betont. Dennoch scheint es möglich, anhand dieser beiden – hier nur exemplarisch vorgestellten Überlegungen – die Differenzen zwischen Strategien und Leitbildern herauszuarbeiten:

1. Strategien sind konkrete, auf das jeweilige Unternehmen bezogene Vorstellungen darüber, wie Unternehmen zweckmäßigerweise zu organisieren sind.
2. Situative Faktoren (Markterfordernisse, vorhandene interne Ressourcen usw.) beeinflussen Strategien.

3. Strategien werden von Akteuren gemacht („unternehmensintern entwickelt"), sind also je spezifische Konkretisierungen allgemeiner Leitbilder.

Hervorzuheben wäre aber auch, dass Strategien sehr unterschiedliche Reichweiten haben und sich auf unterschiedliche organisationale Felder beziehen können. Sydow (1993) verweist auf drei Strategieebenen in der Managementlehre: Unternehmensstrategien, die sich auf die Beherrschung von Umwelt beziehen, Geschäftsbereichsstrategien, die die Frage danach stellen, wie sich einzelne Geschäftsbereiche dem Wettbewerb stellen, und Funktionalstrategien, welche auf spezifische Problemstellungen ausgerichtet sind (z.B. Forschung und Entwicklung, Technik und Technologie oder Personaleinsatz). Insofern stellen Strategien nicht nur allgemeine, unternehmensübergreifende Vorstellungen dar, sondern differenzieren sich selbst aus und können so auch mit allgemeinen Leitbildern durchaus in Konflikt geraten (z.B. Ausrichtungen auf Kundenbedürfnisse in Marketingstrategien und Strategien der Kostenminimierung).

Die für die Frage nach theoretischen Erklärungen für das Auseinanderfallen von Leitbild und betrieblichen Strategien entscheidende Frage ist jedoch, wie Strategien von Unternehmen überhaupt entstehen. Die einfachste Erklärung, „strategy follows situation", ist dabei sicher unzureichend, da hier ein Automatismus zwischen Umweltanforderungen und betrieblichen Strategien unterstellt wird. In der organisationswissenschaftlichen Literatur lassen sich eine Reihe von Überlegungen finden, wie Strategien zustande kommen:

Child (1972) entwickelt in seinem Konzept der strategischen Wahl in Auseinandersetzung und Kritik mit dem situativen Ansatz die Vorstellung, dass Strategien nicht durch die Umwelt determiniert sind, sondern durch Mitglieder der „dominierenden Koalition" (Manager, die die Kompetenz zur Organisationsgestaltung haben) gestaltet werden. Dabei erscheint Strategieentwicklung als rationaler Prozess, der auf der Bewertung der Situation, der Festlegung externer Strategien zur Beeinflussung der Umwelt und der Ableitung interner Strategien, die auf Aktionsparameter der Organisation (Größe, Technik, Human-Ressourcen, Organisationsstruktur, Aufgaben) abstellen, beruht. Die dominierende Koalition kann dabei unterschiedlich definiert werden. Macht und Herrschaft sowie divergente Interessen von anderen betrieblichen Akteuren (des mittleren Managements, der Belegschaft oder der Betriebsräte) haben jedoch für die Strategiefindung nur eine untergeordnete Bedeutung. Strategieentwicklung und die Umsetzung von Strategien wird eher als top-down-Modell gedacht.

Die Gegenposition ist treffend mit Mintzberg beschrieben: Er argumentiert, dass Strategien „emergieren" können (Mintzberg 1991, S. 43). Handlungen verschiedener Akteure verbinden sich so zu Mustern. Strategieentwicklung wird hier zum Kunsthandwerk oder zur Bastelei (Ortmann 1995). Denkbar und einleuchtend ist Strategieentwicklung als iterativer Prozess zwischen Vorstellungen und Vorgaben des Managements und anderen an deren Umsetzung Beteiligten zu betrachten. Dies impliziert, dass Strategien zum einen in einem Aushandlungsprozess entstehen und zum anderen jeweils der Situation angepaßt werden: „In Strategien werden einzelne Schritte nicht im vorhinein akribisch genau fixiert, vielmehr werden flexible Handlungsmuster entworfen, die situativ angepasst bleiben." (Neuberger 1995, S. 208). Unter dieser Perspektive erscheinen Organisationsstrategien als Resultat einer Vielzahl von Projekten, die zu unterschiedlichen Zeitpunkten durchgeführt werden und an denen unterschiedliche Personen maßgeblich mitwirken (Kieser 1995b, S. 178).

Für empirische Forschungen und die Suche nach Erklärungen für die Entkopplung von Leitbildern, Strategien und sozialer Praxis ist daher weniger interessant, Strategien von Unternehmen zu identifizieren, sondern danach zu fragen, wie solche Strategien in einem interaktiven Aushandlungsprozess zustande kommen.

Als Zwischenfazit bleibt festzuhalten: Das Zustandekommen von Strategien und die Abweichung betrieblicher Strategien von formulierten Leitbildern ist nicht nur situativ, sondern durchaus auch (mikro-)politisch zu erklären. „Entscheidungskorridore" (Ortmann 1995), die ebenso durch vorangegangene Entscheidungen in Interpretation situativer Faktoren entstanden sind und innerhalb derer durch handlungsmächtige Akteure Strategien entwickelt werden, begrenzen dabei die Möglichkeit, allgemeine Leitbilder in konkrete Strategien umsetzen zu können. Zu fragen ist in diesem Zuammenhang auch, wie sich über die Kommunikation gemeinsamer Leitbilder auch von den Akteuren geteilte interpretative Schemata herausgebildet haben, die ihren Niederschlag in konkreten betrieblichen Strategien finden. Als These wäre zu formulieren, dass Strategien sowohl im Ergebnis innerbetrieblicher Aushandlungsprozesse entstehen als auch eher in einem top-down-Prozess vom betrieblichen Management „durchgestellt" werden können. Der jeweilige Charakter von Strategiefindungsprozessen scheint wesentlich darüber zu bestimmen, in welchem Maße betriebliche Strategien dann auch Eingang in die soziale Praxis des Unternehmens finden.

1.3. Soziale Praxis

Bei der empirischen Analyse von unternehmerischen Reorganisationsstrategien und Strategiefindungsprozessen ruckt ein neues Element in die Überlegungen: Die zentrale Annahme dabei ist, dass Strategien zugleich zu Strukturen gerinnen, dass es also darum geht, dass Strategien sich auch über das Handeln betrieblicher Akteure institutionalisieren („structure follows strategy", Chandler 1962). Betriebliche Strategien sind zumeist mit konkreten strukturellen Überlegungen verbunden (z.B. Divisionalisierung, Bildung von Profit-Centern, Dezentralisierung, Einführung von Gruppenarbeit). Zu erklären ist jedoch, wieso empirische Befunde zeigen, dass solche neuen strukturellen Vorgaben nur längerfristig auch in die soziale Praxis umgesetzt werden können oder gar ein Rückfall in tradierte Strukturen zu konstatieren ist. Mit

Giddens (1988) wäre zu argumentieren, dass soziale Praktiken als wiederkehrend praktizierte Formen des Handelns zwar durch Strukturen beeinflusst werden, Handeln also mittels Reflexion auf Struktur erfolgt, aber Strukturen keine Relevanz außerhalb sozialer Praktiken haben. Soziale Praxis ist also umgesetzte Struktur (Ortmann/Sydow/Windeler 1997). Zu analysieren wäre demzufolge, inwiefern strategische Konzepte, die häufig strukturell formuliert sind (Abbau von Hierachien, Entscheidungsdelegation, erweiterte Handlungsspielräume, Reintegration von Arbeitsfunktionen usw.) im sozialen Handeln betrieblicher Akteure relevant werden. Strukturelle Vorgaben begründen Handeln insofern, als Handeln immer regelgeleitet und ressourcengestützt ist und dennoch die Möglichkeit zum Andershandeln impliziert. Diese Möglichkeit ergibt sich insbesondere daraus, dass Akteure über spezifische Machtpotentiale, Deutungsmuster und Legitimationsstrategien verfügen. Strukturen im Sinne wiederkehrender Formen sozialer Praxis sind Medium und Resultat von Handeln, sie reproduzieren sich im Handeln, werden durch Handeln konstituiert und begrenzen es zugleich (Ortmann/Sydow/Windeler 1997).

Reorganisationsprozesse in Unternehmen bilden einen strukturellen Bruch. Neue strategische Vorstellungen zur Organisation von Unternehmen und deren Umsetzung in veränderte Formalstrukturen stellen tradierte und institutionalisierte Praktiken dadurch in Frage, dass Akteure mit veränderten Handlungsressourcen (z.B. durch Aufgabenerweiterung) ausgestattet werden, Machtressourcen sich verändern (z.B. durch Dezentralisierung) und tradierte Interaktionsmuster in Frage gestellt werden. „Reorganisation ist die bewusste, reflexive Re-Strukturation des Handlungsfeldes „Organisation", die auf Veränderungen ihrer Regeln und Ressourcen zielt und sich in allen Dimensionen des Sozialen abspielt: Als Versuch, etablierte Signifikations-, Legitimations- und Herrschaftsstrukturen zu verändern" (Ortmann/Sydow/Windeler 1997, S. 333).

Wie aber entwickeln und verfestigen sich neue Strukturen, wovon gehen Impulse aus? Eine Antwort auf diese Frage gibt – folgt man Überlegungen der Vertreter des mikropolitischen Ansatzes – möglicherweise eine empirische Analyse der Modalitäten, die als Vermittlungsmechanismen zwischen Struktur und Handeln gelten:

- Die Analyse *interpretativer Schemata* kann darüber Auskunft geben, inwiefern formulierte Leitbilder und Strategien über Kommunikation in die Wissensbestände und gemeinsamen Deutungsmuster betrieblicher Akteure eingegangen sind und zur Aufrechterhaltung der Kommunikation reflexiv angewandt werden. Zu fragen wäre also, ob sich bei allen beteiligten Akteuren bereits ein neues Organisationsverständnis herausgebildet hat.
- Die Ausstattung der Akteure mit *autoritativen und allokativen Ressourcen* ist dahingehend zu untersuchen, inwiefern betriebliche Akteure in die Lage versetzt werden, anders zu handeln, als tradierte arbeits- und

betriebsorganisatorische Strukturen es bisher vorsahen. Über welche Machtmittel, finanzielle und technische Ressourcen verfügen handlungsmächtige Akteure zur Durchsetzung ihrer Ziele und Interessen?
- Die Untersuchung von *Normen*, die in Form organisationaler Regeln, Sanktionsmechanismen sowie Rechten und Verpflichtungen als Verhaltenscodes wirksam werden, kann darüber Aufschluss geben, welche neuen (Formal-) Strukturen vorgegeben werden und inwiefern diese Innovationshandeln (z.b. Gruppenarbeit) ermöglichen oder begrenzen. Auch erscheint damit die Frage beantwortbar, was Akteure zur Orientierung an (Formal-) Strukturen und Organisationsmythen motiviert.

Mikropolitische Überlegungen scheinen also in besonderem Maße geeignet zu sein, gerade den Prozess der Umsetzung neuer Leitbilder und Strategien in der betrieblichen Praxis zu untersuchen und damit zu erklären, woraus Differenzen zwischen formulierten Leitbildern, Strategien und der sozialen Praxis nach erfolgter Reorganisation zu erklären sind. Das gilt insbesondere dann, wenn Reorganisationsprozesse im Unternehmen als interaktive Aushandlungsprozesse verschiedener Akteure verstanden werden, es also nicht nur darum geht, Strategiefindungsprozesse im Management zu untersuchen, sondern auch die Umsetzung betrieblicher Strategien im Handeln aller betroffenen Akteure mit ihren spezifischen Deutungen, den ihnen zur Verfügung stehenden Ressourcen und normativen Begrenzungen. Insofern ist nicht nur das Management Akteur betrieblicher Reorganisation, sondern ebenso Betriebsräte und Beschäftigte in Produktion oder Verwaltung. Das Problem bei der empirischen Analyse komplexer und ganzheitlicher Reorganisationsvorhaben ist jedoch, dass diese in verschiedene einzelne Projekte zerfallen, in denen jeweils verschiedene Akteure, die mit unterschiedlichen Ressourcen ausgestattet sind, in verschiedenen Interaktionszusammenhängen agieren.

2. Fazit: Erklärungsansätze für die Entkopplung von Leitbild, Strategie und sozialer Praxis

Der hier nur kursorisch mögliche Überblick über verschiedene organisationssoziologische Ansätze und deren Erklärungswert für die Frage, wie das empirisch feststellbare Auseinanderfallen von Leitbild, konkreten Strategien und sozialer Praxis und die Unterschiedlichkeit betrieblicher Restrukturierungsprozesse analysiert werden kann, gibt eine Reihe von Hinweisen auf mögliche theoretische Erklärungen.

Situative Ansätze können erklären, inwiefern Faktoren der internen und insbesondere der externen Unternehmenssituation Reorganisationsprozesse erzwingen. Die Konkurrenzsituation, ökonomische, technische und personelle Potentiale sind im Vergleich der untersuchten Unternehmen verschieden und können Hinweise darauf geben, welche Reorganisationsstrategien verfolgt und mit welcher Vehemenz diese auch durchgesetzt werden. Das Auseinanderfallen von Leitbild, Strategie und sozialer Praxis erklären sie jedoch kaum. Neo-institutionalistische Erklärungsmodelle verweisen auf den Einfluss von Leitbildern, wobei die Erklärungskraft solcher Ansätze auch begrenzt ist, wenn unterstellt wird, dass es kein „fit" zwischen Leitbild, situativen Anforderungen und Deutungen der Akteure gibt und Leitbilder vor allem der Legitimation in einer turbulenten Umwelt dienen. Walgenbach (1995, S. 289) argumentiert mit einer Entkopplung struktureller Elemente untereinander und von den Aktivitäten der Organisation: „Man überläßt es den Individuen in der Organisation, den technischen Interdependenzen zu begegnen. Entkopplung ermöglicht es der Organisation, legitimierte formale Strukturen aufrechtzuerhalten, während die tatsächlichen Aktivitäten als Reaktion auf aktuelle und praktische Erfordernisse variieren". Leitbilder werden dann zu „Lippenbekenntnissen" und bleiben reine Legitimationsstrategien. Interessant dabei ist jedoch, dass die Diskussion und Kommunikation über neue Leitbilder Spielräume bietet, um neue Organisationskonzepte auf ihre Realisierbarkeit hin zu überprüfen. Empirisch zu untersuchen ist jedoch, inwiefern Leitbilder wirklich kommuniziert werden (Kieser 1998) und institutionalisiert sind, so dass die aus ihnen folgenden Überlegungen zur Gestaltung von Organisationsstrukturen nicht mehr hinterfragt und sozial reproduziert werden, also zu gemeinsamen Deutungen werden. Wenn dem nicht so ist, folgt daraus eine hohe Beständigkeit einmal institutionalisierter Strukturen, so dass hieraus möglicherweise die Veränderungsresistenz von Unternehmen erklärbar wird. Vom Grad der Institutionalisierung von Leitbildern scheint abzuhängen, wie verfestigt institutionelle Strukturen sind, inwiefern also Reorganisationsprozesse in die Praxis umgesetzt werden können. Neo-institutionalistische Ansätze erklären jedoch kaum, wie institutioneller Wandel auf der betrieblichen Ebene erfolgt.

Die Grundannahmen der verhaltenswissenschaftlichen Entscheidungstheorie (begrenzte Rationalität, beschränkte Informationsverarbeitungskapazität, vereinfacht wahrgenommenes Umweltmodell), die auf die strategische Wahl brauchbarer („satisficing") statt objektiver Lösungen verweist, implizieren, dass Umwelt in spezifischer Weise wahrgenommen wird und diese Wahrnehmungen von internen Deutungsmustern abhängen. Hier wird die Rationalitätsannahme bei der betrieblichen Strategiebildung zumindest in Frage gestellt, finden sich Hinweise auf die Rolle subjektiver Deutungen von Akteuren. Die Differenz zwischen Leitbild/Strategien und sozialer Praxis wird erklärbar aus der Art der Strategiefindung. Strategiefindung, gefast als top-down-Prozess, bedeutet, dass neue Überlegungen von oben nach unten kommuniziert werden, aber noch nicht durch alltägliche Verhandlungsprozesse operationalisiert und stabilisiert sind. Fasst man Strategiebildungsprozesse hingegen als Aushandlungsprozesse zwischen verschiedenen betrieblichen Akteuren, so kann herausgearbeitet werden, inwiefern bisherige Praxen, damit verbundene Interessen und Machtkonstellationen sowie zur Verfügung stehende Ressourcen verschiedener Akteure und Akteursgruppen in die Strategiebildung eingehen.

Strukturationstheoretisch inspirierte Ansätze schließlich liefern mehrere Anknüpfungspunkte für die bislang diskutierten Überlegungen: So ist die Debatte um Leitbilder und deren Wirkung durchaus mit den Dimensionen Legitimation und Signifikation kompatibel. Voneinander abweichende Situationsdeutungen verschiedener Akteure, die Eingang in die Strategiebildung und deren Umsetzung in strukturelle Überlegungen finden, werden erklärbar aus „geronnenen Strukturen", also der bislang vorherrschenden sozialen Praxis, insbesondere den geltenden Normen und Regeln sowie den zur Verfügung stehenden Ressourcen im unmittelbaren Arbeitsumfeld der beteiligten Akteure. Und nicht zuletzt wäre zu untersuchen, wie der Prozess der „Strukturation", also der Umsetzung strategisch-struktureller Vorgaben und Konzepte mit Rekurs auf vorherrschende Deutungsmuster, zur Verfügung stehende Ressourcen und Regeln erfolgt.

Als mögliche Einflussfaktoren und erklärende Variablen für das Auseinanderfallen von Leitbild, unternehmerischen Strategien sozialer Praxis des Organisierens sind demnach zu untersuchen:

- der Einfluss von Faktoren der internen und externen Unternehmenssituation (z.B. der Konkurrenzsituation, ökonomischer Vorgaben von Konzernzentralen),
- die Reichweite und Akzeptanz von Leitbildern und strategischen Vorgaben übergeordneter Unternehmenszentralen,
- die institutionalisierten Mechanismen der strategischen Entscheidungsfindung auch unter Berücksichtigung kultureller Besonderheiten der Unternehmen sowie
- Machtkonstellationen, Handlungsspielräume, Deutungsmuster, Legitimationsstrategien und Interessen der beteiligten Akteure nicht nur im Prozess der Strategiefindung, sondern auch und vor allem in der alltäglichen Unternehmenspraxis bei der Umsetzung neuer struktureller Vorgaben.

Literatur

Belzer, V. 1995: Sinn in Organisationen, oder: Warum haben moderne Organisationen Leitbilder? München, Mehring
Bleicher, K. 1991: Organisation: Strategien – Strukturen – Kulturen. Wiesbaden
Brussig, M. u.a. (Hg.) 1997: Kleinbetriebe in den neuen Bundesländern. Opladen
Chandler, A.D. Jr. 1962: Strategy and Structure. Chapters in the History of Industrial Enterprise. Cambridge, London
Child, J. 1972: Organizational Structure, Environment and Performance: The Role of Strategic Choice. In: Sociology 6(1972), S. 1-22
Dierkes, M., Hoffmann, U., Marz, L. 1992: Leitbild und Technik. Zur Genese und Steuerung technischer Innovationen. Berlin

Dierkes, M., Marz, L. 1998: Leitbildzentriertes Organisationslernen und technischer Wandel. WZB-paper FS II 98-103. Berlin

DiMaggio, P.J., Powell, W.W. 1991: The New Institutionalism in Organizations. Cambridge

Ganter, H.-D., Schienstock, G. (Hg.) 1993: Management aus soziologischer Sicht. Wiesbaden

Giddens, A. 1988: Die Konstitution der Gesellschaft. Grundzüge einer Theorie der Strukturierung, Frankfurt/M., New York

Hammer, M., Champy, J. 1993: Re-engineering the Corporation: A Manifest for Business Revolution. New York

Kieser, A. 1995a: Moden und Mythen des Organisierens. paper Universität Mannheim

Kieser, A. 1995b: Organisationstheorien. Stuttgart, Berlin, Köln

Kieser, A. 1998: Über die allmähliche Verfertigung der Organisation beim Reden. Organisieren als Kommunizieren. In: Industrielle Beziehungen 5(1998)1, S. 1-40

Küpper, W., Ortmann, G. (Hg.) 1986: Mikropolitik – Rationalität, Macht und Spiele in Organisationen. Opladen

Meyer, J.W., Rowan, B. 1977: Institutionalized Organisations: Formal Structure as Myth and Ceremony. In: American Journal of Sociology 83(1977), S. 340-363

Neuberger, O. 1995: Mikropolitik. Der alltägliche Aufbau und Einsatz von Macht in Organisationen. Stuttgart

Ortmann, G. 1995: Formen der Produktion. Organisation und Rekursivität. Opladen

Ortmann, G., Sydow, J., Türk, K. (Hg.) 1997: Theorien der Organisation. Die Rückkehr der Gesellschaft. Opladen

Ortmann, G., Sydow, J., Windeler, A. 1997: Organisation als reflexive Strukturation. In: Ortmann, G., Sydow, J., Türk, K. (Hg.) 1997

Peters, Th., Watermann, R.H. 1983: Auf der Suche nach Spitzenleistungen. Was man von den bestgeführten US-Unternehmen lernen kann. Landsberg

Rumelt, P. 1974: Strategy, Structure and Economic Performance. Boston

Schreyögg, G. 1996: Organisation. Grundlagen moderner Organisationsgestaltung. Wiesbaden

Sydow, J. 1993: Strategie und Organisation international tätiger Unternehmungen – Managementprozesse in Netzwerkstrukturen. In: Ganter, H-D., Schienstock, G. (Hg.) 1993

Walgenbach, P. 1995: Institutionalistische Ansätze in der Organisationstheorie. In: Kieser, A. 1995: Organisationstheorien. Stuttgart, Berlin, Köln

Warnecke, H.J., 1993: Revolution der Unternehmenskultur. Das fraktale Unternehmen. Berlin

Womack, J.P., Jones, D.T., Roos, D. 1992: Die zweite Revolution in der Autoindustrie. Frankfurt/M.

Stefan Kühl

„Der Wandel als das einzige Stabile in Organisationen". Die Rationalität des Organisationswandels und ihre Grenzen

Ein Blick auf die aktuelle Diskussion im Management von Unternehmen und Verwaltungen zeigt, dass Konzepte des Lean Managements (Womack/Jones/ Roos 1990), Business Process Reengineerings (Hammer/Champy 1995) oder der dezentralen, segmentierten Organisation (Wildemann 1988) zunehmend in die Kritik geraden. In der Zwischenzeit existieren eine ganze Reihe von Studien, die auf die geringe Erfolgsquote bei der Anwendung dieser Managementkonzepte, die Ende der achtziger und Anfang der neunziger Jahre noch zentrale Leitbilder in der Betriebswirtschafts- und Managementlehre waren, hinweisen (Fatzer 1997, S. 7).

Die Verfechter dieser Konzepte sehen sich mit den immer kürzeren Halbwertzeiten von Organisationskonzepten konfrontiert. Kaum etabliert, werden schon erste Zweifel an dem neuen Organisationsleitbild laut: Wer bietet die Sicherheit, dass die verschlankten Unternehmen noch genug organisatorische Reserven haben, um den Anpassungsanforderungen durch sich ständig wechselnde Umweltbedingungen gerecht zu werden (Staehle 1991)? Wer garantiert, dass Prozessorientierung nicht lediglich einen neuen stabilen organisatorischen Zustand schafft, der bei Veränderungen der Umwelt zu einem Hemmschuh wird? Wer kann versichern, dass eine Organisation mit modularen, segmentierten Organisationsstrukturen nicht in die bekannten „Dezentralisierungsfallen" (Hirsch-Kreinsen 1995) oder „Dezentralisierungsdilemmata" (Kühl 1998) gerät?

Bei allen Abgrenzungsversuchen der Promotoren von Lean Management oder Business Process Reengineering gegenüber dem klassischen tayloristischen, stark arbeitsteiligen Organisationsleitbild gibt es eine zentrale Gemeinsamkeit – die Vorstellung, dass eine Organisationsstruktur existiert, die an eine bestimmte Situation, an bestimmte Umweltanforderungen optimal angepasst ist. Wenn Befürworter von Lean Management, Business Process Reengineering oder von in selbständige Geschäftseinheiten zerlegte Unternehmen beachtliche Kosteneinsparungen, Umsatzsteigerungen und Qualitätsverbesserungen versprechen, dann propagieren sie häufig neue Varianten der besten Form der Organisation (Hirsch-Kreinsen 1995, S. 422; Ortmann 1995, S. 263).

Hier stehen die Diskussionen des Managements in der Tradition des organisationstheoretischen Kontingenzansatzes der sechziger und siebziger Jahre, einer lediglich ausgefeilteren Variante der Vorstellung von einem „one best way" der Organisation (Kieser 1995). Das Spezifische von Vorstellungen eines „one best ways" von Organisationen ist, dass von der prinzipiellen Möglichkeit einer rationalen Organisationsstruktur ausgegangen wird. Dabei wird für eine spezifische Umweltsituation eine stabile Organisationsstruktur gesetzt. Es wird weltweit nach einer stabilen „best practice" für eine bestimmte Marktsituation gefahndet. Insofern kann die Krise von Konzepten wie Lean Management, Business Process Reengineering oder der modularen Organisation auch als eine Krise der überarbeiteten Vorstellungen eines „one best ways" oder einer „best practice" der Unternehmung interpretiert werden.

Eine Analyse der Managementdiskurse in den letzten Jahren zeigt eine interessante Veränderung. In der Zwischenzeit werden auf dem Markt der Managementstrategien vorrangig Konzeptionen gehandelt, bei denen es zunehmend schwerer wird zu bestimmen, was das Spezifische dieser Managementkonzeptionen ausmacht. Die lernende Organisation, die wissensbasierte flexible Firma und die evolutionäre Unternehmung lösen als Zielvorstellung zunehmend die eher statischen Managementkonzepte der späten achtziger, frühen neunziger Jahre ab.

In diesem Beitrag versuche ich unter Rückgriff auf Überlegungen der Organisationssoziologie zur Rationalität von Organisationen und zum Spannungsverhältnis von Wandel und Flexibilität diese Entwicklung in den Managementdiskursen neu zu interpretieren. Es geht mir darum zu zeigen, dass sich im Managementdiskurs ein neuartiges, auf Organisationswandel und Flexibilität orientiertes Rationalitätsverständnis entwickelt.[1]

In der Organisationsforschung bildet sich eine Forschungsrichtung aus, die die gehandelten Managementkonzepte als „Moden" (Kieser 1996), als „Schimären" (Wolf 1997), als „Talk" (Brunsson 1989) oder „Mythen" (Neuberger 1995b) betrachtet. Durch diese Blickrichtung kann das Reden in und über Organisationen als Gegenstand der Analyse stärker in den Fokus genommen werden.

Die Pointe dieser auf „Talk", „Moden", „Mythen" und „Schimären" gerichteten Forschungsrichtungen ist, dass sie das Reden in und über Organisationen nicht durch den Kontrast mit den Handlungen in Organisationen entlarven möchte. Es geht ihr nicht darum, die Irrealität von Beschreibungen des

---

1 Dieser Text ist die überarbeitete Fassung einer Expertise zu den Blickrichtungen, Einsichten und Suchfeldern der Organisationssoziologie im Rahmen des Forschungsprogramms „Stratema" - Arbeitsfeld „Mensch, Organisation, Kultur". Da dieser Text auf einer noch nicht abgeschlossenen Forschungsarbeit beruht, kann in diesem Beitrag die Argumentation nur holzschnittartig dargestellt werden. Die Reduzierung der Argumentation auf eine neue Rationalitätsvorstellung in Organisationen ist eine bewusst gewählte Simplifizierung. Es darf jedoch nicht übersehen werden, dass gerade die neuere Organisationstheorie darauf aufmerksam gemacht hat, dass die Rationalitätsvorstellungen, die in Organisationen gehandelt werden, vielfältig sind (Meyer 1992, S. 262).

Managements mit Hilfe einer vermeintlichen praktischen Organisationsrealität zu enthüllen. Vielmehr wird betont, dass sowohl das Reden als auch die konkreten Handlungen eine wichtige Funktion erfüllen.

John W. Meyer und Brian Rowan (1977), auf die diese Forschungsrichtung in der Regel zurückgreifen, haben gezeigt, dass sich Organisationen dadurch legitimieren, dass sie Rationalitätsnachweise erbringen, die häufig nur sehr lose mit den Effizienzanforderungen der Organisation gekoppelt sind. Organisationen bedienen sich rationaler institutioneller Regeln, auch wenn diese für die Organisation unter dem Strich nur mehr Kosten bedeuten, und – das ist der Clou – sichern dadurch das Überleben der Organisation.

Ich greife in diesem Beitrag diesen Ansatz auf und begreife im Folgenden die Managementdiskurse als Rationalitätskonstruktionen. Diese Rationalitätskonstruktionen sind lediglich lose mit den Praktiken in Organisationen gekoppelt, verweisen jedoch darauf, inwiefern sich Wahrnehmungsmuster und Zielvorstellungen in Organisationen verändern.

1. Revisionen der Rationalität – durch Abschieben der Unsicherheit in Latenzbereiche

Eine zentrale Frage, mit der sich die soziologische Organisationsforschung immer wieder auseinandersetzt, ist, wie es Organisationen gelingt, gleichzeitig die Anforderungen an Stabilität und Wandel zu erfüllen, obwohl sich diese Anforderungen offensichtlich widersprechen. Es geht um die Frage, wie Organisationen die ambiguen Erwartungen an Varietät und Redundanz (Luhmann 1988), an Flexibilität und Berechenbarkeit (Rammert/Wehrsig 1988), an Exploration und Exploitation (March 1991), an Veränderung und Bewahrung (Neuberger 1995a, S. 93) und an Transformation und Kontinuität (Willke 1996, S. 11) bearbeiten können.

Die paradoxe Forderung nach Stabilität *und* Wandel, nach Redundanz *und* Varietät verweist unmittelbar auf den Punkt der Rationalitätskonstruktionen in und von Organisationen. Wie sind Vorstellungen von rationalen Organisationsstrukturen möglich, wenn gleichzeitig immer wieder Veränderungsanforderungen an die Organisation herangetragen werden? Wie sind rationale Organisationsstrukturen denkbar, wenn eine Organisation sich einem permanenten Anpassungsdruck ausgesetzt sieht?

Max Weber hatte die Auseinandersetzung mit der ambiguen Anforderung an Stabilität und Wandel in Organisationen noch weitgehend ausgeklammert. Sein Idealtypus einer berechenbaren, durch Hierarchie, Arbeitsteilung und Verschriftlichung gekennzeichneten Organisation wurde dadurch möglich, dass er die Umweltbedingungen von Organisationen als stabil annahm. Die Umwelt einer Organisation – und hier ähnelte das Denken Webers dem der Hauptvertreter eines wissenschaftlichen Managements – wurde als so konstant beschrieben, dass das Management von klaren Rahmenbedingungen für seine Entscheidungen ausgehen konnte. Aufgrund dieser Annahme von einer Beständigkeit der Umwelt war es möglich, eine bestimmte Organisationsstruktur als zweckrational zu beschreiben. Die bürokratisch-hierarchische Organisation konnte als das wirksamste Mittel beschrieben werden, um Ziele wie wirtschaftliche Effizienz und Effektivität, optimale Versorgung von sozial Schwachen oder militärische Überlegenheit zu erreichen.

Die Wurzel der modernen Organisationstheorie liegt in der grundlegenden Einsicht über den begrenzten Charakter der Rationalität in Organisationen – eine Einsicht, die in der Abarbeitung der Auffassungen Max Webers entstanden ist. Herbert Simon (1957) hat gezeigt, dass der Mensch durch kognitive Grenzen daran gehindert wird, rational zu handeln. Die rationale Wahl von Mitteln zum Erreichen eines Zieles, so Simon, erfordert vollständiges Wissen und vollständige Antizipation der Ergebnisse, die sich aus jeder Wahl ergeben. Unsere Erkenntnisse dieser Ergebnisse sind jedoch immer bruchstückhaft. Rationalität erfordert eine Auswahl aus allen möglichen Verhaltensalternativen. Im tatsächlichen Verhalten kommen jedoch nur sehr wenige all dieser möglichen Alternativen je zu Bewusstsein.

Simons eher psychologischer Ansatz, der auf die kognitiven Grenzen von Rationalität verwies, wurde von Cyert und March (1963) in ihrer Theorie der Firma um eine explizit organisationssoziologische Rationalitätskritik erweitert. Sie arbeiteten heraus, dass es in Organisationen keine einheitliche Zielsetzung gibt, an der sich eine rationale Wahl von Mitteln orientieren kann. Vielmehr seien Organisationen durch Divergenzen, Auseinandersetzungen und Konflikte zwischen den Organisationsmitgliedern gekennzeichnet, die durch alltägliche Kompromisse zwar reduziert, nie aber endgültig gelöst werden können.

James D. Thompson (1967) hat dann darauf hingewiesen, dass die Rahmenbedingungen für Organisationen nicht so konstant sind wie Max Weber und Frederick Taylor angenommen hatten. Durch die Intensivierung des Wettbewerbs, so Thompson, werden die Umweltbedingungen für Organisationen vielfältiger, komplexer und wechselhafter. Es lässt sich keine Organisationsform bestimmen, die über eine spezifische Marktsituationen hinaus als rational bezeichnet werden kann.

James March radikalisierte zusammen mit Cohen und Olsen (1972) die bis dahin entwickelte Rationalitätskritik in ihrem Modell des „Mülleimers". Sie zeigten, dass entgegen den klassischen Rationalitätsannahmen Probleme, Lösungen und Akteure nur lose miteinander gekoppelt sind. Problemlösungen, so Cohen, March und Olsen, seien ein eher zufälliges „Bündnis" von Problemen, Lösungen und Akteuren. Dabei kommt es zwar vor, dass Akteure nach Lösungen für Probleme suchen. Aber genauso häufig passiert es, dass bestimmte Lösungen existieren, für die interessierte Akteure sich dann nach passenden Problemen umschauen.

Die von der Organisationstheorie vorgetragene Rationalitätskritik – von Simons Modell der begrenzten Rationalität bis hin zum Mülleimer-Modell von Cohen, March und Olsen – basierte also vor allem auf einer Konfrontation der dem Leitbild von organisationaler Rationalität innewohnenden Vorstellungen von Stabilität mit den an Organisationen herangetragenen Ansprüchen an Flexibilität, Varietät, Veränderung oder Transformation. Die bis dahin gängigen Rationalitätskonzeptionen, die im Kern nach Prinzipien von Berechenbarkeit, Bewahrung und Kontinuität verlangten, wurden mit der Begrenztheit dieser Prinzipien in nichtstatischen Umweltsituationen konfrontiert.

Zentral ist, dass in der organisationstheoretischen Rationalitätskritik die dominierenden Vorstellungen von Rationalität zwar kritisiert, auf das Prinzip Rationalität von Organisationen jedoch nicht verzichtet wurde. Vielmehr wurde in einem fast dialektischen Sinne, aus der Kritik der vorgängigen Rationalitätskonzepte eine neue, elaborierte Rationalitätsvorstellung entwickelt. Es kam im Rahmen der Rationalitätskritik nicht zu einem Verzicht auf das Rationalitätsprinzip, sondern, wie Becker, Küpper und Ortmann (1988) zurecht hervorheben, zu „Revisionen der Rationalität". Salopp formuliert: Die schärfsten Kritiker der Elche wurden selber welche.

So stellte Herbert Simon die Begrenztheit individueller Rationalität heraus und führte organisatorische Strukturen als Möglichkeit ein, eine höhere Rationalität zu erreichen. Cyert und March machten auf die Präferenzunterschiede von Akteuren in Organisationen aufmerksam, führten aber Koalitionen als Modell vermeintlich rationalen Handelns ein. Thompson kritisierte das Weberianische Rationalitätsmodell, führte aber durch sein Konzept eines rationalen, technischen Kerns, der durch flexibilitätsorientierte Gewährleistungseinheiten aus dem mittleren Management gesichert wird, ein elaboriertes Modell von Zweckrationalität ein. Selbst im Mülleimer-Modell von Cohen, March und Olsen, das häufig als weitestgehende Rationalitätskritik bezeichnet wird, gibt es Ansätze für ein ausgefeilteres Rationalitätsmodell. Die lose gekoppelten Verbindungen von Problemen, Lösungen und Akteuren treten besonders bei strategischen Entscheidungen auf. Organisationen bilden aber institutionalisierte und standardisierte Verfahren und Programme (standard operating procedures) aus, die es ermöglichen trotz der Umweltvarianz und der Unberechenbarkeit bei strategischen Entscheidungen, im Wertschöpfungsprozess die Komplexität zu reduzieren.

Klaus Peter Japp (1994, S. 127ff.) hat herausgearbeitet, dass die meisten Rationalitätsbeschreibungen in der Organisationssoziologie darauf basieren, dass alles, was als nicht- oder irrational gilt, abgedunkelt wird. In Rationalitätskonstruktionen entsteht ein Bereich der Berechenbarkeit, der Verlässlichkeit, der Kontinuität, der seine Herkunft daraus bezieht, dass alles Unberechenbare ausgegrenzt wird. Insofern, so Japp, zieht Rationalität immer den Schatten latenter Nicht-Rationalität hinter sich her. Die zweckrationalen Modelle von Weber und Taylor konnten dadurch gebildet werden, dass die Veränderbarkeit der Umwelt ausgeblendet wurde. Simons Modell der begrenzten Rationalität basierte darauf, dass organisatorische Strukturen als rational dargestellt und zugleich die Irrationalität bei Entscheidungen auf die kognitiven

Grenzen von Individuen zurückgeführt wurden. Thompson gesteht zu, dass Gewährleistungseinheiten selbst nicht nach rationalen Kriterien funktionieren können, weil sie sich mit Umweltveränderungen auseinandersetzen müssen. Sie gewährleisten aber die rationale Funktionsweise von Prozessen innerhalb des technischen, wertschöpfenden Kerns. Auch March und seine Kollegen konstruierten letztlich ihr Rationalitätsmodell dadurch, dass sie die lose gekoppelten Kombinationsprozesse aus Lösungen, Problemen und Akteuren als Puffer für die standardisierten Verfahren und Programme begreifen, die in der Organisation ablaufen.

Das in der Organisationstheorie die Rationalitätskritik bisher nicht zu einem Abschied von Rationalitätsvorstellungen, sondern lediglich zu ausgefeilteren Rationalitätskonzeptionen geführt hat, lässt sich mit einem Rückgriff auf das Spannungsverhältnis von Redundanz und Varietät, von Beherrschbarkeit und Flexibilität, von Exploration und Exploitation erklären.[2] Eine Aufgabe von Rationalitätsvorstellungen würde letztlich zu einer alleinigen Betonung der Prinzipien der Varietät, der Exploration und des Wandels führen. Es würde eine Organisationskonzeption entstehen, die durch Wahllosigkeit und Beliebigkeit gekennzeichnet wäre. Eine postmoderne Konzeption des „anything goes" würde in die Organisationstheorie einziehen.

Bei der Aufgabe von Rationalitätsvorstellungen würden in Organisationen in letzter Konsequenz keine übergeordneten Kriterien für Entscheidungen mehr existieren. Die Entscheidungsprämissen in Organisationen würden erodieren. Solche Entscheidungsprämissen bestimmen welche Entscheidungsmöglichkeiten in einer Organisation bestehen. Sie treten in Form von Programmen, definierten Kommunikationswegen oder Personen auf. Sie reduzieren die Kontingenz in Organisationen, indem sie festlegen welche Alternativen in einer Organisation überhaupt wählbar sind. Dabei gelten die Entscheidungsprämissen jeweils für mehr als eine Entscheidung (Luhmann 1988, S. 176).

Konsequent zu Ende gedacht, würde die radikale Aufgabe von Rationalitätsvorstellungen in Organisationen zu einer vollständigen Aufgabe von Entscheidungsprämissen führen. Es würden dann keine Kriterien mehr existieren, mit denen die Richtigkeit einer Entscheidung beurteilt werden könnte. Es würde zu einer willkürliche Ansammlung von Entscheidungen kommen. Es entstände, so Karl Weick, ein chronisch aufgetautes System, das nicht mehr den Namen Organisation verdienen würde.

---

2 Auch Systemtheoretiker, die auf die Revisionen der Rationalität in der handlungstheoretisch orientierten Organisationssoziologie mit dem Revisionismusvorwurf reagiert haben und eine Aufgabe des Begriffs oder eine grundlegende Neukonzipierung fordern (Japp 1994, S. 128), drehen die Spirale der kritischen Überarbeitungen von Rationalitätskonstruktionen letztlich nur weiter.

2. Das Lernen des Managements – Die Wahrnehmung von Kontingenz der Organisation und die Krise dominierender Rationalitätsvorstellungen

Die Erosion der Rationalitätskonzepte deutet darauf hin, dass die Annahmen von der Beständigkeit, Stetigkeit und Beharrlichkeit von Organisationsstrukturen an Selbstverständlichkeit verlieren. Organisationsstrukturen sind eine Ansammlung von expliziten oder impliziten Regeln zur Kommunikation zwischen den Mitgliedern einer Organisation. Dabei werden sowohl die Anordnung der verschiedenen Stellen in einer Organisation bestimmt (Aufbauorganisation) als auch die Kommunikationswege definiert, über die bestimmte Arbeitsaufgaben erledigt werden (Ablauforganisation).

Das Management von Unternehmen reagierte auf die Unsicherheit der Umwelt im Wechselverhältnis mit Organisationen mit einem simplen Mechanismus zur Reduktion der Komplexität (Berger 1984, S. 68). Die Unternehmen ersetzten die „objektive" Umweltsituation durch eine „subjektive", die aber wie eine „objektive" Umweltsituation behandelt wurde. Diese „objektivierte subjektive" Wahrnehmung bestand aus zwei grundlegenden Annahmen über die Umwelt und die Funktionsweise von Organisationen.

Die erste Annahme war, dass die Umweltbedingungen relativ konstant bleiben. „Objektive" Veränderungen der Umweltsituationen wurden für die Organisation dadurch handhabbarer gemacht, dass sie lediglich als bearbeitbare Abweichungen von der ursprünglichen Ausgangssituation begriffen wurden.

Die zweite Annahme war, dass es sich bei Organisationen um steuerbare, „triviale" Systeme handelt. Ein triviales System ist dadurch gekennzeichnet, dass man von einem Input in das System den ausgelösten Output voraussagen kann (Foerster 1992). Darauf aufbauend wurde davon ausgegangen, dass Organisationen auf bestimmte Marktsituationen zugeschnitten werden können. Sowohl das Eigenleben der Organisation als auch die Rückwirkung der Organisation auf die Marktsituation wurden weitgehend ausgeblendet.

Diese simplifizierenden Annahmen von der Funktionsweise von Organisationen scheinen sich in der Managementdiskussion allerdings zunehmend aufzulösen. Die diesbezüglichen Einsichten zeigen sich aus organisatorischer Sicht vorwiegend auf zwei Ebenen:

- Erstens: Es setzt sich die Erkenntnis durch, dass man aufgrund von dem, was man jetzt weiß, nicht auf die Zukunft schließen kann (Valery 1989, S.130f.). Wenn Informationen als richtige Informationen verstanden werden, dann können prinzipiell keine Informationen über die Zukunft existieren, weil es in der Zukunft immer anders kommen kann als wir uns eigentlich gedacht haben (Brunsson 1985, S. 38). Deswegen kann eine Organisationsstruktur immer nur als vorläufig, vorübergehend und temporär angenommen werden. Im Management wird deutlich, dass die Verfahren, mit der die Illusion der Berechenbarkeit zukünftiger Entwicklungen erzeugt wurden, zunehmend versagen (Wimmer 1996, S. 51).

– Zweitens: Bei Organisationen handelt es sich um nicht-triviale Systeme. Organisationen ändern sich aufgrund ihrer Erfahrungen, wobei die Lernprozesse durch die innere Struktur der Systeme bestimmt werden. Systeme sind prinzipiell nicht vorhersagbar. Ihre Leistungen können nicht einfach im voraus konstruiert, geplant und gesteuert werden (Foerster 1984, S. 10ff.).

Hier deutet sich eine neue Sichtweise auf Unsicherheit in Organisationen an. Unsicherheit wird nicht mehr als dysfunktionaler Zustand begriffen, der unbedingt beseitigt werden muss. Es geht nicht mehr darum, Unsicherheit mit aller Gewalt aus Organisationen herauszuhalten. Statt dessen wird Unsicherheit als Voraussetzung für den Erfolg, ja sogar für die Existenz von Organisationen begriffen (Crozier/Friedberg 1977, S. 23; Stacey 1992, S. 55; Luhmann 1997, S.155). Unsicherheit, Kontingenz und Indeterminiertheit werden als Bedingung für Handeln in Organisationen begriffen. Dies deutet auch auf neue Formen der Rationalitätskonstruktionen hin.

3. Die Neukonstruktion von Organisationsrationalitäten: Vom „Wandel stabiler Organisationsstrukturen" zur „Stabilisierung des Wandels"

Lernende Organisationen, wissensbasierte Firmen oder evolutionäre Unternehmen sind Labels, mit denen aus organisationstheoretischer Sicht letztlich eine neue Vorstellung von Rationalität in Organisationen propagiert wird. Die Definitionen von lernender Organisation, wissensbasierter Firma oder evolutionärer Firma verharren häufig in Allgemeinplätzen (Kritik z.B. bei Wahren 1996, S. 4ff.). Die lernende, wissensbasierte Organisation ist fähig, „sich kontinuierlich und flexibel an eine sich verändernde Umwelt anzupassen" (Wieselhuber 1996, S. 21). Eine evolutionär ausgerichtete, lernende Organisation hat eine „Firmenkultur, die das ständige Lernen und die Entwicklung individueller Fähigkeiten zur flexiblen Anpassung des einzelnen Mitarbeiters und des Gesamtunternehmens fördert" (Otala 1994, S. 14f.). Die lernende Organisation ist ein Ort, „wo Menschen kontinuierlich ihre Fähigkeiten erweitern, um die Ergebnisse zu erreichen, die sie wirklich anstreben, wo neue, sich erweiternde Muster des Denkens gefördert werden, wo gemeinschaftliche Wünsche frei werden und wo sie kontinuierlich lernen, wie man miteinander lernt." (Senge 1990, S. 1).

Die fehlende Präzision und so empfundene Banalität bei der Bestimmung dieser Konzepte hat dazu geführt, dass es bisher kaum fruchtbare Auseinandersetzung in der Organisationssoziologie mit diesen Konzepten gegeben hat. Wissenschaftler, die Organisationskonzepte der lernenden Organisation, der wissensbasierten Unternehmung oder der evolutionären Firma als theoretisches Gerüst genutzt haben, drohen sich eine immer stärker normative Sichtweise von Organisationen anzueignen. Gerade bei praxisorientierten Systemtheoretikern (offensichtlich ein Paradox) lässt sich deutlich beobachten, dass durch die Verwendung der aus dem Management stammenden Konzepte ihre Organisationsanalyse an Schärfe verliert (zur Kritik siehe Faust 1998).

Während es sich deutlich abzeichnet, dass sich die Konzepte als theoretische Modelle in der Organisationssoziologie wenig eignen, können sie jedoch als empirische Belege für eine grundlegende Umstellung von Rationalitätsvorstellungen in Organisationen dienen. In den tayloristischen Organisationskonzepten aber auch in den Konzepten des Lean Managements und des Business Process Reengineering wurde letztlich noch von der Basis einer zeitweisen stabilen Organisationsstruktur ausgegangen, in die bestimmte Mechanismen zur Bearbeitung von Varianz- und Veränderungsanforderungen eingebaut waren. In der Vorstellung von der lernenden Organisation, der wissensbasierten Firma oder der evolutionären Organisation wird dagegen von im Prinzip hochkontingenten, wechselhaften Organisationsstrukturen ausgegangen, die durch bestimmte verlässliche Regeln des Organisationswandels stabilisiert werden.

Die Konzepte der lernenden Organisation, der wissensbasierten Firma oder evolutionären Organisation basieren darauf, dass Rationalität – und damit auch Stabilität und Berechenbarkeit – dadurch erzeugt wird, dass für die Wandlungsprozesse bestimmte stabile Regeln festgelegt werden. Anstelle von Blaupausen für das Funktionieren der Organisation werden nun rationale Blaupausen dafür geliefert, wie Organisationen verändert werden können. Es geht nicht mehr um die rationale Regelhaftigkeit von bestimmten Organisationen ("Rationalitätskonstruktion 1. Ordnung"), sondern um die Regelhaftigkeit der Gestaltung des Organisationswandels, sozusagen eine Rationalitätskonstruktion 2. Ordnung. Statt des „Wie produzieren wir" steht das „Wie verändern wir" als Anknüpfungspunkt für rationales Handeln der Organisation im Vordergrund. Der im Management beliebte Spruch „Wandel ist in unserem Unternehmen das einzige Stabile" beinhaltet vielleicht mehr Einsichten als man aus einer ideologiekritischen Sicht zunächst vermuten würde.

Der Versuch, den Prozess der Veränderungen erwartungssicher zu gestalten, findet seinen Ausdruck darin, dass die Art wie Veränderungsprojekte in vielen Unternehmen geplant werden, auf bestimmten festen Regeln basieren. Diese festen Regeln der Wandels finden ihren Ausdruck in „Chartas des Managements von Veränderungen" (Doppler/Lauterburg 1995, S. 152), in „Grundgesetzen des Organisationswandels" oder in „Disziplinen des Systemdenkens und des Systemwandels" (Senge 1990). Diese „Chartas", „Grundgesetze" und „Disziplinen" richten sich nicht mehr auf die Art und Weise, wie eine Organisation beschaffen sein sollte, sondern darauf, wie der Wandel in Organisationen vonstatten gehen soll. Statt Regeln für das „Wie" der Organisation werden Vorschläge für das „Wie" des Organisationswandels geliefert.

In der Sprache der Organisationspsychologie lässt sich diese Veränderung mit der Umstellung von „Single Loop Learning" auf „Double Loop Learning" beschreiben (Argyris/Schon 1978). Single Loop Learning richtet sich darauf, wie ein erzieltes Ergebnis von den jeweiligen Erwartungen abweicht. Wie ein Thermostat würde die Organisation die Abweichung von einem angestrebten Zustand registrieren und den optimalen Zustand über gezielte Anpassungen gewährleisten. Beim Double Loop Learning geht es darum, nach welchen Spielregeln Lernen stattfindet. Hier werden nicht nur Abweichungen vom Soll-Zustand registriert und ausgeglichen, sondern das ganze System unterliegt einem Lern- und Veränderungsprozess.

Die Prinzipien des Wandels, die in den verschiedenen „Chartas", „Grundgesetzen" und „Disziplinen" gefordert werden sind ähnlich. So soll das Ziel für einen Veränderungsprozess definiert werden, um den Wandlungsprozess zu einem Ergebnis zu führen. Die Mitarbeiter und die betrieblichen Interessenvertreter sollen eingebunden werden, um ihr Know-how für den Veränderungsprozess zu nutzen. Alle Beteiligten sollen sich mit dem Prozess und damit mit dem Unternehmen identifizieren. Die Organisation soll ausreichend Ressourcen und Reserven an Personen und Material zur Verfügung stellen, damit die Organisation die Veränderungen bewältigen kann und der ganze Prozess soll als kontinuierlicher Lernprozess organisiert werden.

Es ist offensichtlich, dass diese Prinzipien ihre Wurzeln in der Organisationsentwicklung haben. Der Organisationsentwicklung ging es um den gezielten und planvollen Wandel einer Organisation, um Strukturen zu etablieren, die sowohl eine höhere Effektivität als auch humanere Arbeitsbedingungen versprechen. Nach Kurt Lewin (1947), einem der Begründer dieser Praxiswissenschaft, bestand die Aufgabe der Organisationsentwicklung darin, einen bestimmten nicht mehr optimalen Organisationszustand „aufzutauen", Optimierungen vorzunehmen und die neuen, besser geeigneten Organisationsstrukturen wieder „festzufrieren" (auch Greiner 1967; Thom 1992).

Im Prinzip war die Organisationsentwicklung in der Tradition von Lewin fest in ein an Organisationsstrukturen verankertes Rationalitätsmodell eingebunden. In der synoptisch-rationalen Strategie der Organisationsentwicklung geht es darum, den Weg zu bestimmen, mit dem das Ziel einer neuen rationalen Organisationsstruktur erreicht werden kann. Nach der Identifizierung und Analyse der Probleme, die eine vorhandene Organisationsstruktur angesichts veränderter Umweltbedingungen aufweist, werden alternative Lösungen entwickelt. Die Vorteile und Nachteile dieser Lösungen werden abgewogen, und die für die Situation beste Alternative ausgewählt. Die ausgewählte Alternative kann dann relativ problemlos umgesetzt werden, weil sich die Betroffenen der Rationalität der erarbeitenden Gesamtlösung nicht versperren können (Faust et al. 1994, S. 76f.; Kieser/Bomke 1995, S. 1831).

In den neuen Rationalitätskonstruktionen bekommen die Prinzipien des Organisationswandels eine grundlegend neue Bedeutung. Es geht nicht mehr darum, die Prinzipien der Organisationsentwicklung dafür einzusetzen, den Wandel von einer rationalen Organisationsform zur anderen möglichst planvoll, effektiv und zielstrebig durchzuführen. Es geht nicht mehr primär darum, durch den „Auftau- und Gefrierprozess" den Wechsel zwischen verschiedenen rationalen Organisationsstrukturen möglichst problemlos durchzuführen. Vielmehr werden in den neuen Rationalitätskonstruktionen die Prinzipien der Organisationsentwicklung zum eigentlichen Kern der Organisation gemacht. Der Weg wird zum Ziel. Die organisatorischen „Auftau- und Gefrierregeln" stehen im Mittelpunkt und nicht mehr die Strukturen, die aufgetaut und gefroren werden.

Bei den sich andeutenden Rationalitätskonstruktionen handelt es sich um eine weitere Revision der Rationalitätsmodelle – eine Revision, in der sich jedoch eine grundlegende Umstellung in der Konstruktionsweise andeutet. Mit Veronika Tacke (1997, S. 222) lässt sich diese Entwicklung systemtheoretisch als Umstellung des Re-entry-Mechanismus in Organisationen konzipieren. Bei einem Re-entry wird die Unterscheidung, mit der sich ein System von der Umwelt abgrenzt, wieder in sie selbst eingeführt und so die eigenen Operationen strukturiert.

Wie oben angesprochen ist eine zentrale, in der Organisationssoziologie immer wieder behandelte Unterscheidung in Organisationen, die zwischen Mechanismen zur Bearbeitung von Anforderungen an Berechenbarkeit und Stabilität und die zur Bearbeitung von Veränderungsanforderungen. In den klassischen Rationalitätskonstruktionen wurde die paradoxe Anforderung gleichzeitiger Stabilität und Flexibilität, paralleler Exploitation und Exploration, dadurch bearbeitet, dass in eine stabile Organisationsstruktur Mechanismen der Flexibilitätsbearbeitung eingebaut wurden. Die Organisation wurde primär auf Stabilität ausgerichtet. Die Bearbeitung von Unsicherheiten und Kontingenzen wurde ganz aus der Organisation ausgeblendet oder in bestimmte organisatorische Einheiten verlagert (Tacke 1997). Wandlungsfähigkeit wurde in die stabil ausgerichtete, sich gegen Umweltkontingenzen abschottende Organisation wieder eingeführt.

In der sich abzeichnenden neuen Rationalitätskonstruktion deutet sich an, dass die Organisationen zunehmend ihren Primärmodus auf Wandlungsfähigkeit, Veränderungskompetenz und Exploitationsmöglichkeiten umstellen. Bei einer Unterscheidung zwischen Stabilität und Wandel wird Stabilität auf der Seite des Wandels wieder eingeführt.

Durch diese am Wandlungsprozess orientierten Rationalitätskonstruktionen werden bestimmte Probleme der an Organisationsstrukturen orientierten Rationalitätskonzepte umschifft:

1. Es wurde an den an Organisationsstrukturen orientierten Rationalitätskonzepten kritisiert, dass man erst nach einer Entscheidung erkennen kann, ob eine Entscheidung rational gewesen ist oder nicht. Erst wenn die unsichtbare Hand des Marktes einer Entscheidung das Gütekriterium der Rationalität verpasst hat, kann man postdezisional feststellen, ob eine Entscheidung richtig oder falsch war (Lindblom 1959). An dem Wandlungsprozess orientierte Rationalitätskonstruktionen umgehen dieses Problem, in dem sie sich gegenüber dem Ergebnis des Veränderungsprozesses ignorant verhalten, aber darauf achten, dass der Veränderungsprozess in einer bewährten Regelmäßigkeit abgelaufen ist.
2. Eine wichtige Kritik an den an Organisationsstrukturen orientierten Rationalitätskonzepten ist gewesen, dass es keine einheitliche Rationalität

in Organisationen gibt, sondern die Rationalitäten von den Interessen der Organisationsmitgliedern abhängen. Eine am Wandlungsprozess orientierte Rationalitätskonstruktion umgeht dieses Problem, in dem sie die Interessengegensätze der Organisationsmitglieder bestehen lässt und lediglich rationale und damit allgemein zu akzeptierende Verfahren für den Ausgleich zwischen den Interessengegensätzen vorschlägt.
3. Eine weitere Kritik an den an Organisationsstrukturen orientierten Rationalitätskonzepten ist gewesen, dass es häufig zu opportunistischen Zweckwechseln in Organisationen kommt. Eine am Wandlungsprozess orientierte Rationalitätskonstruktion ignoriert dieses Problem, in dem sie sich gegenüber den Zwecken neutral verhält. Die Kontinuität der Zwecke wird für rationales Verhalten nicht benötigt, weil sich die Rationalitätskonstruktionen auf die Sinnhaftigkeit der Mittel konzentriert.

4. Der Latenzbereich des neuen Rationalitätskonzepts: Von der Rationalität des Weges

Angesichts der Jubelstimmung, mit der die neuen Rationalitätskonstruktionen im Management gefeiert werden, scheint es sinnvoll zu sein, sich auf die Erfahrungen der Organisationssoziologie mit den Revisionen der Rationalität zu besinnen. Die weitgehende Kritiklosigkeit, mit der die Konzepte der lernenden Organisation, der evolutionären Unternehmung oder der wissensbasierten Organisation akzeptiert werden, legt die Anwendung der Erfahrungen mit auf Organisationsstruktur basierenden Rationalitätskonstruktionen auf die neuen, auf Prinzipienhaftigkeit von Wandel basierenden Rationalitäten nahe.

Rationalitätskonstruktionen, so die oben geschilderte Erkenntnis, basieren darauf, dass bestimmte Bereiche von Irrationalitäten bzw. Nichtrationalitäten abgedunkelt werden. Es ist also zu erwarten, dass auch in einem auf die Stabilisierung von Wandel konzentrierten Rationalitätsverständnis solche abgedunkelten Bereiche der Irrationalitäten bzw. Nichtrationalitäten entstanden sind. Es ist zu erwarten, dass in den auf Wandel und Veränderung basierenden Konzepten blinde Flecke existieren.

Den Konzepten der lernenden Organisation, der wissensbasierten Unternehmung und der evolutionären Unternehmung liegt eine normative Grundannahme zugrunde (Luhmann 1997, S. 297): Mehr lernen und wissen ist besser als weniger lernen und wissen. Es wird unterstellt, dass Lernen, Wissen und Entwickeln positiv mit Effizienzsteigerung korrelieren (z.B. Argyris/Schon 1978, S. 323; Fiol/Lyles 1985, S. 803). Es ist offensichtlich, dass hier die negative Seite der Versicherungsstrategien in den Latenzbereich abgedrängt wurden.

Das erste zentrale Suchfeld bei der Auseinandersetzung mit den neuen Rationalitätskonzepten ist, welche Bereiche im Einzelnen in einer Organisation abgedunkelt werden, wenn von bestimmten stabilen, rationalen Regeln des Organisationswandels ausgegangen wird. Es geht darum zu bestimmen, welche organisatorischen Aspekte ausgeblendet werden, wenn in Organisationen „Chartas", „Grundgesetze" und „Disziplinen" des Organisationswandels propagiert werden. Es geht darum, ausgehend von einer wissenschaftlichen Beobachtungsebene, die Suggestionen der auf Effizienz- und Humanisierungspostulaten aufbauenden Regeln des Organisationswandels mit Instrumenten der Organisationssoziologie auf ihre blinden Flecke hin zu überprüfen.

Dieses zentrale Suchfeld ist durch die Organisationssoziologie insgesamt recht gut vorbereitet worden. In der Geschichte der Organisationssoziologie gibt es verschiedene Versuche, die „anderen Seiten" von positiv besetzten Konzeptionen von Zielsetzung, Identifizierung, Partizipation, Veränderungsressourcen und Lernen herauszuarbeiten. Im Folgenden sei nur beispielhaft auf einige Prinzipien rationalen Organisationswandels verwiesen, mit denen sich die Organisationssoziologie auseinandergesetzt hat.

Organisationssoziologen in der Tradition von James March (1976) haben herausgearbeitet, dass es sehr wohl funktional ist, dass sich Organisationsmitglieder nie völlig auf eindeutige Zielsetzungen, präzise Ideologien und Zwecke festlegen lassen. Ein klar definiertes Ziel und eine darauf abgestimmte Unternehmenskultur hilft zwar, die Mitarbeiter auf eine gemeinsame Marschrichtung festzulegen, schränkt aber den Horizont dieser Mitarbeiter ein. Sie macht die Menschen enger und dümmer (Brunsson 1989, S. 16) und erschwert kurzfristige Umorientierungen im Veränderungsprozess.

Auch die Schwäche des Konzepts der Identifizierung mit bestimmten organisatorischen Prozessen wurde von Niklas Luhmann (1995, S. 91ff.) schon sehr früh aufgezeigt. Die Identifikation der Mitarbeiter mit bestimmten Produkten und Prozessen schränkt die Wandlungsfähigkeit der Organisation ein. Gerade die Produkte, Prozesse und Einheiten, mit denen sich die Mitarbeiter besonders stark identifizieren, sind nur schwer zu verändern. Sie können häufig nur unter Inkaufnahme von starker Demotivation der betroffenen Mitarbeiter verändert werden.

In der Organisationssoziologie wurde zugestanden, dass durch Partizipationsstrategien unterschiedliche Positionen, Wahrnehmungen und Auffassungen mobilisiert werden und dies für Organisationen sehr hilfreich sein kann. Das Problem ist jedoch, dass Organisationen im Prinzip darauf angewiesen sind, unterschiedliche Positionen, Wahrnehmungen und Auffassungen aus der Organisation herauszuhalten. Die Organisation ist auf die Ausblendung lokaler und begrenzter Interessen angewiesen, weil nur so das Grundprinzip der Organisation in Form von Regeln und Rollen aufrechterhalten werden kann.

In der Diskussion über organisatorischen Slack wurde deutlich, dass es in Organisationen sinnvoll sein kann, Puffer und Reserven für organisatorische Innovationen bereit zu halten. Mitarbeiter, so die Überlegung, brauchen Spielräume, um neue Verfahren und Prozesse zu entdecken. Das Problem ist, dass diese Spielräume als eine Aufforderung zu einem organisatorischen Schlendrian verstanden werden können, weil das Spezifische von Spielräumen ist, das nur sehr begrenzt definiert werden kann, was im Rahmen dieser Spielräume passieren soll.

In der Diskussion über Organisationslernen wurde herausgearbeitet, dass durch einen erfolgreichen Lernprozess Strukturen besonders festgezurrt werden können. Kaum etwas kann die Strukturen einer Organisation so erfolgreich verhärten, wie das kollektive Gefühl, dass diese Strukturen das Ergebnis eines sinnvollen Lernprozesses waren. Die Strukturen, die aufgrund von erfolgreichen Lernprozessen entstanden sind, können zu einer großen Hypothek für die Zukunft werden. Sie werden zu einer Belastung, wenn sich die Rahmenbedingungen ändern.

Das zweite zentrale Suchfeld bei der Auseinandersetzung mit den neuen Rationalitätskonzepten ist, danach zu fragen, weswegen es zu den blinden Flecken bei den Prinzipien des Organisationswandels kommt. Anders ausgedrückt: Warum werden in Prozessen der Organisationsveränderung von Organisationspraktikern solche Prinzipien des Organisationswandels wie Partizipation, Identifikation, Zielsetzung oder Lernen nicht in Frage gestellt?

Durch die Erosion der Vorstellungen von einer rationalen Organisationsstruktur, können Veränderungsprozesse ihre Legitimität nur noch begrenzt aus der angestrebten neuen Organisationsform ziehen. Der Nimbus der Rationalität zukünftiger Organisationsformen scheint so stark angekratzt, dass das Ziel einer neuen Organisationsform alleine nicht mehr die Mittel legitimiert. Die Erfahrung über die Vergänglichkeit von Organisationsstrukturen wirkt auf die Durchsetzbarkeit von Veränderungsprozessen zurück.

Hintergrund für diese Entwicklung ist die Einsicht in Organisationen, dass es keine objektiven Kriterien dafür gibt, ob die neue Organisationsstruktur zum Erfolg führen wird oder nicht. Unter Bedingungen hoher Kontingenz kann es keine eindeutig bestimmte, erfolgsgarantierende Organisationsstruktur mehr geben. Es gibt immer gute Gründe, es genau anders zu machen (Baecker 1997, S. 11). Niemand ist in der Lage als ein quasi außenstehender Beobachter, die Informationen so umfassend wahrzunehmen, dass er „objektiv" sagen kann, was „gut" oder „schlecht" ist (Bardmann/Franzpötter 1990, S. 430).

Organisationen unter hohem Veränderungsdruck geraten immer mehr in das vom Kybernetiker Heinz von Foerster beschriebene Entscheidungsparadox. Es stehen immer Fragen zur Entscheidung, die letztlich nicht entschieden werden können. Alles andere ist eine Sache von komplizierten Errechnungen. Entscheidungen sind deswegen immer persönliche Stellungnahmen in einer Situation von Unbestimmtheit, Unbestimmbarkeit und logischer Unentscheidbarkeit.

Die Gefahren dieser Erosion von an Organisationsstrukturen gebundenen Rationalitätsvorstellungen sind offensichtlich. Der Wandlungsprozess wird stark mit Unsicherheit belastet. Mit Hinweisen wie „Woher sollen wir wissen, dass dies zum Erfolg führt" oder „Ist das wirklich besser?" können beteiligte Akteure Veränderungsprozesse in hohen Unsicherheitssituationen unterlaufen. Die Problemdefinitionen, die Problemlösungen und die Umsetzung dieser Lösungen sind zunehmend mikropolitisch gefärbte Prozesse (Becker 1996, S. 229).

In dieser Situation findet die Suche nach neuen Quellen der Legitimation statt. Wenn die Ziele und Zwecke nicht mehr zur Legitimation der Mittel ausreichen, so die These, können die Mittel ihre Legitimität dadurch erhalten, dass sie selbst den Nimbus von Rationalität vermitteln. Die Darstellung bestimmter Vorstellungen von Wandel als rationaler, die Präsentation der lernenden Organisation als neuer „bester Weg der Organisation" sind ein organisatorischer Kniff, um die Unsicherheit in Wandlungsprozessen zu reduzieren.

Es ist eine der Grundeinsichten der Organisationssoziologie, dass der Prozess des Organisierens eine kollektive Bemühung ist, Widersprüche, Mehrdeutigkeiten, Unklarheiten und Unsicherheiten zu reduzieren. Organisationen, so Scott (1986, S. 168) im Anschluss an James March und Herbert Simon (1958), sind Mechanismen zur „Absorption von Unsicherheit". Hierarchien, Abteilungen, Ablaufdiagramme, Arbeitszeitregelungen und Arbeitsverträge sind aus dieser Perspektive organisatorische Einrichtungen, die dazu dienen die widersprüchlichen Anforderungen aus der Umwelt für die Mitglieder der Organisation zu reduzieren. Sie ermöglichen es, dass die Organisationsmitglieder sich rational verhalten können, weil ihre Alternativen und Wahlmöglichkeiten begrenzt sind.

Diese Einsicht der Organisationssoziologie lässt sich auf regelhafte Prozesse bei Organisationsveränderungen übertragen. Durch die Regelhaftigkeit von Organisationswandel wird Kontingenz aus dem Veränderungsprozess genommen. Es werden Unsicherheiten, mit denen Veränderungsprozesse belastet sind, absorbiert. Der Glaube an „rationale", „richtige" oder „gute" Prinzipien des Organisationswandels sind genauso wie das „Machen wie gehabt" oder das „Orientieren an dem Bewährten" Mechanismen, um Widersprüchlichkeit im Prozess des Organisationswandels zu reduzieren.

Der rationale Anschein, der durch das Konzept der lernenden Organisation und die Regelhaftigkeit von Organisationsveränderungen vermittelt wird, erzeugt den Eindruck, dass die Entscheidungen über den Weg der Veränderungen nicht aufgrund bestimmter persönlicher Interessen oder reiner Willkür getroffen werden, sondern letztlich aus den Grundprämissen für eine lernende Organisation heruntergerechnet werden. In diesem Vertrauen in die Ableitung konkreter Einzelhandlungen aus grundlegenden, durchdachten Überlegungen liegt die Beruhigungsfunktion von Rationalität. Die Vorstellung von der „lernenden Organisation" als rationale Strategie gibt den Mitgliedern der Organisation das Gefühl, „richtig" auf dem Weg zu sein.

Literatur

Argyris, Ch., Schon, D. 1978: Organizational Learning. London
Baecker, D. 1997: Das Handwerk des Unternehmers. Überlegungen zur Unternehmerausbildung. Unveröffentlichtes Manuskript. Witten
Bardmann, Th. M., Franzpötter, R. 1990: Unternehmenskultur. Ein postmodernes Organisationskonzept. In: Soziale Welt 41 (1990), S. 424-440

Becker, A. 1996: Rationalität strategischer Entscheidungsprozesse. Ein strukturationstheoretisches Konzept. Wiesbaden

Becker, A.; Küpper, W., Ortmann, G. 1988: Revisionen der Rationalität. In: Küpper, W, Ortmann, G. (Hg.) 1988

Berger, U. 1984: Wachstum und Rationalisierung der industriellen Dienstleistungsarbeit. Frankfurt/Main, New York

Brunsson, N. 1985: The Irrational Organization. Irrationality as a Basis for Organizational Action and Change. Chichester u.a.

Brunsson, N. 1989: The Organization of Hypocrisy: Talk, Decisions and Actions in Organization. Chichester u.a.

Cohen, M., March J.G., Olsen, J.P. 1972: A Garbage Can Model of Rational Choice. In: Administrative Science Quarterly 17(1972), S. 1-25

Crozier, M., Friedberg, E. 1977: L'acteur et le système. Les contraintes de l'action collective. Paris

Cyert, R.M., March, J.G. 1963: A Behavioral Theory of the Firm. Englewood Cliffs/NJ

Dammann, K. et al. (Hg.) 1994: Die Verwaltung des politischen Systems. Neuere systemtheoretische Zugriffe auf ein altes Thema. Opladen

Doppler, K., Lauterburg, Ch. 1995: Change Management. Den Unternehmenswandel gestalten. Frankfurt/Main, New York

Fatzer, G. 1997: Lernen und Lernende Organisation – Mythos und Realität. In: Herrnsteiner, H. 4/1997, S. 6-9

Faust, M 1998: Die Selbstverständlichkeit der Unternehmensberatung. In: Howaldt, J., Kopp, R. (Hg.) 1998

Faust, M. et al. 1994: Dezentralisierung von Unternehmen, Bürokratie- und Hierarchieabbau und die Rolle betrieblicher Arbeitspolitik. München, Mering

Feldhoff, J. et al. (Hg.) 1988: Regulierung – Deregulierung. Steuerungsprobleme der Arbeitsgesellschaft. Bundesanstalt für Arbeit. Nürnberg

Fiol, C., Lyles, M. 1985: Organizational Learning. In: Academy of Management Review 1985, S. 803-813

Foerster, H. von 1984: Principles of Self-Organization in a Socio-Managerial Context. In: Ulrich, H., Probst, G.J.B. (Hg.) 1984

Foerster, H. von 1992: Einführung in den Konstruktivismus. München

Frese, E. (Hg.) 1992: Handwörterbuch der Organisation. Stuttgart

Greiner, L.E. 1967: Patterns of Organization Change. In: Harvard Business Review 45(1967), S. 119-130

Hammer, M., Champy, J. 1995: Business Reengineering – Die Radikalkur für das Unternehmen. Frankfurt/Main, New York

Hirsch-Kreinsen, H. 1995: Dezentralisierung: Unternehmen zwischen Stabilität und Desintegration. In: Zeitschrift für Soziologie 24(1995), S. 422-435

Howaldt, J., Kopp, R. (Hg.) 1998: Sozialwissenschaftliche Organisationsberatung. Auf der Suche nach einem spezifischen Beratungsverständnis. Berlin

Japp, K.P. 1994: Verwaltung und Rationalität. In: Dammann, K. et al. (Hg.) 1994

Kieser, A. 1995: Der Situative Ansatz. In: Kieser, A. (Hg.) 1995

Kieser, A. 1996: Moden & Mythen des Organisierens. In: Die Betriebswirtschaft 56(1996), S. 21-39

Kieser, A. (Hg.) 1995: Organisationstheorien. 2. Auflage Stuttgart, Köln, Berlin

Kieser, A., P. Bomke, P. 1995: Führung bei Restrukturierung. In: Kieser, A., Reber, G., Wunderer, R. (Hg.) 1995

Kieser, A., Reber, G., Wunderer, R. (Hg.) 1995: Handwörterbuch der Führung. 2. erw. Auflage Stuttgart

Kühl, S. 1998: Wenn die Affen den Zoo regieren. Die Tücken der flachen Hierarchien. 5. erw. und überarb. Auflage Frankfurt/Main, New York

Küpper, W., Ortmann, G. (Hg.) 1988: Mikropolitik, Macht und Spiele in Organisationen. Opladen
Lewin, K. 1947: Frontiers in Group Dynamics. In: Human Relations 1(1947), S. 5-41
Lindblom, Ch.E. 1959: The Science of 'Muddling Through'. In: Public Administration Review 19(1959), S. 79-88
Luhmann, N. 1988: Organisation. In: Küppers, W., Ortmann, G. (Hg.) 1988
Luhmann, N. 1995: Funktionen und Folgen formaler Organisation. 4. Auflage Berlin
Luhmann, N. 1997: Organisation und Entscheidung. Unveröffentlichtes Manuskript Bielefeld
March, J.G. 1976: The Technology of Foolishness. In: March, J.G., Olsen, J.P. (Hg.) 1976
March, J.G. 1991: Exploration and Exploitation in Organizational Learning. In: Organization Science 2(1991), S. 71-87
March, J.G., Simon, H.A. 1958: Organizations. New York
March, J.G., Olsen, J.P. (Hg.) 1976: Ambiguity and Choice in Organizations. Bergen
Meyer, J.W. 1992: Institutionalization and the Rationality of Formal Organizational Structure. In: Meyer, J.W., Scott, W.R. (Hg.) 1992
Meyer, J.W., Rowan, B. 1977: Institutionalized Organizations. Formal Structure as Myth and Ceremony. In: American Journal of Sociology 83(1977), S. 340-363
Meyer, J.W, Scott, W.R. (Hg.) 1992: Organizational Environments. Ritual and Rationality. Newbury, London, New Delhi
Neuberger, O. 1995a: Führen und geführt werden. 5. Auflage Stuttgart
Neuberger, O. 1995b: Moden und Mythen der Führung. In: Kieser, A., Reber, G., Wunderer, R. (Hg.) 1995
Ortmann, G. 1995: Die Form der Produktion. Organisation und Rekursivität. Opladen
Otala, M. 1994: Die lernende Organisation. In: Office Management (1994)12, S. 14-22
Rammert, W., Wehrsig, Ch. 1988: Neue Technologien im Betrieb: Politiken und Strategien der betrieblichen Akteure. In: Feldhoff, J. et al. (Hg.) 1988
Scott, W.R. 1986: Grundlagen der Organisationstheorie. Frankfurt/Main, New York
Senge, P.M. 1990: The Fifth Discipline: The Art and Practice of the Learning Organization. New York
Simon, H.A. 1957: Models of Man. Social and Rational. New York
Stacey, R.D. 1992: Managing Chaos. Dynamic Business Strategies in an Unpredictable World. London
Staehle, W.H. 1991: Redundanz, Slack und lose Kopplung in Organisationen: Eine Verschwendung von Ressourcen? In: Staehle, W.H., Sydow, J. (Hg.) 1991
Staehle, W.H., Sydow, J. (Hg.) 1991: Managementforschung 1. Berlin, New York
Tacke, V. 1997: Rationalitätsverlust im Organisationswandel. Von der Waschküche der Farbenfabriken zur informatisierten Chemieindustrie. Frankfurt/Main, New York
Thom, N. 1992: Organisationsentwicklung. In: Frese, E. (Hg.) 1992
Thompson, J.D. 1967: Organizations in Action. New York u.a.
Ulrich, H., Probst, G.J.B. (Hg.) 1984: Self-Organization and Management of Social Systems: Insights, Promises, Doubts, and Questions. Berlin
Valery, P. 1989: The Outlook for Intelligence. Princeton
Wahren, H.-K. E. 1996: Das lernende Unternehmen. Theorie und Praxis des organisationalen Lernens. Berlin, New York
Wieselhuber, N. 1996: Die lernende Organisation. Unternehmenspotentiale erfolgreich erschließen. Dr. Wieselhuber & Partner, München
Wildemann, H. 1988: Die modulare Fabrik – Kundennahe Produktion durch Fertigungssegmentierung. gfmt, München
Willke, H. 1996: Systemtheorie II: Interventionstheorie. Grundzüge einer Theorie der Intervention in komplexe Systeme. 2. Auflage Stuttgart
Wimmer, R. 1996: Die Zukunft von Führung. Brauchen wir noch Vorgesetzte im herkömmlichen Sinn? In: Organisationsentwicklung (1996)4, S. 47-57

Wolf, H. 1997: Das dezentrale Unternehmen als imaginäre Institution. In: Soziale Welt 48(1997), S. 207-224
Womack, J.P., Jones, D.T., Ross, D. 1990: The Machine that Changed the World. New York

Doris Blutner

Brandstifter unter Hochdruck. Spekulationen über Voraussetzungen innovativen Handelns im Vertrieb

1. Einleitung

Unternehmen wird gemeinhin unterstellt, ihre Erfolge bemäßen sich nach Angebot und Nachfrage. Weil der Wettbewerb jedoch längst keinem Wettlauf mehr auf einer erstklassig präparierten Rennstrecke gleicht, sondern eher einem Feldzug ins Ungewisse, hängen die wirtschaftlichen Entwicklungsaussichten von Unternehmen maßgeblich davon ab, wieweit es ihnen gelingt, sich in innovativ und kompetitiv orientierte Organisationen zu verwandeln. In diesen organisatorischen Entwicklungsprozessen spielen die Grenzstellen von Organisationen eine besondere Rolle: Wenn aufgrund programmierter Selektionsverfahren Grenzstellen nicht die Not haben, Umweltwahrnehmungen aktualisieren zu müssen, dann setzt das Streben nach Flexibilität und Innovativität gerade den prinzipiellen Verzicht auf solches regeladäquates Selektieren voraus. Und in dem Maße, in dem Unternehmen versuchen, im Kooperationsverbund mit dem Kunden alternative und gleichsam anspruchsvolle Problemlösungen jenseits einer kontinuierlichen Weiterentwicklung des Vorhandenen zu erzeugen, um neue Anwendungsfelder und Absatzmärkte zu erobern, gewinnt der Vertrieb als eine organisationale Grenzstelle wesentlich an Bedeutung und innovatives Handeln wird geradezu „zur Pflicht" im Vertrieb. Von den Vertriebsmitarbeitern, den Grenzgängern der Organisation, wird dann erwartet, dass sie in wiederholten Kontakten mit dem Kunden neues Wissen generieren, indem sie komplexe Einzellösungen für und mit den Kunden entwickeln. Gleichzeitig sollen sie über ihr oft in Routinen eingebundenes Wissen reflektieren, um Neues erst zu ermöglichen.

Wenn aber Organisationen dezidiert auf innovatives Handeln im Vertrieb bauen und dieses zu fördern suchen, dann erzeugen sie dort eine widersprüchliche Situation: Ist es die Aufgabe des Vertriebs, neue Deutungen und Ressourcen für die Organisation zu mobilisieren (Crozier/Friedberg 1993), veränderte Problemlagen in der Umwelt wahrzunehmen und aktuell sich bietende Gewinngelegenheiten zu signalisieren, verlangt die Erzeugung von Innovationen gerade ein gewisses Maß an Umweltignoranz, um nicht durch aktuell wahrgenommene Umweltanpassungen diese zu gefährden. Wie Grenzgänger solche Problemsituationen deuten und definieren, Handlungsalternativen abwägen und Optionsräume nutzen, verweist darauf, ob sie innovativ handeln oder nicht. Die Rationalität solchen Handelns bemisst sich empirisch: Als selbstverständlich vorausgesetzt sind die engen Grenzen einer planmäßigen, folgenbewussten und erfolgssicheren Erzeugung von Innovation. In diesem Sinne sind die tatsächlich eintretenden Handlungsergebnisse Resultate intentionaler Bemühungen von (individuellen bzw. kollektiven) Akteuren, auch wenn diese die anvisierten Zielkoordinaten verfehlen. Weil innovatives Handeln den Bruch mit dem Bisherigen voraussetzt, sind folgende Fragen zu beantworten: Unter welchen Voraussetzungen und in welchen Situationen handeln Vertriebsmitarbeiter innovativ? Wie sind Handlungs- und Innovationsmöglichkeiten *tatsächlich* verteilt? Und welche organisatorischen Möglichkeiten werden genutzt, um innovatives Handeln in Grenzstellen zu gewährleisten. In Beantwortung dieser Fragen wird deutlich werden, dass der reflektierte Aufbau und Umgang mit Kompetenzfiktionen innovatives Handeln in Grenzstellen entscheidend fördern kann, findet es im geschützten Raum organisierten Projektmanagements statt.

Organisationale Voraussetzungen für den Übergang vom routinisierten zum innovativen Handeln im Vertrieb zu sichten, ist somit Ziel dieses Beitrags. Das Augenmerk liegt auf bereits etablierten Organisationen, die sich in Richtung eines höheren Innovationspotentials transformieren wollen. Zu diesem Zweck werden grundlegende Schwierigkeiten innovativen Handelns in Grenzstellen umrissen (2.1), aktuelle Formen organisationaler Innovationssteuerung aus diesem Blickwinkel skizziert (2.2) und Innovationsbarrieren anhand von zwei illustrativ ausgewählten Vertriebsbeispielen identifiziert. Die Beispiele entnehme ich ausschnittsweise drei Studien (Edeling et al. 1994, Blutner 1996, Blutner et al. 1997), in denen die Implementation zentraler Unternehmensstrategien vor Ort, in vier Niederlassungen eines Unternehmens, analysiert wurden (2.3). Im Anschluss an die theoretischen und mit Beispielen untersetzten Überlegungen wird ein analytisches Modell innovativen Handelns entwickelt (3), das geeignet erscheint, die Befunde über Voraussetzungen innovativen Handelns in Grenzstellen systematisch zu ordnen (4).

2. Das Anspruchsniveau innovativen Grenzmanagements

2.1 Vom Grenzgänger zum Brandstifter: Vertriebshandeln unter Innovationsdruck

Indem Organisationen bestimmte umweltbezogene Zwecke verfolgen, grenzen sie den Kreis der als relevant geltenden Probleme ein. Wenn Organisationen ihre Umwelten gleichzeitig als weitestgehend stabil wahrnehmen, neigen sie dazu, nur jene Umweltinformationen aufzunehmen, die zu den vorhandenen Regeln (i.S. der im Organisationsgedächtnis verankerten Programmstrukturen) passen und behalten weiterhin ihre Zwecksetzungen bei. Organisieren läuft dann vor allem auf die Routinisierung bewährter Lösungen in bestimmten zweckmäßigen Handlungsprogrammen hinaus. Diese Programmstrukturen stellen nicht nur Barrieren für anders orientiertes Handeln dar, sondern entlasten die Organisationsmitglieder quasi davon, sich über die „Richtigkeit" ihrer Orientierungen und Handlungen zu vergewissern bzw. Entscheidungen zu treffen. In diesen Prozessen werden, indem Handlungssinn in Handlungsmustern institutionalisiert wird (Berger/Luckmann 1972), wechselseitige Erwartungssicherheiten geschaffen (Schimank 1992). Diese betreffen sowohl organisationsinterne Kommunikationen als auch Organisation-Umwelt-Beziehungen.

Im Ergebnis dessen können sich organisationsintern unterschiedliche, gleichsam institutionalisierte Handlungsrationalitäten ausprägen, die sich in die Zweckrationalität des technologischen Kerns von Organisationen und die Gewährleistungsrationalität von organisatorischen Grenzstellen differenzieren lassen (Thompson 1967). Während in diesem Organisationsmodell der technologische Kern auf Schließungsprozessen gegenüber der Umwelt beruht, bleiben die Grenzstellen offen gegenüber der Umwelt. Ihre wesentlichen Aufgaben sind es, die „richtigen" *Inputs* für den technologischen Kern auszuwählen, *In-* und *Outputs* der Organisation zu koordinieren, die damit verbundene institutionelle Einbettung der Organisation in ihre Umwelt zu bewerkstelligen sowie die Autonomie der Organisation gegenüber ihrer Umwelt zu sichern. Indem sie diese Funktionen erfüllen – so die These von Thompson –, puffern sie Umweltunsicherheiten ab und gewährleisten damit die Stabilität der technologischen Zweckrealisierung der Organisation. Diese These setzt die Annahme voraus, dass die durch Grenzstellen wahrgenommenen Unsicherheiten im Prinzip ausschaltbar sind, weil sie nicht den Kern organisationaler Leistungserstellung betreffen.

Wenn man diese Annahme fallen lässt, dann wird deutlich, dass Marktumwelten, die als dynamisch wahrgenommen werden, nicht nur Erwartungssicherheiten destabilisieren, oder regelmäßig Entscheidungsanlässe dafür schaffen, neue und widersprüchliche Umweltinformationen als Störungen der Kernstabilität oder als Innovationschancen für die Organisation definieren zu müssen (Weick 1985). Umweltinformationen bedrohen den Kern einer Organisation und wirken als genuine Unsicherheitsfaktoren genau dann, wenn sie sich Vergleichsmöglichkeiten mit Bekanntem entziehen, oder wenn sie keine Kausalschlüsse über die Ereignisse in der Umwelt erlauben (Wiesenthal 1990). Denn wie beispielsweise eigene technologische Innovationen zum Anlass für Mitwettbewerber, Zulieferer und Kunden werden, ihr Marktverhalten zu verändern, kann bestenfalls vermutet, keinesfalls gewusst werden. Umgekehrt sind die Bildung strategischer Allianzen, das Fusionieren von Konzernen, die Veränderung institutioneller Regulierungsarrangements aktuelle Gründe, die Organisationen zur Neudefinition ihrer gesamten Situation drängen und dadurch für sie Strategie- und Handlungsbedarf anzeigen. Beispielsweise zwingt die vollständige Liberalisierung des Marktes das hier zu illustrativen Zwecken in Betracht gezogene Unternehmen dazu, sich als Marktakteur neu zu positionieren und zu bewähren. Als *Monopolist* konnte dieses Unternehmen lange seine strategische Kompetenz entlang technologischer Parameter definieren. Die Aufgabe des Vertriebs bestand in dem Verkauf weitgehend standardisierter Produkte. Seit der Liberalisierung geht es dem Unternehmen als *Dienstleister* sowohl um eine Neubewertung der „alten" Wissensbestände und Kompetenzen als auch um den Aufbau umweltoffenerer Grenzstellen, in denen es zukünftig darum geht, nicht mehr „schöne Technik zu verkaufen" (Geschäftskundenvertrieb 1996)[1], sondern die Interessen der Kunden aktiv zu verfolgen.

Wie also Grenzgänger Informationen der Umwelt wahrnehmen und bearbeiten, wie sie Organisationsanforderungen interpretieren und sich auf überkommene Strukturen beziehen, entscheidet darüber, ob Unternehmen ihre Grenzen schließen, indem sie sich auf ein Set institutioneller Regeln beschränken, oder diese öffnen, indem sie bisherige Zwecksetzungen überprüfen und neue Handlungsmöglichkeiten verwirklichen. Insofern ordnet eine von Tacke (1997, S. 31) vorgeschlagene Typologie von „gewährleistenden" und „gestaltenden" Grenzstellen beiden Typen lediglich Leitbilder der Passivität und Umweltschließung bzw. der Proaktivität und Umweltöffnung zu. Erst in der Handlungsdimension wird deutlich, dass durch Entscheidungen, die Akteure im Spannungsfeld zwischen Befolgung bewährter Handlungsmuster und Nutzung neuer Handlungsalternativen treffen müssen, auch über Öffnung und Schließung von Organisationsgrenzen entschieden wird. Welcher Weg auch beschritten wird, beide sind risikobehaftet. Versuchen Grenzstellen den Kern der Organisation vor der Umweltkomplexität zu schützen, so reduzieren sie zwar Unsicherheit und bewahren organisationsintern Erwartungssicherheiten, aber zu dem Preis, dass derartiges Selektieren nicht nur Grenzstellen überlastet oder Organisationen höchst ineffizient abschirmt: Sie erhöhen vor allem das Risiko der Nicht-Anpassung und des Scheiterns in dynamischen Umwelten, weil sie Impulse der Umwelt als Anlässe zum Wandel verpassen (Tacke 1997, S.16).

Für diese offen zu bleiben und somit die Chance zum Lernen und zur Innovation zu wahren, müssen die Grenzgänger der Organisation ihr bisheriges „sicheres" Wissen über die Struktur der Umweltereignisse aufgeben, um neue Deutungen und „Weltsichten" zulassen und Unsicherheit durch Umweltsensibilität, flexible Entscheidungsprämissen und Improvisationen absorbieren zu können. Die damit verbundene Kopräsenz mehrerer anlassbezogener Lernprämissen und neuer Erkenntnisse sorgt für die Ambiguität einer Vielzahl von *gleichermaßen* in Frage kommenden Handlungsmöglichkeiten (Wiesenthal 1990, S. 84): Was als „angemessen" und „richtig" erscheint, wieviel Flexibilität und wieviel Stabilität eine gestaltende Anpassung der Organisation an dynamische Umwelten voraussetzt, konkurriert dann mit wider-

---

1 Diese und vergleichbare Quellenangaben und Aussagen im Text beziehen sich auf Interviews der Autorin im Vertrieb eines Unternehmens in den Jahren 1994-1997.

streitenden Situationsdeutungen und Absichten. Da die Akteure in solchen Prozessen Informationen neu bewerten und alternative Entscheidungen treffen, zerrinnt die entlastende Wirkung einst ausdifferenzierter, lose gekoppelter Organisationsprozesse von *decision, action* und *talk* (Brunsson 1989). Und weil die Effekte einer intendierten Umweltgestaltung immer ungewiss sind, können externe Bestandsgarantien rasch von einer einst vorgetäuschten Erfüllung institutioneller Regeln (*talk*) abhängig werden (DiMaggio/Powell 1991), statt von einer Orientierung am *Output* (*action*).

Wenn Handeln unter Unsicherheit jenseits von Routinen hohe Risiken für Organisationen birgt, so ist das Gegenteil der Fall, wenn es von Innovationsdruck bestimmt wird: Jetzt geraten entscheidungsentlastende und bewährte Orientierungsangebote nachhaltig unter Verdacht, selbst für den Aufbruch zum „Neuen" zur Risikoquelle zu werden, falls weiter an ihnen festgehalten wird. Gehört es zum ambivalenten Alltag von Grenzstellen, „Verantwortung für neue Informationen zu übernehmen, Initiative zu ergreifen, Rollenverpflichtungen über die Grenzen hinweg einzugehen, [...], sich also immer wieder zum Status quo [...] in Widerspruch zu setzen" (Luhmann 1964, S. 224), so ist darüber hinaus durch die Grenzgänger das „alte" Wissen neu *zu interpretieren*, um taugliche Prämissen für zukünftiges Handeln zu finden. Im Ergebnis dieser sinnerzeugenden Prozesse sind herkömmliche – bisher unsicherheitsreduzierende – Handlungsmuster obsolet und neue Handlungsmöglichkeiten müssen entdeckt (*enacted*, Weick 1979) und umgesetzt werden. Um die Differenz zwischen den wahrgenommenen und gewünschten Veränderungen der Organisation zu verringern, muss dann nicht nur Wissen generiert werden (Duncan/Weiss 1979). Die neu verknüpften Wissensbestände gilt es gleichsam zu *re-interpretieren*, um alternative Deutungen aufnehmen und Handlungsanschlüsse herstellen zu können.

Zu Brandstiftern in eigener Sache werden Grenzgänger genau dann, wenn die Grenzstelle entgegen ihren eigentlichen, oben skizzierten, Funktionen zur Innovationsstätte wird. Innovation erfordert dann nicht nur neue Informationen und anders verknüpftes Wissen, also das Offenhalten der Grenzen durch die Grenzgänger. Innovatives Handeln folgt vor allem der Logik langfristiger Strategien und mündet bei Erfolg in eine Koordinationsleistung, die wegen ihrer Zukunftsbezogenheit „Abschottung" von außen voraussetzt, um sich zu konstituieren. Der letzte Punkt ist wesentlich, weil das Zulassen von erhöhter Unsicherheit durch hohe Umweltsensibilität kurzfristige Gewinnchancen eröffnet, und die Wahrnehmung dieser die konsequente Verfolgung von Innovationsabsichten unterläuft (Brunsson 1985). Aufgrund dieser konfligierenden Orientierungsoptionen geraten Grenzgänger in zwei gleichzeitig wirkende Bewährungssituationen: Weil Innovation kurzfristig Routinen der Organisation in Frage stellt und bisherige organisationale Ressourcen entwertet, gerät erstens die gesamte Organisation in das „klassische" Innovationsdilemma (Rammert 1988) zwischen Bestandserhaltung, also dem Sichern der Bedingungen der Kapitalverwertung, und den Anforderungen, mit Routinen zu brechen und Innovationen zu bewirken. Zweitens erhöht sich der

Bewährungsdruck der Grenzgänger dadurch, dass diese zum Schutz ihrer eigenen Innovation Umweltsignale ausblenden müssen, gleichzeitig aber angehalten sind, im Interesse der gesamten Organisation neue Umweltinformationen aufzunehmen und zu selektieren, um deren Anpassungsflexibilität zu wahren.

Wenn trotz der damit verbundenen Risiken Grenzstellen innovationsträchtig erscheinen, so mag die Erwartung eine große Rolle spielen, dass Innovationen im Kooperationsverbund zwischen Kunde und Organisationsmitglied entstehen (Kowol/Krohn 1997). Wenn dem so ist, dann sind die Externalisierung der Risiken über organisationsinterne Ausdifferenzierung oder über *outsourcing* systematisch ausgeschlossene Lösungen, und es muss nach Einbettungsformen innovativen Handelns innerhalb der Grenzstelle gesucht werden.

2.2. Innovationsstrategien, Einbettungsformen und ihre Besonderheiten für Grenzstellen

Derzeit richten sich die von den Unternehmen entwickelten Innovations- und Reorganisationsstrategien auf Formen der Dezentralisierung (Hirsch-Kreinsen 1995), „Vermarktlichung" (Moldaschl 1998, S.199) und „kooperative Vernetzung", die auf jeweils spezifische Weise jedes Organisationsmitglied treffen. Alle drei Strategien sollen Veränderungen der Kooperations- und Kommunikationsformen des sozialen Systems Organisation und seiner Grenzen in Gang setzten. Betriebliche Herrschaft zielt nicht mehr auf *direkte* Steuerung, sondern stellt auf *Kontextsteuerung* um, gibt Ziele statt Anweisung, kontrolliert nicht Ausführung, sondern Ergebnisse. Über Marktmechanismen soll Wettbewerb in betriebliche Koordinationsbeziehungen eindringen, und Netzwerke werden aufgebaut, um Koordinationsprozesse durch die Herstellung einer integrierten Perspektive der beteiligten Gruppen über die Grenzen der Organisation hinaus zu ermöglichen (Kowol/Krohn 1997, S. 41). Die Lockerung hierarchischer Koordinationsformen ermöglicht und erzwingt die Hebung des Kreativitätspotentials der beteiligten Akteure, ohne das Innovation nicht in Gang kommen kann. Da die Akteure den so entstandenen Handlungsspielraum jedoch in eigensinniger Weise nutzen, erreichen Organisationen im Ergebnis dieser Implementationsprozesse nicht unbedingt die angestrebten Effekte:

- Wenn organisationelle Innovationen „von oben" beschleunigt werden, so ist der Rückgriff auf Routinen häufig die zweitbeste aber „effizientere" Lösung (Brunsson 1997). Wenn „Neues" von „oben" nach „unten" implementiert wird, werden im Zuge dessen eher der „Raum" und die Ressourcen für innovatives Handeln zugeschüttet.
- Innovationsnetzwerke sind nicht per se innovativ, weil Interdependenzbeziehungen auch konservativ-innovationsabweisende Arenen nach sich ziehen können (Grabher 1993, S. 24). Kooperationserzeugende Maßnah-

men laufen u.U. ins Leere, wenn die Einführung von Gruppenarbeit auf bereits integrierte Tätigkeiten zielt (Moldaschl 1998).
– Die Einführung von Marktmechanismen kann dazu führen, dass Mitglieder sich gegenüber der Organisation „unternehmerisch" verhalten und individuelle Freiräume für sich nutzen.

Schlussfolgernd lassen sich drei Implementationseffekte festhalten:

– Steuerungsabsichten scheitern vor allem an der institutionellen Verfasstheit von Organisation bzw. Markt. Weil Innovation vertraute Stärken bisheriger Organisationsprozesse, nämlich die Komplexitätsreduktion durch Standardprogramme, in Frage stellt (Dougherty 1996), bzw., weil Erfolgen von Innovationen über Märkte hohe Unsicherheit anhaftet (Beckert 1997), sind beide institutionalisierbaren Koordinationsformen zwar in ihrer Wechselbeziehung auf Innovation angewiesen, fördern sie jedoch nicht „automatisch".
– Die Umsetzung von Innovationsstrategien bringt nicht nur mehr Innovationen und Innovateure als möglicherweise gewollt hervor, sondern auch mehr alternativ aktualisierte Handlungsorientierungen als eigentlich vorgesehen. Und weil es Akteure sind, die neue Optionen entdecken oder bisherige Handlungsmöglichkeiten ausschlagen und dadurch dem Handeln eine neue *Orientierung* geben, ist Akteurshandeln so bedeutsam für die Entstehung von Innovation.
– Organisationale Steuerungsversuche scheitern u.U. daran, weil sie die Orientierungsdimension des Handelns ausblenden. Die empirischen Analysen offenbaren, dass Steuerungsversuche, die vorwiegend auf die Reorganisation von Kommunikations- und Koordinationsstrukturen zielen, das potentielle Auseinanderfallen von Handlungsorientierungen und Koordinationsformen übersehen (Blutner 1996). Die mit Reorganisationsprozessen einhergehende oder beabsichtigte Änderung von Handlungsorientierungen bleibt entweder für alle Beteiligten verborgen oder wird durch die Betreiber organisationaler Wandlungsprozesse über Leitbilder „anschlusslos" überbrückt.

Die oben skizzierten Innovationsstrategien geben zwar neue Koordinationsmöglichkeiten vor, stellen jedoch keine wirksamen Einbettungsformen für innovatives Handeln dar. Zur Eingrenzung der Innovationsrisiken erscheint direkte Kontrolle nach wie vor notwendig, um den Bestand von Organisationen oder Organisationseinheiten zu sichern (Blutner 1996, Moldaschl 1998). Dieses Problem kann auch nur bedingt gelöst werden, indem über das Instrument der Zielvereinbarung versucht wird, dem Akteurshandeln eine straffere Handlungsorientierung zu geben. Entwicklungsprozesse, die durch dezentrale Koordination unterstützt werden sollen, finden nämlich gerade in der Betonung partieller – in Zielvereinbarungen verfestigten – Handlungsrationalitäten oder in konfligierenden Abteilungslogiken ihre Grenzen. Jene Abstimmungsprozesse, die im Zuge solcher Reorganisationen flexibler gestaltet werden sollten, führen häufig zu aufwendigen Verhandlungen, die im Ergebnis den Charakter von Nullsummenspielen tragen (Blutner 1996). Wie also der Einzelne in diesen Prozessen sein Kreativitätspotential tatsächlich nutzt, ist wiederum aus der Führungsperspektive nur bedingt beeinflussbar.

Innovationslösungen bei Inhabern bestimmter Positionen oder in ausdifferenzierten Organisations"orten" zu fördern, sind zwei weitere konkrete Formen, die Entstehung von Innovation organisationell einzubetten und damit verbundene Risiken zu begrenzen. Die Orientierung an bestimmten Positionen oder Innovations„orten" soll es ermöglichen, Erwartungen über den Innovationsgehalt des Handelns arbeitsteilig (z.b. in Forschungsabteilungen) und positionsbezogen (z.b. beim Management, Ortmann 1995, S.64) zu verankern, wobei bei Funktionsträgern von einer als weitgehend offen definierten Mitgliedschaftsrolle ausgegangen wird und das Entlastungspotential von Partiallogiken sozialer Subsysteme von Bedeutung ist.

Das sachlich und zeitlich begrenzte Projekt gilt gemeinhin als eine wesentliche organisatorische Lösung, innovatives Handeln zu ermöglichen und einzubetten. Indem auch hier nur bestimmten Mitarbeitern Handlungsmöglichkeiten eingeräumt und indem gezielt Ressourcen für konkrete Zwecke bereitgestellt werden, erscheint die durch Innovationsbestrebungen aufbrechende Unsicherheit kontrollierbar. Gemeinhin werden in Projekten neue Problemlösungen beschleunigt entwickelt, indem Kooperationszusammenhänge quer zu bisherigen Strukturen gebildet und dazu Organisationsmitglieder mit unterschiedlichen Kompetenzen aus hierarchischen und arbeitsorganisatorischen Zusammenhängen herausgelöst werden. Die Besonderheit von Projekten für innovatives Handeln in Grenzstellen kann darin bestehen, dass in ihnen mehrdeutige, gleichermaßen aktuelle Handlungsorientierungen unterhalten werden können, ohne ausschließlich symbolischen Charakter tragen zu müssen. Gerade in Grenzstellen sind die Organisationsmitglieder mit der Erwartung konfrontiert, neue Deutungen und „Weltbilder" aufnehmen, situativ Perspektiven übernehmen und Ziele verfolgen zu müssen, die sich häufig in einem widersprüchlichen Spannungsfeld zwischen den Erwartungen im Kooperationsverbund mit dem Kunden einerseits und den Erwartungen in ihrer Bezugsorganisation andererseits bewegen (Wilkesmann 1999). Wenn aber selbst in Grenzstellen „sinnfremde" Informationen zum Schutz der eigenen Innovation ausgeblendet werden müssen (vgl. 2.1), dann mag dies im Rahmen eines Projekts kontextspezifisch gewährleistet werden, ohne dass dabei auf Offenheit gegenüber der Umwelt verzichtet werden muss.

Die Benennung aller funktionalen Innovationsarrangements birgt Risiken der theoretischen wie alltagspraktischen Engführung. Bei der Konstruktion und Reproduktion von Vorstellungen über geeignete Innovationsarrangements besteht nämlich die Gefahr, dass genau entlang der erwarteten Verteilung von Routine und Innovation entsprechende Wahrnehmungen und Zurechnungen von Innovation (vor-)strukturiert werden: Anerkennung für „Neues" ist im Ergebnis dessen dann in den Niederungen operativ-routinisierten Handelns ungleich schwerer zu bekommen als in Führungsetagen oder in Forschungsprojekten, obwohl oder gerade weil aufgrund einer grundsätzlichen Unvollständigkeit von Regeln und Routinen (Luhmann 1964) die Improvisation „unten" zum Arbeitsalltag gehört.

Die oben genannten Lösungsvorschläge haben aber nicht nur eine negative Seite. Positiv ist zu bewerten, dass sie Unsicherheit reduzieren und Risiken begrenzen können, indem sie bewusst alternative, aber unerwünschte Innovationsoptionen eliminieren (Elster 1987). Wahlfreiheit über diese Eliminierungsoptionen zu besitzen, bedeutet nicht nur, Unsicherheitszonen anderer zu kontrollieren bzw. Machtchancen gegenüber Dritten zu verwerten. Wesentlich ist, dass hier entschieden wird, was als eine Innovation bzw. als eine Abweichung anzusehen ist. Indem man diese Zurechnungsdimension von Improvisation und Innovation berücksichtigt, legt man einen Mechanismus der Unsicherheitsbewältigung frei, der als organisationales Scharnier zwischen Innovation und Routine fungiert (Blutner 1999). Seine herrschaftliche Prägung tritt nicht erst durch binäre Entscheidungen: Innovation vs. Abweichung zutage, sondern zeigt sich bereits in Prozessen der Deutung und Interpretation von Situationen und Problemen, in denen Handlungs- und Innovationsoptionen verteilt werden.

2.3. Grenzgänger im Kreuzfeuer zwischen Kundenorientierung und Organisationsinteresse

Zum „normalen" organisatorischen Alltag von Unternehmen gehört es, dass strategische Entscheidungen getroffen und entsprechende Reorganisationsmaßnahmen angeschlossen werden, um neue Marktpositionen zu erobern oder wahrgenommene Schwächen unternehmerischen Wirkens abzubauen. Für das bereits erwähnte ehemalige Monopolunternehmen gilt das in spezifischer Weise. Seine Strategien richten sich insbesondere darauf, Kunden- und Marktbezüge so zu gestalten, dass Abwanderungen der Kunden zu anderen Anbietern mit vergleichbaren Leistungen verhindert werden (Hirschman 1974). Genaugenommen muss das Unternehmen diese Kundenbeziehungen erst herstellen, weil aufgrund seiner früheren marktbeherrschenden Stellung dem Kunden als Antragsteller kaum aussichtsreichere Alternativen offen standen. Dadurch dominierten „selective acceptance or rejection of inputs and outputs" (Adams 1980, S. 337) den Alltag im Vertrieb, wobei weitestgehend standardisierte *In-* und *Outputs* sachlich zu bearbeiten waren. Aufgrund des Hoheitscharakters der *Outputs* galt es insbesondere ihre Vollständigkeit und Richtigkeit zu sichern, durch die nicht zuletzt auch eine hohe Stabilität der internen Abläufe in der Organisation gewährleistet wurde (Edeling et al. 1994). Dementsprechend sind es eher rigide Vorgaben des *In-* und *Outputs*, die die Vertriebsmitarbeiter hinderten, kundenbezogen zu handeln. Kundenorientiertes, die Vorgaben nicht erfüllendes Handeln, führte in Folge dessen häufig zu harten Auseinandersetzungen zwischen Führungsmanagement und Vertrieb, die für die Vertriebsmitarbeiter mitunter am „Pranger" endeten (Vertrieb 1994). Wünschen und Änderungen der Umwelt angemessen zu begegnen, war aufgrund zentral gesteuerter Absatzziele und technikdominierter Umweltdeutungen kaum möglich. Einzig Großkunden konnten über sog. Spezialvertriebe komplexe Anlagen erwerben, die jedoch keine Problemlösungen darstellten. Da das Unternehmen trotz spröder Kundenorientierung aufgrund seiner Monopolsituation kaum Sanktionsmöglichkeiten durch die Umwelt befürchten musste, kann man insgesamt von einer „Kolonialisierung" (Crozier/Friedberg, S. 98) des Vertriebs durch die technokratisch geprägten Anforderungen der Organisation ausgehen.

Unter Wettbewerbsbedingungen ist gerade das Balancehalten zwischen Kundenorientierung und Organisationsinteresse wichtig. Für die Organisation und ihre Mitglieder ergibt sich daraus die prinzipielle Anforderung, den Kunden über wechselseitige Perspektivenübernahme kennenzulernen. Im Idealfall wird in Einzelanalysen der potentielle Bedarf des Kunden definiert, ausgehend vom tatsächlichen Bedarf, und gemeinsames Wissen über die Übersetzung technischer Möglichkeiten in kontextspezifische Problemlösungen erzeugt. Eine solche Vorgehensweise setzt veränderte Umweltwahrnehmungen seitens der Organisation und die nicht selbstverständliche Erkenntnis voraus, dass für derartige Feldzüge ins Ungewisse bewährte Analyseinstrumentarien wertlos werden, also verständliche Informationen neu gewonnen werden müssen, um überhaupt „bedeutende" Umwelten für die Organisation konstruieren zu können (Weick 1985). Gefordert sind somit aktives Experimentieren, Improvisieren und Eingreifen in die Umwelt.

Im Ergebnis solcher Erkundungs- und Konstruktionsprozesse erschöpft sich Vertriebshandeln dann nicht mehr im Verkauf vorhandener Produkte. Vielmehr beteiligen sich jetzt Vertriebsmitarbeiter aktiv an der Definition von Kundenbedarf, Problemen und Lösungen, während die Kunden die Gelegenheit bekommen, ihre Vorstellungen und ihre Kritik zu äußern. Häufig sind es auch die Kunden, die vertraute Kommunikationspfade verlassen müssen, um die neuen Gelegenheiten nutzen zu können. Im hiesigen Fall sind es bewährte Einkaufsmuster, die bisher eine ausschließliche Orientierung an der Preisliste nahelegten und erst „nach einigen passenden Vorschlägen" der Vertriebmitarbeiter zu „ganz anderen Ideen" beim Kunden führten (Vertrieb 1995) und dadurch aufgebrochen werden konnten. Die Möglichkeit, sich ihrer Interessen bewusst zu werden und sie zur Sprache zu bringen, vermag Kunden zu binden und sie zu loyalen Kunden zu machen. Die Erzeugung von Loyalität wird so zum Bestandteil der Unternehmensstrategie, um über enge Kundenbeziehungen die Marktrisiken einzuschränken.

Über einen zukunftsorientierten Umgang mit Kunden werden nicht nur wertvolle Loyalitäten hergestellt. Die Kooperation schafft auch erfolgversprechende Möglichkeiten für die weitere Zusammenarbeit, die neue Produkte und Lösungen kontextspezifisch für den einzelnen Kunden hervorbringen könnten. Sind häufig angewandte Maßnahmen, wie die der Kundenbindung, dann geradezu „Pflicht", um potentielle Abwanderungsoptionen von Kunden entgegenzuwirken, weil sie zu den beobachteten Problemsituationen zu passen scheinen und ihre Faktizität durch ihre Implementation beziehen können? Indem Organisationen neue Umweltdynamiken unterstellen und darauf zu reagieren versuchen, definieren sie sich selbst als kompetent für die Lösung dieser Aufgaben. In diesem Definitionsprozess wird leicht übersehen, dass die als vorhanden vorausgesetzte Kompetenz erst noch erworben werden muss, um der neuen Situation und ihren Problemen gewachsen zu sein: Es sind häufig die überkommenen Situationsparameter, an denen Organisationen ihr Handlungsvermögen einschätzen. Zu schnell ist die Kompetenzlücke überbrückt, wenn Organisationen, statt diese zu bearbeiten, ihren Problemdefinitionen funktional notwendig erscheinende Grenzkonstruktionen folgen lassen. Folgendes Beispiel wird verdeutlichen, dass gerade weil solche Maßnahmen äußerst funktional erscheinen, ihr konstruierter Charakter häufig unbeachtet bleibt und die bestehenden Risiken alternativen Handelns beträchtlich erhöht.

Das Unternehmen nahm 1995 erstmals eine Segmentierung des Marktes vor. Mit der damit verbundenen Bildung von Zielgruppen, wie z.B. Großkunden und Geschäftskunden, schuf das Unternehmen die Voraussetzungen, erstens spezifische Kundenbeziehungen differenziert zu gestalten und, zweitens, spezielle Produkte und Dienstleistungen zielgenauer anzubieten. Korrespondierend zu den Zielgruppen wurden dezentralisierte Vertriebseinheiten aufgebaut und entsprechende Betreuungsformen für die den Vertriebseinheiten zugeordneten Zielgruppen durch die Unternehmenszentrale festgelegt: Im „Großkundenmanagement" wurden die ca. 3000 vertrieblich attraktiven und ertragswirksamen regionalen Kunden zusammengefasst. Zum „Geschäftskundenvertrieb" gehören ca. 1.700.000 Kunden, deren jeweiliger Umsatz zwischen 5 TDM und 500 TDM liegt. In dieser Zielgruppe wird noch zwischen A/B-Kunden bzw. C/D-Kunden unterschieden. Der Versuch des Unternehmens, neue Erwartungssicherheiten über Kundensegmentierung zu schaffen, verletzte jedoch erheblich das Selbstverständnis der Kunden in ihren institutionellen Umwelten. Wurden mit der Kundensegmentierung zwar Weichen für neue Kooperationsformen mit den Kunden gestellt, blieb es im Handeln bei einer selbstbezogenen, technokratischen Orientierung an der Leistungsfähigkeit des technischen Kerns. Es konnten nämlich zunächst nur die im Großkundenmanagement betreuten Kunden bestimmte Produkte und Leistungen erwerben, während den zum Geschäftskundenvertrieb zugeordneten Kunden diese Leistungen verwehrt blieben. Dieses Vorgehen provozierte bei den Kunden nicht nur Empörung, weil bestimmte Leistungen zurückgehalten wurden, sondern weil damit „Klassengesellschaften geschaffen" (Großkundenmanagement 1996) wurden. Das Unternehmen hatte nicht bedacht, dass diese Kunden in ihren institutionellen Umwelten *einem* Verband angehören oder in *einer* Handelskammer tätig sind und deshalb solche unterschiedlichen Vertriebspraxen, die einem offenen Affront gleichkommen, rasch an die Öffentlichkeit geraten. Genaugenommen stößt man hier auf einen bereits skizzierten Effekt von Implementationsprozessen: dem Auseinanderfallen von neuen Koordinationsformen (mit dem Kunden) und alten Orientierungen (Umweltignoranz durch überhöhten Technikbezug). Dieses Phänomen verweist jedoch nicht nur auf Schwierigkeiten organisationaler Handlungssteuerung (vgl. 2.2). Es deckt auch eine systematische Risikoquelle für organisationale Entwicklungsprozesse auf: die immer vorhandene Diskrepanz zwischen alter Organisationsidentität und neu definiertem Problembezug.

Unter Innovationsdruck verstärkt sich dieses Risiko. Weil Innovation auf die Beeinflussung zukünftiger Situationen zielt, öffnet sich die Schere zwischen aktualisiertem Problembezug und tatsächlich vorhandener Kompetenz. Wenn von einem erhofften, aber nicht realisierten Anpassungsschritt unzulässig auf eine potentielle Kompetenz in der Zukunft geschlossen wird, erzeugen die Organisationen Fiktionen ihrer Innovationsfähigkeit. Inwieweit sie diese aufrechterhalten oder in Lernschritten bearbeiten, wirkt sich auf Bedingungen und Möglichkeiten innovativen Handelns aus.

Kompetenzfiktionen: Selbstbindungsmechanismen für innovatives Handeln

Die Beibehaltung der Kompetenzfiktion bedeutet, dass Organisationen ihre Strategien und Maßnahmen weitestgehend an problembezogenen Parametern ausrichten. Keineswegs mindern Organisationen dadurch potentielle Innovationsrisiken. Wie hoch sie dabei letztlich „pokern", zeigt sich erst, wenn erwartete Innovationseffekte ausbleiben. Dann aber sind die versäumten Lernschritte der Organisation und ihrer Mitglieder wegen der in umfangreichen Innovationsplänen unvermeidlich enthaltenden Fehlannahmen und Irrtümer (Simon 1976) kaum noch zu identifizieren. Der Aufbau von Kompetenzfiktionen setzt voraus, dass sich die beteiligten Organisationsmitglieder ihre aktuellen bzw. ihre fehlenden Kompetenzen verdeutlichen.

Um wahrgenommene Kompetenzlücken rasch zu füllen, setzen Organisationen häufig auf einen über Personalwechsel hierarchisch initiierten *frame change*, um die Organisation für neue Handlungsorientierungen und „Weltbilder" zu öffnen. Mit der Rekrutierung von externen Mitarbeitern für das Großkundenmanagement versuchte das Unternehmen, nicht nur Markt- und Vertriebswissen einzukaufen. Es griff gezielt auf Kontinuitäten außerhalb der Organisation zurück und importierte mit den Neuzugängen stabile Kunden- und Umweltkontakte. Solche kooperativen Bindungen übernehmen und damit neue Koordinationsformen integrieren zu können, eröffnet zwar die Chance, vergleichsweise kurzfristig Erträge zu erzielen, entlastet die Vertriebsmitarbeiter jedoch nicht, sich die Kluft zwischen ihrem unsicher vermuteten Wissen und ihrem vermeintlich Gewussten zu vergegenwärtigen (Wiesenthal 1990, S. 42). Wie groß diese Kluft ist, hängt vom Anspruchsniveau der beabsichtigten Handlungsergebnisse ab; wie groß sie empfunden wird, von der wahrgenommenen Wissensunsicherheit. Die in Rechnung zu stellende Ungewissheit erhöht sich zusätzlich durch die Unsicherheit über die Stabilität des eigenen Wollens. Auch Absichten und Präferenzen hängen von der Deutung wahrgenommener Gelegenheitsstrukturen ab (Elster 1989). Zweifel beherrscht so auch die „innere" Welt des Akteurs.

Der Mechanismus der Selbstbindung (Elster 1987) vermag eine Brücke zwischen der endogen erzeugten, unsicherheitsgenährten Kompetenz des Akteurs und der objektiven Schwierigkeit, Umwelt „richtig" zu deuten und eine „beste" Handlungsalternative zu entdecken, zu schlagen. Über eine so erzwungene Bindung an einmal getroffene Entscheidungen lassen sich Innovationsbemühungen verstetigen, Reflexionen über Wissensbestrebungen oder Unsicherheitserfahrungen anregen, ohne eine Abkehr leichtfertig zu provozieren. Der Aufbau einer Kompetenzfiktion kann als *ein* Mechanismus der Selbstbindung fungieren. Dass er auch strategisch genutzt werden kann, lässt sich wiederum am Beispiel des Großkundenmanagements illustrieren. Dieses will in wiederholter Kommunikation mit dem Kunden dessen Vorstellungen möglichst rasch in eine zukünftige Nachfrage an das Unternehmen übersetzen. Dazu wird der Kunde zunächst in eine Welt schillernder Produkte bzw. Dienstleistungen geführt. In einem zweiten Schritt wird mit dem Kunden eine passfähige Lösung erarbeitet und bewusst aus einem komplexen, nicht überschaubaren Leistungsangebot heraus vorgestellt. Da diese Produktlösung als eine Synthese aus dem im Käufer-Verkäufer-Kontakt kommunizierten Kundenbedarf sowie aus technologischem und vertrieblichem Know-How der Vertriebsmitarbeiter hervorging, ist sie *unikal*; keiner der beiden Marktpartner hätte sie allein finden können. Auf der symbolischen Ebene wird damit umfassende Kompetenz weit über die aktuelle Problemlösung hinaus vorgeführt. Loyalität gegenüber der Organisation soll dadurch erworben werden, dass sich der Großkundenmanager dem Kunden als Lotse durch die überwältigend komplexe und wettbewerbskritische „Dschungelwelt" von Produkten und Anwendungsbereichen anbietet und Vorleistungen an Orientierung und Beratung erbringt. Die Demonstration dieses Anspruchs soll gleichzeitig den Effekt beim Kunden erzielen, Zweifel an dessen eigener Fähigkeit zu schüren, sich Markttransparenz zu verschaffen. In Konsequenz dessen läuft dieses Vorgehen auf ein „Geschäft mit der Angst" beim Kunden hinaus, wobei dem Kunden suggeriert wird, sein Unternehmen existentiell zu gefährden, entschließt er sich, den Anbieter zu wechseln: „Wenn einer dann wirklich umschwenkt, muss er Herzklopfen haben, ein schlechtes Gewissen, möglichst noch Angstzustände, diese Entscheidung zu treffen." (Großkundenmanagement 1996). Wenn auf diesem Wege erfolgreich Loyalitätsvorschüsse in die Leistungsfähigkeit der Organisation eingeworben werden, gerät die Organisation unter Bewährungsdruck, die in den symbolischen Akten erzeugte Kompetenzfiktion einzulösen. Gelingt der Organisation der Kompetenznachweis, eine funktionale und gleichzeitig innovative Konfiguration für den Kunden zu erstellen, eröffnet sich für sie die Machtchance, technologische Pfadabhängigkeiten beim Kunden zu kreieren.

Da jedoch eine hohe Diffusität und Komplexität verwendeter Technologien die Berechenbarkeit der angestrebten Lösungen erschwert, werden Kompetenzfiktionen rasch zu Innovationsfallen werden und symbolische

Demonstrationen geraten zum Flop. Im Gegensatz zur symbolischen Rhetorik gegenüber institutionellen Umwelterwartungen (DiMaggio/Powell 1993) können weder Ressourcenflüsse und Bestand der Organisation durch vorgetäuschte isomorphe Anpassung gesichert, noch Programme und Entscheidungen vor Ansprüchen von außen geschützt werden, hängt die Innovationsgenese von den Trägern dieser Ansprüche ab. Handeln unter Kompetenzversprechen und Innovationsdruck ist dann in seiner demonstrativen Symbolik, nicht aber in seinem Wirkungsanspruch, vergleichbar mit Formen des „impression management" (Elsbach 1994). Letztlich verpflichtet der Umgang mit Kompetenzfiktionen zu diskretionären Entscheidungen zugunsten alternativer Strategien gegenüber bestehenden Erwartungssicherheiten. Damit ist innovatives Grenzhandeln zum Erfolg verdammt.

Weil die Grenzstelle durch die Organisation zum Innovationsort bestimmt ist, sind es die Grenzgänger, die beim Übergang von „Alt" zu „Neu" den Risiken dieser Bewährungssituation unterworfen werden. Organisationsintern bietet die zukunftsbezogene Einzelfallanalyse der Kundenorganisation die konkrete Möglichkeit, Wissensbestände der Kunden für die Entwicklung von Lösungen und Dienstleistungen zu generalisieren und als Problemlösungen teilweise zu standardisieren. Gleichzeitig muss auch die Organisation auf die Übertragung des Wissens von den Großkundenmanagern auf die Organisation bedacht sein, weil ihnen als Wissensträger und aus ihrer Funktion als Grenzgänger, Ungewissheit für die Organisation zu verringern, eine hohe Machtposition erwächst (Crozier/Friedberg 1993). Diese ist zwar durch die notwendige Bestandserhaltung der Organisation begrenzt; wegen häufig gegebener Abwanderungsoptionen für Wissensträger zu Mitwettbewerbern droht der Verlust des Wissens jedoch beständig, solange es personengebunden bleibt.

Um sowohl Kompetenzgewinne zu realisieren, als auch die Übertragung des Wissens auf die Organisation zu stimulieren, hat das Unternehmen 1997 das Großkundenmanagement in einen sogenannten Branchenvertrieb überführt, um die Entwicklung von Branchenlösungen strukturell zu ermöglichen. Damit wird ein Wechsel von maßgeschneiderten, kundenbezogenen Einzellösungen zu branchenspezifischen Problemlösungen angestrebt. Die Organisation fördert diesen Innovationsprozess über einen organisationsinternen Wettbewerb, der durch zentral organisierte, projektförmige Kooperationen in Gestalt von Austauschforen und Arbeitskreisen ergänzt wird. Indem die Großkundenmanager ihre Lösungen intern verkaufen müssen, werden sie zunächst in ihrer Rolle als klassische Einzelkämpfer bestärkt. Die so angestoßene intrinsische Motivation der Einzelnen soll dann idealtypischerweise in verständigungsorientiertes, kollektives Problemlösen münden (Wilkesmann 1999, S. 332). Dazu wurden im Unternehmen sog. Partnerschaften organisiert, die jene Großkundenmanager, die einen höheren Wissensstand als ihre Kollegen haben, auf der Grundlage „einer internen Absprache" (Branchenvertrieb 1997) verpflichtet, ihr erworbenes Wissen weiterzugeben. Dieser zentral gesteuerte, inhaltsgebundene Kooperationszusammenhang, der sich auf die professionelle Norm gründen soll, Wissen zur Verfügung zu stellen, kann als organisationaler Versuch interpretiert werden, einen „Schutzraum" für innovatives und kollektives Handeln in prinzipiell umweltoffenen Grenzstellen zu schaffen (vgl. 2.2). Projektcharakter erhält diese Konstruktion durch seine zeitliche Befristung: Branchenlösungen sind Teil von Zielvereinbarungen der Großkundenmanager. Indem die Organisation so die Übertragung des Wissens an das provisionsabhängige Gehalt der Großkundenmanager koppelt, behauptet sie ihre Steuerungskompetenz gegenüber den Grenzgängern. Diese können nur darüber entscheiden, ob sie eher wettbewerbliche oder assoziative Koordinationsformen für die Innovationsgenese nutzen.

Trotz aller organisationalen Vorkehrungen droht das Scheitern: Unter Anwendung der vorhandenen Regelsysteme gelingt es den Großkundenmanagern nämlich nicht, die entwickelten Konfigurationen innerhalb ihrer Organisation so zu bearbeiten, dass sie als neue Lösungen für den Kunden rekontextuell „materialisiert" werden können. Die „alten" produktbezogenen Datenverarbeitungsprogramme sind aufgrund ihrer Fixierung auf Absatzziele weder in der Lage, komplexe Lösungen, die auf der Basis von Umsatzparametern erzeugt werden, umsatztechnisch zu bearbeiten, noch ermöglichen sie die Aufschlüsselung eines komplexen Produkts in einzelne Produktkomponenten. „Neues" droht so im Korridor der Vergangenheit zu versacken, weil die Abrechnung der bereits vom Kunden geordneten Problemlösungen über Absatzziele erfolgen muss, das komplexe Produkt datenmäßig aber nicht in entsprechende einzelne Absatzziele zerlegt werden kann. Erfüllte Absatzziele können demzufolge durch die Organisation nicht registriert werden. Ein Großkundenmanager versucht, seine Ziele „*vernünftig mit Leben zu erfüllen*" und damit sein provisionsabhängiges Gehalt zu sichern, indem er sein gegenwärtiges – an Umsatzparametern – ausgerichtetes Handeln an den in der Vergangenheit geltenden Regeln reinterpretiert und so umdefiniert, dass organisationsintern Anschlusshandlungen durch Bezugnahme auf überkommene Regeln (nämlich Absatzziele) möglich werden. Indem er so handelt, löst er das strukturelle Problem nicht, erfüllt es aber „mit Leben". Weil er Anerkennung für seine erbrachten Leistungen nur in der Gegenwart bekommen kann, indem ihm diese als Markterfolge *zugerechnet* werden, argumentiert er: „Mein Ziel war hundert, die hundert hab ich hier (Problemlösung – D.B.) drin..." (Branchenvertrieb 1997).

Voraussetzung für die Anerkennung seiner Leistung ist damit, dass sein Vorgesetzter ihm Ehrlichkeit unterstellt und bereit ist, ihn gerecht zu behandeln. Die Zurechnung der erbrachten Leistung als Marktleistung würde sich dann aus der wechselseitigen Erwartung ergeben, fair miteinander umzugehen. Der Grundstein dafür wurde bereits mit der Norm fairen Verhaltens (beim Wissensaustausch mit den Kollegen) und dessen Institutionalisierung im Projekt gelegt.

Der Großkundenmanager muss sich bei der Erzeugung der Branchenlösung auf disparate Weltbilder stützen: Einerseits ist damit die Orientierung an der kurzfristigen Rationalität einer auf Absatzziele ausgerichteten Binnenorganisation angesprochen, andererseits die Orientierung an der langfristigen Rationalität unternehmerischen Handelns außerhalb der Organisation. Dass der Großkundenmanager beide Weltbilder auf keinen gemeinsamen und eindeutigen Erfolgsmaßstab bringen kann, liegt daran, dass er organisationale Bestände der Vergangenheit mit Legitimationsformen, welche die Zurechnung des Markterfolgs in der Gegenwart garantieren müssen, verknüpfen muss. Sein Bewährungsrisiko, Ambiguitätstoleranz zwischen Kompetenzfiktion und tatsächlichem Potential der Organisation innovativ auszuhalten, weist das Charakteristikum organisierter *multiple selves* auf „...die unvermittelbare Kopräsenz von mehreren Weltdeutungen, Zeithorizonten und Nutzensdefinitionen. Weder findet der Deutungspluralismus eine sichere Aufhebung an der Organisationsspitze, noch existiert eine operative Formel für die explizite Anerkennung der Deutungsdifferenz..." (Wiesenthal 1990, S. 90). Geschick und Effektivität des Großkundenmanagers begründen sich in der Fähigkeit, diese Weltbilder kontextspezifisch auszutauschen, ohne dass er den Blick für die Folgen seines Handelns verliert. Dem Großkundenmanager wie der Organisation gelingt es, diesen Deutungspluralismus handelnd aufrechtzuerhalten, weil sie sich über das Geschäft mit der Angst an ihre Kompetenzfiktion selbst gebunden haben. Als Mechanismus der Selbstbindung schlägt diese in rekursiver Weise auf alle Beteiligten zurück, kann aber im Rahmen des Projekts verwirklicht werden. Findet der Großkundenmanager Anerkennung für seine Leistung, ist er Träger zweier Innovationen: einer Problemlösung und eines Handlungsmusters, bei dem sich Handeln auf der Grundlage überkommener Regeln *koordiniert* und sich an der institutionalisierten Erwartung eines fairen Umgangs miteinander *orientiert*. Legitimationsgrundlage dieser institutionellen Anerkennung bildet das Projekt. Aber erst dann, wenn solche „neuen" Handlungsmuster wiederholt angewandt werden, um erbrachte Leistungen ihren Trägern zuzurechnen, geraten Innovationen nicht als Insellösungen ins Abseits, sondern etablieren sich tatsächlich und können zur Voraussetzung für zukünftige Innovationen werden.

Barrieren innovativen Grenzhandelns in top-down Prozessen

Wenn Organisationen sich in dynamischen Umwelten bewähren müssen, so gewinnen Grenzstellen zunehmend an Bedeutung. Ihnen werden über zentrale Geschäftsfeldstrategien bestimmte Kompetenzen zugeschrieben und spezifische Aufgaben übertragen. Weil aber Akteursdefinitionen und Problemwahrnehmungen je nach eingenommener Position in der Organisation variieren (March/Olsen 1976), erscheinen häufig den Betroffenen „unten" die veränderten Strategien, der Aufbau von Kompetenzfiktionen oder die Verteilung von Innovationschancen als Entscheidungen am „grünen Tisch". „Oben" sind es Akzeptanzprobleme, die das Management plagen. So kursieren die unterschiedlichsten Bilder und Deutungen darüber in der Organisation, wer die Kreativen oder die Bremser „tatsächlich" sind. Häufig ist der

Blickwinkel ausschlaggebend, nicht die Tat. Dieser Punkt ist zentral: Indem Prozesse der Zuschreibung von Innovation in Rechnung gestellt werden, die das arbeitsteilige Organisieren mitstrukturieren, wird erst sichtbar, dass in solchen Deutungsprozessen entschieden wird, welche Handlungen oder Produkte als innovativ bzw. als abweichend gelten. Wenn man diesen Gedanken um den Aspekt herrschaftlicher Steuerung (Sorge 1995) ergänzt, lässt sich das Verhältnis von Akteur, Entscheidungsmacht und Innovation folgendermaßen interpretieren: Während mächtige Organisationsmitglieder Innovationschancen anderen einräumen oder verwehren, „Neues" als Innovationen anerkennen oder als irrelevant zurückweisen können, bleibt den weniger Mächtigen der Part, in Gang gesetzte Innovationen in funktionierende Programmstrukturen umzusetzen. Organisieren erscheint so als innovatives Handeln von allen. Genaugenommen besteht es aber darin, Innovation und Routine bestimmten Trägern eindeutig zuzuordnen.

Dass solche Zurechnungen „von oben" in eigensinniger Weise „unten" modifiziert werden, kennzeichnet gewöhnlich *top-down* Prozesse und zeigt sich auch bei der Neuausrichtung des bereits erwähnten Geschäftskundenvertriebs. Sämtliche Leiter dieser Organisationsabteilungen wurden 1997 von der Unternehmenszentrale angewiesen, ihre Vertriebsbereiche in einen Flächenvertrieb zu überführen. Damit strebt das Unternehmen für fast alle Kunden (BCD-Kunden) den Wechsel von einer direkten Betreuung zum Telefonmarketing an. Hintergrund dieser Maßnahme ist die Unzufriedenheit der Zentrale darüber, dass vorgegebene Absatzziele zwar weitestgehend erfüllt werden konnten, dies aber unter zu hohen Kosten geschah. Zudem wurden wegen der zeitintensiven Betreuungsform durch Kundenbesuche „vor Ort" eine Vielzahl potentieller Kunden nicht erreicht. Mit der neuen Organisationsform versucht das Unternehmen im Spannungsfeld zwischen Kundenorientierung und Effizienz (Neuberger 1996), das Vertriebshandeln kostenbewusster zu gestalten. Abgewogen soll zukünftig sein, „was ein Vertrag und eine Fahrt zum Kunden letztlich einbringen" (Geschäftskundenvertrieb 1997). Gleichzeitig leitet der Wechsel zum Telefonmarketing eine quantifizierbarere Bewertung der Kundenbetreuung ein: Werden über persönliche Kundenkontakte weiche, also qualitative Kundenmerkmale stärker berücksichtigt, geht es beim Telefonmarketing grundsätzlich um operationalisierbare Daten. Indem Vertriebshandeln auf ein Set von Regeln begrenzt wird, und weil dadurch die Kundenberater nur noch einen bestimmten Ausschnitt der bisherigen Kommunikation übernehmen, bedeutet die neue Vertriebsform eine strengere Grenzziehung gegenüber der Umwelt. Dass sie erfolgversprechend erscheint, liegt daran, dass über die neuen Standardprogramme bisher vernachlässigte Kunden systematisch an Aufmerksamkeit gewinnen. Im „Tausch" dafür sind diese jedoch aufgefordert, ihre organisationsspezifischen Daten bereitzuhalten, um zielgenaue Leistungen an Beratung und Produkt erhalten zu können. Die standardisierte Datenerhebung ermöglicht also mehr als nur organisationale Unsicherheitsreduktion. Die Organisation vermag dadurch ihre Kontrolle nach innen wie nach außen auszuweiten. Zum einen ist damit die Effektivität der Arbeitsvorgänge gemeint, zum anderen die von konkreten Aufträgen abgekoppelte Mitarbeit der Kunden durch das vorgegebene Kommunikationsmedium. Wenn auch erst eine flexible mündliche Kommunikation die Standardisierung und Weiterverarbeitung der kundenspezifischen Informationen ermöglicht, werden dann nicht die Erwartungen jener Kunden enttäuscht, denen bisher eine persönliche Betreuung „vor Ort" zu Teil wurde? Wo bleibt noch Raum für Sorgen und Kritik der Kunden?

Weil eine so gesteuerte Grenzstelle gegenüber unvorhergesehenen Umweltanforderungen nicht sensibel genug erscheint, reorganisiert ein Leiter seinen Geschäftskundenvertrieb etwas „anders", als die Zentrale es vorgibt. Diese sieht eine Zentralisierung der B-,C- und D-Kundenbetreuung in *outbound-Centern* vor. Arbeitsorganisatorisch bedeutet dieser Wechsel für die Kundenberater: keine Besuche mehr „vor Ort", sondern Vertriebsaufträge über 5-Minuten-Gespräche realisieren. Der Leiter nutzt seine Handlungsspielräume, indem er die Kundenberater dezentral verteilt lässt und das *outbound-center* virtuell schaltet. Damit weicht der Leiter dem über *top-down*-Strategien erzeugten Innovationsdruck nicht aus. Er versucht vielmehr zwei wesentliche Leistungsmerkmale von *outbound-centern* gegenüber der Umwelt unterschiedlich zu aktualisieren. Einerseits nutzt er die arbeitsorganisatorischen Entlastungseffekte (Merkmal 1), um Umsatzsteigerungen zu ermöglichen. Zur Vermeidung der damit verbundenen Simplifizierung von Umweltbeziehungen (Merkmal 2), d.h. der Verkäufer-Kunden-Kontakte, setzt er weiterhin auf Dezentralisierung, um gerade erst gewachsene Kundenloyalitäten nicht zu gefährden. Auf diesem Weg stellt er sowohl telefonische Erreichbarkeit sicher als auch Präsenz in der Fläche. Ein solches Vorgehen verfolgt mehrere Zwecke: Gegenüber den Kundenberatern demonstriert es die Bereitschaft, unkonventionell vorzugehen und Ressourcen der eigenen Organisation zur Flexibilisierung der ablauforganisatorischen Prozesse einzusetzen. Die Kunden bekommen weiterhin die Gelegenheit, ihre bisherigen Ansprechpartner in den Außenstellen aufzusuchen, um Sorgen und Probleme persönlich vorzubringen. Damit verschränkt der Leiter im Alltagshandeln die in *outbound-centern* säuberlich getrennten Funktionen von technologie- und kostenorientierter Leistungserstellung und symbolischer Demonstration von Zugänglichkeit. In der Begründung dieses Handlungsmusters, bei dem sich Handeln auf der Grundlage einer überkommenen Organisationsform *koordiniert* und sich an den aktuellen Anforderungen von Vertriebshandeln *orientiert*, besteht die eigentliche Innovationsidee des Leiters, nicht in der Nutzung der virtuellen Organisationsform an sich. Diese dient einzig als Mittel dafür, das Akteurshandeln in Grenzstellen mit der zentralen Organisation des Handelns im Vertrieb funktional aufeinander zu beziehen.

Indem der Leiter des Geschäftskundenvertriebs seine organisationellen Vorgaben vor dem Hintergrund des in der Vergangenheit bewährten Vertriebshandelns reinterpretiert und entsprechend modifiziert, versucht er das Dilemma zwischen Kundenorientierung und Effizienz, zwischen zugelassener Umweltdynamik und Unsicherheitsreduktion, und letztlich zwischen Öffnung der Grenzen und ihrer Schließung über „einen besonderen Weg" (Geschäftskundenvertrieb 1997) neu zu modellieren. Gegenüber der übergeordneten Unternehmenszentrale sichert er dabei Spielräume der Dezentralisierung, indem er sie nutzt. Um so mehr ist er jedoch auf die ihm offiziell vorgegebenen Absatzziele festgelegt und mit seiner improvisierten Lösung zum Erfolg verdammt: „Man hat mich gewarnt, aber als regionalen Vertriebsleiter lässt man mir die Spielräume: Sie haben die Absatzziele zu bringen. Unser Wunsch ist die Zentralisierung in *outbound-centern*" (Geschäftskundenvertrieb 1997).

Um sich die Spielräume zu erhalten, die ihm die organisationelle Dezentralisierung lässt, muss er sich den widersprüchlichen Anforderungen zwischen Kontextsteuerung und zielorientierter Steuerung stellen. Sein Bewährungsrisiko besteht darin, beide Steuerungsimpulse über eine situativ immer fragil bleibende Kontingenztoleranz auszubalancieren. Wird die improvisierte Lösung durch das Agieren der Organisationsmitglieder in Gang gesetzt, kann sie als abweichende Insellösung überleben, ohne ihr schnelles Ende über eine Zurechnung als abweichend befürchten zu müssen. Die Anerkennung als Innovation und damit ihre Etablierung in anderen Geschäftskundenbereichen des Unternehmens bleibt ihr aber verwehrt: Weil die Zentralisierung des Vertriebs gegenwärtig die institutionell anerkannte Deutung innovativer Vertriebsgestaltung darstellt, kann der Vertriebsleiter für seine Lösung keine Anerkennung finden. Um sie dennoch als Insellösung zu erhalten, vollzieht er in subversiver Weise und im eigenen Interesse diesen institutionell erzwungenen Ausblendungsprozess innovativen Handelns mit.

Die bisherigen Überlegungen legen es nahe, die theoretischen und empirischen Befunde aus handlungstheoretischer Sicht zu abstrahieren. Innovatives Handeln in Organisationen zu analysieren, bedeutet dann, Innovationen im Wechselspiel mit Routinen an Handlungsvoraussetzungen, (institutionalisierten) Situationsdeutungen und Akteurskompetenz zu betrachten. Durch diese Vorgehensweise kann sowohl auf eine Verortung von Innovateuren innerhalb der Organisationsstruktur verzichtet als auch der Bewährungsraum zwischen strategischem Handeln und sicherheitsstiftenden Institutionen der Anerkennung berücksichtigt werden.

2.4 Routine, Improvisation und Innovation: drei Phasen innovativen Handelns

Bedeutsam für innovatives Handeln ist, wie Organisationsmitglieder Probleme deuten, definieren und letztlich bearbeiten. Innovatives Handeln geht in dieser Lesart über den bisher verwendeten Begriff der Innovation hinaus. Innovatives Handeln schließt hier sowohl technische Innovationen (Produkt- oder Prozessinnovationen) als auch soziale Innovationen (veränderte Deutungs- oder Handlungsmuster) ein. Weil technische Innovationen aufgrund ihrer materiellen Natur und wegen ihres ökonomischen Nutzens eher sichtbar werden, ist der Begriff der Innovation gemeinhin für sie reserviert. Soziale Innovationen bleiben dagegen unsichtbar, sind jedoch nicht von geringerer Bedeutung. Ihnen gilt hier die besondere Aufmerksamkeit.

Da organisationale Innovationsprozesse Routinen in Frage stellen, kann die Entstehung von Innovation nicht losgelöst von Prozessen der Routinisierung betrachtet werden, zumal Organisationen in diesen Wandlungsprozessen die Stabilisierung ihrer potentiellen Innovationsfähigkeit anstreben. Innovation und Routine sind für die Entwicklung einer Organisation konstitutiv und spiegeln die wechselseitigen Prozesse des Organisierens als Balance zwischen Stabilität und Erneuerung wider. Mit diesen beiden Begriffen lässt sich die Rekursivität des sozialen Systems Organisation als Reproduktionskreislauf begreifen, der durch zwei Grunddimensionen gekennzeichnet ist: identische und nichtidentische Reproduktion (Sorge 1995). Es ist daher sinnvoll, sich den Strukturierungsprozess innovativen Handelns als Drei-Phasen-Modell vorzustellen: der Routine, der Improvisation und der Innovation:

– Routinisiertes Handeln bedeutet zum einen die vergangenheitsorientierte Befolgung von Standardmechanismen oder Regeln, die „auf eingeschliffenen Spuren der alltäglichen und nicht mehr ständig hinterfragten Verhaltensnormen" basiert (Pries 1991, S. 67). Das Bewahren von Handlungsroutinen kann bei Individuen auf die Ausbeutung der Regelsysteme hinauslaufen, bei Organisationen auf situative Anpassungen der Regelkataloge. Zum anderen ermöglicht Handeln erst die Reproduktion der Routinen durch ihre wiederholte Aktualisierung. In der situativen Bezugnahme auf die immer unvollständigen Routinen liegt aber auch der Keim zur nichtidentischen Reproduktion. Das eröffnet regelmäßig die Gelegenheit zum anders intendierten Handeln, „denn jeder kann jederzeit auf ein Ereignis mit Deutungs- und Präferenzinnovation, d.h. unvorhersehbar antworten" (Wiesenthal 1990, S. 46).
– Das Verlassen von Routinen ist vergleichbar mit dem „Übergang vom fraglos Gegebenen zum fragwürdig Gewordenen" (Schütz 1991, S. 31). Zum Problem wird fragwürdig Gewordenes jedoch erst dann, wenn die Erfahrungen und „Handlungsroutinen an der Widerständigkeit der Welt abprallen. Über die Rekonstruktion des unterbrochenen Zusammenhangs und über die Neuinterpretation der Wirklichkeit durch den Handelnden muss die Handlung an einem anderen Punkt der Welt ansetzen oder sich selbst umstrukturieren" (Joas 1992, S. 190). Wenn aufgrund der veränderten, neu kombinierten Wissensbestände und Deutungen eine Umorientierung der Handlung, also eine erste Improvisation des „Neuen" gelingt, so könnte etwas „Neues" entstehen.
– Aber erst wenn das „Neue" organisationell aufgegriffen wird, eine entsprechende Deutung oder Zurechnung als „neu" erfährt (Rammert 1997, Blutner et. al. 1998) und durch Handeln reproduziert wird, ist das „Neue" als Innovation zu betrachten.

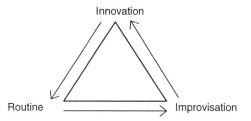

Abb.1: „Sollschema" innovativen Handelns

Innovation in oder von Organisationen setzt damit nicht nur ihre Anerkennung „an sich" voraus, sondern ihre wiederholte Anwendung durch andere Organisationsmitglieder. Die Implementation oder Etablierung der Innovation bedarf damit der – immer potentiell mehrdeutigen und somit unsicheren – Re-Interpretation des „Neuen" durch die beteiligten Akteure, damit diese ihre Handlungen anschließen können. Routinen sind somit einerseits pfadabhängige Resultate vorangegangenen innovativen Handelns; gleichzeitig bilden sie den Nährboden für zukünftige innovative Leistungen.

3. Schluss

Die Überlegungen, welche Rolle Vertriebshandeln in Innovationsprozessen spielt, lassen die Organisation von Grenzen in einem komplexeren Licht erscheinen als bisher: Paradigmen der Grenzöffnung folgen demnach nicht einfach solchen der Schließung, auch Gewährleistungspraxen weichen nicht einfach organisationsübergreifendem *enactment* und umgekehrt. Wie Akteure Umwelten wahrnehmen, Organisationsanforderungen interpretieren oder sich auf überkommene Strukturen beziehen, beeinflusst das Wechselspiel zwischen zugelassener Umweltdynamik und zweckgerichteter Unsicherheitsbewältigung, es entscheidet über Prozesse der Öffnung und Schließung von Grenzstellen und dies häufig auf unvorhergesehene, eigensinnige und reflexive Weise. Grenzmanagement beschränkt sich daher nicht auf den Verkauf technischer Problemlösungen in stetig zu aktualisierenden Vertrauensbeziehungen oder auf die Definition konsensfähiger normativer Ansprüche jenseits symbolischer Politik. Darüber hinaus müssen symbolische Demonstrationen auch materiell eingelöst und technische Leistungsfähigkeit demonstriert werden. Die Kopräsenz von Umweltinterpretationen, Zeithorizonten und Nutzensdefinitionen, die auf *mehreren* disparaten „Weltbildern" beruht, kann Innovationsgenese wesentlich unterstützen, wird auf eine unersprießliche Vereinheitlichung dieser Handlungsprämissen verzichtet. Dass diese unvermittelte Deutungsdifferenz an den Grenzen der Organisation nicht nur toleriert, sondern auch handelnd aufrechterhalten wird, verweist auf veränderte Formen der Grenzziehung, die häufig mit Metaphern der Verflüssigung von Grenzen beschrieben werden. Die Bewahrung dieser Differenz bewirkt jedoch nicht Verflüssigung, sondern ihr Gegenteil: Trennung von Handlungsrationalitäten.

Innovatives Handeln in Grenzstellen postuliert damit hohe Voraussetzungen der Zweckrealisierung. Stellen schon der regelmäßige Mangel an zuverlässigen Informationen über zukünftige Situationen und die fehlende Kenntnis der Akteure über die Verwirklichungsbedingungen und Nebenfolgen ihres Handelns systematische Unsicherheitsschwellen innovativen Handelns dar (Wiesenthal 1990), erscheinen diese Hürden in Grenzstellen geradezu unüberwindbar: Erfordert Innovationsgenese nämlich die Ausblendung „verlockender" Umweltsignale, bleibt das gesamte soziale System Organisation zum Erhalt seiner Anpassungsfähigkeit auf die Wahrnehmung und Selektion von aktuellen Umweltinformationen durch die Grenzstelle angewiesen. Hohe Akteurskompetenz im Umgang mit konfligierenden Orientierungsoptionen wird damit zur Voraussetzung, soll die Chance auf Innovationserfolg bewahrt werden.

Deutlich wurde aber auch, dass die Entstehung und Etablierung von „Neuem" die Anerkennung durch gegebene Institutionen erfordert (Groys 1997). Akteure, die sich um die Anerkennung ihrer Innovationen bemühen, müssen sich daher auf eine institutionelle „Deutung" dessen, was als „innovativ" gilt, beziehen. Damit begründen Institutionen Pfadabhängigkeiten, weil anerkannte Innovationen immer auch anders mögliche Innovationen ausschließen. Der Aufbau von Kompetenzfiktionen spielt bei der Konstitution solcher Pfade und damit in Prozessen der Innovationsentstehung eine besondere Rolle. Angewandt als Selbstbindungsmechanismus kann dieser die Herstellung von Problemlösungen erleichtern und ihre Etablierung als Innovation fördern, gelingt es bei *allen* beteiligten Akteure diese Bindungswirkung zu erzielen. Umgekehrt ist deutlich geworden, dass, wenn über *top-down*-Prozesse „Neues" implementiert werden soll, unvorhergesehene Innovationen aufgrund der „oben" erzeugten Pfadabhängigkeit kaum institutionelle Rückendeckung finden können und unerwartete Innovationen dann bestenfalls als Einzellösungen überleben können.

Weil Innovationsprozesse auf Erträge ausgerichtet sind, darf unterstellt werden, dass das Beibehalten von Routinen zu Verlusten führt. Aus diesem Grund ist für die Akteure der Übergang von der Routine zur Innovation äußerst problematisch. Im Spannungsfeld zwischen neuen Zwecksetzungen, die zum Entscheiden zwischen mehrdeutigen Handlungsorientierungen auffordern, und institutionalisierten Deutungsmustern und Erwartungssicherheiten, die Entscheidungsentlastung durch normkonformes Handeln ermöglichen (March/Olsen 1989), besteht für die Akteure nicht nur ein Spielraum für innovatives Grenzhandeln. Vor allem sind sie den Risiken der Bewährung unterworfen. Konfrontiert mit widersprüchlichen Deutungen und Erwartungen von Umwelt und Organisation, die Handeln unter Innovationsdruck keine Instruktivität mehr verleihen, sind die Grenzgänger aufgefordert, sich aktiv Differenzerfahrungen zu erschließen und diese innovativ zu nutzen, indem sie eigensinnige Sinntransfers vornehmen und neue Handlungen anschließen. Der gezielte kontextspezifische Austausch von widersprüchlichen Handlungsorientierungen durch die Akteure spielt in diesem Zusammenhang eine unerwartet große Rolle, wobei insbesondere auf das situativ auftretende *multiple-selves*-Merkmal hinzuweisen ist. Wirkt dieses Merkmal strategischer Unsicherheitsbewältigung (Wiesenthal 1990) zwar nicht kontinuierlich, gehört es dennoch in Verknüpfung mit dem Mechanismus der Selbstbindung zu den wichtigsten Voraussetzungen innovativen Handelns im Alltag von Grenzstellen, findet es institutionelle Einbettung und Anerkennung (Krohn/ Kowol 1997, S. 62). Das Projekt als Organsiationsform ist wegen seiner zeitlichen und funktionalen Begrenztheit eine besondere Form der institutionalisierten Anerkennung und Zurechnung für *multiple selves*-Strategien in Organisationen. Darüber hinaus vermag es, Raum für innovatives Handeln in Grenzstellen zu reservieren, mit dem Effekt, die Entstehung von Innovationen vom üblichen Grenzgeschäft abzuschirmen.

Weil *enactment* von Umwelten weit über das Entwerfen von Bildern hinaus reicht, nicht nur Verknüpfung von neuen Wissensbeständen oder Sondieren von alternativen Optionen beinhaltet, sondern unter Innovationsdruck zum Umsetzen von Ideen und ihrer materialen Einlösung zwingt, geraten Grenzgänger bei der Bewältigung ihrer Bewährungssituationen stetig in den Verdacht der Unglaubwürdigkeit: Versuchen sie „Neues" hervorzubringen, indem sie auf „Altes" zurückgreifen, erscheinen sie als Biedermänner der Organisation, die störrisch am Vergangenen festhalten. Nehmen sie hingegen widersprüchliche Deutungsdifferenzen auf, um Innovationen hervorzubringen, werden sie zu Brandstiftern gegen alle. Weil die Leistungen beider vor allem darin bestehen, neue Handlungsmuster zu entwerfen, die bei der Entstehung der „eigentlichen" Innovationen eine zentrale Rolle spielen, bleiben ihre Verdienste stets im Verborgenen. Daher bekommen sie kaum Anerkennung für ihre Taten. Trotz oder gerade deshalb gehört ihnen wenigstens die ganze Sympathie.

Literatur

Adams, J.S. 1980: Interorganizational Processes and Organizations Boundary Activities. In: Staw, B.M., Cummings, I.L. (Hg.) 1980
Bechmann, G., Rammert, W. (Hg.) 1997: Jahrbuch Technik und Gesellschaft 9: Innovation: Prozesse, Produkte, Politik. Frankfurt/Main, New York
Beckert, J. 1997: Grenzen des Marktes. Frankfurt/Main, New York
Benz, A. et al. (Hg.) 1997: Theorieentwicklung in der Politikwissenschaft. Baden-Baden
Berger, P.L., Luckmann, Th. 1970: Die gesellschaftliche Konstruktion der Wirklichkeit. Eine Theorie der Wissenssoziologie. Frankfurt/Main
Blättel-Mink, B., Renn, O. (Hg.) 1997: Zwischen Akteur und System. Die Organisierung von Innovation. Opladen
Blutner, D. 1996: Organisationsentwicklung unter genuiner Unsicherheit. Das Beispiel der Deutschen Telekom AG. Forschungsberichte der Max-Planck-Gesellschaft, AG Trap Nr. 9. Berlin

Blutner, D. 1999: Von der Unsichtbarkeit innovativen Handelns. In: Berliner Debatte INITIAL 10(1999)3, S. 50-62
Blutner, D., Brose, H.-G., Holtgrewe, U., Wagner, G. 1997: Transformation der Beschäftigungsverhältnisse bei der Deutschen Telekom AG. Zwischenbericht an die Deutsche Forschungsgemeinschaft (DFG). Duisburg
Blutner, D., Holtgrewe, U., Wagner, G. 1998: Charismatische Momente und Trajekte: Das Projekt als Plattform charismatischer Führung. Unveröffentlichtes Manuskript
Brunsson, N. 1985: The Irrational Organization. Irrationality as a Basis for Organizational Action and Change. Chichester
Brunsson, N. 1989: The Organization of Hypocricy. Talk, Decisions and Action in Organizations. Chichester
Brunsson, N. 1997: Institutionalized Beliefs and Practices – The Case of Markets and Organizations. Vortrag auf der Tagung der Sektion Soziologische Theorie 1997. Unveröffentlichtes Manuskript
Clegg, S., Hardy, C., Nord, W.R. (Hg.) 1996: Handbook of Organization Studies. London, Thousand Oaks, New Dehli
Crozier, M., Friedberg, E. 1993: Die Zwänge des kollektiven Handelns – Über Macht und Organisation. Neuausgabe. Frankfurt/Main
Cyert, R.L., March, J.G. 1963: A Behavioral Theory of the Firm. Englewood Cliffs/N.J.
DiMaggio, P.J., Powell, W.W. 1991: The Iron Cage Revisited: Instititional Isomorphism and Collective Rationality in Organizational Fields. In: DiMaggio, P.J., Powell, W.W. (Hg.) 1991
DiMaggio, P.J., Powell, W.W. (Hg.) 1991 The Institutionalism in Organizational Analysis. Chicago, London
Dodgson, M. 1993: Organizational Learning: A Review of Some Literatures. Organization Studies, 14(1993), S. 375-394
Dougherty, D. 1996: Organizing for Innovation. In: Clegg, S., Hardy, C., Nord, W.R. (Hg.) 1996
Duncan, R., Weiss, A., 1979: Organizational Learning: Implications for Organizational Design. In: Research in Organizational Behavior 1(1979), S. 75-123
Edeling, Th. (Hg.) 1994: Organisation und Alltagspraxis im Management von Telekom (Ost) und Telekom (West). Forschungsbericht zum Projekt: Zusammenführung des Managements der Deutschen Post und der Deutschen Bundespost. Berlin: DBP Telekom.
Elsbach, K.D. 1994: Managing Organizational Legitimacy in the California Cattle Industry: The Construction and Effectiveness of Verbal Accounts. In: Administrative Science Quarterly 39(1994), S. 57-88
Elster, J. 1987: Subversion der Rationalität. Frankfurt/Main, New York
Elster, J. 1989: Nuts and Bolts. Cambridge
Grabher, G. 1993: The Weakness of Strong Ties: The Lock-in of Regional Development in the Ruhr Area. In: Grabher, G. (Hg.) 1993
Grabher, G. (Hg.) 1993: The Embedded Firm: On the Socioeconomics of Industrial Networks. London
Groys, B. 1997: Technik im Archiv. Die dämonische Logik technischer Innovation. In: Bechmann, G., Rammert, W. (Hg.) 1997
Harzing, A., Ruysseveldt, J.V. (Hg.) 1995: International Human Resource Management. London
Hirsch-Kreinsen, H. 1995: Dezentralisierung: Unternehmen zwischen Stabilität und Desintegration. In: Zeitschrift für Soziologie 24(1995), S.422-435
Hirschman, A.O. 1974: Abwanderung und Widerspruch. Tübingen
Institut für Sozialwissenschaftliche Forschung (ISF), (Hg.) 1997: Jahrbuch Sozialwissenschaftliche Technikberichterstattung 1997. Schwerpunkt: Moderne Dienstleistungswelten. Berlin

Joas, H. 1992: Die Kreativität des Handelns. Frankfurt/Main
Kowol, U., Krohn, W. 1997: Modernisierungsdynamik und Innovationslethargie. In: Blättel-Mink, B., Renn, O. (Hg.) 1997
Luhmann, N. 1964: Funktionen und Folgen formaler Organisation. Berlin
March, J.G., Olsen, J.P. 1976: Ambiguity and Choice in Organizations. Bergen
March, J.G., Olsen, J.P. 1989: Rediscovering Institutions. The Organizational Basis of Politics. New York
Moldaschl, M. 1997: Internalisierung des Marktes: Neue Unternehmensstrategien und qualifizierte Angestellte. In: Institut für Sozialwissenschaftliche Forschung (ISF), (Hg.) 1997
Neuberger, O. 1996: Die wundersame Verwandlung der Belegschaft in Unternehmerschaft mittels der Kundschaft. Augsburger Beiträge zur Organisationspsychologie und Personalwesen, Heft 18. Augsburg
Ortmann, G. 1995: Formen der Produktion. Opladen.
Pries, L. 1991: Die betriebliche Produktion von Wirklichkeit im Arbeitshandeln. In: Zeitschrift für Soziologie 20(1991)4, S. 257-274
Rammert, W. 1988: Das Innovationsdilemma. Technikentwicklung im Unternehmen. Opladen
Rammert, W. 1997: Innovation im Netz. Neue Zeiten für technische Innovationen: heterogen verteilt und interaktiv vernetzt. In: Soziale Welt 48(1997), S.397-416
Schimank, U. 1992: Erwartungssicherheit und Zielverfolgung. Sozialität zwischen Prisioner's Dilemma und battle of the Sexes. In: Soziale Welt 43(1992), S. 182-200
Schreyögg, G., Sydow, J. (Hg.) 1997: Managementsforschung 7. Gestaltung von Organisationsgrenzen. Berlin u.a.
Schütz, A. 1991: Der sinnhafte Aufbau der sozialen Welt. Frankfurt/Main
Simon, H.A. 1976: Administrative Behavior. A Study of Decision-Making Processes. In: ders: Administrative Organizations. 3rd edition. New York
Sorge, A. 1995: Personell and Organization from a Comperative Perspective. In: Harzing, A., Ruysseveldt, J.V. (Hg.) 1995
Staw, B.M., Cummings I.L. (Hg.) 1980: Research in Organizational Behavior 2. Greenwich/Connecticut
Tacke, V. 1997: Systemrationalisierung an ihren Grenzen – Organisationsgrenzen und Funktionen von Grenzstellen in Wirtschaftsorganisationen. In: Schreyögg, G., Sydow, J. (Hg.) 1997
Thompson, J.D. 1967: Organization in Action. New York
Weick, K.E. 1979: Cognitive Processes in Organizations. In: Research in Organizational Behavior 1(1979), S. 41-74
Weick, K.E. 1985. Der Prozess des Organisierens. Frankfurt/Main
Weick, K.E. 1995. Sensemaking in Organizations. Thousand Oaks u.a.
Wiesenthal, H. 1990: Unsicherheit und Multiple-Self-Identität. Eine Spekulation über die Voraussetzungen strategischen Handelns. Discussion Paper 90/2. Max-Planck-Institut für Gesellschaftsforschung. Köln
Wiesenthal, H. 1997: Methodologischer Individualismus als Akteurstheorie. In: Benz, A. et al. (Hg.) 1997
Wilkesmann, U. 1999: Lernen in Organisationen. Frankfurt/Main, New York

II. Leitbilder und Leitdifferenzen des Wandels in Unternehmen und Verwaltungen

Birgitta Wolff

Der Einfluss institutioneller Rahmenbedingungen auf den Wandel von Unternehmen

1. Einleitung: Ebenen der Governance von Unternehmensreorganisationen

Veränderungsmaßnahmen und Wandlungsprozesse in Unternehmen führen keineswegs immer zum geplanten Erfolg. Mitunter erweist sich schon die Planung von Wandlungsprozessen angesichts der hohen Komplexität und Dynamik unternehmensinterner wie -externer Faktoren als schwierig. Noch häufiger jedoch lassen sich scheinbar gute Visionen organisatorischer Veränderungen schlichtweg nicht umsetzen[1]. Für eine große Zahl der – gemessen an ihren eigenen Prognosen – scheiternden Reorganisationsprojekte werden Managementfehler, vor allem auch in Bezug auf den Umgang mit Widerständen im Unternehmen, verantwortlich gemacht. Eine Umfrage unter 424 deutschen Großunternehmen aus dem Jahre 1994 bestätigt, dass die größten Probleme bei der Umsetzung der Projektpläne aus der Sicht der Entscheidungsträger nicht in der Planung des Change Management Programms liegen, sondern in einem Mangel an tatkräftiger Unterstützung und Umsetzung dieser Ideen im Unternehmen[2]. Als häufigste Barriere der personellen und organisatorischen Umsetzung wurden „politische Widerstände in der Organisation"[3] genannt. Als Ursache für diese Widerstände vermuten die Autoren der Studie die „Infragestellung von Besitzständen"[4]. Auch amerikanische ‚Reengineering'-Propheten betonen: „Self-interest is the root cause of most resistance to change"[5]. Die Schaffung von Anreizen zum Wandel gehört jedoch zu den Aufgaben des Managements[6]. Insofern bietet ein Mangel an Unterstützung durch die Mitarbeiter keine Entschuldigung für Ma-

---

1 Vgl. Wolff (1999), S. 8ff. Dort findet sich auch eine ausführliche Übersicht der Literatur zur Unternehmensreorganisation.
2 Vgl. Picot/Böhme (1995), S. 243ff.
3 Picot/Böhme (1995), S. 243. Vgl. auch Bamberger et al. (1993), S. 182., und Krüger (1994), S. 205ff.
4 Picot/Böhme (1995), S. 243.
5 Hammer/Stanton (1995), S. 284.
6 Vgl. zum Beispiel Wolff/v. Wulffen (1998).

nagementversagen: „The real cause of reengineering failure is not the resistance itself but management's failure to deal with it"[7].

Zögerliches Verhalten ist jedoch nicht nur bei der ‚von oben' mit Änderungsanforderungen konfrontierten Mitarbeiterschaft zu beobachten, sondern auch bei den obersten Führungskräften selbst[8]. Das Verhalten der obersten Führungskräfte ist für das Gelingen von Reorganisationsprojekten von ausschlaggebender Bedeutung, wie eine empirische Untersuchung der Erfolgsfaktoren organisatorischer Veränderungen belegt[9]. „Eingefahrene Denkmuster"[10] auf den ersten drei Führungsebenen werden in der Expertenbefragung von Nippa als wichtigste Misserfolgsfaktoren für Veränderungsprozesse identifiziert. Auch die Akademie für Führungskräfte der Wirtschaft fand durch eine repräsentative Umfrage unter 246 Managern heraus, dass es mit dem Neuerungswillen von Top-Führungskräften nicht besonders weit her sei[11]. 83% der leitenden Mitarbeiter deutscher und österreichischer Unternehmen betonten, dass die Top-Führungskräfte sich zuwenig Zeit für innovative Ideen nehmen bzw. ihren Mitarbeitern zu wenig Zeit für Innovationen geben. Über drei Viertel der Mitarbeiter sagten aus, innovative Ideen von Mitarbeitern würden von ihren Vorgesetzten zu wenig ernst genomen. Fast zwei Drittel der Vorgesetzten bestätigten dies ihrerseits. Fast 80 Prozent der Befragten waren der Meinung, für innovative Arbeiten würden durch die Unternehmensleitungen zu wenig Ressourcen zur Verfügung gestellt. Eine Studie des Software-Herstellers Novell kam zu dem Ergebnis, dass es nicht unbedingt die Angestellten eines Unternehmens sind, die die Einführung neuer Techniken blockieren, sondern hochrangige Manager[12]. Die Studie stellte fest, dass Topmanager von ihren Mitarbeitern für die Verhinderung der Einführung neuer Technologien teilweise heftig kritisiert werden. Unzureichender Wissenstransfer, zu langes Suchen nach Informationen, Mehrfacharbeiten und weitere Produktivitätshemmnisse wie den Ausfall technischer Geräte schiebt ein großer Teil der Mitarbeiter auf Versäumnisse des Managements.

Auf einem Kongress, den die Heinz Goldmann Foundation, Price Waterhouse und die Zeitschrift ‚Capital' gemeinsam veranstalteten, diskutierten 80 Topmanager, wie sie ihre eigene Bremswirkung reduzieren könnten – was ein Eingeständnis eigener Verhaltensfehler in Wandlungsprozessen voraussetzt[13]. Eine Studie der Mercer Management Consulting, die 500 namhafte deutsche Unternehmen untersucht, kommt gleichfalls zu dem Ergebnis, Wachstumsbarrieren seien immer hausgemacht: durch „Unfähigkeit des Managements"[14]. Ein Leitfaden des Bundeswirtschaftsministeriums, der Unter-

---

7 Hammer/Stanton (1995), S. 121.
8 Vgl. Scharfenberg (1997), S. 15, und Wirtz (1996), S. 1030.
9 Vgl. Nippa (1997), S. 42.
10 Nippa (1997), S. 43.
11 Vgl. Akademie für Führungskräfte der Wirtschaft GmbH (1998), S. 1f.
12 Vgl. Quirin (1997), S. 34.
13 Vgl. Lentz (1998), S. 73.
14 Deckstein (1998).

nehmern beim Erkennen von Risiken und Fehlentwicklungen helfen soll, ist eine Reaktion auf die Feststellung, dass Managementfehler die häufigste Pleitenursache in Deutschland sind[15]. Nach Schätzungen der Wirtschaftsauskunftei Creditreform kosteten die 33 410 Insolvenzen des Jahres 1997 etwa eine halbe Million Arbeitsplätze[16]. Auch in der Politik und in der Presse wird deutschen Managern eine Mitschuld am sogenannten ‚Standortproblem' zugewiesen[17]. Mitunter wird sogar speziell deutschen Managern die Fähigkeit zu Management-Innovationen abgesprochen[18]. Die in Deutschland in den letzten Jahren durchgeführten oder ausprobierten Reorganisationskonzepte werden insgesamt keineswegs durchgängig als Managementerfolge gefeiert[19].

Bei aller ‚Managerschelte' sollten jedoch zwei Sachverhalte nicht vergessen werden: Erstens gibt es auch eine große Zahl ausgesprochen erfolgreicher deutscher Unternehmen[20]. Zweitens könnte auch an der vor allem von Arbeitgeberseite häufig vorgetragenen ‚Standortfaktorenschelte' etwas dran sein. Schließlich finden sich Einflussfaktoren für das betriebliche Geschehen auf drei Ebenen; außer der Ebene der beteiligten Individuen und der Ebene der betrieblichen Governance Regeln auch auf derjenigen der institutionellen Rahmenbedingungen[21]. Sowohl individuelle Eigenschaften der Akteure als auch institutionelle Rahmenbedingungen haben Folgen für die Wirkung von Managementtools auf der Ebene der Unternehmung. Dies lässt sich auch auf die Wirksamkeit von Reorganisationsmaßnahmen beziehen. Die folgende Abbildung illustriert diesen Zusammenhang[22]. Möglicherweise gibt es ja tatsächlich durch die am Standort Deutschland herrschenden Rahmenbedingungen Einflussfaktoren der betrieblichen ‚Governance', die unternehmerische Reorganisationsmaßnahmen im Vergleich zu den an anderen Standorten gültigen Bedingungen erschweren.

Inwiefern institutionelle Rahmenbedingungen unternehmerische Wandlungsprozesse beeinflussen, gilt es im vorliegenden Aufsatz zu untersuchen. Dazu wird zunächst ein Modell der Unternehmensreorganisation vorgestellt, mit dem an anderer Stelle bereits ausführlich der Einfluss individueller Eigenschaften von Beteiligten und unterschiedliche mögliche Managementfehler in Reorganisationsprozessen analysiert wurden (Abschnitt 2)[23.] Mit Rückgriff auf dieses Modell wird anhand eines Vergleich deutscher und amerikanischer Institutionen dargestellt, welche ‚Hebelwirkungen' Rahmenbedingungen für Reorganisationsprozesse aufweisen (Abschnitt 3). Abschließend wird aus den so gewonnenen Erkenntnissen gefolgert, dass es sinnvoll

---

15 Vgl. O. V. (1998a).
16 Vgl. O. V. (1998a).
17 Vgl. zum Beispiel Herz (1996).
18 Vgl. zum Beispiel Eglau (1996) und Lay/Kinkel/Mies (1997), S. 3.
19 Vgl. auch Schwertfeger (1997) und Wirtz (1996), S. 1026ff.
20 Vgl. Lamparter (1996), Rommel et al. (1995) und Simon (1996).
21 Vgl. Williamson (1994), S. 326ff.
22 In Anlehnung an Williamson (1994), S. 326.
23 Vgl. Wolff (1998a, b und 1999).

wäre, diese Art betriebswirtschaftlichen Wissens auch in die Gestaltung von Rahmenbedingungen, das heißt die Politik, stärker einfließen zu lassen.

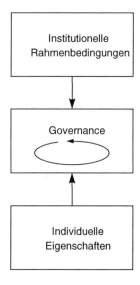

Abb. 1: Drei Ebenen von Einflussfaktoren betrieblicher Entscheidungen

2. Ein Modell der Unternehmensreorganisation

Die ökonomisch-rationale Logik eines Reorganisationsprozesses lässt sich anhand eines dynamischen Spiels mit zwei Spielern illustrieren[24]. In einem Modell über drei Zeitperioden mit symmetrischer Informationsverteilung und deterministischen Payoffs gebe es eine risikoneutrale Unternehmenseigentümerin (O, *Owner*) und einen risikoaversen Mitarbeiter (E, *Employee*)[25]. Beide verfolgen auf rationale Weise die Maximierung ihres individuellen Nutzens. Es sei angenommen, dass sie zur Sicherung des Unternehmens eine neue Produktionstechnologie einführen müssen. In diese müssen beide Partner etwas investieren: die Unternehmerin Kapital, beispielsweise zur Anschaffung einer neuen Maschine, und der Mitarbeiter die Mühe des Erwerbs von Know how zur Bedienung dieser Maschine. Die Investitionen beider Spieler sind komplementär. Beide Partner verfügen über vollständiges Wissen, können die Aktivitäten des jeweils anderen beobachten und wissen, dass sie beide

---

24 Vgl. Wolff (1999), Kapitel II.
25 Weil er risikoavers ist, legt er Wert auf einen festen Arbeitsvertrag, ansonsten könnte er auch Partner oder freier Mitarbeiter sein. Bezeichnungen und Genus der Akteure lehnen sich an die Usancen des angelsächsischen Sprachraumes an, vgl. Wolff (1996).

über dasselbe Wissen verfügen. Der zeitliche Ablauf des interaktiven Reorganisationsprozesses ist in Abbildung 2 illustriert.

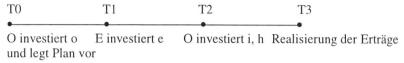

Abb. 2: Zeitlicher Ablauf des Reorganisationsprozesses

In T0 legt O den Reorganisationsplan vor, der beschreibt, wer von den beiden Beteiligten zu welchem Zeitpunkt was und wieviel investieren muss, um ein bestimmtes Marktergebnis zu erzielen. Dieses Marktergebnis wird ausgedrückt durch einen Gesamtprofit P, der in Auszahlungen für beide Partner aufgeteilt werden kann. Diesen Plan kann E in T1 nun entweder annehmen, indem er seine Investition leistet – dadurch, dass er sich fortbildet –, oder ablehnen, indem er nicht investiert. O kann die Entscheidung des E beobachten: Sie sieht, ob ihr Mitarbeiter zu einem Fortbildungskurs geht und ob er anschließend die neue Technik beherrscht. In T2 entscheidet nun O, ob sie ihrerseits investiert oder nicht, indem sie die neue Maschine tatsächlich beschafft. Es hängt von den Auszahlungen für jede der denkbaren Kombinationen von Entscheidungen ab, ob O investiert oder nicht. Auch E entscheidet nach der Höhe der Auszahlungen in alternativen Szenarien, ob sich für ihn die Investition lohnt. Vom prognostizierten Ergebnis der alternativen wechselseitigen Verhaltensweisen wird also rückwärts auf deren Vor- oder Nachteilhaftigkeit geschlossen[26].

Die Struktur dieses ‚Reorganisationsspiels' mit den möglichen Aktivitäten der Spieler und den Ergebnissen veranschaulicht Abbildung 3.

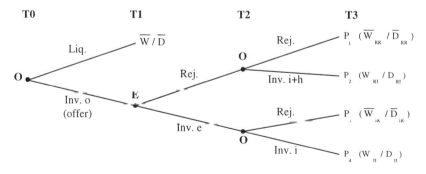

Abb. 3: Reorganisationsspiel mit zwei Akteuren

---

26 Zur ‚Backward Induction' vgl. zum Beispiel Gibbons (1997), S. 133ff., und Mas-Colell/Whinston/Green (1995), S. 268ff.

T0: *Planung und Planangebot durch die Unternehmerin*

In T0 hat die Eigentümerin des Unternehmens zwei Handlungsoptionen: Die erste besteht darin, dass sie ihr Unternehmen gleich liquidiert und dafür den Verkaufserlös kassiert, den sie dann am Kapitalmarkt anlegt. Diese Möglichkeit ist im Spielbaum der Abbildung 2 durch das Kürzel ‚Liq.' (für *Liquidation*) gekennzeichnet. Der Ertrag des Alternativinvestments ist $\overline{D}$ (D für *Dividend*). Diese Variable beschreibt die Outside Option der Unternehmerin, bevor sie überhaupt einen Reorganisationsplan vorlegt und bevor einer der Spieler tatsächlich investiert. Die sofortige Liquidation wird die Unternehmerin dann wählen, wenn sie keine Möglichkeit sieht, das Renditeniveau ihres Unternehmens mindestens auf dasjenige alternativer Kapitalanlagen zu bringen. Hier zeigt sich, wie das Renditeniveau am internationalen Kapitalmarkt unternehmerische Entscheidungen in einem Land mit liberaler Kapitalmarktverfassung beeinflusst[27]. Falls O das Unternehmen angesichts besserer Investmentalternativen direkt in T0 verkauft, erhält der Mitarbeiter $\overline{W}$ (W für *Wage*). Das ist das Einkommen, das er bei alternativer Beschäftigung am – nationalen oder internationalen – Arbeitsmarkt bzw. auch durch Arbeitslosengeld, Schwarzarbeit oder dergleichen erzielen kann, ohne dass er sich im Sinne des Reorganisationsplans weiterbildet. Die Parameter seien hier jedoch so gewählt, dass dieser frühe Liquidationsfall des Modells für O nicht attraktiv ist, da die Einflussfaktoren der Implementierung eines bereits vorliegenden Reorganisationsplans untersucht werden sollen.

Um den Reorganisationsprozess zu initiieren, wählt die Unternehmerin also die zweite ihrer Alternativen in T0: Sie investiert den Betrag o in die Ausarbeitung eines Reorganisationsplans für ihr Unternehmen. Diese Möglichkeit ist in dem abgebildeten Spielbaum durch ‚Inv. o' (für ‚*Investment* in Höhe von o') gekennzeichnet. Die Investitionskosten o können entweder in den Kosten ihrer eigenen Informations- und Planungsaktivitäten bestehen oder auch in den Kosten externer Berater; o sind also die Kosten der Entwicklung eines Reorganisationsplans. Der Zeitraum zwischen T0 und T1 kann als *Planungsphase* des Reorganisationsprozesses bezeichnet werden. In dieser Phase entscheidet die Unternehmerin, welchen Inhalt der Reorganisationsplan hat. Damit bestimmt sie den Ablauf der nachfolgenden Phasen.

Der *Reorganisationsplan* beschreibt sämtliche Koordinations- und Motivationsregeln für die Investitionen im Reorganisationsprozess. Barrieren im Implementationsprozess sowohl durch Koordinationsfehler als auch durch Anreizdefizite fallen deshalb auf das Design des Plans zurück. Umgekehrt vermeidet ein effizient gestalteter Reorganisationsplan diese Barrieren. Mit Hilfe der nachfolgenden Modellierung wird untersucht, welchen theoretischen Anforderungen der Reorganisationsplan zunächst bei gegebenen Rah-

---

[27] Das Modell eröffnet somit bereits hier einen ersten Zugang zur theoretischen Analyse von Aspekten der Standort- und Globalisierungsdebatte. Dies wird im folgenden Abschnitt vertieft.

menbedingungen genügen muss, um Motivationsdefizite der Beteiligten zu vermeiden.

T1: Investition oder Ablehnung durch den Mitarbeiter

Den Reorganisationsplan bietet O ihrem Mitarbeiter in T1 an. Damit beginnt die *Implementationsphase* des Reorganisationsprozesses. Der Mitarbeiter hat die Wahl zwischen zwei möglichen Aktivitäten a_E: Er nimmt den Plan entweder an, indem er seinen Investitionsbeitrag erbringt, oder er lehnt ihn ab, indem er dies verweigert. Die Handlungsalternativen a_E von E sind in dem Spielbaum in Abbildung 3 durch die Kürzel ‚Rej.' (für *Rejection*) und ‚Inv. e' (für ‚*Investment* in Höhe von e') gekennzeichnet. Die Investition von E besteht im Erlernen der Bedienung einer gängigen Maschine. Der Mitarbeiter erwirbt damit also nicht-firmenspezifisches Humankapital. Dies impliziert einerseits, dass das neu erworbene Wissen auch für andere Unternehmen einen Wert hat, den E am Arbeitsmarkt realisieren kann. Andererseits bedeutet es, dass O dieses Humankapital auch anders als durch E in ihr Unternehmen einbringen kann, beispielsweise dadurch, dass sie am Arbeitsmarkt einen anderen Mitarbeiter rekrutiert. E ist also nicht unersetzlich.

Für diese Modellierung wird zunächst angenommen, dass die Entscheidung des Mitarbeiters in T1 für O direkt sichtbar wird: O kann beobachten und verifizieren, ob E seinen Anteil an den Reorganisationskosten übernimmt, das heißt investiert, oder ob er dies nicht tut. Falls E kooperieren will, investiert er den Betrag e. Das ist beispielsweise der – keineswegs nur monetäre – Gegenwert seiner Anstrengung (*Effort*), Neues zu lernen, das heißt eine Investition in sein eigenes Humankapital zu tätigen, oder aber auch, veränderte Arbeitszeiten in Kauf zu nehmen. Sein Beitrag kann aber auch in der für ihn mit Arbeitsaufwand verbundenen Weitergabe von Informationen zur Verbesserung des Produktionsprozesses bestehen. Er kann sein Wissen konstruktiv in den Reorganisationsprozess einfließen lassen, beispielsweise indem er die Unternehmerin bei der Anschaffung der neuen Maschine berät und dem Unternehmen so unnötige Kosten erspart, wodurch sich das Gesamtergebnis verbessert. Dies wird er jedoch nur tun, wenn es auch für ihn persönlich vorteilhaft ist.

T2: Investition oder Ablehnung durch die Unternehmerin

Nachdem O sieht, ob E kooperiert oder nicht, entscheidet sie in T2 über ihre nächste Aktivität a_O. Sie muss beschließen, ob sie nun ihrerseits erneut investiert oder nicht[28]. Bei ihrem Investitionskalkül nimmt sie eine Fallunterscheidung vor.

---

28 Die Unternehmerin legt sich nicht bereits in T0 definitiv auf die Investition fest. Insofern bietet sich hier ein Anschluss an die Diskussion von Verfahren der flexiblen Planung, vgl. zum Beispiel Spengler (1998), S. 148f.

Falls E in T1 investiert hat, müsste sie den Betrag i investieren. Diese Alternative ist im Spielbaum durch die Bezeichnung ‚Inv. i' (für ‚*Investment* in Höhe von i') gekennzeichnet. Alternativ dazu könnte sie auch das Unternehmen verkaufen; darin besteht ihre Ablehnungsoption. Sie könnte ihr Geschäft beispielsweise an einen Mitbewerber veräußern, der an der Kundendatei interessiert ist. Diese Alternative ist im Spielbaum durch ‚Rej.' gekennzeichnet. Die Unternehmerin würde so ihren Reservationsnutzen $\underline{D}_{IR}$ (für ‚Reservationsnutzen von O bei Unternehmensverkauf durch O nach Investition durch E') realisieren. E erhielte dann $\overline{W}_{IR}$ (für ‚Reservationsnutzen von E bei Unternehmensverkauf durch O nach Investition durch E'). Nachdem E in nicht-firmenspezifisches Humankapital investiert hat, kann angenommen werden, dass sowohl der Verkaufswert des Unternehmens als auch der Arbeitsmarktwert des Mitarbeiters in T2 anders ist als vor der Investition durch E in T1. Diese Unterschiede werden durch die jeweiligen Indizes ausgedrückt, wobei Indizes I oder R die gewählte Aktivitäten in T1 und T2 kennzeichnen und somit den Spielverlauf, mit anderen Worten: den gewählten Pfad im Spielbaum aus Abbildung 3, angeben.

Falls E dagegen in T1 nicht investiert, könnte O in T2 ihr Unternehmen gleichfalls verkaufen. Sie würde so ihren Reservationsnutzen $\overline{D}_{RR}$ (für ‚Reservationsnutzen von O bei Unternehmensverkauf durch O nach Ablehnung durch E') realisieren. E erhielte dann $\overline{W}_{RR}$ (für ‚Reservationsnutzen von E bei Unternehmensverkauf durch O nach Ablehnung durch E'). Falls O das Unternehmen aber auch ohne Investition von E weiterführen will, wäre der Investitionsbetrag für O ein anderer als nach Investition von E, nämlich i + h. Dies ist im Spielbaum durch ‚Inv. i + h' (für ‚*Investment* in Höhe von i + h') bezeichnet. Der um h erhöhte Investitionsbedarf für O in dem Fall, in dem E seinen Investitionsbeitrag verweigert, lässt sich damit erklären, dass O den nicht zustande gekommenen Beitrag von E durch von E unabhängige Alternativen ersetzen muss, um ihr Unternehmen weiter zu führen. Dies könnte sie beispielsweise tun, indem sie für den neuen Produktionsschritt eine Aushilfskraft beschäftigt, was Kosten in der Höhe von h verursacht.

T3: Realisierung kollektiver und individueller Reorganisationsgewinne

In T3 werden die Auszahlungen realisiert, von denen hier angenommen wird, dass sie deterministisch sind. In den beiden Fällen, in denen das Unternehmen weitergeführt wird, ist D (*Dividend*) der Anteil des Gesamtertrags P (*Profit*), der O zufällt, und W (*Wage*) der Anteil des E. P wird also aufgeteilt in D und W.

$P = W + D$

In dem Fall, in dem nur O investiert, sind die Auszahlungen W_{RI} (für ‚*Wage* nach Ablehnung durch E und Investment durch O') für E und D_{RI} (für ‚*Dividend* nach Ablehnung durch E und Investment durch O') für O. In dem

Fall, in dem beide investieren – so wie es der Reorganisationsplan vorsieht – erhält E die Auszahlung W_{II} (für ‚*Wage* nach Investment von E und O') und O einen Betrag in Höhe von D_{II} (für ‚*Dividend* nach Investment von E und O').

Implementierungskosten

Die Summe der Investitionen beider Partner nach T1 ergibt die Implementierungskosten s (*Switching Costs*). Dies sind die Kosten, die in der Implementierungsphase, das heißt zwischen T1 und T3, anfallen.

$$s = (1-\alpha)e + i + \alpha h \quad \text{mit } e, i, h \geq 0$$
$$\alpha = 0, \text{ falls E investiert}$$
$$\alpha = 1, \text{ falls E nicht investiert}$$

Reorganisationskosten

Die gesamten Reorganisationskosten c bestehen demnach aus der Summe der Kosten für die Entwicklung des Reorganisationsplans o, die in der Planungsphase zwischen T0 und T1 anfallen, und den Implementierungskosten s:

$$c = o + s \quad \text{mit } o \geq 0$$

In dieser Modellierung sollen zunächst die Bedingungen der erfolgreichen Umsetzung eines bereits vorliegenden Reorganisationsplans bei gegebenen Rahmenbedingungen untersucht werden. Deshalb interessieren hier lediglich die Wechselkosten s; die Aufwendungen o sind bereits getätigt und damit ‚versenkt'. Für die folgende Betrachtung seien sie deshalb auf o = 0 normalisiert[29].

Mögliche Nettoauszahlungen

Im Entscheidungskalkül der Akteure über die Erbringung ihrer jeweiligen Investitionen sind von den Bruttoauszahlungen ihre jeweiligen Investitionskosten abzuziehen. Die so erhaltenen Nettogrößen werden zur Abgrenzung von den Bruttogrößen in Abbildung 3 durch die Kleinbuchstaben d, w und p für Nettodividende, Nettogehalt und Nettogesamtertrag gekennzeichnet. Die Nettogrößen ergeben sich somit wie folgt:

$$p_j = P_j - s \quad \text{mit } j \in \{1, 2, 3, 4\} = \{RR, RI, IR, II\}$$
$$w_{RR} = W_{RR}$$

---

29 Die Vernachlässigung der Planungskosten lässt sich auch pragmatisch begründen, weil die Erstellung eines anreizkompatiblen Reorganisationsplans nicht unbedingt höhere Kosten verursacht als die Erstellung eines nicht anreizkompatiblen Plans.

$$\bar{d}_{RR} = \bar{D}_{RR}$$
$$\bar{w}_{IR} = \bar{W}_{IR} - e$$
$$\bar{d}_{IR} = \bar{D}_{IR}$$
$$w_{RI} = W_{RI}$$
$$d_{RI} = D_{RI} - (i + h)$$
$$w_{II} = W_{II} - e$$
$$d_{II} = D_{II} - i$$

$\bar{W}_{RR}$ und $\bar{D}_{RR}$, bzw. $\bar{W}_{IR}$ und $\bar{D}_{IR}$ bezeichnen den jeweiligen Bruttoreservationsnutzen von E und O, der realisiert wird, falls O in T2 das Unternehmen verkauft. Da in den beiden Fällen, in denen das Unternehmen nach Vorliegen des Reorganisationsplans verkauft wird, nur in einem Fall von einem Spieler überhaupt Investitionen erbracht werden, ändert sich bei den Bezeichnungen lediglich $\bar{W}_{IR}$ und wird nach Abzug der Investitionskosten e des Mitarbeiters zur Nettoauszahlung $\bar{w}_{IR}$. Die übrigen Bezeichnungen entsprechen den Bruttogrößen. Sämtliche Auszahlungen können ebenso wie die jeweiligen Investitionskosten sowohl monetär als auch nicht-monetär sein und werden zunächst als exogen gegeben angesehen.

Wechselseitige Maximierung der individuellen Nettoauszahlung

In diesem Reorganisationsspiel maximiert O demnach d, und E maximiert w. Die Maximierung erfolgt durch die Auswahl einer von zwei möglichen Aktivitäten a, nämlich I oder R.

Die vier möglichen Nettogesamtergebnisse und ihre Verteilung sind in Tabelle 1 dargestellt[30].

Tabelle 1: Vier mögliche Szenarien in T3

		O	
		Reject	Invest
E	Reject	p_1 ($\bar{w}_{RR}/\bar{d}_{RR}$)	p_2 (w_{RI}/d_{RI})
	Invest	p_3 ($\bar{w}_{IR}/\bar{d}_{IR}$)	p_4 (w_{II}/d_{II})

Im Modell des Reorganisationsspiels gibt es also vier mögliche Szenarien:

1. Szenario 1 mit dem Nettogesamtertrag p_1 und der Aufteilung ($\bar{w}_{RR}/\bar{d}_{RR}$). Hier investiert E in T1 nicht und O liquidiert das Unternehmen in T2. Beide realisieren demnach ihre Outside Options und erhalten ihren je-

---

30 Zur Darstellungsweise vgl. Holler/Illing (1996), S. 16f. Vgl. ebenfalls Mas-Colell/ Whinston/Green (1995), S. 269. Bei perfekter Information weiß die Unternehmerin stets, an welchem Entscheidungsknoten sie sich befindet, deshalb sind nur diese vier (nicht acht) Ergebnisse möglich. Bei Informationsasymmetrien ändert sich das, vgl. dazu Kapitel 4.1.

weiligen Reservationsnutzen. Da beide nicht investieren, entsprechen die Netto- den Bruttoauszahlungen $p_1 = P_1$.
2. Szenario 2 mit dem Nettogesamtertrag p_2 und der Aufteilung (w_{RI}/d_{RI}). Hier investiert E nicht in T1, O investiert nichtsdestotrotz, und zwar i + h. Das Nettoentgelt w_{RI} des E entspricht seinem Bruttoentgelt W_{RI}, während O die Nettodividende $d_{RI} = D_{RI} - i - h$ erhält. Da nur O investiert hat, ist der kollektive Nettoertrag $p_2 = P_2 - i - h$.
3. Szenario 3 mit dem Nettogesamtertrag p_3 und der Aufteilung ($\overline{w}_{IR}/\overline{d}_{IR}$). Hier investiert E in T1 den Betrag e, aber O liquidiert das Unternehmen in T2. Beide erhalten ihren jeweiligen Reservationsnutzen. Bei E ist davon dessen Investitionsbeitrag e zu subtrahieren. Sein Netto-Reservationsnutzen ist $\overline{w}_{IR} = \overline{W}_{IR} - e$. Da nur E investiert hat, ist der kollektive Nettoertrag $p_3 = P_3 - e$.
4. Szenario 4 mit dem Nettogesamtertrag p_4 und der Aufteilung (w_{II}/D_{ii}). Dies ist das Reorganisationsszenario, das realisiert wird, wenn beide Partner investieren. E investiert dann e in T1 und O investiert i in T2. E erhält die Nettoauszahlung $w_{II} = W_{II} - e$ und O bekommt $d_{II} = D_{II} - i$. Die kollektive Nettoauszahlung ist demnach $p_4 = P_4 - e - i$.

Lösung des Spiels durch Rückwärtsinduktion

Der Implementierungsprozess eines Reorganisationsplans lässt sich nun von den möglichen Auszahlungen her ‚von hinten' rekonstruieren (*Backward Induction*). Die Auszahlungen sind beiden Spielern bekannt. E entscheidet zuerst, das heißt in T1. Anschließend entscheidet O. E wählt also gewissermaßen die Zeile der Tabelle aus, dann entscheidet O über die Spalte. So kann aus der Kenntnis der möglichen Nettoauszahlungen geschlossen werden, welches Feld die Spieler erreichen werden. Bei gegebenen Parametern ist nun erklär- und prognostizierbar, unter welchen Bedingungen p_4, das heißt das Szenario, in dem beide investieren, erreicht wird.

Die Effizienzbedingung

Reorganisation, das heißt die Realisierung von Szenario 4, ist kein Selbstzweck, sondern lohnt sich für die Akteure dann, wenn der zu verteilende Kuchen dadurch tatsächlich größer wird als er es ohne Reorganisation wäre[31]. Als erstes muss also geprüft werden, ob die Umsetzung des vorliegenden Reorganisationsplans überhaupt kollektiv optimal ist. Diese Eigenschaft wird als Effizienz bezeichnet. *Effizient* und damit im kollektiven Interesse der beiden Spieler ist der Reorganisationsplan dann, wenn p_4 höher als oder zumindest ebenso hoch ist wie die beste der drei Alternativen in T3. Nur dann ha-

---

31 Vgl. auch Waragai (1989), S. 209.

ben die Spieler die maximale Verteilungsmasse am Ende des Reorganisationsprozesses. Die Differenz zwischen der Auszahlung p_4 und der nächstbesten Alternative beschreibt den *kollektiven Reorganisationsgewinn*.

$$p_4 \geq \max [p_1, p_2, p_3]$$

Welches p_j realisiert wird, entscheiden die Akteure durch die Auswahl ihrer Aktivitäten a, die – wie ausgeführt – für den Mitarbeiter entweder in Investition (I) oder Ablehnung (R) und für die Unternehmerin entweder in Investition (I) oder Unternehmensverkauf (R) bestehen. Die Spieler seien durch M gekennzeichnet, ihre jeweiligen Handlungsalternativen durch N. Die kollektive Nettoauszahlung ergibt sich demnach als Funktion der Aktivitäten beider Spieler:

$$p = f(a_{NM}) = P(a_{NM}) - s \qquad \text{mit } M = O, E; N = I, R$$

Effizient ist der Reorganisationsplan, wenn es einen positiven Reorganisationsgewinn gibt, das heißt dann, wenn die Akteure durch die Auswahl ihrer Aktivitäten p_4 realisieren, und dieses größer ist als jedes andere p_j. Den Plan so zu gestalten, dass er diese Bedingung erfüllt, ist eine Designaufgabe der Unternehmerin[32].

Die Anreizbedingungen

Als zweites ist zu prüfen, ob die Durchführung des (effizienten) Reorganisationsplans auch im jeweiligen individuellen Interesse der Spieler liegt. Diese Eigenschaft des Reorganisationsplans wird als Anreizeffizienz oder auch Anreizkompatibilität bezeichnet[33]. Die Anreizkompatibilität bezeichnet also die Kompatibilität des Reorganisationsplans mit den Präferenzen des jeweiligen Akteurs. *Anreizkompatibel,* das heißt auch individuell für die Spieler die optimale Lösung und damit implementierbar, ist der Plan dann, wenn durch die Aufteilung von p jeder Spieler sich im Vergleich zu seinen erreichbaren Alternativen besser stellt. Schließlich interessiert die Spieler nicht primär die Gesamtgröße des Kuchens (p), sondern die Größe ihres jeweiligen Stückes (w bzw. d).

E maximiert durch Auswahl seiner Aktivität a_{EM} seine Nettoauszahlung w:

$$w = \max [w_{RI}, w_{II}, \overline{w}_{RR}, \overline{w}_{IR}]$$

Dabei gibt es eine *Anreizbedingung* für E. Er wird nur dann die Handlungsalternative ‚Investition' wählen, wenn er sich durch die Wahl der Alternative – Nicht-Investition – nicht besserstellen kann. Die Differenz zwischen

---

32 Vgl. Milgrom/Roberts (1995), S. 232.
33 Vgl. insbes. Hurwicz (1973), S. 23ff., und Ledyard (1989), sowie Laux (1988) und (1995), McMillan (1992), S. 91, und Milgrom/Roberts (1992), S. 143.

seiner Auszahlung w_{II} und der nächstbesten Alternative beschreibt seinen *individuellen Reorganisationsgewinn*. Die nächstbeste Alternative bestimmt seinen *Reservationsnutzen*.

$$w_{II} \geq \max [\, w_{RI}, \overline{w}_{RR}, \overline{w}_{IR}]$$

O maximiert analog durch Auswahl ihrer Aktivität a_{OM} ihre Nettoauszahlung d:

$$d = \max [d_{RI}, d_{II}, \overline{d}_{RR}, \overline{d}_{IR}]$$

Auch für O gibt es die analoge *Anreizbedingung*. Die Differenz zwischen ihrer Auszahlung d_{II} und der nächstbesten Alternative beschreibt ihren *individuellen Reorganisationsgewinn*. Die nächstbeste Alternative bestimmt ihren *Reservationsnutzen*.

$$d_{II} \geq \max [d_{RI}, \overline{d}_{RR}, \overline{d}_{IR}]$$

Die zweite Anforderung, die ein Reorganisationsplan erfüllen muss, besteht somit in der Anreizkompatibilität: Die jeweilige Anreizbedingung muss für beide Spieler erfüllt sein. Es muss im Szenario p_4 auch individuelle Reorganisationsgewinne für die Partner geben, das heißt, es darf keine verfügbare Alternative für den jeweiligen Spieler persönlich attraktiver sein, als das kollektiv angestrebte Reorganisationsszenario[34]. Andernfalls hat der Spieler mit einer besseren Alternative ein Interesse daran, im Implementierungsprozess vom wechselseitigen Investitionspfad abzuweichen. Da ein solches Verhalten der Akteure antizipierbar ist, kann die Unternehmerin durch eine entsprechende Gestaltung der Auszahlungstabelle im Reorganisationsplan der Bedingung der Anreizkompatibilität ex ante Rechnung tragen. Der Reorganisationsplan beschreibt insofern einen Vertrag zwischen Unternehmerin und Mitarbeiter, in dem die wechselseitigen Leistungsbeiträge und Belohnungen für ein nur gemeinsam durchführbares Projekt festgelegt sind[35].

Herstellung von Anreizkompatibilität durch Transferzahlungen

Die Attraktivität eines effizienten Reorganisationsplans auch für den Mitarbeiter kann die Unternehmerin durch die Einplanung von Transferzahlungen herstellen. Unter Berücksichtigung der Möglichkeit einer Transferzahlung in T3 für das Erreichen von p_4 erweitern sich die Maximierungskalküle der Spieler.

---

34 Brandenburger/Nalebuff (1996), S. 45, bezeichnen diesen individuellen Gewinn als persönlichen *Added Value*: „The size of the pie when you are in the game minus the size of the pie when you are out of the game".

35 Zum Design von Verträgen als Managementaufgabe unter dem speziellen Blickwinkel der Schaffung von Anreizen vgl. zum Beispiel McMillan (1992), S. 106ff.

E maximiert durch Auswahl seiner Aktivität a_{EM} seine Nettoauszahlung w:

$$w = \max [w_{RI}, w_{II}+t, \overline{w}_{RR}, \overline{w}_{IR}]$$

Die Anreizbedingung für E verändert sich wie folgt:

$$w_{II} + t \geq \max [w_{RI}, \overline{w}_{RR}, \overline{w}_{IR}]$$

O wählt analog die höchstmögliche Nettoauszahlung d:

$$d = \max [d_{RI}, d_{II}-t, \overline{d}_{RR}, \overline{d}_{IR}]$$

Auch für O gilt die modifizierte Anreizbedingung:

$$d_{II} - t \geq \max [d_{RI}, \overline{d}_{RR}, \overline{d}_{IR}]$$

Ein positives t bedeutet, dass O eine Transferzahlung an E leistet. t kann auch negativ sein. In diesem Fall würde eine Zahlung vom Mitarbeiter an die Unternehmerin fließen[36].

Die allokationsneutrale Transfermasse

Aus den individuellen Entscheidungskalkülen folgt, dass die Transferzahlung nicht kleiner sein darf als die Opportunitätskosten des Mitarbeiters, das heißt die Differenz zwischen seiner nächstbesten Alternative und seiner Auszahlung aus dem Reorganisationsplan. Sie darf aber auch nicht höher sein als der Reorganisationsgewinn der Unternehmerin, das heißt der Differenz zwischen ihrer Auszahlung aus dem Reorganisationsplan und ihrer nächstbesten Alternative. Aus den Anreizbedingungen der beiden Spieler ergibt sich durch einfache Umstellung die mögliche Größenordnung von t.

$$\max [w_{RI}, \overline{w}_{RR}, \overline{w}_{IR}] - w_{II} \leq t \leq d_{II} - \max [d_{RI}, \overline{d}_{RR}, \overline{d}_{IR}]$$

Die genaue Höhe einer solchen Transferzahlung t *innerhalb* der oben angegebenen Grenzen der Verhandlungsmasse stellt sich als eine reine Distributionsfrage, die zwar für individuelle Strategieentscheidungen bedeutsam, aber für das Gelingen der Reorganisation insgesamt nicht weiter relevant ist[37]. Die oben angegebene Bandbreite bezeichnet somit die *allokationsneutrale Transfermasse* im Reorganisationsspiel.

---

36 Diese Modellierung schließt nicht aus, dass auch Präferenzen der Spieler für ‚Fairness' in die Berechnung von Transferzahlungen einfließen bzw. dass ‚faires' Verhalten sich bei Spielwiederholungen als rational erweist; vgl. zum Beispiel Binmore et al. (1991), Rabin (1993) und (1998).
37 Zur Bedeutung von Verteilungskonflikten für die Entstehung und Veränderung von Institutionen vgl. zum Beispiel Knight (1995), S. 107ff., und Myerson (1979). Zu Strategien distributiven Verhandelns innerhalb der allokationsneutralen Transfergrenzen vgl. Eidenmüller (1997), S. 46ff.

Die Notwendigkeit einer Transferzahlung kann O bereits in der Planungsphase der Reorganisation antizipieren. Eventuelle Transferzahlungen werden deshalb bereits Bestandteil des Reorganisationsplans sein. Die Transferzahlung macht den Reorganisationsplan für beide Partner auch individuell attraktiv und damit implementierbar. Insofern hat die Transferzahlung intendierte Allokationskonsequenzen: Erst durch sie wird die tatsächliche Erzielung eines technisch möglichen höheren Gesamtergebnisses möglich. Denn das Gelingen des Reorganisationsplans hängt eben nicht nur von den technischen Möglichkeiten ab (Koordinationsproblem), sondern auch von den Anreizbedingungen der Spieler (Motivationsproblem). Diese werden im hier verwendeten Basismodell des Reorganisationsspiels durch die Vereinbarung einer Transferzahlung erfüllt.

Modellvarianten und -erweiterungen

Auf der Basis des vorgestellten Modells der Unternehmensreorganisation lassen sich nun durch Modifikationen der bislang sehr restriktiven Annahmen realitätsnähere Abbildungen typischer Reorganisationsprobleme generieren. Beispielsweise können Probleme der Durchsetzung von vertraglichen Vereinbarungen zwischen den Spielern modelliert und Durchsetzungskosten (k) in die Untersuchung integriert werden. Außerdem können Informationsasymmetrien, sowohl bezüglich der gewählten Aktivitäten der Spieler als auch bezüglich ihrer Auszahlungen abgebildet werden. Kosten für die Beschaffung bzw. die Bereitstellung von Informationen sowohl über Aktivitäten (m, g) als auch über Auszahlungen (u, b) können im Modell berücksichtigt werden. Ebenso können Ungewissheit über zukünftige Entwicklungen von Auszahlungen der Spieler (Informationskosten u und/oder b bzw. Versicherungskosten v), Zeitpräferenzen (Zinskosten z), zusätzliche Spieler und die Auswahl zwischen unterschiedlichen neuen Technologien in das Modell eingeführt werden[38]. Ebenso kann der Tatsache, dass es unterschiedliche ‚Typen' von Mitarbeitern gibt, die zu Kosten x ausgetauscht bzw. zu Kosten y ‚umerzogen' werden können, Rechnung getragen werden[39]. Im vorliegenden Aufsatz soll jedoch lediglich die Basisversion des ‚Reorganisationsspiels' benutzt werden, um grundlegende Einflüsse institutioneller Rahmenbedingungen auf Reorganisationsprozesse zu identifizieren.

---

38 Vgl. für eine ausführliche Diskussion derartiger Modellerweiterungen Wolff (1999), Kapitel II.4.
39 Vgl. Wolff (1999), Kapital III.1., und Wolff (1998a).

3. Einflussfaktoren auf der Ebene der Rahmenbedingungen

„Institutions matter"[40], „Institutions matter more and more"[41]. Dies gilt auch bei unternehmerischen Reorganisationsprozessen, und zwar sowohl für institutionelle Regelungen innerhalb von Unternehmen, die die Governance Structure unmittelbar bestimmen, als auch für das institutionelle Umfeld, innerhalb dessen das Unternehmen arbeitet[42]. Die Governance Structure eines Unternehmens kann spielendogen und unmittelbar durch die Akteure des Reorganisationsspiels bestimmt und geändert werden. Dies ist Gegenstand des Reorganisationsplans. Die Möglichkeit einer unmittelbaren, spielendogenen Änderung der Rahmenbedingungen durch die Akteure des Reorganisationsspiels besteht dagegen nicht. Denn hier sind institutionelle Spielregeln auf einer dem betrieblichen Reorganisationsspiel vorgeordneten, politischen Entscheidungsebene betroffen[43]. Die dort verankerten Regelungen gelten nicht nur für *ein* Unternehmen, sondern für alle. Das institutionelle Gesamtgefüge eines Unternehmens ist somit vorstellbar als eine mehrstufige Verfassungshierarchie[44]. Auf der politischen, der für unternehmerische Aktivitäten konstitutionellen Ebene werden den Akteuren prinzipielle Rechte zugewiesen, unter deren Nutzung sie im postkonstitutionellen Spiel auf Unternehmensebene ihre Spielzüge durchführen[45]. Eine besondere Bedeutung für die Zuweisung und Durchsetzung solcher Rechte haben explizite Gesetze. Daneben gibt es zahlreiche in jeder Gesellschaft implizite Normen, die nicht vollständig durch geregelte Entscheidungsverfahren entstanden und formal fixiert sind[46]. Die letztere Gruppe von Regeln kann als ‚kultureller Rahmen' bezeichnet werden. Gesetzliche und kulturelle Rahmenbedingungen stellen aus Sicht der Spieler zunächst exogen gegebene Verhaltenschancen und -restriktionen dar. Sie gehen als Möglichkeiten oder Grenzen in ihre individuellen Vorteilskalküle bei Reorganisationsentscheidungen ein und beeinflussen dadurch ihr Verhalten auch bei Reorganisationsprozessen. Dies geschieht, indem durch die Rahmenregelungen individuelle Kosten- und/oder Nutzenparameter im Reorganisationsspiel nach oben oder nach unten manipuliert werden und sich so Verhandlungspositionen der Spieler verändern. Was bedeutet dies für Reorganisationsspiele am Standort Deutschland? Es werden zunächst nationale, dann internationale Rahmenbedingungen betrachtet.

---

40 Williamson (1994), S. 328. Vgl. CPB (1997), S. 3.
41 CPB (1997), S. 4.
42 Vgl. Williamson (1994), S. 326. Vgl. Wolff (1999), Kapitel III.2. und III.3.4.
43 Vgl. Wolff (1995), S. 123. Für eine vertragstheoretische Rekonstruktion der Entstehung und Veränderung von Regeln auf dieser Ebene vgl. Wolff (1995), Kapitel 5.
44 Vgl. Wolff (1995), S. 116f.
45 Vgl. Wolff (1995), S. 118.
46 Vgl. Dietl (1993), S. 71ff.

3.1. Der deutsche Sozialstaat

Die grundlegende Idee von Sozialpolitik besteht darin, politische Macht zu nutzen, um gesellschaftlich erwünschte Ziele zu erreichen, die sich durch marktliche Prozesse ohne entsprechende staatliche Regelungen nicht ergeben würden[47]. Es soll eine solidarische Absicherung des Einzelnen gegen von ihm nicht zu vertretende Lebensrisiken erfolgen[48]. Dazu werden bestimmte Kosten vom Einzelnen auf die Gesellschaft verlagert. Risiken und Chancen werden so umverteilt. Sozialstaaten garantieren dem Einzelnen ein Bündel von universell gültigen Absicherungs- und Anspruchsrechten gegenüber dem Staat, das heißt gegenüber dem Kollektiv aller zu ihm zählenden Akteure[49].

Einfluss expliziter Rahmenbedingungen im Sozialstaat

Im Zusammenhang mit beschäftigungsbezogenen Risiken werden die Akteure gegen Einkommensausfälle versichert. Dies geschieht in Deutschland beispielsweise durch Institutionen zur Versicherung gegen Arbeitslosigkeit, Krankheit und altersbedingte Arbeitsunfähigkeit. Die so erfolgende Umschichtung von Risiken stellt eine tragende Säule des deutschen Sozialstaates dar. Von der Idee her lässt sie sich auch ökonomisch und versicherungsmathematisch rechtfertigen: Eine Reallokation von Risiken ist effizient, wenn von risikoaversen auf risikoneutrale oder gar risikofreudige Akteure umgeschichtet wird. Eine Versicherungsgemeinschaft, die Risiken von vielen Einzelnen poolt, kann deshalb ein kostengünstigerer Träger von Risiken sein, als der jeweilige Einzelakteur[50]. Eine Versicherung steigert so die Leistungsfähigkeit des Gesamtsystems.

Der deutsche Sozialstaat nimmt den Einzelnen nicht nur Einkommensrisiken, sondern auch Investitionskosten ab. So übernimmt der deutsche Sozialstaat einen – im Vergleich mit den USA – großen Teil der individuellen Investitionen in Humankapital[51]. Von Kinderbetreuungseinrichtungen über die Schulen bis hin zu Universitäten, Berufsschulen und Fortbildungseinrichtungen befindet sich der weitaus größte Teil in öffentlicher Trägerschaft. Für die Benutzung dieser Einrichtungen wird grundsätzlich keine (kostendeckende) Gebühr verlangt. Dies kann prinzipiell – wenn auch nicht in jeder Höhe – mit dem Argument positiver externer Effekte begründet werden. Ebenso lässt sich auch eine staatliche Bereitstellung von Produktionsfaktoren begründen[52]:

---

47 Vgl. Marshall (1985), S. 15. Vgl. auch Lampert (1995).
48 Vgl. Baldwin (1997), S. 19, Berthold/Fehn (1997), S. 168, Eichenhofer (1998), S. 220. Vgl. auch Sinn (1995).
49 Vgl. Eichenhofer (1997).
50 Vgl. Davidson/Woodbury (1997), Sinn (1986a), S. 563f., und (1986b).
51 Für vergleichende Darstellungen deutscher und amerikanischer Institutionen vgl. Buttler et al. (1995) und Esping-Anderson (1990).
52 Vgl. Lorz (1997), S. 51.

Mit dem Argument positiver externer Effekte können nicht nur staatliche Infrastrukturinvestitionen, sondern auch Fördermaßnahmen – Subventionen – für einzelne Unternehmen oder Wirtschaftszweige begründet werden, die gleichfalls zu den Gestaltungsmerkmalen des deutschen Sozialstaats zählen.

Für den Mitarbeiter im Reorganisationsspiel werden zum einen die Alternativen in T3 ($\overline{W}_{RR}, \overline{W}_{IR}$) tendenziell verbessert, weil sein Reservationsnutzen auch bei extrem schlechtem Lohnniveau am Arbeitsmarkt in Relation zu seinem bisherigen Einkommen nicht uferlos niedrig werden kann, sondern bei einem bestimmten Prozentsatz seines bisherigen Nettoeinkommens vom Staat aufgefangen wird[53]. Zum anderen senken diese Institutionen tendenziell seine Investitionskosten für sein Humankapital (e). Für die Unternehmerin lassen sich durch mögliche Subventionen tendenziell die Kosten i und h senken. Andererseits muss sie dem Mitarbeiter im Grenzfall eine höhere Transferzahlung (t) bieten, um mit seinen tendenziell höheren Outside Options zu konkurrieren.

Dass die Allokation dieser Kosten in einem funktional äquivalenten System auch anders organisiert sein kann, belegt der Vergleich mit den USA[54] Dieser ist – grob vereinfachend – in der folgenden Übersicht dargestellt.

Tabelle 2: Allokation von Kosten und Risiken wirtschaftlicher Aktivitäten

Parameter(→ Wirkung deutscher Institutionen)	Deutschland	USA
Kosten von Arbeitslosigkeit und Erwerbsunfähigkeit (→W_{RR}↑, W_{IR}↑)	O kurzfristig, Staat langfristig	E
Investitionen in Humankapital (→ e↓)	O und Staat	E oder O
Investitionen in materielle Assets (→ i↑↓, h↑↓)	O, mitunter Staat	O

Dieser erste Vergleich zeigt: Im ‚Nicht-Sozialstaat' USA werden Kosten und Risiken in stärkerem Maße vom betroffenen Einzelnen getragen als dies in Deutschland der Fall ist. Insbesondere der Mitarbeiter wird im deutschen Sozialstaat umfassend entlastet: Das Beschäftigungsrisiko trägt über den Kündigungsschutz kurzfristig das ihn beschäftigende Unternehmen, längerfristig der Staat über die Arbeitslosenversicherung[55]. Vergleichbares gilt für das Erwerbsunfähigkeitsrisiko. Investitionen in sein persönliches Humankapital werden im Wesentlichen vom Staat finanziert – wobei im dualen Berufsausbildungssystem die Unternehmen auch einen Beitrag leisten[56]. Von der Subventionsmöglichkeit kann auch die Unternehmerin profitieren. Hier gibt es

---

53 Selbst die nach der maximal 32-monatigen Bezugsdauer für Arbeitslosengeld unbefristet gezahlte Arbeitslosenhilfe beträgt noch 53 bzw. 57% des letzten *Netto*einkommens.
54 Vgl. Buechtemann (1993), De Thier (1998), Holtfrerich et al. (1996), Marmor/Marshaw/Harvey (1990), Wasser et al. (1996) und Unternehmerinstitut (UNI) e. V. (1997), S. 88.
55 Vgl. KSchG in Beck (1997), S. 80ff. Für eine Gegenüberstellung der deutschen und der US – Institutionen vgl. Houseman/Abraham (1995), S. 287ff.
56 Vgl. §§ 6ff. BBiG in Beck (1997), S. 427ff. Vgl. ebenfalls Acemoglu/Pischke (1995), Deckstein (1997), Gehrmann et al. (1997) und Franz/Soskice (1995).

Der Einfluss institutioneller Rahmenbedingungen 137

jedoch keine flächendeckende, verlässliche Entlastung wie für den Arbeitnehmer. Vielmehr hängt die Einführung von Subventionen stark von temporären politischen Einflüssen ab, und ihre ökonomische Effizienz ist mitunter fragwürdig[57].

Auswirkungen konkreter Institutionen auf das Reorganisationsspiel

Im Folgenden wird präzisiert, wie sich sozialstaatliche Institutionen auf die Reorganisationsmöglichkeiten von Unternehmen auswirken. Der deutsche Sozialstaat zeichnet sich im Vergleich zu den USA durch folgende Eigenschaften aus[58]:

1. Ein relativ hohes durchschnittliches Lohnniveau als Folge des Tarifsystems[59]. Dies erhöht W_{RI} und W_{II}, aber auch $\overline{W}_{RR}$ und $\overline{W}_{IR}$.
2. Ein relativ hohes Anspruchsniveau von Mitarbeitern durch gesetzlichen Kündigungsschutz, Abfindungsregeln und Sozialpläne[60]. Diese erhöhen

---

57 Zum Beispiel im Bereich der deutschen Steinkohleförderung, wo umgerechnet jährlich ca. DM 200 000 pro Arbeitsplatz zugezahlt werden. Beschäftigungspolitische Gründe dienen meist als wichtigste Rechtfertigung für solche Subventionen; vgl. Staudt (1997). Dabei ist jedoch die unterschiedliche Anreizwirkung von Kapitalsubventionen und direkten Lohnsubventionen für die Unternehmensleitung zu beachten: Kapitalsubventionen fördern den Einsatz von Kapital, führen aber nicht zwangsläufig zur Schaffung oder Erhaltung von Arbeitsplätzen. Ist dies das Ziel des staatlichen Eingriffs, so ist nicht der – relativ knappe – Faktor Kapital, sondern die Verwendung des – relativ redundanten – Faktors Arbeit zu subventionieren. Eine direkte Lohnsubvention bewirkt weniger eine absolute Ertragssteigerung für das global bewegliche Kapital als vielmehr die Verringerung der Anreize zu Rationalisierungsinvestitionen und Standortverlagerungen ins arbeitskostengünstigere Ausland. Zur Anwendung dieser Logik auf den ‚Aufbau Ost' vgl. Sinn/Sinn (1991), S. 140ff.
58 Für eine Charakterisierung verschiedener Typen von Wohlfahrtsstaaten vgl. Esping-Anderson (1990). Nach seiner Kategorisierung ist Deutschland ein ‚konservativer' Wohlfahrtsstaat, das US-Regime im Vergleich dazu einer ‚liberaler', Esping-Anderson (1990), S. 74. Vgl. Baethge/Wolf (1995), O. V (1996b), Shlaes (1994) und Streeck (1995) zum ‚German Model' der industriellen Beziehungen, und Weinstein/Kochan (1995) zum Modell der USA. Für eine vergleichende Darstellung allgemeiner wirtschaftlicher Rahmendaten vgl. Gwartney/Lawson/Block (1996), S. 144f. und 220f. sowie Schröder/Van Suntum (1998), S. 76ff. und 104ff.
59 Vgl. TVG in Beck (1997), S. 450ff.
60 Vgl. KSchG und SozPlG in Beck (1997), S. 80ff., und 521f., und Hemmer (1997). Houseman/Abraham (1995) belegen, dass Unternehmen in Deutschland deshalb Beschäftigungsschwankungen eher durch Überstunden, Unternehmen in den USA dagegen eher durch ‚Hire and Fire'-Politik auffangen. In einem deutschen Unternehmen ist die Belegschaft ceteris paribus niedriger als im amerikanischen Äquivalent, weil Schwankungen nach oben durch Mehrbeschäftigung der vorhandenen Mitarbeiter ausgeglichen werden. Im amerikanischen Unternehmen dagegen wird auf Schwankungen nach oben durch Einstellungen und nach unten durch Entlassungen reagiert. Um den Missbrauch der amerikanischen Arbeitslosenversicherung als Beschäfti-

die Kosten einer Trennung vom Mitarbeiter durch die Verbesserung der Verhandlungsposition bezüglich der Transferzahlungen t in den Fällen, in denen die Unternehmerin die Firma liquidiert (p_1 und p_3). Aus Sicht der Unternehmerin entsteht ein Lock-in-Effekt in das bestehende Arbeitsverhältnis. Dies verschlechtert tendenziell die Auszahlungen aus ihren Outside Options $\overline{D}_{RR}$ und $\overline{D}_{IR}$.

3. Ein umfassendes System aus staatlicher Arbeitslosenversicherung, Arbeitsbeschaffungsmaßnahmen, staatlicher Rentenversicherung und Möglichkeiten eines vorgezogenen Ruhestands[61]. Diese erhöhen die Outside Optionen $\overline{W}_{RR}$ und $\overline{W}_{IR}$ für den Mitarbeiter des Reorganisationsspiels.
4. Ein ausgebautes Sozialhilfesystem. Dies erhöht von der Tendenz her ebenfalls $\overline{W}_{RR}$ und $\overline{W}_{IR}$.
5. Ein universelles, das heißt arbeitsplatz- und arbeitgeberunabhängiges Krankenversicherungssystem. Daraus folgt eine reorganisationsunabhängige Umverteilungsmechanik, die dadurch, dass die Kosten zwar von beiden Spieler getragen werden, der unmittelbare Nutzen aber vor allem dem Mitarbeiter zufällt, tendenziell w_{RI} und w_{II} erhöht und d_{RI} und d_{II} verringert.
6. Ein System gesetzlicher Mitbestimmung[62]. Im Unterschied zu Maßnahmen freiwilliger betrieblicher Mitbestimmung und Mitwirkung begründet die gesetzliche Mitbestimmung einklagbare Rechtsansprüche bis hin zu Veto-Positionen. So sind in Deutschland eine große Anzahl typischer Reorganisationsmaßnahmen durch die gesetzliche Mitbestimmung betroffen[63]. Nach dem Betriebsverfassungsgesetz von 1972 haben Betriebsräte Informations- und Beratungsrechte über allgemeine Geschäftsfragen, zum Beispiel strategische Planungen. In Personalfragen haben sie Mitbestimmungs-, mitunter sogar Vetorechte. Das Mitbestimmungsgesetz von 1976 sieht für große Unternehmen noch engere Vorschriften vor. Diese schließen auch die Vertretung der Arbeitnehmer im Aufsichtsrat ein[64]. Eine Maßnahme, wie beispielsweise Job Rotation, kann in Deutschland anders als in den USA nicht einfach durch die Unternehmensleitung angeordnet werden. Diese Rechtslage verbessert die Verhandlungsposition des Mitarbeiters und erhöht somit tendenziell sein Transfereinkommen t. Die Nettoauszahlungen d_{RI} und d_{II} der Unternehmerseite sinken dadurch.
7. Restriktive arbeitszeit- und arbeitnehmerschutzrechtliche Bestimmun-

---

gungspuffer der Unternehmen zu begrenzen, sind dort die Beiträge der Unternehmen zur Arbeitslosenversicherung nach Entlassungshäufigkeiten gestaffelt.
61 Vgl. Buttler/Walwei (1995).
62 Vgl. BetrVG, WahlO, SprAuG, EBRG, MitbestG, Montan-MitbestG, MitBestErgG, und BetrVG 1952, in Beck (1997), S. 464ff., und 523ff. Vgl. auch Baethge/Wolf (1995), S. 232ff., EPOC Research Group (1997), Freeman/Lazear (1995), Frick (1997), Frick/Sadowski (1995) Fröhlich (1998) sowie Niedenhoff (1994) und (1995).
63 Vgl. Baethge/Wolf (1995), S. 235, Hromadka (1995), Picot, G. (1994), Oechsler (1992), Schüren (1997) und Sundermann (1992). Vgl. auch die Diskussion ausgewählter Reorganisationsinstrumente in Kapitel 3.4.
64 Vgl. Baethge/Wolf (1995), S. 235, und Niedenhoff (1995).

gen⁶⁵. Dadurch werden manche Vertragsinhalte, die für die Spieler vorteilhaft sein könnten, unmöglich, beispielsweise große Arbeitszeitflexibilität⁶⁶. Diese findet nicht zuletzt am Verbot von Sonn- und Feiertagsarbeit Grenzen⁶⁷. Es müssen Ersatztechnologien und -arbeitszeiten gefunden werden. Dies verteuert i und h.

8. Eine relativ hohe Regulierungsdichte in weiteren Bereichen, zum Beispiel im Baurecht, Umweltrecht und Patentrecht⁶⁸. Eine hohe Regulierungsdichte, und als Folge davon relativ aufwendige bürokratische Genehmigungs- und Überwachungsverfahren, erhöhen den Zeit- und Kostenaufwand für bestimmte Produktionstechnologien⁶⁹. Einige sind am Standort Deutschland extrem teuer, beispielsweise Gentechnologien. Es steigen die Investitionskosten i und h und reduzieren ceteris paribus die Reorganisationsgewinne gegenüber Standorten ohne diese Restriktionen.

9. Ein umfassendes öffentliches Bildungs- und Berufsausbildungssystem, öffentlich finanzierte Berufsfortbildung⁷⁰. Dies reduziert e.

10. Gebietskörperschaften und andere öffentliche Instanzen als Eigentümer oder Teilhaber von Unternehmen⁷¹. Diese erhöhen aus politischem Interesse an der Erhaltung von Arbeitsplätzen und dadurch erwarteten Wählerstimmen tendenziell die Ausstiegsbarrieren aus Arbeitsverträgen für die betroffenen Unternehmen. Auf nicht unmittelbar betroffene Unternehmen üben sie externe Effekte aus. So können politische Instanzen im Vergleich zu einem wirtschaftlichen Umfeld ohne öffentliche Unternehmerschaft zumindest kurzfristig die Outside Options für den Mitarbeiter des Reorganisationsspiels ($\overline{W}_{RR}$ und $\overline{W}_{IR}$) erhöhen und diejenigen der Unternehmerin ($\overline{D}_{RR}$ und $\overline{D}_{IR}$) senken. Damit können sie auch durch ‚unternehmerische' Einflussnahme – zugleich mit ‚genuin politischen' Maßnahmen – die Verteilung der Verhandlungsmacht innerhalb des Spiels und damit t beeinflussen.

Soziale Ansprüche wie die Arbeitslosen-, Kranken- und Rentenversicherung und Bildungsangebote sind universell in dem Sinne, dass sie nicht von der Zugehörigkeit zu einem bestimmten Unternehmen abhängen. Kranken- und Altersversicherung, Zahlungen bei Arbeitsplatzverlust und Bildungs-

---

65 ArbSchG, ArbSichG, BImSchG, ArbZG, LadenschlußG, BDSG, MuSchG, RVO, BErzGG, JArbSchG, SchwbG, AÜG, HAG, AEntG, und Gesetz über die Festsetzung von Mindestarbeitsbedingungen; vgl. Teile III und IV in Beck (1997), S. 227ff., und Hromadka (1995).
66 Vgl. zum Beispiel Wildemann (1995), S. 46ff.
67 Vgl. §§ 9, 10 ArbZG in Beck (1997), S. 255f.
68 Vgl. zum Beispiel Holzamer (1996b).
69 Umständliche Genehmigungsverfahren werden von deutschen Führungskräften direkt nach den hohen Lohnkosten als Hauptthemmnis für den Unternehmenserfolg genannt, vgl. Noelle-Neumann/Köcher (1997), S. 924.
70 Für einen Vergleich des deutschen und des amerikanischen Ausbildungsystem vgl. Lynch (1992), S. 146ff.
71 Vgl. Adams, M. (1990) zu öffentlichen Mehrfachstimmrechten und Shlaes (1984), S. 115, zum politischen Einfluss der niedersächsischen Landesregierung bei VW.

möglichkeiten können zwar durch betriebliche Regelungen weiter erhöht werden, der Grundanspruch ist jedoch unternehmensübergreifend bereits auf einem im Vergleich mit den USA relativ hohen Niveau festgelegt. Will die deutsche Unternehmerin im Rahmen eines Cafeteria-Konzepts[72] derartige Leistungen als Entlohnungskomponenten für den Mitarbeiter anbieten, so muss sie auf einem erheblich höheren Niveau ansetzen als ihre amerikanischen Konkurrentinnen[73]. Auf diesem höheren Niveau werden solche Leistungen ceteris paribus jedoch auch von der Mitarbeiterseite nicht mehr so stark nachgefragt. In den USA stellt dagegen die Zugehörigkeit zu einem betrieblichen Krankenversicherungs- und Rentenplan einen gewichtigen Grund dar, ein bestimmtes Unternehmen nicht zu verlassen. Denn der Nutzen der Unternehmenszugehörigkeit W_{IR} und W_{II} steigt in Relation zu den Alternativen $\overline{W}_{RR}$ und $\overline{W}_{IR}$. So kann die Unternehmerseite in den USA die Wahrscheinlichkeit eines Verbleibs wichtiger Mitarbeiter im Unternehmen relativ preiswert erhöhen[74].

Gesetzliche Regelungen (Staatsebene)		Gesetze, Verordnungen (z. B. GewO, ArbZG, AZO, JArSchG)	
Kollektivrechtliche Regelungen (Verbandsebene)		Tarifverträge	Alle Akteure innerhalb des Rechtsgebiets
Kollektivrechtliche Regelungen (Unternehmensebene)	Betriebsvereinbarungen	Tarifvertragsparteien	
Individualrechtliche Regelungen Vertrag zwischen E und O	Betriebsangehörige		

Abb. 4: Hierarchie arbeitsrechtlicher Regelungen in Deutschland

Direkte Einschränkungen für die Gestaltungsfreiheit von Vereinbarungen zwischen Mitarbeiter und Unternehmerin, zum Beispiel bei Cafeteria-Systemen, ergeben sich aus vielfältigen Bestimmungen auf übergeordneten Ebenen[75]. Der hierarchische Aufbau des instututionellen Rahmenwerkes für Ver-

---

72 Im Rahmen von Cafeteria-Konzepten können Mitarbeiter Entgeltbestandteile bis zu einem bestimmten Wert nach eigenen Vorlieben auswählen.
73 Vgl. BetrAVG in Beck (1997), S. 104ff., und Esser/Sieben (1997). Zum Vergleich mit den USA vgl. Passel (1998).
74 In den USA bleiben die Aushandlung und Bereitstellung dieser Arten von Sozialleistungen im Unterschied zu Deutschland zwar dezentral den Unternehmen und Arbeitnehmern überlassen, jedoch unter staatlicher Regulierung, vgl. Whinston/Crandall (1994). Der in Deutschland verbreitete Mythos, in den USA herrsche im Bereich der sozialen Sicherung manchester-kapitalistische Anarchie, lässt sich insofern nicht rechtfertigen. Die dortigen Regelungen bilden ein in sich geschlossenes System, das – mit gesellschaftlich akzeptierten anderen Akzentuierungen – im Prinzip ein funktionales Äquivalent zum deutschen System darstellt; vgl. zum Beispiel Marmor/Mashaw/Harvey (1990).
75 Vgl. ArbZG in Beck (1997), S. 251ff., Buchner (1998), S. 266, und Hromadka (1995), S. 285ff.

einbarungen zwischen E und O am Standort Deutschland ist in Abbildung 4 illustriert. Unmittelbar zu beeinflussen sind aus der Sicht der Unternehmerin die individuellen Vereinbarungen mit dem Mitarbeiter und Betriebsvereinbarungen. Sowohl die kollektivrechtlichen Regelungen auf Tarifvertragsebene als auch die gesetzlichen Rahmenbedingungen kann sie allenfalls mittelbar beeinflussen. Der Mitarbeiter kann lediglich seine bilateralen Vereinbarungen mit der Unternehmerin direkt bestimmen. Zur Beeinflussung übergeordneter Regelungen stehen auch ihm lediglich mittelbare Strategien zur Verfügung[76].

Kosten der Umverteilung von Risiken

Den Vorteilen der umfassenden sozialen Absicherung steht ein Preis gegenüber. Dieser zeigt sich zum einen in Form relativ hoher Sozialversicherungsbeiträge und Individual- sowie Unternehmenssteuern[77]. Diese treiben die Kosten des Faktors Arbeit am Standort Deutschland in die Höhe, ohne deshalb zugleich zu einem hohen Nettoeinkommen für die Arbeitnehmer zu führen[78]. Zum anderen besteht der Preis für das erreichte hohe Maß an sozialer Sicherung in adversen Anreizeffekten[79]. Es kommt zu Moral-Hazard-Problemen, wenn Akteure nicht ausschließlich gegen exogene Risiken, das heißt Risiken, die sie nicht beeinflussen können, versichert werden[80]. Werden Akteure auch gegen Einkommensausfall versichert, der Resultat einer von ihnen beeinflussbaren Leistungsminderung ist, so sinken ihre Leistungsanreize. In der Sprache des Reorganisationsspiels kann dies dadurch illustriert werden, dass man sich vorstellt, E bekomme – als staatlich garantierten Reservationsnutzen – eine Zahlung in Höhe seiner Nettoauszahlung aus dem Reorganisationsfall w_{II}, gleichgültig ob er e investiert oder nicht. Der rational handelnde Mitarbeiter wird unter diesen Umständen nicht investieren. Dies hat dann nicht für ihn persönlich, aber – sofern die Reorganisation effizient gewesen wäre – für die Unternehmerin negative Folgen. Denn sie kann ihren Reorganisationsgewinn nicht realisieren. Langfristig kommt es ebenfalls zu Adverse-Selection-Problemen: Sowohl auf Arbeitnehmer- als auch auf Arbeitgeberseite werden Akteure, die an anderen Standorten – ohne die sozialstaatliche Kostenlast – höhere Auszahlungen realisieren können, abwandern. Dies werden, ceteris paribus, zuerst die Akteure mit dem höchsten Wertschöpfungspotential sein. Es bleiben die relativ unproduktiven Akteure.

So gilt auch für die Gestaltung von effizienten Systemen sozialer Sicherung der bekannte ökonomische Trade off zwischen Anreizen und Risikoum-

---

76 Vgl. Gaugler (1997).
77 Für eine vergleichende Übersicht des Steuerniveaus von 32 Staaten vgl. Sinn (1997), S. 1.
78 Vgl. Alesina/Perotti (1997), Holzamer (1996a), S. 11, und O. V. (1997b).
79 Vgl. Shlaes (1994), Streeck (1995), und O. V. (1996c).
80 Vgl. Berthold (1997), S. 16ff.

verteilung[81]. Ein soziales Sicherungssystem kann deshalb auch aus den gleichen Gründen suboptimal sein wie die Governance Structure eines Unternehmens[82]. Ebenso wie Unternehmen mit anreizinkompatiblen Strukturen im wettbewerblichen Vergleich mit anderen Unternehmen scheitern, geschieht dies – zumindest langfristig – auch mit nicht wettbewerbsfähigen staatlichen Organisationsformen[83]. Nicht wettbewerbsfähig zu sein bedeutet für ein staatliches System, dass es in der Versorgung seiner Bürger mit Nutzeneinheiten gegenüber anderen Staaten zurückfällt. Dagegen werden sich die Bürger eines Landes wehren. Ein solches System hat deshalb keinen dauerhaften Bestand. Vielmehr wird es entweder endogen korrigiert oder durch eine andere staatliche Organisationsform ersetzt. Dies bestätigen sowohl Reformaktivitäten in demokratischen Staaten als auch der Niedergang der kommunistischen Systeme.

Kulturelle Aspekte des Sozialstaats

Als kulturelle Aspekte des Sozialstaats gelten die nicht formal fixierten Verhaltensmaximen, die für seine Angehörigen Gültigkeit besitzen. Diese bestehen zum einen als informelle Regeln, die durch soziale Sanktionen extrinsisch durchgesetzt werden. Zum anderen bestehen sie aber auch in Form allgemein vertretener Werthaltungen, die sich direkt in den Präferenzstrukturen der Akteure niederschlagen und so ihr Verhalten intrinsisch beeinflussen. Die herrschende Kultur prägt die jeweiligen Situationsdeutungen der Akteure[84]. Die an einem Standort gültigen kulturellen Werte zählen deshalb zu den in einem Land gültigen Rahmenbedingungen und haben Folgen für die in den Unternehmen einsetzbaren Anreizsysteme[85].

Ein in aktuellen Sozialstaatsdebatten häufig eingeforderter Wert ist ‚Solidarität'[86]. Als nichtsozialstaatlicher Gegenpol dazu wird ‚individuelle Freiheit' angegeben[87]. Solidarität kann entweder dadurch wirksam werden, dass ‚unsolidarisches' Verhalten sozial geächtet wird. Damit würde das Verhalten wiederum über die Kostenrestriktionen gesteuert, wie es der ausführlich beschriebenen, traditionellen ökonomischen Logik entspricht: Ein Akteur wählt dann eine als solidarisch anerkannte Handlungsoption, weil die Alter-

---

81 Vgl. Brickley/Smith/Zimmerman (1996), S. 237.
82 Vgl. zum Beispiel Siebert (1998b).
83 Vgl. zum Beispiel Berthold (1997), S. 48, Deger (1995) und Joffe (1997).
84 Vgl. Lindenberg (1990) und Bowles (1998).
85 Vgl. Hofstede (1993a und b), Keller (1982), Kirkman/Shapiro (1997), Kumar (1991) und Löhnert (1997).
86 Vgl. zum Beispiel Bickenbach/Soltwedel (1996), S. 33ff.
87 Vgl. zum Beispiel Casson (1997), S. 191ff. Zu der These, dass diese beiden Werte nicht in einem Nullsummenspiel konkurrieren, sondern sich in einem institutionell entsprechend gestalteten Rahmen komplementär zu einem Positivsummenspiel ergänzen vgl. Homann (1997), S. 13. Die öffentliche Diskussion verläuft jedoch weitgehend im Rahmen des Nullsummen-Paradigmas.

Der Einfluss institutioneller Rahmenbedingungen

nativen für ihn (noch) teurer wären. Oder sie kann sich direkt als Element der individuellen Nutzenfunktion äußern: Ein Akteur ist dann bereit, für solidarisches Verhalten Kosten auf sich zu nehmen, weil es für ihn einen intrinsischen Wert hat, den er als höher empfindet als den Wert alternativer Komponenten seiner Nutzenfunktion.

Zwischen den formellen und informellen Rahmenbedingungen bestehen Interdependenzen. Schließlich sind die formellen Gesetze eines demokratischen Staates Ausdruck der durch die Kultur geprägten Präferenzen seiner Bürger[88]. Umgekehrt üben formelle Gesetze jedoch auch eine pädagogische Wirkung aus, die auf die Dauer die Werthaltungen der Bürger prägt[89]. Was bedeutet dieser Zusammenhang für das Reorganisationsspiel?

Erstens werden die Bürger eines funktionierenden demokratischen Staates – wenn auch zeitversetzt – die Anpassung von Institutionen an veränderte Werthaltungen bewirken. Wenn sich beispielsweise Gerechtigkeitsvorstellungen wandeln und so etwa Solidarität als individuelle Werthaltung an Bedeutung verlieren sollte, wie es empirische Belege zum Thema Wertewandel andeuten[90], werden die Institutionen bald die relative Umgewichtung von individuellen Werten widerspiegeln[91]. Dies kann dadurch geschehen, dass beispielsweise individuelle Verantwortung und Leistungorientierung als alternative Werte stärker im institutionellen Rahmen verankert werden und damit ein entsprechendes Verhalten in Relation zu ‚solidarischem' attraktiver wird.

Zweitens kann die Frage gestellt werden, ob angeblich typisch deutsche Werthaltungen, wie beispielsweise hohe Risikoaversion und Immobilität[92], nicht auch institutionell gefördert und den Bürgern anerzogen werden. So beschreibt beispielsweise Buchanan – durchaus mit Blick auf Deutschland –, wie ungeeignete institutionelle Rahmenbedingungen die Arbeitsmoral, die Sparmoral und die Servicemoral zerstören können[93]. In der Praxis wird ebenfalls zunehmend betont, dass sozialstaatliche Regelungen Erwartungshaltungen und Referenzpunkte individueller Entscheidungen verschieben. Konkret wird betont, dass sozialstaatliche Regelungen auch durch ihre langfristigen pädagogischen Wirkungen Arbeitsanreize stören. Sie verstärken so die oben beschriebenen Anreizverzerrungen und erhöhen damit die Kosten des Systems sozialer Sicherung nochmals[94]. Kultur ist in dieser Sichtweise nicht vollständig historisch oder auf andere Weise exogen geprägt, sondern zumindest teilweise endogen durch die Institutionenwahl der Akteure selbst beeinflusst. Kulturelle Eigenarten können dann zumindest langfristig nicht als

---

88 Für eine vergleichende Untersuchung der historischen Genese und Folgen amerikanischer und deutscher Kultur vgl. Löhnert (1997).
89 Vgl. zum Beispiel Roberts (1997) und Weiss (1997).
90 Vgl. Noelle-Neumann/Köcher (1997), S. 216, 648, und 991.
91 Vgl. Schüller/Weber (1997).
92 Vgl. Grunenberg (1997), Harpprecht (1997), Holzamer (1996c), Lamparter/Vorholz (1996), Löhnert (1997), Miegel (1997), O. V. (1997d, e) und Weiss (1997).
93 Vgl. Buchanan (1992).
94 Vgl. zum Beispiel Roberts (1997) und Atkinson/Morgensen (1993).

‚Letztbegründung' für eine bestimmte Gestaltung von Institutionen angeführt werden. Vielmehr kann auch hinterfragt werden, welche kulturellen Eigenarten denn langfristig gesellschaftlich erwünscht sind und deshalb institutionell gefördert werden sollen.

Trends: Allmähliche Korrektur adverser Anreizwirkungen und Senkung von Arbeitskosten?

Die Untersuchung der Anreizwirkungen institutioneller Rahmenbedingungen zeigt, dass auch die Organisation staatlicher Governance Structures dem Trade off zwischen effizienter Risiko- und Anreizallokation unterliegt und somit im Prinzip derselben Gesetzmäßigkeit folgt wie die Organisation eines Unternehmens[95]. Zur Zeit scheint in den institutionellen Rahmenbedingungen am Standort Deutschland der Aspekt der individuellen Risikominderung gegenüber der Anreizkompatibilität im Vordergrund zu stehen. Dies – eine solche Prognose kann hier gewagt werden – wird sich aber auf absehbare Zeit ändern[96], da von zwei Fronten Druck in Richtung größerer Anreizkompatibilität besteht: Erstens gibt es die bereits genannten Anzeichen für eine Veränderung dominierender Werthaltungen, indem eine neue Leistungsorientierung gegenüber einer leistungshinderlichen Solidaritätsorientierung an Gewicht zu gewinnen scheint[97]. Auch die verstärkte öffentliche Einforderung von Solidarität durch Vertreter bestimmter gesellschaftlicher Gruppierungen könnte als Indiz dafür gedeutet werden, dass bisherige Rechtsansprüche tatsächlich Gefahr laufen, beschnitten zu werden[98]. Und zweitens scheint sich der Eindruck durchzusetzen, dass das bisherige System Verhaltensfehlsteuerungen generiert, die den Wohlfahrtskuchen insgesamt verkleinern, und Kosten verursacht, die als nicht mehr bezahlbar empfunden werden[99]. Statt Risiko zu mindern, wird der Sozialstaat auf diese Weise selbst zum Einkommensrisiko für seine Bevölkerung[100]. Wenn sich die gesellschaftlichen Vorstellungen über Gerechtigkeit und die bezahlbare Umverteilung von Kosten und Risiken dergestalt wandeln, verbessert sich vom Trend her die Akzeptanz stärker erfolgsorientierter betrieblicher Anreizsysteme mit entsprechenden Folgen für ein anreizkompatibles Management von Reorganisationsprozessen.

---

95 Vgl. Söderström (1997), S. 36.
96 Vgl. auch Baldwin (1997), S. 19ff.
97 Vgl. Cowell (1997) und O. V. (1996b). Eine vergleichbare Entwicklung ist zur Zeit auch in Japan zu beobachten, vgl. Dirks (1997) und (1998) und Köhler (1998).
98 Vgl. zum Beispiel O. V. (1998b).
99 Vgl. zum Beispiel Noelle-Neumann/Köcher (1997), S. 689.
100 Vgl. Siebert (1997), S. 5., und (1998a), S. 213f.

3.2. Die Globalisierung

Neben den sozialstaatlichen Rahmenbedingungen zeigt vor allem die sogenannte Globalisierung Folgen für die Entscheidungen der Spieler. Unter diesem Begriff wird eine Reihe von Effekten zusammengefasst, die – im Gegensatz zur Sozialstaatsregeln – nicht durch nationale Politik bestimmt werden können[101]. Hier ist also wiederum eine höhere Einflussebene betroffen. Aus der Sicht der Spieler im Reorganisationmodell bedeutet Globalisierung vor allem, dass internationale Outside Options preiswerter erreichbar werden[102]. Dies gilt grundsätzlich sowohl für die Kapitalmarktalternativen der Unternehmerin, $\overline{D}_{RR}$ und $\overline{D}_{IR}$, als auch für die Arbeitsmarktalternativen des Mitarbeiters, $\overline{W}_{RR}$ und $\overline{W}_{IR}$. Jedoch liegt das inländische Entgeltniveau im Sozialstaat Deutschland für die meisten Arbeitnehmer eher über dem im Ausland erzielbaren Entgelt, insbesondere wenn die für deutsche im Vergleich zu amerikanischen Arbeitnehmern relativ hohen subjektiven Mobilitätskosten in das Kalkül einbezogen werden. Einen Arbeitsplatz im Ausland anzunehmen ist daher für die meisten deutschen Arbeitnehmer keine ernsthaft erwogene Alternative. Eher zieht das relativ hohe deutsche Lohnniveau ausländische Arbeitnehmer ins Inland, häufig auch auf Stellen, die wegen mangelnder Attraktivität für inländische Arbeitnehmer sonst nicht besetzt werden könnten[103]. Ausländische Kapitalanlagealternativen werden dagegen durch neue Investitionsmöglichkeiten in einer immer größer werdenden Zahl von Staaten bei sinkenden Kapitaltransferhindernissen auch für deutsche Investoren attraktiver[104]. Subjektive Wechselkosten fallen beim Kapitaltransfer kaum ins Gewicht. So verbessern Globalisierungseinflüsse die Outside Options der Unternehmerin relativ stark, während sich diejenigen der Mitarbeiterseite durch die Konkurrenz ausländischer Arbeitsanbieter eher verschlechtern. Die dadurch zu erwartende Abwärtsentwicklung des inländischen Lohnniveaus – zumindest für bestimmte Segmente des Arbeitsmarktes – wurde jedoch bislang durch Protektionismus[105] und das Tarifsystem vermieden. Der Sozialstaat versucht, inländische Arbeitnehmer vor Globalisierungseinflüssen zu schützen[106]. Insofern werden die Outside Options der Mitarbeiterseite weitgehend nicht – wie die der Unternehmerin – durch den globalen Wettbewerb, sondern durch den Sozialstaat bestimmt[107].

---

101 Vgl. zum Beispiel Beck, U. (1997) und Heidelberger Club für Wirtschaft und Kultur e. V. (1997).
102 Vgl. Frieden/Rogowski (1996), S. 26, Giersch (1997), Krugman (1995) und Van Bergeijk/Mensink (1997), S. 1.
103 Vgl. zum Beispiel Gaserow (1997) und O. V. (1997a).
104 Vgl. Lorz (1997), S. 1f., Maier-Mannhart (1997), Siebert (1996) und Woodruff (1997).
105 Zum Beispiel die Einigung auf einen gesetzlichen Mindestlohn in der Bauwirtschaft.
106 Vgl. Leibfried/Rieger (1995), O. V. (1997c), Rieger/Leibfried (1997) und (1998a und b) und Starbatty (1997).
107 Dies gilt zumindest auf kurz- und mittelfristige Sicht. Auf die Dauer werden auch sozialstaatliche Institutionen den neuen Einflüssen entsprechend modifiziert werden.

Der Einfluss von Outside Options beider Partner auf den Spielraum für Mitarbeiterentgelte lässt sich in Anlehnung an Malcolmson vor dem Hintergrund der aktuellen Globalisierungstrends durch Abbildung 5 illustrieren[108]. Die Ordinate kennzeichnet das Nettoentgeltniveau des Mitarbeiters, die Abszisse den Zeitablauf, in dem sich Globalisierungseffekte vollziehen. Untersucht wird nun der Verhandlungsraum für das Nettogesamtentgelt des Mitarbeiters (w + t). Die grob gestrichelte Linie illustriert das Mindestgehalt (w + t)↓, das aufgrund der Outside Options des Mitarbeiters zu zahlen ist. Die fein gestrichelte Linie bezeichnet das Maximalgehalt (w + t)↑, das aufgrund der Outside Options der Unternehmerin gezahlt werden kann. Der Reservationsnutzen des Mitarbeiters bestimmt dessen Anreizbedingung im Reorganisationsspiel, der Reservationsnutzen der Unternehmerin ihre. Die Entgelthöhe einschließlich Transferzahlung, auf die sich die Spieler einigen, ist durch die durchgezogene Linie zwischen den beiden Anreizbedingungen gekennzeichnet. Es zeigt sich, dass zunächst eine Zeit lang der Reservationsnutzen des Mitarbeiters bindend ist. Bei einer Fortschreibung der Trends wird jedoch der Reservationsnutzen der Unternehmerin bindend. Ab einem bestimmten Zeitpunkt wird keine effiziente Vereinbarung zwischen den beiden Partnern mehr getroffen werden können; es gibt keinen allokationsneutralen Transferraum mehr. Dieser Zeitpunkt ist auf der Zeitachse durch die Bezeichnung t = 0 illustriert.

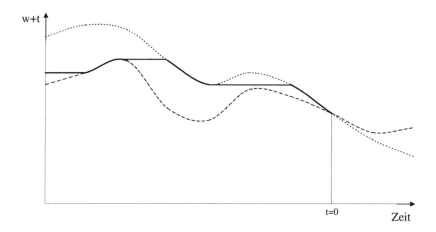

Abb. 5: Abhängigkeit des Transferraumes von Outside Options

Zur Wechselwirkung zwischen Globalisierung und Sozialpolitik, vgl. Hüther (1997), Kaufmann (1997), S. 114ff., Leibfried/Rieger (1995), Rieger/Leibfried (1998a) und Rösner (1997). Eine kommentierte Bibliographie zu diesem Thema bieten Rieger/Leibfried (1995).
108 Vgl. Malcolmson (1997), S. 1938.

Der Einfluss von Outside Options auf Entgeltentscheidungen kann am Beispiel von Tarifverhandlungen illustriert werden. Sowohl W_{IR} und W_{II}, als auch – sofern das Lohnniveau am inländischen Arbeitsmarkt die bindende Restriktion darstellt – $\overline{W}_{RR}$ und $\overline{W}_{IR}$ werden ebenso wie Transferleistungen t in Tarifverhandlungen auch durch nicht-unternehmensbezogene Kriterien bestimmt. Dies führte in der Vergangenheit tendenziell zu stetigen Entgeltverbesserungen für Arbeitsplatzbesitzer. Nebeneffekte waren zum einen verstärkte Anreize für Unternehmen, inländische Arbeitsplätze durch Investitionen in Maschinen oder ausländische Arbeitsplätze zu ersetzen und zum anderen eine Erhöhung der (Wieder-)Einstiegsbarrieren in den Arbeitsmarkt für Arbeitslose. Mit Hilfe des Reorganisationsmodells kann prognostiziert werden, was geschieht, wenn ohne Berücksichtigung der Outside Options der Spieler ein „Ende der Bescheidenheit"[109] in Tarifverhandlungen gefordert wird. Die häufig vertretene Forderung, Lohnsteigerungen am Produktivitätszuwachs auszurichten, wird die Unternehmerin zur Wahl einer Outside Option bewegen, wenn durch steigende Entgeltforderungen ihres Mitarbeiters ihre Nettoauszahlung trotz Produktivitätssteigerung unter das Niveau ihrer Anlagealternativen fällt. Wenn Tarifpartner nicht inländische Arbeitsplätze gefährden wollen, so werden sie Lohnforderungen nicht nur an inländischen Produktivitätszuwächsen, sondern zunächst einmal an den Outside Options ihrer Klientel ausrichten, so wie es die Spieler selbst bei Verhandlungen über Transferzahlungen tun[110]. Denn wird die allokationsneutrale Verteilungsmasse durch Transferforderungen überschritten, so wird die Realisierung der Outside Option für den Spieler, dessen Anreizbedingung verletzt ist, zur besten Alternative.

Kulturelle Aspekte der Globalisierung

Bei der Betrachtung von Leuchtanzeigen an Aufzügen in amerikanischen und österreichischen Gebäuden fiel einer Amerikanerin Folgendes auf[111]: Drückt man die Anforderungstaste, um nach oben zu fahren, so zeigt der leuchtende Pfeil bei amerikanischen Anzeigen grundsätzlich in die Fahrtrichtung des Aufzugs. In Österreich gibt es jedoch Anzeigen, bei denen der Pfeil über die Richtung, aus der der Aufzug kommen wird, informiert – was einem Wartenden eigentlich gleichgültig sein kann. Ein amerikanischer Architekt erklärte diesen Unterschied mit der Feststellung, die Amerikaner seien ‚goal-oriented', die Österreicher dagegen ‚command-oriented'. Kulturelle Unterschiede werden anscheinend selbstverständlich zur Erklärung architektonischer Eigenarten herangezogen.

Wie bereits ausgeführt, hat das jeweilige kulturelle Umfeld ebenfalls Folgen für die Implementierbarkeit von Anreizinstrumenten in Unternehmen[112]. Im

---

109 O. V. (1997f).
110 Vgl. Gieske (1993), Grandori (1991), Jost (1998), Kaess (1997), Mische (1993) und Siebert (1996).
111 Diese Anekdote verdanke ich Lisa Bessette.
112 Vgl. Kumar (1991) und Löhnert (1997).

internationalen Vergleich lässt sich somit erklären, warum manche Anreizinstrumente beispielsweise in amerikanischen Unternehmen produktivitätssteigernd wirken, während sie in deutschen nicht akzeptiert werden[113]. Dies trifft insbesondere auf stark leistungsorientierte Anreizsysteme zu. Gerade im Vergleich zu Amerikanern wird bemängelt, die Deutschen seien risikoavers, immobil und zu anspruchsvoll[114]. Verstärkter internationaler Wettbewerbsdruck auf dem Arbeits- und Kapitalmarkt wird dazu führen, dass ein solches individuelles Verhalten in zunehmendem Maße wirtschaftlich bestraft wird[115]. Dies erlaubt die Prognose, dass solche Verhaltensmuster tendenziell seltener werden. Beschleunigt wird diese Entwicklung, wenn auch institutionelle Änderungen in dieselbe Richtung weisen, beispielsweise dadurch, dass die Arbeits- und Mobilitätsanreize für Arbeitslose verstärkt werden, indem die Differenz zwischen Arbeitseinkommen und Einkommen bei Arbeitslosigkeit vergrößert wird[116].

Trends: Verkleinerung des Transferraumes und sinkende Auszahlung für den Mitarbeiter?

Die obigen Überlegungen zeigen, wie Rahmenbedingungen die Entscheidungsvariablen der Akteure beeinflussen. Als Trendaussage für den deutschen Sozialstaat lässt sich festhalten, dass er tendenziell das Nettoarbeitnehmereinkommen w erhöht und die Nettodividende der Unternehmerin d reduziert. Zugleich folgt aber aus Globalisierungstendenzen ein gegenläufiger Effekt: Globalisierung führt – zumindest zur Zeit – dazu, dass der international relativ redundante Faktor Arbeit billiger, der international gesuchte Faktor Kapital in Relation dazu teurer wird[117]. Sowohl die Sozialstaatseffekte als auch die momentanen Globalisierungseffekte führen dazu, dass für die Unternehmerin tendenziell die Outside Options attraktiver werden, während für den Arbeitnehmer das staatliche soziale Netz zur bindenden Rückfalloption wird. Wollen politische Entscheidungsträger im Rahmen ihrer Einflussmöglichkeiten vermeiden, dass der Transferraum bei inländischen Reorganisationsspielen negativ wird, mit der Folge, dass keine Reorganisationsinvestitionen im Inland mehr erfolgen, so werden sie dafür sorgen, dass der Reservationsnutzen für den Mitarbeiter gesenkt wird. Parallel dazu bestehen Anreize für die Regierung zu versuchen, die Outside Options für die Unternehmerin relativ zu verschlechtern[118].

---

113 Vgl. Dröge & Comp. (1995). Auch in ihren typischen Restrukturierungsstrategien unterscheiden sich deutsche und amerikanische Unternehmen, vgl. Frese/Theuvsen (1997), S. 18ff.
114 Vgl. Grunenberg (1997), Harpprecht (1997), Holzamer (1996c), Lamparter/Vorholz (1996), Miegel (1997), O. V. (1997d, e), Schüller/Weber (1997) und Weiss (1997).
115 Vgl. Giersch (1997).
116 Vgl. zum Beispiel Berthold (1997), S. 47, und Siebert (1998a) und (1998b).
117 Vgl. Woodruff (1997).
118 Diesbezügliche Vorstöße gibt es bereits. Politische Versuche, internationale Steuer- und Sozialstandards oder Abgaben auf Kapitaltransfers einzuführen und zugleich In-

Dies erweist sich jedoch wegen der Zustimmungsbedürftigkeit durch daran nicht interessierte Politiker anderer Staaten als schwieriger. In der momentanen historischen Konstellation in Deutschland führt zunehmender Marktdruck zu einer relativen Verbesserung der Verhandlungsposition der Kapitalseite. Dies erklärt, warum erfolgreiche Reorganisationsprojekte üblicherweise zu einer besseren Kapitalrendite und steigenden Aktienkursen, aber nicht zwangsläufig auch zu einem höheren Einkommen für die Arbeitnehmer oder zu mehr inländischen Arbeitsplätzen führen[119]. Auch die Forderung, Lohnsteigerungen an Produktivitätszuwächsen auszurichten, verstärkt nur weiter den Kapitalabwanderungsdruck, solange es ein Renditegefälle im Vergleich zu ausländischen Alternativen gibt[120]. Referenzpunkt für die Bewertung von Reorganisationsmaßnahmen ist schließlich nicht der Status Quo aus T1. Referenzpunkt und bindende Beschränkung ist vielmehr die jeweils beste zukünftige Alternative der Spieler – weltweit und unabhängig von der Höhe des unternehmensinternen Produktivitäts- oder Rentabilitätszuwachses[121]. Möglicherweise ist das Auszahlungsniveau des Status Quo überhaupt nicht zu halten, beispielsweise aufgrund eines allgemeinen konjunkturellen Einbruchs. Insofern kann es sogar vorkommen, dass sich die Spieler im Vergleich zum Zustand vor der Reorganisation verschlechtern – und die Reorganisation dennoch effizient ist.

Tabelle 3: Standortvergleich aus Unternehmenssicht

Staat Kostenfaktor	USA	KAN	FRK	BRD	POR	TSCH	SLW	LIT
Betriebsbedingte Kündigungen	②	②	③	❹	❺	②	②	②
Massenentlassungen	②	③	❺	❺	③	②	②	②
Betriebsänderungen (Schließung, Verlegung)	③	③	❺	❺	③	②	②	②
Kostenbelastung, z. B. aus Sozialplänen oder Abfindungen	②	②	③	❹	③	②	②	③
Arbeitskosten pro Stunde in DM (incl. Nebenkosten)	25,-	31,-	28,-	42,-	10,-	2,50	2,50	0,70

Legende: Problemlos ① ② ③ ❹ ❺ Erhebliche Probleme

Dass in Unternehmen tatsächlich in dieser Weise die Vor- und Nachteile unterschiedlicher Standorte abgewogen werden, belegt der in der obigen Über-

---

vestitionen in Deutschland zu subventionieren, zielen auf die relative Verbesserung der Kapitalrenditen in Deutschland ab, vgl. Beck, U. (1997), S. 218f.
119 Vgl. Heuser (1996). Für ein Beispiel, in dem zunehmender Marktdruck eine Verbesserung der Verhandlungsposition der Mitarbeiterseite bewirkt vgl. Barros/Pinho/Santiago (1997).
120 Insofern würde die Durchsetzung der Parole vom ‚Ende der Bescheidenheit' in Tarifauseinandersetzungen zu weiteren Arbeitsplatzverlusten im Inland führen, vgl. Herz (1997) und O. V. (1997f).
121 Vgl. Benz (1997), der auf ein noch immer bestehendes Renditegefälle zwischen Deutschland und ausländischen Alternativen hinweist. Die relativ schlechte Renditeerwartung der internationalen Investorengemeinschaft zeigt sich auch an dem milliardenschweren Nettodefizit an Direktinvestitionen in Deutschland.

sicht dargestellte Standortvergleich aus dem Hause Siemens[122]. Hier ist schematisch dargestellt, wie sich staatliche Rahmenbedingungen in acht verschiedenen Ländern auf ausgewählte Reorganisationmaßnahmen auswirken. Es zeigt sich, dass die Bundesrepublik Deutschland in der Gesamtwertung über alle Kategorien und in den meisten einzelnen Kategorien am schlechtesten abschneidet. Die Auswahl der Faktoren in der obigen Darstellung ist jedoch nicht vollständig, was erklären könnte, dass Siemens nicht bereits alle inländischen Betriebsstätten aufgeben hat. Wären beispielsweise die Folgen des Berufsbildungssystems für Reorganisationsmaßnahmen berücksichtigt worden, hätte Deutschland möglicherweise einen Standortvorteil[123]. Denn die staatlichen Bildungsinvestitionen erleichtern das Vorhalten einer Redundanz von Humankapital im Unternehmen, wodurch im Reorganisationsfall Schulungskosten verringert werden können. Auch öffentliche Fördermittel und Subventionsprogramme könnten Standortnachteile kompensieren. Dass Schulung und Subventionen als Reorganisationskostenfaktoren nicht genannt werden, lässt drei Schlüsse zu: Entweder werden diese Faktoren von den Unternehmen als vernachlässigbar angesehen, oder das deutsche System generiert keine relevanten Unterschiede gegenüber ausländischen Standorten. Oder der Vertreter aus dem Hause Siemens nennt die Faktoren, die in Deutschland positiv ausgeprägt sind, aus Gründen der Anschaulichkeit seines Arguments nicht, um damit im politischen Diskurs eine bestimmte Wirkung zu erzielen[124].

3.3. Reaktionen der Spieler auf Rahmenbedingungen

In der Allokation von Anreizen und Risiken bestehen die grundlegenden Parameter der anreizkompatiblen Gestaltung von Reorganisationsplänen. Die unternehmensexternen Alternativen begrenzen die Möglichkeiten, Anreize zu bieten: Die Nettoauszahlung aus der Reorganisation muss mindestens so hoch sein wie die beste erreichbare Alternative. Weiterhin werden die Möglichkeiten, einem Spieler Leistungsanreize zu bieten, durch seine Risikoneigung begrenzt: Ein risikoaverser Spieler ist bereit, einen Einkommensabschlag gegenüber dem Erwartungswert eines variablen Einkommens hinzunehmen, wenn er dafür die Schwankungen nicht selbst tragen muss. Dafür können diese Schwankungen nicht mehr zur Leistungsmotivation genutzt werden. Staatliche Rahmenbedingungen und Globalisierungseinflüsse greifen in das prekäre Gleichgewicht von Anreiz- und Risikoallokation im Reorganisationsspiel ein, indem sie die Relation von Outside Options und den Verhandlungsspielraum zur Gestaltung von Transferzahlungen verändern. Die Akteure werden auf diese Einflüsse reagie-

---

122 Quelle: Maly (1997), S. 94. Vgl. Dörre (1997) und Perlitz (1997) zur Bedeutung absatzstrategischer Einflussfaktoren für Standortentscheidungen.
123 Vgl. Barro/Sala-i-Martin (1995), S. 348f., Dill (1996), S. 35.
124 Die Möglichkeiten der Spieler, Rahmenbedingungen zu beeinflussen, werden am Schluss dieses Abschnitts analysiert.

ren, indem sie die von ihnen direkt beeinflussbaren Variablen anpassen, so dass ein neues, ihren Zielen dienliches Vertragsgleichgewicht innerhalb der jeweils gültigen Rahmenbedingungen entsteht. Unterschiedliche Rahmensysteme verlangen demnach unterschiedliche Reorganisationspläne.

Die Konsequenzen institutioneller Rahmenbedingungen für Reorganisationsspiele lassen sich folgendermaßen klassifizieren: Solange die Rahmenbedingungen das Reorganisationsspiel so beeinflussen, dass die Spieler durch veränderte Transferzahlungen innerhalb des allokationsneutralen Transferraumes einen neuen effizienten und anreizkompatiblen Reorganisationsplan finden können, haben die Rahmenbedingungen lediglich distributive Folgen[125]. Wenn jedoch so in die Balance des Spiels eingegriffen wird, dass keine Kompensationsmöglichkeit innerhalb des allokationsneutralen Transferraumes besteht, dann haben die Rahmenbedingungen Allokationswirkungen. Dies bedeutet, dass bestimmte Reorganisationspläne nicht mehr realisierbar sind, weil sich die in ihnen enthaltenen Maßnahmen verteuern. Dieselben Rahmenbedingungen können gleichzeitig dazu führen, dass andere Reorganisationsmaßnahmen relativ preiswerter werden. Auf diese Weise kann die politische Ebene nicht nur die Verteilung von Gewinnen innerhalb eines gegebenen Reorganisationsspiels beeinflussen. Es kann über die Manipulation von Kosten/Nutzen-Relationen von Handlungsoptionen der Spieler vielmehr auch gesteuert werden, welche Reorganisationsspiele sich an einem bestimmten Standort lohnen. Ebenso wie die Regelungen des Reorganisationsplans die Kosten/Nutzen-Relationen der Handlungsoptionen der Spieler beeinflussen, tun dies auch die politisch bestimmten Rahmenbedingungen – mit dem Unterschied, dass sie auf einer vorgeordneten Ebene entschieden und institutionalisiert werden.

Anreize zur Beeinflussung von Rahmenbedingungen

Der große Einfluss der Rahmenbedingungen auf die Auszahlungen von Reorganisationsspielen erklärt, dass es für die Spieler attraktiv sein kann, Ressourcen in die Beeinflussung solcher Rahmenfaktoren zu investieren. Dabei gilt: je höher der potentielle Gewinn ist, desto stärker sind die Anreize für die Spieler, in politische Manipulationen von Rahmenbedingungen zu investieren. Zielen diese Aktivitäten lediglich auf redistributive Einkommensvermehrung, so handelt es sich um Rent Seeking, aus dem keine Wertschöpfung erwächst[126]. Zielen die Aktivitäten der Spieler jedoch auf allokative Verbesserungen ihrer Wertschöpfungsmöglichkeiten ab, so können Investitionen zur Veränderung von Rahmenbedingungen nicht nur individuell vorteilhaft, sondern auch kollektiv effizient sein. Deshalb sind Beeinflussungsmöglichkeiten von Rahmenbedingungen durch die Spieler nicht grundsätzlich ineffizient. Allokative und distributive Beeinflussungsaktivitäten sind jedoch nicht immer eindeutig zu unter-

---

125 Vgl. Pull/Sadowski (1997), S. 51f.
126 Vgl. Siebert (1998b).

scheiden. Für politische Entscheidungsträger ist daher nicht exakt abschätzbar, welche Beeinflussungsversuche begrüßt und welche unterbunden werden sollen.

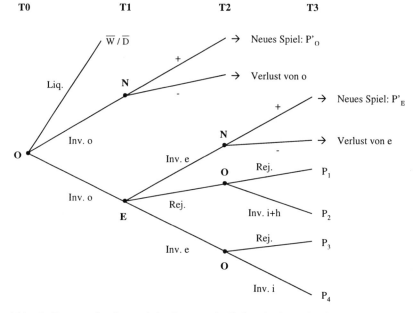

Abb. 6: Reorganisationsspiel mit veränderlichen Rahmenbedingungen

Die Möglichkeit, beispielsweise den Betrag o nicht direkt in die Planung des Reorganisationsprozesses, sondern in die Veränderungen von Rahmenbedingungen zu investieren, verändert die Struktur des Reorganisationsspiels. Die vorher ‚unbewegliche' Natur wird nun zum beeinflussbaren Mitspieler. Das Spiel kann so erweitert werden, dass die Spieler nicht nur entscheiden können, ob sie investieren oder nicht, sondern auch, ob sie zuerst in die Reorganisation oder in die Veränderung von Rahmenbedingungen investieren wollen. Eine Investition in die Rahmenbedingungen kann erfolgreich sein. Dies bedeutet, dass sich die Rahmenkonstellation des Spiels zumindest zu Gunsten des investierenden Spielers ändert. Die Partner spielen dann ein neues Spiel mit, gegenüber dem Ausgangsspiel, entsprechend veränderten Nettoauszahlungen. Die Investition in die Rahmenbedingungen kann aber auch erfolglos bleiben. Für diesen Fall kann angenommen werden, dass die Spieler ihre eingesetzten Ressourcen verlieren und wieder in das alte Spiel einsteigen können. Investitionen in die Veränderung von Rahmenbedingungen haben durch ihren unsicheren Erfolg etwas Lotteriehaftes. Die daraus erwachsende zusätzliche Komplexität des Reorganisationsspiels ist in Abbildung 6 skizziert.

Die Abbildung deutet ebenfalls an, dass die Möglichkeit der Investition in die Rahmenbedingungen den Ablauf des eigentlichen Reorganisationsspiels verzögern kann. Denn es kann sich lohnen, zwei zusätzliche Spielperioden in das Spiel mit der Natur zu investieren, bevor das eigentliche Reorganisationsspiel beginnt. Da ex ante ungewiss ist, ob sich dadurch letztlich Vorteile für den Investierenden ergeben, kann dieses Spiel neben den verlorenen Investitionskosten auch zu einem Zeitverlust gegenüber konkurrierenden Unternehmen – vor allem anderer Standorte – führen.

Schlechte Rahmenbedingungen als Entschuldigung für schlechte Reorganisationspläne?

Aus dem Einfluss von Rahmenbedingungen auf das Reorganisationsspiel folgt, dass in unterschiedlichen Staaten mit unterschiedlichen Reorganisationsbarrieren zu rechnen ist. Deshalb greift nicht jedes Managementtool in jedem Umfeld gleichermaßen. Dies wiederum erklärt, warum manch eine für amerikanische Unternehmen entwickelte Reengineeringidee schon vom Ansatz her für die Probleme deutscher Unternehmen ungeeignet ist[127]. Radikale Top-down-Projekte wie Reengineering scheitern grundsätzlich in einem Umfeld, in dem ein hohes Maß an Partizipation gesetzlich vorgeschrieben ist, und Entlassung – weil zu teuer – keine glaubwürdige Drohung darstellt. Am Standort USA bestehen zur Zeit die Grenzen für Reorganisationsprozesse häufig in Humankapitaldefiziten auf der Mitarbeiterebene. Das heißt, Mitarbeiter haben einen zu geringen Ausbildungsstand, oder es ist eine zu geringe Anzahl hinreichend qualifizierter Mitarbeiter verfügbar. Hier dominieren also Koordinationsprobleme, die Motivationsprobleme sind – sobald erkannt – relativ leicht zu lösen. Dagegen sind am Standort Deutschland in hohem Maße Anreizdefizite von Akteuren zu beobachten. Ausschlaggebende Humankapitaldefizite als Reorganisationsgrenzen zeigen sich tendenziell eher auf der Managementebene, beispielsweise indem sie zum Design von anreizinkompatiblen Reorganisationsplänen führen. Ein häufiger Managementfehler besteht in der vorschnellen Übernahme von Managmenttools, die unter anderen Rahmenbedingungen konzipiert wurden. In den USA funktionsfähige Reengineeringinstrumente sind in Deutschland – oder auch anderen Staaten – mitunter überhaupt nicht oder nur stark modifiziert einsetzbar[128].

Wildemann hat für Reorganisationsprojekte in Deutschland, deren Gegenstand die Einführung flexibler Arbeits- und Betriebszeitmodelle war, die Implementationshindernisse empirisch erfasst. Dabei zeigt sich, dass Widerstände gegen Neuerungsmaßnahmen selten direkt von den betroffenen Mitarbeitern

---

127 Kieser (1993) bietet eine analoge Überlegung für japanische Lean Management-Konzepte.
128 Dagegen wird in der Literatur teilweise mit Selbstverständlichkeit davon ausgegangen, dass sich in einem Land erfolgreiche Managementpraktiken weltweit ausbreiten bzw. die Managementpraktiken international konvergieren, vgl. zum Beispiel Kogut/Parkinson (1993), Paper (1998) und Streeck (1996).

ausgehen[129]. Widerstand des Betriebsrats und der Gewerkschaften dagegen stellen mit 61 bzw. 39% der Nennungen die häufigsten Hindernisse dar. Diese beiden Hemmnisarten sind in deutschen Unternehmen aufgrund der gesetzlich und tariflich gestärkten Verhandlungsmacht dieser Interessenvertretungen besonders ausgeprägt, während sie in anderen Ländern – wie den USA – eher bedeutungslos wären. In 35% der Unternehmen war die ablehnende Haltung von Vorgesetzten ein Hemmnis. Somit sind die drei häufigsten Reorganisationshemmnisse in den von Wildemann betrachteten Fällen tatsächlich Motivationsprobleme. Erst ab Platz 4 folgen Koordinationsprobleme in der Rangliste der Nennungen. Die Ergebnisse der Befragungen in 21 größeren deutschen Unternehmen sind in der folgenden Übersicht zusammengefasst[130].

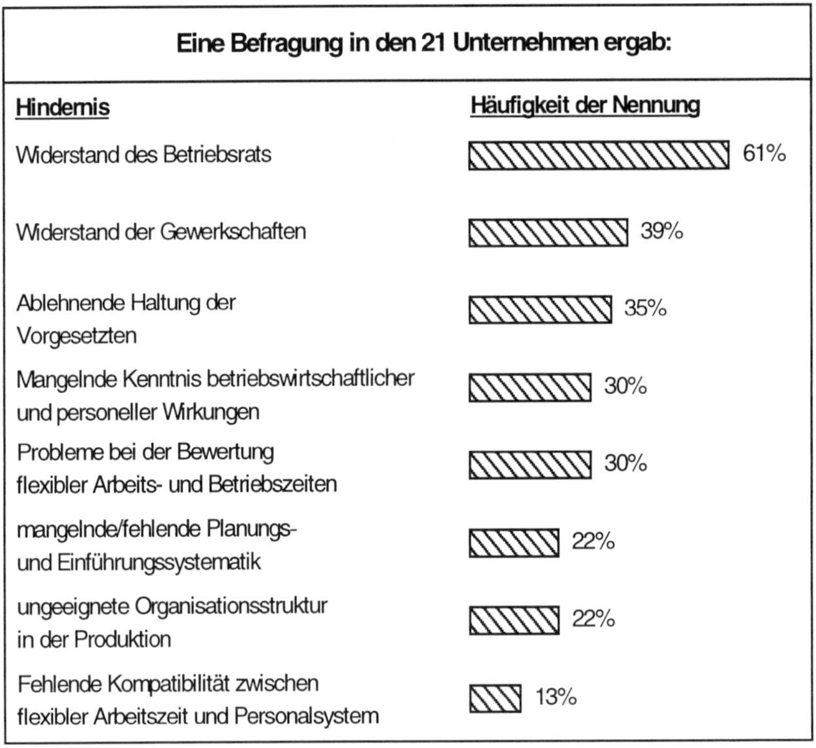

Eine Befragung in den 21 Unternehmen ergab:

Hindernis	Häufigkeit der Nennung
Widerstand des Betriebsrats	61%
Widerstand der Gewerkschaften	39%
Ablehnende Haltung der Vorgesetzten	35%
Mangelnde Kenntnis betriebswirtschaftlicher und personeller Wirkungen	30%
Probleme bei der Bewertung flexibler Arbeits- und Betriebszeiten	30%
mangelnde/fehlende Planungs- und Einführungssystematik	22%
ungeeignete Organisationsstruktur in der Produktion	22%
Fehlende Kompatibilität zwischen flexibler Arbeitszeit und Personalsystem	13%

Abb. 7: Hindernisse bei der Einführung flexibler Arbeits- und Betriebszeiten in deutschen Unternehmen

Den Einfluss nationaler Rahmenbedingungen auf die Auswahl von Managementinstrumenten bei Reorganisationsprozessen bestätigen auch die Erfahrun-

---

129 Vgl. Wildemann (1995), S. 22.
130 Vgl. Wildemann (1995), S. 23.

gen, die der amerikanische ‚Reengineering-Guru' James Champy bei der Reorganisation der Deutschen Lufthansa machte. Besonders überrascht zeigte er sich von der starken Verhandlungsposition der Mitarbeiterseite, vertreten durch die ÖTV. Er selbst betont, dass man sich unter diesen Bedingungen andere, beispielsweise von vornherein partizipative, Verfahren einfallen lassen müsse, und dass Reorganisationsprozesse unter solchen Bedingungen die Planungs- und Implementierungszeit im Vergleich zu amerikanischen Projekten erheblich verlängern[131]. Ein solches Reorganisationsverfahren ist jedoch kein Reengineering im ursprünglichen Sinne seiner amerikanischen Erfinder mehr.

3.4. Maßnahmen zur Beeinflussung von Rahmenbedingungen

Wie sehen nun konkrete Aktivitäten aus, mit denen die Spieler versuchen, die Rahmenbedingungen zu ihren Gunsten zu beeinflussen? Um dies in strukturierter Weise zu erläutern, wird an Hirschmans Überlegungen zur Loyalität von Konsumenten gegenüber einem bestimmten Konsumgutanbieter angeschlossen[132]. Ebenso wie auf Unternehmen, kann Hirschmans Modell auch auf Staaten oder sonstige Organisationen bezogen werden, wie der Untertitel ‚Reaktionen auf Leistungsabfall bei Unternehmungen, Organisationen und Staaten' und Hirschmans Vorwort zur deutschen Ausgabe betonen[133]. Die Grundidee besteht darin, dass unzufriedene Kunden eines Unternehmens oder unzufriedene Bürger eines Staates zwei Möglichkeiten haben, auf Missstände zu reagieren. Entweder sie widersprechen, das heißt, sie versuchen die Entscheidungsträger so zu beeinflussen, dass sich die Situation in der gewünschten Weise verändert. Oder sie wandern ab. Bei Kunden von wettbewerblichen Unternehmen bedeutet dies, dass sie das entsprechende Produkt oder die Leistung zukünftig von der Konkurrenz beziehen. Bei unzufriedenen Bürgern eines Staates bedeutet dies, dass sie das Land verlassen und sich in einem anderen Staat ansiedeln. Abwanderung ist die ‚normale' Reaktion unzufriedener Kunden in einem Wettbewerbsumfeld. Modelltheoretisch entspricht die Abwanderung der Realisierung des Reservationsnutzen durch Inanspruchnahme der besten Outside Option.

Abwanderung

Hirschman ändert die in der Mikroökonomik übliche Nachfragefunktion dahingehend, dass er die gekaufte Menge nicht vom Preis, sondern von der

---

131 Champy in der Diskussion nach einem Vortrag vor dem Alumni-Club der Sloan School des M. I. T. am 25.4.1996.
132 Vgl. Hirschman (1974). Vgl. ebenfalls Baron (1995), S. 150ff. und 199ff.
133 Vgl. Hirschman (1974), S. VII. Dort weist er darauf hin, dass die Entstehung seines Buches auf seinen Überlegungen zur Situation der Juden in Deutschland nach 1939 fußt.

Qualität der Leistung abhängig macht[134]. Das Verhältnis zwischen Qualität der Leistung und gekaufter Menge beschreibt Hirschman durch die Abwanderungsfunktion. Sinkt die Qualität bei gleichbleibendem Preis nun ‚zufällig', das heißt ohne dass dies von der Unternehmung beispielsweise zur Kostensenkung beabsichtigt ist, so wird ein Nachfragerückgang stets zu einem Umsatz- und Gewinnrückgang beim Unternehmen führen. Das Unternehmen reagiert auf den Umsatz- und Gewinnrückgang durch Maßnahmen zur Behebung der begangenen Fehler. Das Verhältnis zwischen Umsatzrückgang und Qualitätsverbesserung beschreibt Hirschman durch die Unternehmensreaktionsfunktion[135]. Es besteht eine Wechselwirkung zwischen Abwanderungsfunktion der Nachfrager und Reaktionsfunktion der Unternehmen: Nur wenn die Nachfragefunktion hinreichend elastisch auf Qualitätsverschlechterungen reagiert, kommt es zu spürbaren Umsatzausfällen beim Unternehmen, die eine Motivation zur Korrektur des Qualitätsverlusts bieten. Es muss also genug ‚rege' Kunden geben, die auf Qualitätsverschlechterungen tatsächlich durch Abwanderung reagieren. Aber nur, wenn es gleichzeitig genug ‚träge' Kunden gibt, die dem Unternehmen Zeit und Geldreserven bieten, hat das Unternehmen die Chance, die Qualitätsverbesserung tatsächlich erfolgreich durchzuführen[136]. Aus Unternehmenssicht ist also eine Mischung aus ‚regen' und ‚trägen' Kunden als Korrekturmechanismus wünschenswert. Ist Abwanderung zu leicht, so wandern zuviele Kunden ab, und das Unternehmen hat keine Überlebenschance. Ist Abwanderung zu schwer, so wandern nur wenig Kunden ab, während alle anderen auf dem verschlechterten Leistungsniveau zurückbleiben und das Unternehmen wenig Korrekturdruck verspürt. Um sich gegen diese Leistungsverschlechterung zu wehren, gibt es jedoch eine zweite Strategie für die Kunden, den Widerspruch.

Widerspruch

„Die Entscheidung für Widerspruch anstelle der Abwanderung bedeutet, dass man als Kunde oder Mitglied den Versuch macht, die Praktiken, Grundsätze und Ausbringung der Firma, bei der man kauft, bzw. der Organisation, der man angehört, zu ändern. Als Widerspruch gilt dabei jeder wie immer geartete Versuch, einen ungünstigen Zustand zu verändern, anstatt ihm auszuweichen, sei es durch individuelle oder kollektive Petition an die unmittelbar Verantwortlichen, durch Berufung an eine höhere Stelle in der Absicht, einen Führungswechsel zu erzwingen, oder durch verschiedene Arten von Aktionen und Protesten, einschließlich jener, die zur Mobilisierung der öffentlichen Meinung dienen sollen."[137]

---

134 Vgl Hirschman (1974), S. 18.
135 Vgl Hirschman (1974), S. 19.
136 Vgl. Hirschman (1974), S. 20.
137 Hirschman (1974), S. 25.

Genau wie bei der Abwanderung existiert auch hier ein optimales Maß an Widerspruch: Zu wenig provoziert keine Reaktion, zu viel behindert die Bemühungen um Leistungsverbesserung[138].

Bezieht ein Kunde nun die Erfolgschancen eines Widerspruchs in sein Entscheidungskalkül ein, so wird Widerspruch zu einer Alternative zur Abwanderung[139]. Schätzt ein Kunde bei gegebener Abwanderungsmöglichkeit die Erfolgschancen seines Widerspruchs als hinreichend hoch ein, so wird er die Abwanderung als einen letzten Ausweg für den Fall, dass der Widerspruch versagt hat, hinauszögern. Die Investitionen, die ein Spieler zur Beeinflussung eines Entscheidungsträgers über Rahmenbedingungen auf sich nimmt, werden proportional zu dem aus einem günstigen Ausgang zu erzielenden Auszahlungsvorteil, multipliziert mit der Erfolgswahrscheinlichkeit, sein[140]. Ist Abwanderung relativ preiswert, Widerspruch dagegen in Relation zu den zu erwartenden Auszahlungsvorteilen teuer, so wird der Spieler sich für die Abwanderung entscheiden. Bezogen auf die Standortdebatte in Deutschland lässt sich durch dieses Modell die Abwanderungstendenz von Unternehmen in Begleitung einer allgemeinen Politik(er)verdrossenheit erklären: Abwanderung ist im Zeitalter der Globalisierung zunehmend preiswert, während zugleich die Hoffnung, durch politische Aktivitäten auf die Rahmenbedingungen einwirken zu können, relativ gering ist. Die Erfolgsaussichten von Widerspruch hängen von der Reaktionsfunktion des Unternehmens ab, diese jedoch wiederum vom Drohpotential des Widersprechenden, mit anderen Worten: von dem Schaden, den eine Abwanderung des Widersprechendem dem Unternehmen zufügen würde. Widerspruch setzt somit eine Abwanderungsmöglichkeit voraus.

Nun ist zu erwarten, dass jene Kunden, denen an der Qualität der Leistung am meisten gelegen ist, diejenigen sind, die am lautesten widersprechen werden. Schließlich wird ihr Nutzenniveau am stärksten beeinträchtigt. Sie sind ceteris paribus auch diejenigen, die zuerst abwandern werden[141]. Die rasche Abwanderung von stark qualitätsorientierten Kunden ist deshalb „ein Vorgang, der den Widerspruch lähmt, indem er ihm seine Hauptträger entzieht"[142].

Ebenso verhält es sich auch im Reorganisationsspiel. Dies führt sowohl auf der Ebene des Unternehmens als auch auf der Ebene der Rahmenbedingungen zu folgenden Konsequenzen:

1. Leistungsstarke Spieler verfügen ceteris paribus über relativ gute Outside Options. Deshalb sind bei – aus Mitarbeitersicht unangenehmen – Reorganisationsmaßnahmen häufig die Leistungsträger die ersten, die das Unternehmen verlassen und so den Reorganisationsprozess nicht mittra-

---

138 Vgl. Hirschman (1974), S. 26.
139 Vgl. Hirschman (1974), S. 30f.
140 Vgl. Hirschman (1974), S. 32.
141 Vgl. Hirschman (1974), S. 39.
142 Hirschman (1974), S. 43.

gen, bei dem sie aus Unternehmenssicht besonders benötigt würden. Will das Unternehmen diese Leistungsträger halten, so muss es rechtzeitig Transferzahlungen zur Erhöhung der Nettoauszahlung des Mitarbeiters aus dem Reorganisationsfall anbieten. Andernfalls bleibt nach diesem Adverse-Selection Prozess eine im Schnitt weniger leistungsfähige Auswahl zurück.

2. Ebenso verfügen ‚rege' Unternehmerinnen ceteris paribus über relativ gute Outside Options, gerade vor dem Hintergrund der Globalisierung. Besonders ‚rege' Unternehmen sind in Bezug auf Abwanderungsmöglichkeiten häufig größere Unternehmen, die bereits mit ihren Produkten auf mehreren nationalen Märkten vertreten sind. Für diese amortisieren sich die Abwanderungsinvestitionen für Produktionsstätten relativ schnell. Zugleich wären sie jedoch auch diejenigen, die in der heimischen Politik besonders starke Verhandlungspositionen haben, um Änderungen der Rahmenbedingungen durchzusetzen. Verlieren sie nach vollzogenen globalen Ausweichstrategien jedoch die Motivation, aktiv in die heimische Politik einzugreifen, so bleibt auch hier eine im Durchschnitt weniger widerstandsfähige Auswahl zurück. Diesen Zusammenhang bestätigt die Beobachtung, dass in Deutschland kleine und mittlere Unternehmen ihre Wirtschaftlichkeit stärker bedroht sehen als diejenige von Großunternehmen, die durch globale Strategien nationalen Rahmenbedingungen ausweichen können[143]. Die Großunternehmen sind zugleich diejenigen, die durch Androhung großer Arbeitsplatzverluste auch einzeln die stärksten Verhandlungspositionen gegenüber Politikern haben. Je stärker sie jedoch bereits ‚globalisiert' sind, umso schwächer werden ihre Anreize, sich für Veränderungen an einem spezifischen Standort einzusetzen.

Widerspruchsmöglichkeiten gegen Rahmenbedingungen

Die für eine Demokratie typischen Widerspruchsmöglichkeiten der Spieler ergeben sich aus ihrem politischen Stimmrecht sowie allen anderen grundgesetzlich garantierten Rechten der freien Meinungsäußerung und politischen Betätigung[144]. Diese gelten für den Mitarbeiter und die Unternehmerin gleichermaßen. Konkret gibt es zwei mögliche Wege und zwei mögliche Zielrichtungen für Widerspruch gegen unvorteilhafte Rahmenbedingungen. Der Weg des Widerspruchs kann direkt oder indirekt gewählt werden. Bei direkten Strategien wendet sich der Spieler unmittelbar an den politischen Entscheidungträger, bei indirekten wird eine Interessenvertretung dazwischengeschaltet. Diese verfolgt dann als korporativer Akteur, beispielsweise als Ge-

---

143 So nutzt beispielsweise die Deutsche Bank zur steuerlich kostengünstigsten Allokation von Kreditrisiken ihre Auslandstöchter, vgl. O. V. (1997g).
144 Vgl. Downs (1968) und Wulffen (1996).

werkschaft oder Unternehmerverband, eine kollektive Strategie[145]. Der Widerspruch kann explizit, etwa in Form einer Demonstration, oder implizit durch konkludentes Verhalten, etwa durch Schwarzarbeit, erfolgen. Das Ziel kann zum einen in der Beeinflussung der Relation zwischen der Nettoauszahlung p_4 und den Outside Options bestehen. Dabei kann sowohl versucht werden, die eigene Auszahlungsrelation zu verbessern als auch diejenige des Mitspielers zu verschlechtern. Zum anderen kann das Ziel politischer Aktivitäten in der Beeinflussung der Transferbedingungen liegen. Diese Alternativen sind in der folgenden Tabelle 4 mit Beispielen illustriert, zunächst für den Mitarbeiter, anschließend für die Unternehmerin.

Einige Maßnahmen haben die Behebung der Ursache von Missständen zum Ziel, beispielsweise Forderungen nach einer Flexibilisierung des Arbeitsmarktes, andere zielen auf Schutz vor deren Symptomen, beispielsweise eine Demonstration gegen Kündigungen. Aus der Sicht der beiden Spieler sind die gesamtwirtschaftlichen Folgen ihrer Aktivitäten zunächst gleichgültig. Ihnen geht es lediglich um die Maximierung ihrer persönlichen Auszahlungen aus dem Reorganisationsspiel. Aus dem Verhalten der Akteure können dennoch Rückschlüsse über die Qualität von Rahmenbedingungen gezogen werden. Denn diese zeigt sich letztlich an der Akzeptanz von Regeln: Regeln, die den Akteuren zum Vorteil gereichen, werden von ihnen grundsätzlich akzeptiert.

Tabelle 4: Möglichkeiten des Widerspruchs gegen Rahmenbedingungen

Mitarbeiter	Auszahlungsrelation	Transferbedingungen
Individuell	Vorsprache beim lokalen Bundestagsabgeordneten wegen individueller Entlassung bei Reorganisation	Tarifvertragswidriges Aushandeln eines Arbeitsvertrags Schwarzarbeit
Kollektiv	Gewerkschaftliches Eintreten für internationale Mindestnormen für Steuern und Sozialabgaben Demonstrationen gegen Betriebsschließungen / für Sozialpläne	Gewerkschaftliche Mitbestimmungsforderungen in Tarifverhandlungen Gewerkschaftliche Zustimmung zu Flexibilisierungsmöglichkeiten für Arbeitsverträge
Unternehmerin	Auszahlungsrelation	Transferbedingungen
Individuell	Individuelles Aushandeln von ABM- und Vorruhestandsregelungen mit lokalem Arbeitsamt zur Verlagerung von Reorganisationskosten	Offenes Unterlaufen von Tarifverträgen im Betrieb Schwarzarbeit Öffentliches Eintreten für Lockerung des Kündigungsschutzes
Kollektiv	Eintreten des Branchenverbandes für Subventionen bzw. Steuervorteile Verbandsforderungen nach Beschränkungen ausländischer Konkurrenz Verbandsinitiative gegen Ausbildungsplatzabgabe	Eintreten von Unternehmer- und Unternehmensverbänden für Deregulierung des Arbeitsmarktes

---

145 Die Probleme der Steuerung von Interessenvertretern werden hier ausgeklammert. Vgl. dazu zum Beispiel Olson (1985).

Betreiben die Akteure des Reorganisationsspiels in starkem Maße kostenträchtige Beeinflussungsaktivitäten im Stile der obigen Beispiele, so kann dies als negativer Indikator für die Qualität von Rahmenbedingungen gedeutet werden. Es bedeutet jedoch nicht automatisch, dass die kritisierten Rahmenbedingungen gesamtwirtschaftlich ineffizient sind, denn für starken Widerspruch der Spieler gibt es mehrere Interpretationsmöglichkeiten. Wenn die Forderungen beider Spieler sich gegen denselben Missstand richten, kann zwar angenommen werden, dass nicht nur Rent Seeking auf Kosten des Spielpartners betrieben wird, sondern tatsächlich ein rahmenordnungsbedingtes Effizienzhindernis für den Reorganisationsprozess besteht. Ein solches gemeinsames Ziel von Einflussaktivitäten bietet beispielsweise das derzeit gültige Tarifsystem, das mitunter von beiden Parteien angegriffen oder faktisch unterlaufen wird[146]. Es kann dabei aber auch vorkommen, dass die Spieler gemeinsam Rent Seeking auf Kosten Dritter betreiben, beispielsweise der Kunden, der Steuerzahler oder der Arbeitslosen. Dies ist zum Beispiel bei der Forderung nach protektionistischen Maßnahmen, wie inländischen Mindestlöhnen, der Fall. Bietet eine Rahmenordnung starke Anreize für ein solches Rent-Seeking-Verhalten, indem es dieses mit hoher Wahrscheinlichkeit honoriert, so ist auch dies aus anreiztheoretischer Sicht als ein Merkmal schlechter Qualität von Rahmenbedingungen zu werten.

4. Zusammenfassung und Perspektiven: Folgen für Management und Politik

In diesem Aufsatz wird dargestellt, wie institutionelle Rahmenbedingungen wesentliche Parameter des Reorganisationsspiels – Investitionen und Auszahlungen – beeinflussen. Es bestätigt sich dabei, dass Effizienz und Implementierbarkeit von Reorganisationsmaßnahmen eben auch von den jeweils gültigen Rahmenbedingungen abhängen. Es zeigt sich darüber hinaus, dass und wie die Spieler den Einfluss von Rahmenbedingungen zumindest teilweise durch die bilaterale Vereinbarung einer entsprechenden Transferzahlung auf betrieblicher Ebene kompensieren können. Außerdem erwachsen aus dem Einfluss von Rahmenbedingungen auf die erreichbaren individuellen Nettoauszahlungen aus Reorganisationsspielen auch Anreize für die Spieler, Ressourcen in die Manipulation solcher Umfeldfaktoren zu investieren. Diese können durch eine Modellerweiterung im Reorganisationsspiel systematisch erklärt werden.

---

146 Vgl. zum Beispiel Picker (1998).

Folgen für das Management:
Notwendigkeit rahmenbedingungsgerechter ‚Tools'

Als ein Fazit kann festgehalten werden, dass Manager gut beraten sind, wenn sie nicht ausländische Managementmoden einfach auf ihr eigenes Unternehmen übertragen. Statt dessen werden in Deutschland erfolgreiche Manager sich dadurch auszeichnen, dass sie trotz oder gerade wegen der gültigen Rahmenbedingungen ihre spezifische Marktlücke finden und sie durch eine die nationalen Rahmenbedingungen nutzende Organisation von Leistungsprozessen ausfüllen[147]. Dabei bietet die Globalisierung der Wirtschaft für Unternehmen in Form preiswerterer Outside Options eher Chancen als Risiken[148]. Sowohl Globalisierung als auch inländische Rahmenbedingungen können deshalb nicht pauschal als Begründung oder Entschuldigung für das Scheitern von Reorganisationsprojekten angeführt werden. Obgleich der oben nachgewiesene Zusammenhang zwischen den Transfermöglichkeiten zwischen den Spielern und den Rahmenbedingungen des Staates besteht, existiert auch innerhalb der in Deutschland gültigen Bedingungen bislang ein weitreichendes Entscheidungsspektrum für unternehmerische Entscheidungen. Der wirtschaftliche Erfolg vieler Unternehmen[149] spricht dafür, dass die momentanen Rahmenbedingungen in Deutschland nicht unternehmerische Tätigkeit per se behindern.

Folgen für die Politikgestaltung

Die nationalen Arbeitslosenzahlen dokumentieren jedoch, dass die Rahmenbedingungen wenig Anreize für Unternehmen bieten, mehr Arbeitsplätze im Inland zu schaffen. Auf eine volkswirtschaftliche Ebene verallgemeinert erklärt die Mechanik des Reorganisationsspiels die gegenwärtige Tendenz deutscher Unternehmen, verstärkt an ausländischen Standorten zu investierten und auf diesem Weg steigende Gewinne zu erzielen, während im Inland die realen Arbeitnehmereinkommen allenfalls stabil bleiben[150]. Das Reorganisationsspiel beschreibt damit den Zusammenhang zwischen der Globalisierung, dem Sozialstaat und der Entwicklungsfähigkeit von Unternehmen. Es bietet einen theoriegestützten Zugang zur sogenannten Standortdebatte in Deutschland[151], aus dem sich auch Erkenntnisse für die Politikgestaltung generieren lassen. Um die Reorganisationsmöglichkeiten für inländische Unternehmen zu verbessern, können – vor dem Hintergrund der Globalisierungsfolgen – Aussagen zur Korrek-

---

147 Vgl. Lamparter (1996), O. V. (1996a), Rommel et al. (1995) und Simon (1996).
148 Vgl. Starbatty (1997). Für ein Beispiel vgl. O. V. (1997g).
149 Vgl. Rommel et al. (1995) und Simon (1996).
150 Vgl. Stelzenmüller (1996), S. 26. Ohne das deutsche Tarifsystem wären die Einkommen gering qualifizierter Arbeitnehmer wahrscheinlich bereits stärker gefallen, dafür die Arbeitslosenquote niedriger.
151 Vgl. Wolff (1996).

tur der Anreizverzerrungen durch das soziale Sicherungssystem getroffen werden. Auch zur Erreichung des politischen Ziels einer Begrenzung der Einkommensungleichheit zwischen den Akteuren bieten sich Gestaltungshinweise an: Versuche, Einkommensungleichheiten durch inländische Umverteilungsaktivitäten zwischen dem Faktor Kapital und Arbeit zu reduzieren, werden scheitern, weil sie zu weiteren Abwanderungsbewegungen des Kapitals führen[152]. Erfolgversprechend erscheinen dagegen Ansätze, die auf eine verstärkte Beteiligung von Mitarbeitern am Produktivkapital von Unternehmen abzielen[153]. Dafür spricht neben der positiven Vermögenswirkung für die Arbeitnehmer auch die Anreizwirkung von Kapitalbeteiligungen.

Die Verringerung der Arbeitslosigkeit ist nicht primäres Ziel und Hauptaufgabe unternehmerischer Investitionsaktivitäten, sondern vielmehr eine politische Aufgabe. Moralisierende Appelle an ‚die Unternehmen' erweisen sich als nur begrenzt erfolgversprechend, solange deren Befolgung mit sinkenden Kapitalrenditen bestraft wird. Um die Arbeitslosigkeit zu senken, wären vielmehr die Rahmenbedingungen dahingehend zu modifizieren, dass der Einsatz der zur Zeit redundanten Arbeitskräfte im Vergleich zum Einsatz von Kapital und ausländischer Arbeit für die Unternehmen wieder attraktiver wird. Dann würden Unternehmen im eigenen Interesse den Faktor ‚inländische Arbeit' verstärkt nachfragen.

Literatur

Acemoglu, D., Pischke, J.-S. 1995: Why do Firms Train? Theory and Evidence. Working Paper, M.I.T.. Cambridge

Adams, M. 1990: Höchststimmrecht, Mehrfachstimmrechte und sonstige wundersame Hindernisse auf dem Markt für Unternehmskontrolle. In: Die Aktiengesellschaft 35(1990), S. 62-78

Akademie für Führungskräfte der Wirtschaft GmbH 1998: Manager haben keine Zeit für innovative Ideen. Die Akademie untersuchte den Neuerungswillen von Führungskräften. Presse-Information. Bad Harzburg

Albach, H. (Hg.) 1989: Organisation. Mikroökonomische Theorie und ihre Anwendungen. Wiesbaden

Alesina, A., Perotti, R. 1997: The Welfare State and Competitiveness. In: American Economic Review 87(1997), S. 921-939

Atkinson, A.B., Morgensen, G.V. (Hg.) 1993: Welfare and Work Incentives. A North European Perspective. Oxford

Badelt, C. u.a. (Hg.) 1997: Reform des Sozialstaats I. Berlin

Baethge, M., Wolf, H. 1995: Continuity and Change in the ‚German Model' of Industrial Relations. In: Locke, R. u.a. (Hg.) 1995

---

152 So belegt eine OECD-Studie, dass in Staaten mit hoher Lohnspreizung – wie den USA – seit 1980 mehr neue Arbeitsplätze entstanden sind als in Staaten mit relativ gleichen Löhnen – wie der Bundesrepublik; vgl. O. V. (1996d).
153 Vgl. zum Beispiel Maier-Mannhart (1996) und Steingart (1997).

Baldwin, P. 1997: The Past Rise of Social Security: Historical Trends and Patterns. In: Giersch, H. (Hg.) 1997
Bamberger, I., Berg, C.C., Kirsch, W., Weber, W. 1993: Die Betriebswirtschaft: Einführung in ihre Entscheidungsprobleme. In: Kirsch, W 1993: Betriebswirtschaftslehre. Eine Annäherung aus der Perspektive der Unternehmensführung. 2. durchgesehene Auflage. München
Baron, D.P. 1995: Business and its Environment. 2. Auflage. Upper Saddle River
Barro, R.J., Sala-i-Martin, X. 1995: Economic Growth. New York u.a.
Barros, P.P., Pinho, P.S., Santiago, P. 1997: Bargaining Power in the Portugese Banking Sektor. Working Paper, Version vom 21. August 1997, Universität Lissabon
Beck, C.H. (Hg.) 1997: Arbeitsgesetze. 51. Auflage. München
Beck, U. 1997: Was ist Globalisierung? Frankfurt/Main
Becker, M., Kloock, J., Schmidt, R., Wäscher, G. (Hg.) 1998: Unternehmen im Wandel und Umbruch. Stuttgart
Benz, T. 1997: „Wider die Mär von den hohen Unternehmensgewinnen" In: Frankfurter Allgemeine Zeitung vom 16.8.97, S. 10
Berger, S., Dore, R. (Hg.) 1996: National Diversity and Global Capitalism. Ithaca, London
Berthold, N. 1997: Der Sozialstaat im Zeitalter der Globalisierung. Tübingen
Berthold, N., Fehn, R. 1997: Reforming the Welfare State: The German Case. In: Giersch, H. (Hg.) 1997
Bickenbach, F., Soltwedel, R. 1996: Ordnung, Anreize und Moral. Ethik und wirtschaftliches Handeln in der modernen Gesellschaft. Gütersloh
Binmore, K., Morgan, P., Shaked, A., Sutton, J. 1991: Do People Exploit Their Bargaining Power? An Experimental Study. In: Games and Economic Behavior 3(1991), S. 295-322
Bowles, S. 1998: Endogenous Preferences: The Cultural Consequences of Markets and other Economic Institutions. In: Journal of Economic Literature 36(1998), S. 75-111
Brandenburger, A.M., Nalebuff, B.J. 1996: Co-opetition. New York u.a.
Breidenbach, S., Henssler, M. (Hg.) 1997: Mediation für Juristen. Köln
Brickley, J.A., Smith, C.W. Jr., Zimmerman, J.L. 1996: Organizational Architecture: A Managerial Economics Approach. o. O. (Irwin Book Team)
Buchanan, J.M. 1992: Die konstitutionelle Ökonomik der Ethik. In: Koslowski, P. (Hg.) 1992
Buchner, H. 1998: Wege zu mehr Beschäftigung. In: Recht der Arbeit 51(1998), S. 265-271
Buechtemann, C.F. (Hg.) 1993: Employment Security and Labor Market Behavior. Interdisciplinary Approaches and International Evidence. Ithaca
Buttler, F., Walwei, U. 1995: Different Institutional Arrangements for Job Placement. In: Buttler, F. u.a. (Hg.) 1995
Buttler, F., Franz, W., Schattkat, R., Soskice, D. (Hg.) 1995: Institutional Frameworks and Labor Market Performance. Comparative Views at the U.S. and German Economies. London, New York
Casson, M. 1997. Information and Organization. A New Perspective on the Theory of the Firm. Oxford
Cowell, A. 1997: „Germans, Too, Work More for Less" In: International Herald Tribune vom 31.7.1997, S. 1
CPB Netherlands Bureau for Economic Policy Analysis 1997: Challenging Neighbours. Rethinking German and Dutch Economic Institutions. Berlin u.a.
Davidson, C., Woodbury, S.A. 1997: Optimal Unemployment Insurance. In: Journal of Public Economics 64(1997), S. 359-387
De Thier, P. 1998: „Bismarck und die US-Rentenreform" In: Süddeutsche Zeitung vom 26.5.1997, S. 24
Deckstein, D. 1997: „Ausbildung in der Krise" In: Süddeutsche Zeitung vom 29.7.1997, S. 4
Deckstein, D. 1998: „Aus Diplomaten müssen Unternehmer werden" In: Süddeutsche Zeitung vom 25.5.1998, S. 27

Deger, R. 1995: Deutschland versus Weltklasse. Internationale Wettbewerbsfähigkeit und Unternehmenserfolg. Stuttgart
Dietl, H. 1993: Institutionen und Zeit. Tübingen
Dill, A. 1996: Standort-Gejammer zeigt Wirkung. In: Holzamer, H.-H. (Hg.) 1996
Dirks, D. 1997: Personalanpassungsmaßnahmen japanischer Firmen in der Rezession. In: Die Betriebswirtschaft 57(1997), S. 541-563
Dirks, D. 1998: „Alter statt Können, Tabu statt Offenheit" In: Süddeutsche Zeitung vom 7./8.3.1998, S. 57
Dörre, K. 1997: „Globalisierung – eine strategische Option. Internationalisierung von Unternehmen und industrielle Beziehungen in der Bundesrepublik. In: Industrielle Beziehungen 4(1997)4, S. 265-290
Downs, A. 1968: Ökonomische Theorie der Demokratie. Tübingen
Dröge & Comp. 1995: Unternehmensorganisation im internationalen Vergleich – Struktur, Prozesse und Führungssysteme in Deutschland, Japan und den USA. Frankfurt/Main, New York
Eatwell, J., Milgate, M., Newman, P. (Hg.) 1989: The New Palgrave: Allocation, Information, and Markets. New York, London
Eglau, H.O. 1996: „Die fremden Gurus. Warum die Vereinigten Staaten den Markt für Management-Innovationen beherrschen" In: Die Zeit vom 2.8.1996, S.20
Eichenhofer, E. 1997: Sozialrecht. 2. Auflage. Tübingen
Eichenhofer, E. 1998: Trittbrettfahren im System sozialer Sicherung. In: Engel, C., Morlok, M. (Hg.) 1998
Eidenmüller, H. 1997: Ökonomische und spieltheoretische Grundlagen von Verhandlungen/Mediation. In: Breidenbach, S., Henssler, M. (Hg.) 1997
Engel, C., Morlok, M. (Hg.) 1998: Öffentliches Recht als ein Gegenstand ökonomischer Forschung
EPOC Research Group 1997: New Forms of Work Organisation. Can Europe Realise its Potential? European Foundation for the Improvement of Living and Working Conditions. Dublin
Esping-Anderson, G. 1990: The Three Worlds of Welfare Capitalism. Princeton
Esser, K., Sieben, G. (Hg.) 1997: Betriebliche Altersversorgung. Eine betriebswirtschaftliche Analyse. Stuttgart
Franz, W., Soskice, D. 1995: The German Apprenticeship System. In: Buttler, F. u.a. (Hg.) 1995
Freeman, R.B., Lazear, E. 1995: An Economic Analysis of Works Councils. In: Rogers, J., Streeck, W. (Hg.) 1995
Frese, E., Theuvsen, L. 1997: Market-oriented Restructuring of Large German Companies – Comparing Organizational Change in German and U. S. Industries. Arbeitspapier vom 21.7.1997. Universität Köln
Frese, E. (Hg.) 1992: Handwörterbuch der Organisation. 3. Auflage. Stuttgart
Frese, W., Maly, W. (Hg.) 1994: Organisationsstrategien zur Sicherung der Wettbewerbsfähigkeit. Lösungen deutscher Unternehmen. Zeitschrift für betriebswirtschaftliche Forschung (ZfbF), Sonderheft 33
Frick, B. 1997: Mitbestimmung und Personalfluktuation: Zur Wirtschaftlichkeit der bundesdeutschen Betriebsverfassung im internationalen Vergleich. München, Mering
Frick, B., Sadowski, D. 1995: Works Councils, Unions, and Firm Performance. In: Buttler, F. u.a. (Hg.) 1995
Frieden, J.A., Rogowski, R. 1996: The Impact of the International Economy. In: Koehane, R.O., Milner, H.V. (Hg.) 1996
Fröhlich, D. 1998: Wege und Irrwege zur flexiblen Organisation. Eine Analyse der neueren Forschung über direkte Mitarbeiterbeteiligung in Europa, Japan und den USA. European Foundation for the Improvement of Living and Working Conditions. Dublin

Gaserow, V. 1997: „Urlaub am Fließband. Ausländische Saisonarbeiter sollen durch deutsche Arbeitslose ersetzt werden. Doch die können oder wollen oft nicht" In: Die Zeit vom 23.5.1997, S. 17

Gaugler, E. 1997: Die Regelung der Arbeitsverhältnisse: Finden betriebswirtschaftliche Erkenntnisse einen Niederschlag in arbeitsrechtlichen Normen und Entscheidungen? In: Zeitschrift für Betriebswirtschaft (ZfB) Ergänzungsheft 4/97, S. 95-101

Gehrmann, W., Willecke, S., Winkelmann, U. 1997: „Die neue Freiheit der Lehre. Hat das duale System der Ausbildung eine Zukunft?" In: Die Zeit vom 8.8.1997, S. 9-12

Gibbons, R. 1997: An Introduction to Applicable Game Theory. In: Journal of Economic Perspectives 11(1997), S. 127-149

Giersch, H. (1997): „Das Jahrhundert der Globalisierung" In: Frankfurter Allgemeine Zeitung vom 11.1.1997, S. 13

Giersch, H. (Hg.) 1997: Reforming the Welfare State. Berlin u.a.

Gieske, F. 1993: Management externer Belastungen am Standort Deutschland. In: Schmalenbach-Gesellschaft 1993

Grandori, A. 1991: Negotiating Efficient Organization Forms. In: Journal of Economic Behavoir and Organization 16(1991), S. 319-340

Grunenberg, N. 1997: „Was ist los mit den Deutschen?" In: Die Zeit vom 17.10.1997, S. 3

Gwartney, J., Lawson, R., Block, W. 1996: Economic Freedom of the World 1975-1995. Vancouver

Haferkamp, H. (Hg.) 1990: Sozialstruktur und Kultur. Frankfurt/Main

Haller, M., Bleicher, K., Brauchlin, E., Pleitner, H.-J., Wunderer, R., Zünd, A. (Hg.) 1993: Globalisierung der Wirtschaft. Einwirkungen auf die Betriebswirtschaftslehre. Bern u.a.

Hammer, M., Stanton, S.A. 1995: The Reengineering Revolution. New York

Harpprecht, K. 1997: „Auf Nummer Sicher" In: Manager Magazin, August/1997, S. 124-127

Heidelberger Club für Wirtschaft und Kultur e.V. (Hg.) 1997: Globalisierung. Der Schritt in ein neues Zeitalter. Berlin u.a.

Hemmer, E. 1997: Sozialpläne und Personalanpassungsmaßnahmen – Eine empirische Untersuchung. Köln

Herz, W. 1996: „Die große Ausrede" In: Die Zeit, Nr. 45 vom 1.11.1996, S. 25-26

Herz, W. 1997: „Zu kurzer Atem" In: Die Zeit Nr. 42 vom 10.10.1997, S. 32

Heuser, U. J. 1996: „Ökonomie paradox" In: Die Zeit vom 4.10.1996, S. 24

Hirschman, A.O. 1974: Abwanderung und Widerspruch. Reaktionen auf den Leistungsabfall bei Unternehmungen, Organisationen und Staaten. Tübingen

Hofstede, G. 1993a: Interkulturelle Zusammenarbeit. Kulturen – Organisation – Management. Wiesbaden

Hofstede, G. 1993b. Die Bedeutung von Kultur und ihren Dimensionen im internationalen Management. In: Haller, M. u.a. (Hg.) 1993

Holler, M.J., Illing, G. 1996: Einführung in die Spieltheorie. 3. Auflage. Berlin u.a.

Holtfrerich, C.-L. u.a. (Hg.) 1996: Wirtschaft USA – Strukturen, Institutionen und Prozesse. München u. Wien

Holzamer, H.-H. 1996a: Teure Manager, müde Erfinder, lahme Studenten. In: Holzamer, H.-H. (Hg.) 1996

Holzamer, H.-H. 1996b: Befreiung aus dem Würgegriff des Staates. In: Holzamer, H.-H. (Hg.) 1996

Holzamer, H.-H. 1996c: „Wie kann eine Gesellschaft ihre Mentalität ändern?" In: Süddeutsche Zeitung vom 9./10.11.1996, S. V1/1

Holzamer, H.-H. (Hg.) 1996: Wirtschaftsstandort Deutschland. Mythen, Fakten, Analysen. München, Landsberg (Lech)

Homann, K. 1997: Umbau des Sozialstaates: Sozialpolitik für den Markt". Vortrag im Rahmen der CSU-Vorstandsklausur am 10./11.10.1997. Wildbad Kreuth

Houseman, S.N., Abraham, K.C. 1995: Labor Adjustment under Different Institutional Structures. A Case Study of Germany and the United States". In: Buttler, F. u.a. (Hg.) 1995

Hromadka, W. 1995: Rechtliche Rahmenbedingungen flexibler Arbeits- und Betriebszeitgestaltung. In: Wildemann, H. 1995

Hurwicz, L. 1973: The Design of Mechanisms for Resource Allocation. Richard T. Ely Lecture. In: American Economic Review 63(1973), S. 1-30

Hüther, M. 1997: Umbau der Sozialen Sicherungsysteme im Zeichen der Globalisierung?. In: Zeitschrift für Wirtschaftspolitik 46(1997)2, S. 193-214

Joffe, J. 1997: „Das ‚Rheinische Modell' am Ende" In: Süddeutsche Zeitung vom 10.2.1997, S. 4

Jost, P.-J. 1998: Strategisches Konfliktmanagement. Eine spieltheoretische Einführung in die Analyse und das Management von Organisationskonflikten. Wiesbaden

Kaess, M. 1997: Union – Firm Bargaining with Nash and Proportional Solution. In: Münchener Wirtschaftswissenschaftliche Beiträge Nr. 97-10. Volkswirtschaftliche Fakultät der Ludwig-Maximilians-Universität München

Kaufmann, F.-X. 1997: Herausforderungen des Sozialstaates. Frankfurt

Keller, E. v. 1982: Management in fremden Kulturen: Ziele, Ergebnisse und methodische Probleme der kulturvergleichenden Managementforschung. Bern, Stuttgart

Kieser, A. 1993: Die ‚Zweite Revolution in der Autoindustrie' – eine vergleichende Analyse und ihre Schwächen. In: Meyer-Krahmer, F. (Hg.) 1993

Knight, J. 1995: Models, Interpretations, and Theories: Constructing Explanations of Institutional Emergence and Change. In: Knight, J., Sened, I. (Hg.) 1995

Knight, J., Sened, I. (Hg.) 1995: Explaining Social Institutions. Ann Arbor

Kochan, T.A., Useem, M. (Hg.) 1992: Transforming Organizations. New York, Oxford

Koehane, R.O., Milner, H.V. (Hg.) 1996: Internationalization and Domestic Politics. Cambridge, New York, Melbourne

Kogut, B., Parkinson, D. 1993: The Diffusion of American Organizing Principles to Europe. In: Kogut, B. (Hg.) 1993

Kogut, B. (Hg.) 1993: Country Competitiveness. Technology and the Organization of Work. New York, Oxford

Köhler, R. 1998: „Der schleichende Umsturz der Japan AG" In: Süddeutsche Zeitung vom 18.6.1998, S. 4

Koslowski, P. (Hg.) 1992: Neuere Entwicklungen in der Wirtschaftsethik und Wirtschaftsphilosophie. Berlin u.a.

Kossbiel, H. (Hg.) 1998: Modellgestützte Personalentscheidungen 2. München, Mehring

Krüger, W. 1994: Umsetzung neuer Organisationsstrategien: Das Implementationsproblem. In: Frese, W., Maly, W. (Hg.) 1994

Krugman, P. 1995: Growing World Trade: Causes and Consequences. In: Brookings Papers on Economic Activity 1/1995, S. 327-377

Kumar, B.N. 1991: Kulturabhängigkeit von Anreizsystemen. In: Schanz, G. (Hg.) 1991

Lamparter, D.H. 1996: „Gegen den Strom. Hunderte deutscher Mittelständler sind Spitze am Weltmarkt – mit überraschend einfachen Konzepten". In: Die Zeit vom 26.1.1996, S. 28

Lamparter, D. H., Vorholz, F. 1996: „Wie im alten Rom" In: Die Zeit vom 19.7.1996, S. 15

Laux, H. 1988: Optimale Anreizsysteme bei sicheren Erwartungen. In: Zeitschrift für betriebswirtschaftliche Forschung 40(1988), S. 959-989, 1093-1111

Lay, G., Kinkel, S., Mies, C. 1997: Alle reden – Wenige handeln. In: Lay, G., Mies, C. (Hg.) 1997

Lay, G., Mies, C. (Hg.) 1997: Erfolgreich reorganisieren, Unternehmenskonzepte aus der Praxis. Berlin u.a.

Ledyard, J.O. 1989: Incentive Compatibility. In: Eatwell, J. u.a. (Hg.) 1989

Leibfried, S., Rieger, E. 1995: Conflicts of Germany's Competitiveness („Standort Deutschland'): Exiting from the Gobal Economy? Occasional Paper, Center for German and European Studies. University of California at Berkeley
Lentz, B. 1998: „Eat your own Children" In: Capital 5/98, S. 73-81
Lindenberg, S. 1990: Rationalität und Kultur. Die verhaltenstheoretische Basis des Einflusses von Kultur auf Transaktionen. In: Haferkamp, H. (Hg.) 1990
Locke, R., Kochan, T., Piore, M. (Hg.) 1995: Employment Relations in a Changing World Economy. Cambridge, London
Löhnert, B. 1997: Die kulturellen Grundlagen amerikanischer Unternehmensethikprogramme: Eine interkulturelle Analyse. In Ulrich, P., Wieland, J. (Hg.) 1997
Lorz, J.O. 1997: Standortwettbewerb bei internationaler Kapitalmobilität. Eine modelltheoretische Untersuchung. Tübingen
Lynch, L.M. 1992: Using Human Resources in Skill Formation: The Role of Training. In: Kochan, T.A., Useem, M. (Hg.) 1992
Maier-Mannhart, H. 1997: „Kapital ohne Grenzen" In: Süddeutsche Zeitung vom 1./2.11.1997, S. 33
Maier-Mannhart, H. (Hg.) 1996: Mitarbeiterbeteiligung: Vom Mitarbeiter zum Mitunternehmer. Beispiele aus der betrieblichen Praxis. München, Landsberg (Lech)
Malcomson, J.M. 1997: Contracts, Hold-Up, and Labor Markets. In: Journal of Economic Literature 35(1997), S. 1916-1957
Maly, W. 1997: Die Bedeutung der Sozialpolitik für unternehmerische Standortentscheidungen. In: Schmähl, W., Rische, H. (Hg.) 1997
Marmor, T.R., Mashaw, J.L., Harvey, P.L. 1990: America's Misunderstood Welfare State: Persistent Myths, Enduring Realities. New York
Marshall, T.H. 1985: Social Policy in the Twentieth Century. London u.a.
Mas-Colell, A., Whinston, M.D., Green, J. 1995: Microeconomic Theory. New York, Oxford
McMillan, J. 1992: Games, Strategies, and Managers. New York, Oxford
Meyer-Krahmer, F. (Hg.) 1993: Innovationsökonomie und Technologiepolitik. Forschungsansätze und politische Konsequenzen. Heidelberg
Miegel, M. 1997: „Warum machen Politiker keine Politik, Herr Professor Miegel?" Ein Interview von H. Klein. In: Frankfurter Allgemeine Zeitung Magazin vom 2.5.1997, S. 50-51
Milgrom, P., Roberts, J. 1992: Economics, Organization and Management. Englewood Cliffs
Milgrom, P., Roberts, J. 1995: Continuous Adjustment und Fundamental Change in Business Strategy and Organization. In: Siebert, H. (Hg.) 1995
Mische, J. 1993: Das Management von Soziallasten im Unternehmen. In: Schmalenbach-Gesellschaft 1993
Myerson, R.B. 1979: Incentive Compatibility and the Bargaining Problem. In: Econometrica 47(1979), S. 61-74
Niedenhoff, H. U. 1994: Die Kosten der Anwendung des Betriebsverfassungsgesetzes. Köln
Niedenhoff, H.-U. 1995: Mitbestimmung in der Bundesrepublik Deutschland. 10. Auflage. Köln
Nippa, M. 1997: Erfolgsfaktoren organisatorischer Veränderungsprozesse in Unternehmen. In: Nippa, M., Scharfenberg, H. (Hg.) 1997
Nippa, M., Picot, A. (Hg.) 1995: Prozessmanagement und Reengineering. Die Praxis im deutschsprachigen Raum. Frankfurt/Main, New York
Nippa, M., Scharfenberg, H. (Hg.) 1997: Implementierungsmanagement. Über die Kunst, Reengineeringkonzepte erfolgreich umzusetzen. Wiesbaden
Noelle-Neumann, E., Köcher, R. (Hg.) 1997: Allensbacher Jahrbuch für Demoskopie 1993-1997, Band 10. München
O.V. 1996a: „German Lessons. Riled by the Cult of American Business Methods, German Managment Theorists are Explaining what Germany does best" In: Economist, July 13th 1996, S. 59
O.V. 1996b: „Redesigning the German Model" In: Economist, Jan. 27th 1996, S. 41-42

O.V. 1996c: „Arbeitsmarkt / Bundesbank fordert Reformen: Niedrige Löhne hoch belastet" In: Handelsblatt vom 16./17.2.1996, S. 6

O.V. 1996d: „Jobs and Wages Revisited. Despite Recent Newspaper Reports that Seem to Argue the Contrary, Wider Wage Differentials do Help to Create Jobs" In: Economist, Aug. 17th 1996, S. 68

O.V. 1997a: „Arbeitslose. Fußwarmer Belag" In: Der Spiegel Nr. 44/1997, S. 99-102

O.V. 1997b: „Nettolohn in Deutschland niedriger als in England" In: Süddeutsche Zeitung vom 17.8.1997, S. 2

O.V. 1997c: „Second Thoughts about Globalization" In: Economist vom 21.6.1997, S. 86

O.V. 1997d: „Mehrheit der Deutschen ohne Mut zum Risiko" In: Süddeutsche Zeitung vom 7.8.1997, S. 25

O.V. 1997e: „Unternehmen leiden an DDR-Mentalität" In: Frankfurter Allgemeine Zeitung vom 7.2.1997, S. 17

O.V. 1997f: „Gewerkschaften für Ende der Bescheidenheit" In: Süddeutsche Zeitung vom 6.10.1997, S. 1

O.V. 1997g: „Rechtliche Grauzone" In: Der Spiegel Nr. 44/1997, S. 119

O.V. 1998a: „Managementfehler sind häufigste Pleitenursache" In: Süddeutsche Zeitung vom 17.3.1998, S. 26

O.V. 1998b: „Demonstration ‚für eine andere Republik'" In: Süddeutsche Zeitung vom 22.6.1998, S. 1

Oechsler, W.A. 1992: Mitbestimmungsrecht im organisatorischen Gestaltungsprozess. In: Frese, E. (Hg.) 1992

Olson, M. 1985: Die Logik des kollektiven Handelns. 2. Auflage. Tübingen

Ott, C., Schäfer, H.-B. (Hg.) 1997: Effiziente Verhaltenssteuerung und Kooperation im Zivilrecht. Tübingen

Paper, D. 1998: Business Process Reengineering and Improvement: A Comparison of US and Japanese Firms. In: Knowledge and Process Management 5(1998)3, S. 185-191

Passel, P. 1998: „In U. S., Benefits for the Unskilled Shrink along with Wages" In: International Herald Tribune vom 15.6.1998, S. 13

Perlitz, M. 1997: Standortentscheidungen von Unternehmen aus betriebswirtschaftlicher Sicht. In: Vosgerau, J. (Hg.) 1997

Picot, A., Böhme, M. 1995: Zum Stand der prozessorientierten Unternehmensgestaltung in Deutschland. In: Nippa, M., Picot, A. (Hg.) 1995

Picot, G. 1994: Reorganization of Companies in Germany. In: International Business Lawyer, May 1994, S. 223-230

Pull, K., Sadowski, D. 1997: Recht als Ressource. Die Aushandlung freiwilliger Leistungen in Betrieben. In: Ott, C., Schäfer, H.-B. (Hg.) 1997

Quirin, I. 1997: „Technikmuffel in der Chefetage" In: Facts, Nr. 8-9/97, S. 34-35

Rabin, M. 1993: Incorporating Fairness into Game Theory and Economics. In: American Economic Review 83(1993), S. 1281-1301

Rabin, M. 1998: Psychology and Economics. In: Journal of Economic Literature 36(1998), S. 11-46

Ramb, B.-T. 1993 Die allgemeine Logik des menschlichen Handelns. In: Ramb, B.-T., Tietzel, M. (Hg.) 1993

Ramb, B.-T., Tietzel, M. (Hg.) 1993: Ökonomische Verhaltenstheorie. München

Raub, W., Weesie, J., Bruins, J. (Hg.) 1998: The Management of Durable Relations: Theoretical and Empirical Models for Households and Organizations. Amsterdam

Reiß, M., Rosenstiel, L. v., Lanz, A. (Hg.) 1997: Change Management: Programm, Projekte und Prozesse. Stuttgart

Rieger, E., Leibfried, S. 1995: Globalization and the Western Welfare State. An Annotated Bibliography. Working Paper, Mannheimer Zentrum für Europäische Sozialforschung, Bibliographies/No. 2. Mannheim

Rieger, E., Leibfried, S. 1997: Die sozialpolitischen Grenzen der Globalisierung. In: Politische Vierteljahresschrift 38(1997), S. 771-796

Rieger, E., Leibfried, S. 1998a: Wirtschaftliche Globalisierung und Sozialpolitik – Zur Analyse einer Wechselbeziehung am Beispiel der USA". SFB Report Nr. 7/Juli 1998, Sonderforschungsbereich 186. Universität Bremen

Rieger, E., Leibfried, S. 1998b: Welfare State Limits to Globalization. In: Politics & Society 26(1998), S. 363-390

Roberts, P.C. 1997: „Welfare doesn't have to be Habit-forming – Just look at Chile" In: Business Week vom 28.7.1997, S. 10

Rösner, H.J. 1997: Beschäftigungspolitische Implikationen des Globalisierungsphänomens als Herausforderung für den Sozialstaat. In: Badelt, C. u.a. (Hg.) 1997

Rogers, J., Streeck, W. (Hg.) 1995: Works Councils: Consultation, Representation, and Cooperation in Industrial Relations. Chicago

Rommel, G., Kluge, J., Kempis, R.-D., Diederichs, R., Brück, F. 1995: Simplicity Wins. How Germany's Mid-sized Industrial Companies Suceed. Boston

Rosenstiel, L. v., Lang-von Wins, T. (Hg.) 1998: Perspektiven des Unternehmertums. Stuttgart

Schanz, G. (Hg.) 1991: Handbuch Anreizsysteme. Stuttgart

Scharfenberg, H. 1997: Implementierungsmanagement – effektiv und effizient. In: Nippa, M., Scharfenberg, H. (Hg.) 1997

Schmähl, W., Rische, H. (Hg.) 1997: Internationalisierung von Wirtschaft und Politik: Handlungsspielräume der nationalen Sozialpolitik. Baden-Baden

Schmalenbach-Gesellschaft 1993: Unternehmensführung und externe Rahmenbedingungen. Kongress-Dokumentation, 47. Deutscher Betriebswirtschafter-Tag. Stuttgart

Schröder, J., Van Suntum, U. 1998: Internationales Beschäftigungs-Ranking 1998 (hg. von der Bertelsmann Stiftung). Gütersloh

Schüller, A., Weber, R. 1997: „In Verbannung auf der Insel des Kollektivismus" In: Frankfurter Allgemeine Zeitung vom 18.10.1997, S. 17

Schüren, P. 1997) Arbeitsrecht als Bestandteil strategischer Planung von Veränderungen im Unternehmen: Innovative Personalanpassung als Beispiel. In: Reiß, M., Rosenstiel, L. v., Lanz, A. (Hg.) 1997

Schwertfeger, B. 1997: „Die geplante Folgenlosigkeit der Neuorganisation. Widerstände beim Change Management" In: Handelsblatt vom 5./6.9.97, S. K1-K2

Shlaes, A. 1994: Germany's Chained Economy. In: Foreign Affairs 73(1994)5, S. 109-124

Siebert, H. 1996: Die Weltwirtschaft im Umbruch: Müssen die Realeinkommen der Arbeitnehmer sinken? Kieler Arbeitspapier Nr. 744, Institut für Weltwirtschaft. Kiel

Siebert, H. 1997: Die Einschränkung des Lohnbildungsspielraums durch die Kosten der Sozialversicherung. In: Die Weltwirtschaft (1997)1, S. 1-8

Siebert, H. 1998a: Arbeitslos ohne Ende? Strategien für mehr Beschäftigung. Frankfurt/Main, Wiesbaden

Siebert, H. 1998b: „Wieder in Marktprozessen denken. Eine stärkere Verteilungsorientierung lähmt die volkswirtschaftliche Dynamik/Die Reallohnsteigerung muss hinter dem Produktivitätszuwachs zurückbleiben" In: Frankfurter Allgemeine Zeitung vom 13.6.1998, S. 15

Siebert, H. (Hg.) 1995: Trends in Business Organization: Do Participation and Cooperation Increase Competitiveness? Tübingen

Simon, H. 1996: Hidden Champions. Lessons from 500 of the Worlds's Best Unknown Companies. Boston

Sinn, G., Sinn, H.-W. 1991: Kaltstart. Volkswirtschaftliche Aspekte der Deutschen Vereinigung. Tübingen

Sinn, H.-W. 1985: Psychophysical Laws in Risk Theory. In: Journal of Economic Psychology 6(1985), S. 185-206

Sinn, H.-W. 1986a: Risiko als Produktionsfaktor. In: Jahrbuch für Nationalökonomie und Statistik Bd. 201/6. Stuttgart
Sinn, H.-W. 1986b: Social Insurance, Incentives, and Risk Taking. Working Paper No. 102, Center for Economic Studies. Universität München
Sinn, H.-W. 1995: The Welfare State. In: Scandinavian Journal of Economic & Political Science 32(1995), S. 371-374
Sinn, H.-W. 1997: Deutschland im Steuerwettbewerb. Working Paper No. 132, Center for Economic Studies. München
Söderström, L. 1997: Moral Hazard in the Welfare State. In: Giersch, H. (Hg.) 1997
Spengler, T. 1998: Flexible Personalplanung mit additiven und nicht-additiven Wahrscheinlichkeiten. In: Kossbiel, H. (Hg.) 1998
Starbatty, J. 1997: „Ohne Angst in einer offenen Welt" In: Frankfurter Allgemeine Zeitung vom 25.1.1997, S. 17
Staudt, E. 1997: „Warum im Ruhrgebiet vieles falsch läuft" In: Frankfurter Allgemeine Zeitung vom 2.4.1997, S. 16
Steingart, G. 1997: „Die neue Ungemütlichkeit" In: Der Spiegel 41/1997, S. 124-129
Stelzenmüller, C. 1996: „‚Es geht nicht ohne Scherben'" In: Die Zeit vom 11.10.1996, S. 25-26
Streeck, W. 1995: German Capitalism: Does It Exist? Can It Survive? MPIFG Discussion Paper 95/5 (im Erscheinen in: Crouch, C./Streeck, W. (Hg.): Modern Capitalism or Modern Capitalisms?, London)
Streeck, W. 1996: Lean Production in the German Automobile Industry: A Test Case for Convergence Theory. In: Berger, S., Dore, R. (Hg.) 1996
Sundermann, W. 1992: Mitbestimmung, betriebliche. In: Frese, E. (Hg.) 1992
Ulrich, P., Wieland, J. (Hg.) 1997: Unternehmensethik. Praktische Konzepte und ihre Implementierung. Bern
Unternehmerinstitut (UNI) e.V. 1997: Arbeit ist genug da. Schriftenreihe des Unternehmerinstituts UNI. Bonn
Van Bergeijk, P. A.G., Mensink, N.W. 1997: Measuring Globalization. In: Journal of World Trade 1997, S. 159-168
Vosgerau, J. (Hg.) 1997: Zentrum und Peripherie – Zur Entwicklung der Arbeitsteilung in Europa. Schriften des Vereins für Socialpolitik Band 250. Frankfurt/Main
Waragai, T. 1989: Der Einfluss von Reorganisation auf die Unternehmensentwicklung – Eine ökonomische Analyse. In: Albach, H. (Hg.) 1989
Wasser, H. u.a. (Hg.) 1996: USA. Geschichte – Politik – Gesellschaft – Wirtschaft. 3. Auflage. Opladen.
Weinstein, M., Kochan, T. 1995: The Limits of Diffusion: Recent Developments in Industrial Relations and Human Resource Practices in the United States. In: Locke, R. u.a. (Hg.) 1995
Weiss, U. 1997: „Gegen die Blockade in den Köpfen" In: Frankfurter Allgemeine Zeitung vom 8.9.1997, S. 19
Whinston, C., Crandall, R.W. 1994: Explaining Regulatory Policy. In: Brookings Papers on Economic Activity: Microeconomics, S. 1-49
Wildemann, H. 1995: Arbeitszeitmanagement. Einführung und Bewertung flexibler Arbeitszeiten. München
Williamson, O.E. 1994: The Institutions and Governance of Economic Development and Reform. In: ders. 1996: The Mechanisms of Governance. Oxford u.a.
Wirtz, B.W. 1996: Business Process Reengineering – Erfolgsdeterminanten, Probleme und Auswirkungen eines neuen Reorganisationsansatzes. In: Zeitschrift für betriebswirtschaftliche Forschung 48(1996), S. 1023-1036
Wolff, B. 1995: Organisation durch Verträge. Wiesbaden

Wolff, B. 1996: Incentive Compatible Change Management in a Welfare State: Asking the Right Questions in German Standort-Debate. Working Paper Series #6.4, Center for European Studies. Harvard University

Wolff, B. 1998a: Komplementarität ökonomischer und psychologischer Erklärungen von Reorganisationsprozessen. In: Becker, M. u.a. (Hg.) 1998

Wolff, B. 1998b: Incentive-Compatible Change Management. In: Raub, W. u.a. (Hg.) 1998

Wolff, B. 1999: Anreizkompatible Reorganisation von Unternehmen. Stuttgart

Wolff, B., v. Wulffen, K. 1998: Reorganisation durch Initiative von unten: Unternehmer im Unternehmen. In: Rosenstiel, L. v., Lang-von Wins, T. (Hg.) 1998

Woodruff, D. 1997: „Germany – ‚The German Worker Is Making a Sacrifice' – With Jobs Fleeing the Country, Unions Agree to Lower Wages and Higher Productivity" In: Business Week (European Edition) vom 28.7.1997, S. 22-24

Wulffen, K. v. 1996: „Politikberatung in der Demokratie. Zur Anwendung institutionenökonomischer Konzepte auf die Gesellschafts- und Unternehmenspolitik. Berlin

Lutz Zündorf

Interessenmanagement – Loyalität, Widerspruch und Abwanderung transnationaler Unternehmen

Einleitung

In diesem Beitrag wird der Begriff „Interessenmanagement" nicht im Sinne eines bereits theoretisch oder empirisch fundierten, mehr oder weniger normativ geladenen Leitbilds für praktisches Handeln verwendet, sondern im Sinne von Lazarsfelds „bildhafter Vorstellung" als Ausgangspunkt von Begriffsbildung und empirischer Forschung: „Die Entwicklung von Gedanken und analytischen Vorstellungen, die im Endeffekt zu einem Messinstrument führt, beginnt gewöhnlich mit etwas, das wir bildhafte Vorstellung nennen könnten. ... In jedem Fall handelt es sich bei dem Begriff im ersten Entwicklungsstadium um eine vage umrissene Bedeutungseinheit, die den beobachteten Beziehungen Sinn verleiht" (Lazarsfeld 1967, S. 106).[1]

Der im Folgenden entwickelte Begriff des Interessenmanagements basiert auf der Vorstellung von Unternehmung als gesellschaftlicher Institution, die zur kollektiven, arbeitsteiligen Produktion von Gütern oder Dienstleistungen Ressourcen nutzt, die ihr von verschiedenen (Gruppen von) Ressourceninhabern zur Verfügung gestellt werden, und deren daraus resultierende Ansprüche aus der gemeinschaftlich erbrachten Wertschöpfung befriedigt werden müssen. Demzufolge hat das Unternehmensmanagement zwei Hauptfunktionen zu erfüllen: Zum einen müssen die eingebrachten Ressourcen auf effiziente und innovative Weise kombiniert werden – dies ist die ökonomische Seite der Unternehmensvergesellschaftung;[2] zum anderen muss zwischen denjenigen Akteuren bzw. Gruppen, die dem Unternehmen bestimmte Teile ihrer Ressourcenausstattung zur Verfügung stellen, ein Interessenaus-

---

1 „Der nächste Schritt besteht in einer Zerlegung dieser ursprünglich bildhaften Vorstellung in einzelne Bestandteile", in Aspekte oder Dimensionen. „Nachdem wir über diese Dimensionen entschieden haben, folgt der dritte Schritt: die Suche nach Indikatoren für diese Dimensionen... Der vierte Schritt besteht darin, das Spiel aus seinen Einzelteilen wieder zusammenzusetzen" und einen Gesamtindex zu bilden (Lazarsfeld 1967, S. 106f.).
2 Dies ist der Ansatzpunkt von Schumpeters (1987, S. 99ff.) Konzeption der Unternehmerfunktion im Rahmen seiner angebotsorientierten Theorie der wirtschaftlichen Entwicklung.

gleich herbeigeführt werden – dies ist die sozio-politische Seite der Unternehmensvergesellschaftung.

Das im Zentrum der folgenden Ausführungen stehende Problem des Interessenausgleichs wird von verschiedenen Theorieansätzen angegangen. Einen originär soziologischen Ansatz zur Erschließung der Problematik des Interessenmanagements findet man in Max Webers (1976, S. 21) Konzept der *Vergesellschaftung* als einer sozialen Beziehung, in der die Einstellung des Handelns auf „rational (wert- oder zweckrational) motiviertem Interessenausgleich oder auf ebenso motivierter Interessenverbindung beruht". Im Vergesellschaftungstypus des „frei paktierten Zweckvereins", definiert als „eine nach Absicht und Mitteln rein auf Verfolgung sachlicher (ökonomischer oder anderer) Interessen der Mitglieder abgestellte Vereinbarung kontinuierlichen Handelns", ist der Kreis der Akteure, zwischen denen ein Interessenausgleich herzustellen ist, auf „Mitglieder" begrenzt.[3]

Umfassender und differenzierter ist Colemans (1974/75) und Vanbergs (1982) Konzeption des Unternehmens als korporativer Akteur, der durch die *Zusammenlegung von Ressourcen* individueller Personen unter einheitliche Disposition gebildet wird. „Der Ressourcenbegriff hat in diesem Zusammenhang eine sehr allgemeine Bedeutung, er umfasst materielle ebenso wie immaterielle Güter, übertragbare Mittel ebenso wie unveräußerliche, personengebundene Fähigkeiten und Fertigkeiten. Als Ressource in diesem allgemeinen Sinne ist all das zu bezeichnen, was ein Akteur zur Beeinflussung seiner – physischen und sozialen – Umwelt einsetzen kann" (Vanberg 1982, S. 10f.).[4] Die Agenten des korporativen Akteurs bzw. das Topmanagement des Unternehmens verfügen nicht nur über den Ressourcenpool, sondern verteilen auch den Korporationsertrag auf die verschiedenen Gruppen von Ressourceneinbringern. Die Kategorie der Ressourceneinbringer, zwischen deren rivalisierenden Ansprüchen ein Interessenausgleich hergestellt werden muss, ist umfassender als Webers Kategorie der Mitglieder, denn hierzu gehören auch externe Investoren ohne Mitgliederstatus.

Ein dritter Ansatz zur Erschließung der Problematik des Interessenmanagements stellt das *Anspruchsgruppen-* oder *Stakeholder-Konzept* der institutionellen Ökonomie dar. Auch in diesem Ansatz wird davon ausgegangen, dass ein Unternehmen für die Erstellung von Leistungen in seiner Umwelt Ressourcen mobilisieren muss, und dass eine der wichtigsten Funktionen des exekutiven Managements darin besteht, Inhaber benötigter Ressourcen durch Schaffung von „Anreizen" zur Einbringung (eines Teils) ihrer Ressourcen-

---

3   Mitgliedschaft in einem Zweckverein (als Unterform eines Verbands) bedeutet Einbindung in „eine nach außen regulierend beschränkte oder geschlossene soziale Beziehung", mit „gesatzten Ordnungen", die „für die kraft persönlichen Eintritts Beteiligten Geltung beanspruchen" (Weber 1976, S. 26, 28).

4   Coleman (1974/75, S. 757f.) zufolge stammen alle Ressourcen letztlich von natürlichen Personen. Korporative Akteure erhalten ihre Ressourcen letztlich von natürlichen Personen – auch dann, wenn sie Ressourcen von anderen korporativen Akteuren erhalten und nicht direkt von natürlichen Personen.

ausstattung in das Unternehmen zu motivieren.⁵ Beim *Stakeholder*-Ansatz geht es aber nicht nur darum, potentielle Ressourceninhaber für ein Engagement am Unternehmen zu interessieren, sondern darüber hinaus auch darum, die Interessen aller Akteure zu berücksichtigen, die in irgendeiner Weise von unternehmerischen Entscheidungen betroffenen sind, bei denen durch unternehmerisches Handeln etwas auf dem Spiel – „*at the stake*" – steht. Dazu gehören außer Mitarbeitern und Kapitalgebern auch Kunden sowie alle zum Standort des Unternehmens zu zählenden Akteure (Kirsch 1996, S. 62f.). Im Anspruchsgruppen- oder *Stakeholder*-Konzept ist der Kreis der zu berücksichtigenden Interessen also noch weiter gezogen als im Modell der Ressourcenzusammenlegung. Wie Hill (1991, S. 10ff.) betont, haben Unternehmen neben der ökonomischen, auf Effizienz und Effektivität zielenden Dimension, auch eine politische Dimension, in der es darum geht, auf die Interessen und Ansprüche der beteiligten und berechtigten Gruppen so einzugehen, dass das Unternehmen nicht durch den Entzug kritischer Ressourcen seine Handlungsfähigkeit einbüßt oder in seinem Bestand gefährdet wird.

Im Falle transnationaler Unternehmensvergesellschaftungen sind die um Ressourcenkombination und Interessenausgleich kreisenden strategischen Spiele des Managements noch komplexer, da hier Ressourcen von Akteuren aus verschiedenen Staaten und Kulturen in länderübergreifenden Produktionsprozessen kombiniert und entsprechend weitgespannte und heterogene Interessenkonstellationen gemanagt werden müssen.

Im transnationalen Rahmen lässt sich das Interessehandeln der unternehmerischen Führungsgruppen mit Hirschmans (1989) Begriffen „*exit*", „*voice*" und „*loyalty*" weiter differenzieren. Dabei lässt sich „*Loyalität*" auf das Verhältnis von Führungsgruppen zu Arbeitnehmern und Kapitaleigentümern beziehen, „*Widerspruch*" auf die Beziehungen der Führungsgruppen zu Interessenverbänden und Staat und „*Abwanderung*" auf die Veränderung ihrer Beziehungen zum Stammland einerseits und zu Gastländern andererseits.

Ausgangspunkt dieses polit-ökonomischen Ansatzes ist die kritische Beurteilung der relevanten Umwelt durch soziale Akteure. Unternehmerische Führungsgruppen, die mit ihrer Stammlandkonfiguration unzufrieden sind, haben zwei grundlegende Optionen: Sie können ihre Stimme erheben (*voice*) und Kritik an den bestehenden Verhältnisse artikulieren oder konstruktive Verbesserungsvorschläge machen – oder sie können sich aus ihrem bisherigen Beziehungsgefüge herauslösen und in andere Umwelten abwandern (*exit*). Dabei ist Widerspruch eher eine politische und Abwanderung eher eine ökonomische Reaktion.⁶ Einer Abwanderungsentscheidung kann Wider-

---

5 Dies ist der Kern der Anreiz-Beitrags-Hypothese, die zuerst von Barnard (1938) entwickelt wurde und seitdem zum festen Bestandteil der verhaltenswissenschaftlichen Entscheidungstheorie gehört (vgl. Kieser/Kubicek 1978, Bd. II, S. 41ff.).
6 „Die Widerspruchsreaktion gehört überwiegend in den politischen Bereich, da sie mit der Artikulation und Übermittlung von Meinungen, Kritik und Protest zu tun hat; die Abwanderungsreaktion hingegen spielt viel eher im Wirtschaftsleben eine Rolle, denn die Märkte für Waren, Dienstleistungen und Arbeitskräfte haben ja genau die Funkti-

spruch an die Adresse politisch verantwortlicher Akteure vorausgehen; sie kann aber auch ohne den Versuch politischer Einflussnahme, quasi stumm, auf der Grundlage ökonomischer Kalkulationen vonstatten gehen.

Der Begriff der Loyalität bezieht sich auf die Bindungen der manageriellen Führungsgruppe an die verschiedenen Gruppen von *Stakeholders* und die Berücksichtigung ihrer Interessen in Unternehmensentscheidungen. Während Abwanderung und Widerspruch als Ausprägungen rationalen Interessehandelns verstanden werden können, enthält der Begriff der Loyalität auch traditionale und affektuelle Beimischungen. Hirschman (1989, S. 171f.) spricht in diesem Zusammenhang auch vom „Gefühl der Loyalität", das Akteure zögern lässt, bereits bei den ersten Anzeichen einer Verschlechterung der Lage, den angestammten Kontext zu verlassen, obwohl sie dazu in der Lage wären. Loyalität hemmt also Abwanderung und motiviert zum Engagement zugunsten einer Verbesserung der bestehenden Verhältnisse.

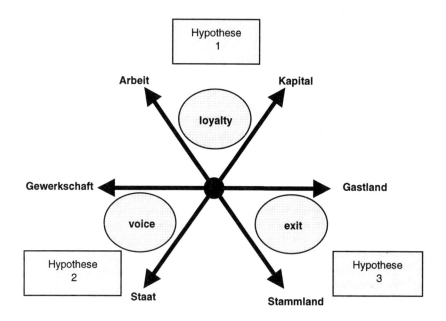

Abb. 1: Loyalität, Widerspruch und Abwanderung als Komponenten des Interessenmanagements

---

on, jenen Konsumenten, Käufern und Beschäftigten, die aus irgendwelchen Gründen mit ihren gegenwärtigen Geschäftspartnern unzufrieden sind, Alternativen anzubieten" (Hirschman 1989, S. 169).

In Begriffen von Abwanderung, Widerspruch und Loyalität lassen sich drei Hypothesen über das Interessenmanagement transnational orientierter Unternehmen formulieren:

1. Die Führungsgruppen transnational orientierter Unternehmen tendieren zu einem Wandel ihrer *Loyalität* gegenüber Arbeit und Kapital, der sich u.a. im Übergang von einer *Stakeholder*-Orientierung zu einer *Shareholder value*-Orientierung zeigt. Dieser Loyalitätswandel ist bei transnational orientierten Unternehmen signifikant stärker als bei national oder lokal orientierten Unternehmen.
2. Die Führungsgruppen transnational orientierter Unternehmen haben die Wirksamkeit ihres *Widerspruchs* gegenüber Politiken des Staates und der Gewerkschaften auf der Grundlage glaubwürdiger Androhung von Abwanderung in andere Länder erheblich gesteigert. Polit-ökonomischer Widerspruch unternehmerischer Führungsgruppen ist umso wirksamer, je größer und transnationaler ein Unternehmen ist und je wahrscheinlicher nach Einschätzung der Adressaten eine Abwanderung im Falle abgewiesenen Widerspruchs ist.
3. Entscheidungen zur *Abwanderung* von Unternehmen aus dem Stammland – sie können sich sowohl auf eine Verlagerung bereits bestehender Funktionsbereiche oder Produktionsabschnitte in andere Länder als auch auf eine bevorzugte Ausweitung unternehmerischer Aktivitäten im Ausland beziehen – orientieren sich nicht nur an dem (ökonomischen) Ziel einer effizienteren Neukombination von Ressourcen, sondern auch an dem (politischen) Ziel einer besseren Beherrschbarkeit der relevanten Interessenkonstellation des Unternehmens zum Vorteil seiner Führungsgruppe.

Diese drei Basishypothesen des strategischen Interessenmanagements seien im Folgenden etwas genauer ausgearbeitet und begründet.

1. Wandel der Loyalitäten

Die Frage nach der Loyalität des Managements gegenüber den verschiedenen Gruppen von Ressourceneinbringern bzw. *Stakeholders* lautet: In wessen Interesse – außer ihrem eigenen – üben die Manager ihre Verfügungsmacht über die betrieblichen Ressourcen und die Verteilung des Korporationsergebnisses aus? Welchen internen und externen Gruppierungen fühlen sie sich mehr, welchen weniger verpflichtet? Oder andersherum gefragt: Inwieweit sind verschiedene Gruppen von Ressourceneinbringern in der Lage, das Management auf ihre Interessen zu verpflichten, loyales Handeln ihnen gegenüber zu erzwingen?

Einen Ansatz zur Beantwortung dieser Fragen liefert Chandlers (1977) Konzeption des „*Managerkapitalismus*". In dieser wirtschaftshistorisch angelegten Argumentation erscheint der Managerkapitalismus als vorläufig letzte Stufe in der Entwicklung zum modernen Großunternehmen, die mit dem „*personal enterprise*" begann und über den „*entrepreneurial*" oder „*family capitalism*" und den „*financial capitalism*" schließlich zum „*managerial capitalism*" führte. Managerkapitalismus ist dadurch definiert, dass weder Familien noch Finanzinstitutionen das Unternehmen kontrollieren. Das Eigentum am Unternehmen verteilt sich auf zahlreiche Anteilseigner, deren Interessen eher finanzieller als unternehmerischer Art sind und die von der Geschäftsführung ausgeschlossen sind. Die strategischen und operationellen Entscheidungen werden von professionellen Managern getroffen, die den nominellen Eigentümern aufgrund ihrer fachlichen Kompetenz und ihrer unmittelbaren Verfügung über die betrieblichen Ressourcen, insbesondere über das inkorporierte Wissenskapital, weit überlegen sind.

Das Konzept des Managerkapitalismus betont also die institutionelle Trennung von nominellem Eigentum und faktischer Verfügungsmacht (im Rahmen der Kapitalgesellschaft) und die relative Unabhängigkeit des exekutiven Managements gegenüber den externalisierten Eigentümern. Es ist aber unentschieden in der Frage, in wessen Interesse die Manager ihre akkumulierte Dispositionsmacht über die betrieblichen Ressourcen und die Verteilung des Korporationsertrags nutzen.

Im Hinblick auf die jeweils dominante Interessenverbindung lassen sich drei Idealtypen des Unternehmensmanagements unterscheiden:[7] arbeitnehmerzentriertes, aktionärszentriertes und pluralistisches Management.

Im Anschluss an Chandler (1977) könnte man vermuten, dass die Trennung von Eigentum und Verfügungsmacht mit einer stärkeren *Arbeitnehmerorientierung* des Managements einhergeht. Das Management könnte zu der Einschätzung gelangen, dass sein Erfolg mehr vom Human- und Wissenskapital als vom Finanzkapital abhängt. Dementsprechend könnte es seine Dispositionsmacht dazu benutzen, Investitionen in Humankapital Vorrang vor Gewinnausschüttung einzuräumen und sich mehr um ihre Belegschaft zu kümmern als um die Anteilseigner.

Chandlers Untersuchungen zeigen aber, dass es im amerikanischen Managerkapitalismus weniger um eine grundsätzliche Neubewertung des Kapitalverhältnisses, weniger um eine Umgewichtung von Arbeit und Kapital geht, als vielmehr darum, die eigenen Karrierechancen über die Interessen der Eigentümer einerseits und der abhängig Beschäftigten andererseits zu stellen. Die Steigerung der Verfügungsmacht über beide Ressourcen, über Kapital und Arbeit, erscheint als notwendige Voraussetzung für eine umfassende Rationalisierung der unternehmerischen Strategien und Strukturen im Interesse der angestellten Manager als dominierende „dritte Partei".[8]

---

7   „Idealtypus" ist im vorliegenden Beitrag im Sinne Max Webers (1988, S. 190ff.) gemeint, als „Gedankenbild" oder Konstrukt, dem sich die Wirklichkeit mehr oder weniger annähern kann.

8   Zum Begriff der „dritten Personen" bei Marx vgl. Bell (1975, S. 63ff). Zu Chandlers *Strategy-and-Structure*-Ansatz, dessen Kernsatz lautet: „*structure follows strategy*", vgl. ders. (1962).

Für den Extremtypus des *arbeiterzentrierten* Managements finden sich kaum empirische Belege. Die wohl stärkste Annäherung an diesen Typus stellte das jugoslawische Modell der Arbeiterselbstverwaltung dar.[9] Es hat sich jedoch gegenüber den beiden anderen Unternehmenstypen als nicht wettbewerbsfähig erwiesen und überlebt in Form „selbstverwalteter Betriebe" (Hardwig/Jäger 1991), die sich vom jugoslawischen Modell deutlich unterscheiden, in kleinen Nischen der kapitalistischen Wirtschaft.

Gegentypus des arbeitnehmerbestimmten Unternehmens ist der *Aktionärskapitalismus* angelsächsischer Provenienz.[10] Er ist nicht mit Chandlers Typus des Finanzkapitalismus gleichzusetzen. Während es sich bei dem – in Anlehnung an Hilferding konzipierten – Finanzkapitalismus um eine historisch gewordene, durch den Managerkapitalismus weitgend überwundene Ausprägung des modernen Kapitalismus handelt, ist mit Aktionärskapitalismus hier eine neuere Variante des Managerkapitalismus gemeint. Er steht nicht wie der historische Finanzkapitalismus primär im Zeichen dominierender Banken, sondern im Zeichen der Börse. Während das Management im historischen Finanzkapitalismus primär über das Organ des Aufsichtsrat kontrolliert wurde, wird es im Aktionärskapitalismus primär von außen, über den Kapitalmarkt kontrolliert. Windolf (1994) spricht in diesem Zusammenhang treffend vom „Markt für Unternehmenskontrolle". In dem Maße, in dem das börsennotierte Unternehmen des Aktionärskapitalismus zu einer vollständig handelbaren Ware geworden ist, müssen seine Manager, die nach wie vor erhebliche Dispositionsmacht über die betrieblichen Ressourcen haben, ihr Handeln auf den Börsenwert des Unternehmens bzw. den *Shareholder value* ausrichten, sich also an den Rendite-Interessen der Aktionäre orientieren.[11] Wie Soros (1998, S. 171) bemerkt, kümmert sich die Geschäftsführung derartiger Unternehmen „genauso intensiv um den Markt für ihre Aktien wie um den für ihre Produkte. Muss eine Wahl getroffen werden, zählen die Signale der Finanzmärkte mehr als die der Produktmärkte. Bereitwillig veräußern die Manager einen Unternehmensbereich, wenn dies den *Shareholder value* erhöht; sie maximieren den Gewinn anstelle des Marktanteils."

Die einflussreichsten Teilnehmer auf dem Markt für Unternehmenskontrolle sind institutionelle Anleger, insbesondere weltweit operierende Kapitalanlagegesellschaften bzw. Investmentfonds. Es handelt sich hierbei wie-

---

9 Zu Problemen und Formen der Arbeiterselbstverwaltung vgl. Burns/Karlson/Rus (1979).
10 In gewisser Weise war der Aktionärskapitalismus immer schon Leitbild der klassischen und neo-klassischen Konzeption des Unternehmens. Hier fungiert das Unternehmen als privates Kapitalverwertungsinstrument, in dem die Manager – wie alle anderen Beschäftigten – von den Kapitaleigentümern zu dem Zweck angestellt sind, Rentabilität und Profit des eingesetzten Kapitals – in effizienter Kombination mit anderen Ressourcen – zu maximieren (Bell 1974, S. 291ff.).
11 Der *Shareholder value* ist von Substanz oder Ertragswert des Unternehmens zu unterscheiden; er ergibt sich durch Multiplikation des Aktienkapitals mit dem aktuellen Börsenkurs.

derum um managergeführte Unternehmen, die die Anlageentscheidungen auf den Kapitalmärkten hoch professionalisiert haben. Ihre Aktienanalysten und Fondsmanager beurteilen die Zukunftsaussichten der um Kapital konkurrierenden Unternehmen und legen die ihnen anvertrauten Gelder nach den zu erwartenden Kurssteigerungen und Dividendenausschüttungen fest.[12]

Dabei stehen sie ihrerseits unter einem erheblichen, von Börsenkursphantasien genährten Erwartungsdruck von Seiten ihrer privaten Kunden.[13] Im Falle von Pensionsfonds resultiert der Druck zur *Shareholder value*-Orientierung letztlich aus dem Interesse zahlreicher individueller Sparer und Anleger an einer guten Verzinsung ihrer über längere Zeiträume hinweg eingezahlten Beiträge bzw. an einer beständigen Wertsteigerung ihrer Anteile am Fondsvermögen. Als funktionales Äquivalent zur staatlich organisierten Altersvorsorge handeln die Pensionsfonds im Interesse breiter Bevölkerungsschichten an einer hohen und sicheren Alterversorgung.[14] So gesehen könnte man den Aktionärskapitalismus auch als ein – vielfach verschlungenes – Stück „Volkskapitalismus" interpretieren.

Ein dritter Idealtypus von Managerkapitalismus orientiert sich an einer pluralistischen Konzeption des Unternehmens, in dem das Management die Funktion einer Ausbalancierung der verschiedenen legitimen Interessen am und im Unternehmen hat. Dies Konzeption lässt sich mit Bells (1974, S. 269ff.) Begriff des *„sociologizing mode"* im Kontrast zum *„economizing mode"* (des Aktionärskapitalismus) genauer definieren.

economizing mode	sociologizing mode
Unternehmen als Vermögensmasse	Unternehmen als Personenverband
shareholder-value- Orientierung	*stakeholder-Orientierung*
einseitige, eindeutige Verpflichtungsstruktur	pluralistische, diffuse Verpflichtungsstruktur
maximale Rentabilität des privaten Kapitals	Ausbalancierung der Interessen verschiedener Gruppen von Ressourceneinbringern
Optimierung wirtschaftliche Effizienz	Kompromissfindung soziale Verantwortung
Allianzen zwischen Managern und Aktionären	*divide-et-impera*-Strategien des Managements gegenüber *stakeholders*

Abb. 2: Managerielle Verpflichtungsstukturen

---

12 Unter dem Diktat der Aktionäre werden die Unternehmen gezwungen, sich von den Diversifikationsstrategien des Chandlerschen Managerkapitalismus (Bildung von *conglomerates*) abzuwenden und sich auf ihre spezifischen Stärken zu konzentrieren. Dabei werden Beteiligungen abgestoßen, Bürokratie abgebaut und Personal verringert.
13 Die Loyalität gegenüber den Aktionären bzw. Fondsmanagern ist nicht nur einfach machtmäßig erzwungen, sondern auch durch finanzielle Anreize, wie z.B. *stock options* „versüßt".
14 Die Risiken der Anlageentscheidungen werden durch Wertpapierderivate abgesichert, wodurch dann sehr hohe Transaktionssummen auf den Finanzmärkten zustandekommen.

In der ökonomistischen Konzeption fungiert das Unternehmen als Vermögensmasse und privates Kapitalverwertungsinstrument. Die Manager sind von den Kapitaleigentümern zu dem Zweck angestellt, die Rentabilität des eingesetzten Kapitals in effizienter Kombination mit anderen Ressourcen zu maximieren. Dies entspricht dem Typus des Aktionärskapitalismus und der neoklassischen Theorie des Unternehmens.

In der soziologischen Konzeption erscheint das Unternehmen als Personen- bzw. Gruppenverband. Da es viele verschiedenartige Ressourcen, ökonomische und außerökonomische, in Anspruch nimmt, ist es dementsprechend auch vielen unterschiedlichen Interessen verpflichtet. Die Funktion des Managements besteht in den Worten Bells (1974, S. 289) darin, eine „*balance of obligation*" zu finden, d.h. die berechtigten Ansprüche aller *Stakeholder*-Gruppen vor dem Hintergrund des generalisierten Unternehmensinteresses auszubalancieren.

Während die ökonomistische Konzeption des Unternehmens eine ebenso eindeutige wie einseitige Verpflichtungstuktur hat, ist diese im soziologischen Modell pluralistisch und diffus. Im ökonomistisch geprägten Unternehmen kann durch Ergebnisbeteiligungsysteme auf der Basis der leicht messbaren Börsenwertentwicklung des Unternehmens eine Interessenangleichung zwischen Managern und Aktionären hergestellt werden. Im soziologistischen Modell stößt die Verpflichtung des Managements auf ein partikulares Interesse auf erhebliche Schwierigkeiten. Hier steht das Management einem sehr heterogenen und wenig kohärenten Ensemble von *stockholder*-Interessen gegenüber, und genau dies eröffnet ihm zahlreiche Möglichkeiten für strategische Spiele, etwa in Form von *divide-et-impera*-Strategien oder von wechselnden Allianzen mit problemspezifisch ausgewählten *stockholder*-Fraktionen. Unter dem Deckmantel einer bewusst vage definierten und vieldeutig interpretierbaren „*corporate responsibility*" findet das Management viel Spielraum für die Verfolgung eigener Interessen.

Unter die soziologistische Konzeption des Unternehmens ließe sich mit Einschränkungen das *mitbestimmte Unternehmen* deutscher Provenienz subsumieren, in dem das Management zu einem Interessenausgleich zwischen Arbeit und Kapital gesetzlich verpflichtet ist. Es wäre etwa in der Mitte eines Kontinuums von Verpflichtungsmodellen angesiedelt, dessen einander entgegengesetzte Pole oder Extremtypen das arbeiterzentrierte Unternehmen einerseits und das aktionärszentrierte Unternehmen andererseits bilden.

Vergleicht man den Aktionärskapitalismus angelsächsischer Prägung mit dem mitbestimmten Unternehmen des „Rheinischen Kapitalismus" (Albert 1992) im Hinblick auf ihre Wettbewerbsfähigkeit im globalen Kapitalismus, dann scheint der *Shareholder value*-orientierte Aktionärskapitalismus dem am *Stakeholder*-Ausgleich orientierten Mitbestimmungsmodell wirtschaftlich überlegen zu sein.

Bezeichnend ist die Loyalitätsverschiebung des Managements von Daimler-Benz. Dieses Unternehmen, das wie kein anderes lange Zeit die Vorstellung von „deutscher Wertarbeit" verkörperte, ist von einem entschlossenen

Management in kurzer Zeit zum Vorbild der *Shareholder value*-Orientierung in Deutschland gekürt worden (Martin/Schumann 1996, S. 180ff.). Inzwischen sprechen einige Anzeichen dafür, dass aus der Fusion des mitbestimmten Daimler-Benz Konzerns mit dem Shareholder-value-orientierten Chrysler Konzern eine neue Hybridform von Arbeitnehmermitbestimmung und Aktionärskapitalismus hervorgehen könnte. Ein anderes spektakuläres Beispiel lieferte die Deutsche Bank, die im Zusammenhang mit der Neustrukturierung des Konzern den Abbau von 7.600 Arbeitsplätzen ankündigte und dies mit der Steigerung des Unternehmenswertes und einer neuen *Shareholder value*-orientierten Unternehmensstrategie begründete.

Unübersehbar bröckelt im Kernland des Rheinischen Kapitalismus die tradierte Loyalität der unternehmerischen Führungsgruppen gegenüber den Beschäftigten, während die Eigentümer- wie die Kundenorientierung immer größeres Gewicht erhalten. Externe Interessen gewinnen gegenüber internen Interessen an Bedeutung. Die von Weber als Definiens des rationalen Zweckvereins bestimmte Mitgliedschaft, die sich im Unternehmen als dauerhafte und normierte Beschäftigung darstellt, ist auf dem Rückzug. Wie Miegel/ Wahl (1996, S. 1) feststellen, „befindet sich bereits ein Drittel der abhängig Beschäftigten in Deutschland in derartigen Nicht-Normarbeitsverhältnissen mit weiter steigender Tendenz" – und, so könnte man ergänzen, mit weitreichenden Auswirkungen auf Einkommensverteilung und soziale Sicherheit.[15]

Fragt man nach den Gründen für den Siegeszug des Aktionärskapitalismus, dann ist in erster Linie die Globalisierung der Wirtschaft zu nennen, die sich vor allem in der Globalisierung der Finanzmärkte manifestiert. Die Finanzierung unternehmerischer Expansion – etwa in Form der Erschließung neuer Märkte, der Entwicklung internationaler Unternehmensnetzwerke, des Aufbaus eigener Tochterunternehmen oder der Übernahme anderer Unternehmen – erfolgt auch in Deutschland zunehmend über die Börsen. Da die Kapitalbeschaffung an den Börsen in entscheidender Weise von der Entwicklung der Aktienkurse abhängt, ist das Management wachstumsorientierter Unternehmen mehr oder weniger zu einer am *Shareholder value* orientierten Strategie gezwungen.

Verschärft wird der Zwang zur *Shareholder value*-Orientierung noch durch die allgemeine Professionalisierung des Kapitalanlageverhaltens, insbesondere durch die kritische Dauerbeobachtung der börsennotierten Unternehmen durch die Analysten und Manager mächtiger Investmentfonds. Ihre Beurteilungen, ihre Kauf- oder Verkaufsempfehlungen beeinflussen die Akti-

---

15 Ein weiterer Aspekt von Loyalität bezieht sich auf die Beziehungen zwischen Unternehmen und Staat. Die Loyalität der Unternehmen gegenüber dem angestammten Staat schwindet in dem Maße, in dem der Anteil ausländischer Ressourceneinbringer und die internationale Mobilität der Unternehmen zunimmt, die es ihnen erlaubt, Staaten als bloße Standorte zu betrachten und von der internationalen Standortkonkurrenz zu profitieren. Die Beziehungen der mobilen Unternehmen zu den territorial gebundenen Akteuren „Arbeitnehmer" und „Staat" werden immer wandelbarer, kurzfristiger, lockerer, ungewisser und virtueller.

enkurse der Unternehmen und setzen deren Manager somit unter einen starken Druck zur Kurspflege – häufig auf Kosten der Arbeitsplätze.

Ein anderer, mehr unternehmensinterner Grund für die weltweit zu beobachtende Durchsetzung des Aktionärskapitalismus liegt in seiner vergleichsweise einfachen und schnellen Entscheidungsweise. Während das Management mitbestimmter Unternehmen vielen verschiedenen, teilweise einander widersprechenden Interessen verpflichtet ist, zwischen denen in einem quasi politischen Aushandlungsprozess ein wirtschaftlich oftmals suboptimaler Kompromiss gefunden werden muss, bewegen sich die Manager des Aktionärskapitalismus in einem einfacher strukturierten Entscheidungsraum. Er wird von einer eindeutigen Maxime beherrscht: Orientiere deine Entscheidungen am generalisierten Interesse eines abstrakten Aktionärs, der für eine dauerhafte Kapitalbeteiligung am Unternehmen gewonnen werden soll.

2. Widerspruch

Der polit-ökonomische Widerspruch unternehmerischer Führungsgruppen richtet sich potentiell gegen das gesamte Spektrum der *Stakeholders* und ihrer Interessenvertretungen, die ja alle – höchst unterschiedliche und häufig widerstreitende – Erwartungen und Ansprüche an ein Unternehmen und seine Führungsgruppe stellen. Adressaten des Widerspruchs unternehmerischer Führungsgruppen sind vor allem diejenigen Instanzen, von denen die größten Bedrohungen zur Einschränkung ihrer Verfügungsmacht über die betrieblichen Ressourcen und die Verteilung des Korporationsertrages auszugehen scheinen: der Staat und die Gewerkschaften.

Gewerkschaften sind aus unternehmerischer Sicht vor allem Verteilungskoalitionen. Olson (1985, S. 56) versteht hierunter „Organisationen für kollektives Handeln in Gesellschaften", die „eher und in überwältigender Weise auf Kämpfe um die Verteilung von Einkommen und Vermögen ausgerichtet (sind) als auf die Produktion weiterer Güter". Dieser Definition zufolge besteht das primäre Ziel von Gewerkschaften darin, den von ihnen vertretenen Arbeitnehmern einen möglichst hohen Anteil am Korporationsertrag zu sichern. Da der weitaus größte Teil des Korporationsertrags vom Faktor Arbeit beansprucht wird – Olson (1985, S. 63) zufolge entfallen typischerweise „ungefähr zwei Drittel der Wertschöpfung jeder Unternehmung auf die Lohnsumme" – richtet sich der Widerspruch der Unternehmer und ihrer Interessenorganisationen vorrangig gegen monetäre Forderungen der Gewerkschaften in Tarifauseinandersetzungen.[16]

---

16 Man könnte einwenden, dass Gewerkschaften nicht nur monetär ausgerichtete Verteilungskoalitionen, sondern vor allem auf der Mikro-Ebene der Unternehmen, auch „Produktivitätskoalitionen" (Windolf 1989) mit dezidierten Interessen an einer Steigerung der Arbeitsproduktivität sind. Dabei ist aber zu bedenken, dass ihre Funktionen der Verteilungskoalition und der Produktivitätskoalition insofern eng miteinander

In zweiter Linie richtet sich der Widerspruch der Unternehmer gegen gewerkschaftliche Ansprüche auf Mitwirkung an betrieblichen Entscheidungen und an der Kontrolle der Unternehmen. Auch wenn die institutionalisierte Mitbestimmung von Seiten der Unternehmer in Deutschland nur noch selten grundsätzlich infrage gestellt wird, so prüfen sie doch bei jeder großformatigen Umstrukturierung eines Unternehmen – z.B. bei Verkäufen von Unternehmensbereichen, bei der Übernahme anderer Unternehmen oder bei Unternehmenszusammenschlüssen –, ob und inwieweit Vorschriften der gesetzlichen Mitbestimmung vermieden werden können. Ein aktuelles Beispiel ist der gerichtlich erkämpfte Wechsel der Firma Mannesmann von der Montanmitbestimmung, der weitestgehenden Form der Arbeitnehmermitbestimmung in Deutschland, zur „normalen" Mitbestimmung (nach dem Mitbestimmungsgesetz von 1976), bei der der Einfluss der Arbeitnehmervertreter im Aufsichtsrat abgeschwächt ist. Interessanterweise hatte aber nicht der Vorstand der Wahl des Aufsichtsrats nach den Regeln der Montanmitbestimmung widersprochen, sondern die Deutsche Schutzvereinigung für Wertpapierbesitz.[17]

Der zweite Adressat unternehmerischen Widerspruchs ist der *Staat* als verantwortlicher Akteur für die Ausgestaltung der institutionellen Strukturen, die die Handlungsmöglichkeiten der unternehmerischen Führungsgruppen (wie generell aller Akteure innerhalb eines Staatsgebietes) begrenzen.[18] Eines der Hauptprobleme der institutionellen Strukturen besteht darin, dass sie sich gewöhnlich langsamer verändern als die Produktivkräfte und dadurch die innovative Dynamik der Unternehmen hemmen.[19] Dementsprechend mahnen die unternehmerischen Führungsgruppen, vor allem in Zeiten beschleunigter technologischer Entwicklung, verstärkt eine schnelle Anpassung der institutionellen Strukturen an. Zu den Schlüsselbegriffen gehören Flexibilität, Deregulierung, Verringerung der Staatsquote, usw. Für eine Reform der institutionellen Strukturen ist Widerspruch wichtig, weil er den verantwortlichen politischen Akteuren mehr Informationen vermittelt als stumme Abwanderung. Da erfolgreicher Widerspruch kollektives, organisiertes Handeln unternehmerischer Führungsgruppen erfordert, fördert er auf der einen Seite das, was er auf der anderen Seite bekämpft.

Die Durchschlagskraft managerieller Interessenartikulation hängt von der Verbindung zwischen Widerspruch und Abwanderung ab. Widerspruch von Seiten unternehmerischer Führungsgruppen ist umso wirksamer, je wahrscheinlicher eine Abwanderung von Unternehmen im Falle der Abweisung

---

verkoppelt sind, als die Entwicklung der Arbeitsproduktivität eine der wichtigsten Begründungskomponenten gewerkschaftlicher Forderungen in Tarifverhandlungen ist.
17 Frankfurter Allgemeine Zeitung, 3.März 1999, S. 19
18 Wie gesellschaftliche Institutionen über Produktions- und Tauschkosten die Wirtschaftsleistung beeinflussen, hat North (1992) in einer grundlegenden Studie aufgezeigt.
19 Ogburn (1922, 1957) hat für diesen Sachverhalt den Begriff des *„cultural lag"* geprägt (hierzu auch Bornschier 1988, S. 62ff.).

ihres Widerspruchs ist. Da die Abwanderung aus Deutschland im internationalen Vergleich bisher nicht besonders hoch ist (Härtel/Jungnickel 1996, S. 20ff., 85ff.), wäre dementsprechend mit einer eher mäßigen Durchschlagskraft unternehmerischen Widerspruchs zu rechnen. Dass Reformen der institutionellen Strukturen bislang eher zögerlich und in kleinen Schritten auf den Weg gebracht werden, mag zum Teil darauf zurückzuführen sein, dass die politisch verantwortlichen Akteure die vergleichsweise geringen Abwanderungstendenzen der Wirtschaft sorgfältig registriert haben. Wenn dem Druck zur Beschleunigung unternehmensfreundlicher Reformen stärker nachgegeben werden sollte, dann wohl weniger aus Gründen einer zunehmenden Abwanderung von Unternehmen aus Deutschland als vielmehr wegen der abnehmenden Zuwanderung ausländischer Unternehmen nach Deutschland.[20]

Ein Versuch, standortkritische und abwanderungsgeneigte Unternehmen über ihre Interessenverbände korporatistisch einzubinden, stellt das staatlich moderierte „Bündnis für Arbeit" dar. Es kann als ein Versuch verstanden werden, die komplementären Widersprüche von Arbeitgebern und Gewerkschaften in „konzertierter Aktion" zu verarbeiten und die Loyalität der Sozialpartner gegenüber der angestammten Gesellschaft, die im Wesentlichen eine Arbeitnehmergesellschaft ist, wiederherzustellen oder zu befestigen. Ob sich das Bündnis für Arbeit mehr in Richtung einer Verteilungskoalition oder mehr in Richtung einer Allianz zur Verbesserung des Produktionsstandortes entwickelt, wird die Zukunft zeigen.

3. Abwanderung

Unter dem Aspekt der Globalisierung des Wirtschaftslebens ist *exit*, die – angedrohte oder realisierte – Abwanderung von Unternehmen aus der Stammlandkonfiguration der wichtigste von Hirschmans drei Begriffen. Allerdings ist der Begriff insofern nicht ganz problemadäquat, als transnational orientierte Unternehmen nur sehr selten komplett abwandern. Sehr viel häufiger sind selektive Verlagerungen bestimmter Funktionsbereiche oder Produktionsabschnitte auf ausländische Standorte oder die Ausweitung unternehmerischer Aktivitäten auf zusätzliche Länder.[21]

Eine soziologische Analyse der Abwanderung von Unternehmen (in diesem eingeschränkten Sinn) könnte im Rahmen der Handlungstheorie erfol-

---

20 Vom Aufstieg der EG als Anlageregion im weltweiten Direktinvestitionsboom der 80er Jahre hat Deutschland im Vergleich zu anderen EG-Ländern wie Großbritannien, Spanien, Belgien/Luxemburg, den Niederlanden und Frankreich nur unterproportional profitieren können. „Deutschland ist somit deutlich zurückgefallen gerade gegenüber jenen Ländern, die am ehesten als Standortkonkurrenten anzusehen sind" (Härtel/Jungnickel 1996, S. 90).
21 In manchen Bereichen ist die Dynamik von Abwanderung und Rückwanderung so groß, dass man von einer Nomadisierung der Industrie sprechen könnte.

gen. In Webers (1976, S. 1) Worten wäre Abwanderung als „soziales Handeln deutend (zu) verstehen und dadurch in seinem Ablauf und seinen Wirkungen ursächlich (zu) erklären". Dabei wären drei Analyseschritte zu unterscheiden: 1. das „deutende Verstehen" der Motive oder Interessen für Abwanderungen, 2. die Erklärung ihrer äußeren Abläufe (als subjektiv sinnvolles Handeln), und 3. die Erklärung der aus Abwanderungen folgenden Wirkungen, insbesondere ihrer unbeabsichtigten Effekte.

Die *Motive* bzw. *Interessen* unternehmerischer Führungsgruppen an einer Abwanderung lassen sich nur im Kontext ihrer subjektiv wahrgenommenen und bewerteten Handlungssituation verstehen. Zu den wesentlichen Elementen einer Abwanderungssituation gehören potentielle Standorte außerhalb des bisherigen Wirkungskreises eines Unternehmens. Ihre Vor- und Nachteile werden nach Maßgabe des dominanten Unternehmensinteresses vergleichend bewertet. Was dabei als dominantes Unternehmensinteresse zu verstehen ist, hängt vom Typus des Unternehmens ab. Im Falle des arbeiterorientierten Unternehmens wäre es die Schaffung oder Sicherung von Arbeitsplätzen (vorzugsweise im Stammland), in Falle des Aktionärskapitalismus ist es die Rentabilität des eingesetzten Kapitals.

Die subjektive Bewertung eines Standortes hängt immer von den Besonderheiten eines Unternehmens ab. Der gleiche Standort kann für ein Unternehmen sehr attraktiv und für ein anderes belanglos sein. Insofern gibt es keine generell guten oder schlechten Standorte. Daher machen auch die abstrakten Standort-*rankings*, die gerne als Argument des Widerspruchs gegen den heimischen Standort benutzt werden, wenig Sinn. Technisch gesprochen ist die – wie auch immer definierte – Standortqualität kein absolutes, sondern ein relationales Merkmal.

Standorte sind keine stummen und passiven „Objekte", sondern von „Subjekten" belebt, die mehr oder weniger vielstimmig, spezifische Interessen an bestimmten Formen von Unternehmensansiedlungen bekunden, Ansprüche an das Verhalten des ausländischen Managements artikulieren und mehr oder weniger elastisch und kompromissbereit auf dessen Interessen eingehen. Standortqualitäten sind folglich keine starren Größen, sondern – in mehr oder weniger großem Umfang – das Ergebnis von Verhandlungen.

Aus handlungstheoretischer Sicht ließe sich eine *Abwanderungsentscheidung* als hypothetischer Vergleich der gesamten relevanten Interessenkonstellation eines Unternehmens vor und nach einer transnationalen Neukombination seiner Ressourcen deuten. Rationales Entscheidungsverhalten erfordert eine Art ganzheitlichen, vernetzten Denkens, bei der die vermutlichen Auswirkungen jeder einzelnen Abwanderungs- bzw. Standortentscheidung auf das gesamte Netzwerk der Unternehmensstandorte bzw. auf die gesamte Interessenkonstellation des Unternehmens zu berechnen sind. Ergibt sich aus den Opportunitätskalkulationen und den Verhandlungen mit relevanten „Sprechern" infrage kommender Standorte eine Veränderung der Interessenkonstellation, die die unternehmerische Führungsgruppe nach ihrer Einschätzung insgesamt besser stellen wird als in der ursprünglichen Konstellation, wird sie eine Abwanderungsentscheidung treffen. Abwanderung kann somit als transnational ausgreifende, geo-ökonomische Umgestaltung der relevanten Interessenkonstellation unter dem Aspekt der Maximierung von Managementinteressen verstanden werden. Dabei können eine bessere Beherrschung der relevanten Interessenkonstellation – etwa durch *divide-et-impera*-Strategien – oder eine Steigerung der eigenen Handlungsautonomie ebenso starke Motive sein wie die Verbesserung ökonomischer Parameter.

Der zweite Schritt einer handlungstheoretischen Analyse der Abwanderung von Unternehmen bestünde in der Rekonstruktion ihres *äußeren Ablaufs*. Hierzu findet man in der Literatur eine Reihe von Modellen.[22] Unter dem Aspekt der Ressourcenverlagerung vom Stammland ins Ausland ist folgendes Stufenmodell instruktiv.

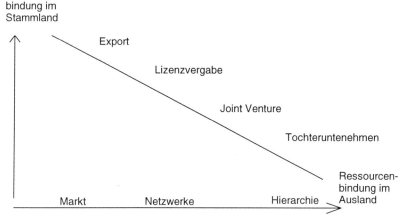

Abb. 3: Idealtypische Stufen der Transnationalisierung

Die Anordnung der Stufen oder Etappen in der Entwicklung zum transnationalen Unternehmen reflektiert eine zunehmende Verlagerung unternehmerischer Ressourcen, vor allem Kapital und Managementkapazitäten, ins Ausland. Die Abfolge der Etappen, die sich inhaltlich weiter differenzieren ließe, ist nicht deterministisch zu verstehen. Unternehmen können auf einem bestimmten Niveau der Ressourcenbindung im Ausland verharren, Internationalisierungsschritte überspringen oder auch zurücknehmen.[23] Das Schema lässt offen, ab welcher Stufe der Transnationalisierung man sinnvollerweise von Abwanderung sprechen kann. Die Zunahme des Exports oder die Steigerung des Auslandsumsatzes ist sicher noch keine Abwanderung. Als Indikator für

---

22 Vgl. Dicken (1992, S. 137ff.), Perlitz (1993, S. 142ff.), Schantz (1995, S. 15ff.) sowie auf breitester empirischer Basis Ruigrock/van Tulder (1995, S. 45ff.)
23 Zur Differenzierung der Internationalisierungsstufen und der Angabe ihrer jeweiligen Vor- und Nachteile vgl. Schanz (1995, S. 17-46).

Abwanderung böte sich das Investitionsverhalten an: Wenn die Wachstumsrate der Auslandsinvestitionen größer ist als die der im Stammland getätigten Investitionen oder wenn die Auslandsinvestitionen die Inlandsinvestitionen absolut zu übertreffen beginnen, könnte man von Abwanderung sprechen.[24]

Der dritte Schritt einer handlungssoziologischen Analyse von Abwanderung bestünde in einer Erklärung der aus ihrem Ablauf folgenden *Wirkungen*. Von besonderer Bedeutung ist die Frage, wie Produktionsverlagerungen ins Ausland auf die heimische Produktion und auf die Entwicklung der Arbeitsplätze zurückwirkt. Hierzu lassen sich drei Arten von Wirkungszusammenhängen unterscheiden:

- *substitutive* Beziehungen, bei denen eine Produktionsverlagerung ins Ausland zu rückläufiger Produktion und Beschäftigung im Inland führt,
- *komplementäre* Beziehungen, bei denen eine Ausweitung der Produktion im Ausland die inländischen Standorte stärkt (z.B. als Zulieferer hochwertiger Komponenten),
- *neutrale* Beziehungen, in denen Direktinvestitionen im Ausland keinen Einfluss auf die inländische Produktion haben (z.B. bei unabhängig von der inländischen Produktion vorgenommenen Akquisitionen im Ausland).

Entscheidend für Art und Umfang von Abwanderungseffekten ist Härtel/ Jungnickel (1996, S. 259f.) zufolge vor allem das relative Entwicklungsniveau der Aufnahmeländer. Direktinvestitionen in *Niedriglohnländern* wirken sich insgesamt gesehen eher positiv auf die deutsche Wirtschaft aus. Absatzorientierte Direktinvestitionen – „die Masse der deutschen DI erfolgt nach wie vor absatzorientiert" – „dürften wenig deutsche Exportproduktion verdrängen, sondern eher die Zulieferung von Vorprodukten mit sich bringen, die Märkte für andere Produkte der Investoren öffnen und über die Einkommeneffekte zusätzliche Lieferungen wettbewerbsstarker deutscher Industrien nach sich ziehen" (Härtel/Jungnickel, 1996, S. 259). Lohnkostenbedingte Produktionsverlagerungen wirken sich vor allem auf wenig qualifizierte Arbeitskäfte in traditionellen Branchen negativ aus. Härtel/Jungnickel argumentieren, dass sich den aus Kostengründen ausgelagerten Fertigungen aufgrund des deutschen Lohnniveaus ohnehin keine dauerhafte Basis geboten hätte; außerdem seien kostenbedingte Produktionsverlagerungen der Wettbewerbsfähigkeit der in Deutschland verbleibenden Wertschöpfung förderlich.

Problematischer als Produktionsverlagerungen in Niedriglohnländer ist aus deutscher Sicht die Verlagerung hochwertiger Produktion in vergleichbar *hoch entwickelte Länder*. Hier gibt es eine echte Konkurrenz zwischen deut-

---

24 Allerdings enthalten die Statistiken über Direktinvestitionen nur monetäre Größen und liefern keine Informationen über die Organisationsformen des Auslandsengagements. Daher sind desaggregierte Studien auf Unternehmensebene unverzichtbar. Zudem werden sie als theoretisch kaum begründete Konventionen international unterschiedlich gemessen. Zur Problematik der statistischen Erfassung und des Aussagewertes von Direktinvestitionen vgl. Härtel/Jungnickel 1996, S. 49.

schen und ausländischen Standorten; von einer komplementären Beziehung zwischen Inlands- und Auslandsproduktion kann unter solchen Bedingungen keine Rede sein. Härtel/Jungnickel (1996, S. 259) zufolge „kann man nicht mehr von einem generell positiven Zusammenhang zwischen Inlands- und Auslandsproduktion ausgehen." Mit zunehmendem Produktionsvolumen und Skalenvorteilen ausländischer Tochtergesellschaften können Zulieferungen aus dem Stammland oftmals reduziert werden, und das Beschaffungsverhalten im Ausland aufgekaufter Betriebe wird nicht regelmäßig zugunsten der Stammlandbetriebe verändert. Insgesamt gesehen „scheint eine Entkopplung von Auslandsproduktion und Außenhandel, insbesondere Export, eingetreten zu sein" (ibid., S. 253). Um aus nationaler Sicht unerwünschte Abwanderungseffekte zu reduzieren oder gar in erwünschte Zuwanderungseffekte zu verwandeln, müsste die wirtschaftspolitische Devise lauten: „nicht Förderung der Wettbewerbsfähigkeit der nationalen Unternehmen, sondern Förderung der Wettbewerbsfähigkeit der Standortqualität" (ibid., S. 32).

Literatur

Albert, M. 1992: Kapitalismus contra Kapitalismus. Frankfurt/Main
Barnard, Ch. 1938: The Functions of the Executive. Cambridge/Massachusetts
Bell, D. 1974: The Coming of Post-Industrial Society. London
Bornschier, V. 1988: Westliche Gesellschaft im Wandel. Frankfurt/Main
Burns, T. u.a. (Hg.) 1979: Work and Power. London
Chandler, A. D. 1962: Strategy and Structure. Cambridge/Massachusetts
Chandler, A. D. 1977: The Visible Hand. The Managerial Revolution in American Business. Cambridge/Massachusetts
Coleman, J. S. 1974: Inequality, Sociology, and Moral Philosophy. In: American Journal of Sociology, 80 (1974), S. 739-764.
Dicken, P. 1992: Global Shift. The Internationalization of Economic Activity. 2. Auflage. London
Duncan, O. D. (Hg.) 1964: William Ogburn on Culture and Social Change. Chicago
Hardwig, Th., Jäger, W. 1991: Selbstverwaltung im Betrieb. Wiesbaden
Hartmann, H. (Hg.) 1967: Moderne amerikanische Soziologie. Stuttgart
Härtel, H., Jungnickel H.-H. u.a. 1996: Grenzüberschreitende Produktion und Strukturwandel. Globalisierung der deutschen Wirtschaft. Baden-Baden
Hill, W. 1991: Basisperspektiven der Managementforschung. In: Die Unternehmung 45 (1991), S. 2-15
Hirschman, A. O. 1989: Entwicklung, Markt und Moral. Abweichende Betrachtungen. München
Kieser, A, Kubicek H. 1978: Organisationstheorien. 2 Bände. Stuttgart u.a.
Lazarsfeld, P. F. 1967: Methodische Probleme der empirischen Sozialforschung. In: Hartmann, H. (Hg.) 1967
Martin, H.-P., Schumann, H. 1996: Die Globalisierungsfalle. Der Angriff auf Demokratie und Wohlstand. Reinbek
Miegel, M., Wahl, St. 1996: Erwerbstätigkeit und Arbeitslosigkeit in Deutschland. Entwicklung, Ursachen und Maßnahmen, 2 Bände. Bonn
North, D. C. 1992: Institutionen, institutioneller Wandel und Wirtschaftsleistung. Tübingen
Ogburn, W. F. 1964: Cultural Lag as Theory. In: Duncan, O. D. (Hg.) 1964

Olson, M. 1985: Aufstieg und Niedergang von Nationen. Tübingen
Perlitz, M. 1993: Internationales Management. Stuttgart
Ruigrock, W., van Tulder, R. 1995: The Logic of International Restructuring. London
Schantz, K.-U. 1995: Internationale Unternehmensstrategien. Chur, Zürich
Schumpeter, J. A. 1987: Theorie der wirtschaftlichen Entwicklung. Eine Untersuchung über Unternehmergewinn, Kapital, Kredit, Zins und den Konjunkturzyklus. Berlin
Soros, G. 1998: Die Krise des globalen Kapitalismus. Berlin
Vanberg, V. 1982: Markt und Organisation. Tübingen
Windorf, P. 1994: Die neuen Eigentümer. Eine Analyse des Marktes für Unternehmenskontrolle. In: Zeitschrift für Soziologie, 23 (1994), S. 79-92
Weber, M. 1976: Wirtschaft und Gesellschaft. Tübingen

Sören Lieske, Karsten Rogas, Roger Sitter

Leitbild Privatwirtschaft? Selbstverständnis des Stadtwerkemanagements in Zeiten von Deregulierung und Marktliberalisierung[1]

Danach gefragt, ob die Bundesrepublik Deutschland eine öffentliche Wirtschaft aufweist, wird man dies bejahen. Unstrittig ist, dass neben privaten Unternehmen auch eine Vielzahl von Gebietskörperschaften wirtschaftlich tätig sind. Sie bedienen sich dazu spezieller Verwaltungseinheiten, der Verwaltung direkt unterstellter Betriebe oder der Beteiligung an Kapitalgesellschaften.

Schwieriger ist es jedoch, zu entscheiden, ob die öffentliche Wirtschaft sich von der privaten durch eine eigene Rationalität mit spezifischen Handlungsleitlinien abhebt. Die Diskussion um die öffentliche Wirtschaft erkennt an, dass die Übergänge zwischen öffentlicher Verwaltung, öffentlicher Wirtschaft und Privatwirtschaft fließend sind. Wo sich die öffentliche Wirtschaft auf dem Kontinuum zwischen Verwaltung und Privatwirtschaft befindet, ist damit allerdings noch nicht entschieden. So wird ihr auf der einen Seite eine zu große Verwaltungsnähe vorgeworfen, die sich in weitgehender politischer Steuerung, ausgeprägten bürokratischen Strukturen sowie einem Mangel an Flexibilität, an Markt- und an Effizienzorientierung äußert (Ronge 1988, S. 123). Auf der anderen Seite wird die Effizienz politischer Steuerung öffentlicher Betriebe bezweifelt und eine dominante marktliche Handlungsorientierung konstatiert (Eichhorn 1994a, S. 227).

---

1 Der Artikel basiert auf einem Vortrag, der im Rahmen des „III. Organisations- und Verwaltungswissenschaftlichen Seminars" im Dezember 1998 an der Universität Potsdam gehalten wurde. Er gründet auf Daten des Forschungsprojekts „Privatisierung und Entbürokratisierung. Öffentliche Unternehmen zwischen Privatwirtschaft und öffentlicher Verwaltung". Das Projekt wird von den Autoren an der Universität Potsdam unter der wissenschaftlichen Leitung von Prof. Thomas Edeling, Prof. Erhard Stölting und Prof. Dieter Wagner durchgeführt und durch die Deutsche Forschungsgemeinschaft gefördert. Während dieser Artikel geschrieben wird, ist das Projekt noch nicht abgeschlossen, es handelt sich also um einen ersten „Werkstattbericht" aus einem noch laufenden Forschungsprozess.

Die in unterschiedlicher Intensität und zu verschiedenen Zeitpunkten in Bereichen öffentlicher Monopole, wie der Telekommunikation, bei der Post, der Bahn und jüngst bei der Energieversorgung, einsetzenden Bestrebungen der Marktliberalisierung zwingen zu einer differenzierten Betrachtungsweise. Während es bei den teilweise schon privatisierten Unternehmen des Bundes vor allem darum geht, eine am Markt orientierte Effizienzlogik zu implantieren und eine eventuell noch bestehende residuale „Behördenorientierung" abzulegen (Edeling 1998), stellt sich für die nach wie vor im Eigentum der Kommunen befindlichen Unternehmen schärfer als jemals zuvor die Frage, ob für sie die politischen Richtlinien ihrer Auftraggeber oder die Zwänge des liberalisierten Marktes letztendlich handlungsleitend werden sollen.[2]

Organisationale Handlungsleitbilder und Entscheidungsrichtlinien finden ihren Ausdruck u.a. in den Rollenanforderungen und -erwartungen an ihre Mitglieder. Ebenso ist die Tiefe ihrer Verankerung in den Selbstbeschreibungen der Organisationsmitglieder ablesbar (vgl. Luhmann 1976). Im folgenden Aufsatz werden deshalb die Handlungslogiken im kommunalen Besitz befindlicher Stadtwerke aus dem Rollenverständnis und der Wahrnehmungsperspektive ihrer Führungskräfte rekonstruiert. Zunächst soll jedoch die den Stadtwerkebereich kennzeichnende Umbruchsituation kurz skizziert werden, bevor die Anlage der Studie, der die hier vorgestellten Daten entnommen sind, erläutert und erste Ergebnisse präsentiert werden.

Stadtwerke im liberalisierten Strommarkt

Bis in die neunziger Jahre wies die deutsche Elektrizitätserzeugung und -verteilung eine relativ fest umrissene Struktur auf. Die Stadtwerke gehörten zum letzten Glied einer dreistufigen Kette, bestehend aus 9 national agierenden Verbundunternehmen mit beträchtlichen Erzeugungskapazitäten, 70 Regionalversorgern und rund 850 Stadtwerken bzw. Lokalversorgern (Schmidtchen/Bier 1997). Die Aufgabe der Stadtwerke bestand vor allem in der Elektrizitätsendversorgung der in der jeweiligen Kommune ansässigen Haushalte, Gewerbebetriebe und Industrieunternehmen. Die Stadtwerke verteilten den von den großen Verbund- und Verteilerunternehmen erzeugten und weitergeleiteten Strom. Die eigene Energieproduktion spielte eine untergeordnete Rolle. In vielen Kommunen waren die Stadtwerke zudem mit weiteren kom-

---

2 Diese Frage berührt zutiefst auch die rechtliche Legitimation dieser Unternehmen, soll doch die öffentliche Hand in der Bundesrepublik nur dort wirtschaftlich tätig werden, wo dieselben Leistungen nicht durch den Markt bereitgestellt werden können. Mit der Liberalisierung der Märkte, auf denen die öffentlichen Unternehmen zuvor als Monopol tätig waren, stellt sich für diese die unausweichliche Frage, welche Extraleistungen sie im Unterschied zu ihren privaten Konkurrenten noch erbringen, die ihre öffentliche Eigentümerschaft legitimieren könnte (Abromeit 1985).

munalen Ver- und Entsorgungsaufgaben betraut oder wirtschaftlich mit Unternehmen verbunden, die diese Aufgaben wahrnehmen. Gängige Praxis war es, dass mit Gewinnen aus dem Stromgeschäft Verluste in defizitären Bereichen, wie dem öffentlichen Personennahverkehr, ausgeglichen wurden. Die Wirtschaftskraft der Stadtwerke hing jeweils von der Größe und Struktur der durch sie versorgten Kommune ab.

Der deutsche Strommarkt war bis zur Novellierung des Energiewirtschaftsgesetzes (EnWG) ein wettbewerbspolitischer Ausnahmebereich. Den Unternehmen war durch zahlreiche gesetzliche und vertragliche Regelungen in den von ihnen bedienten Territorien ein Monopolstatus zugesichert. Seit April 1998 ist in Angleichung an die europäische Binnenmarktrichtlinie Elektrizität (BRElt) dieser Zustand aufgehoben worden.[3] Zugleich wird der deutsche Strommarkt für internationale Anbieter geöffnet. In dem nun einsetzenden Kampf um die Neubestimmung der Marktanteile befinden sich viele Stadtwerke in einer schwachen Ausgangsposition. Bereits aufgrund ihrer Unternehmensgröße sind die meisten kaum in der Lage, gegenüber den national und international agierenden Energiekonzernen starke Verhandlungspositionen einzunehmen oder mit ihnen in Preiskämpfen zu konkurrieren. Vor allem bei den umworbenen industriellen Großabnehmern drohen ihnen massive Umsatzeinbußen. Wie die aktuelle Entwicklung zeigt, ist auch der Markt der Kleinabnehmer in Bewegung geraten. Mit dem Netzbetrieb und der Stromdurchleitung auf lokaler Ebene ist den Stadtwerken gerade noch ein letztes „Faustpfand" geblieben.

Fusionen oder die Bildung überregionaler Allianzen mit anderen Stadtwerken oder Betreibern könnten die Stellung der Stadtwerke im Wettbewerb verbessern (vgl. dazu auch Meyer-Renschhausen/Sieling 1999). Doch diese werden häufig noch durch rechtliche Vorgaben, wie den Gemeindeordnungen, erschwert. Für viele Stadtwerke dürfte es auch aus organisatorischen und personellen Gründen schwierig sein, in kurzer Zeit den Wandel vom Monopolversorger zum marktfähigen Energieanbieter zu bewerkstelligen. Schätzungen gehen daher davon aus, dass von den zur Zeit noch existierenden rund 570 energieerzeugenden und -verteilenden Stadtwerken bereits in den nächsten drei Jahren 90% ihre Selbständigkeit verloren haben werden (Berliner Zeitung, 29. September 1999).

Forschungleitende Fragestellungen

Der folgende Beitrag liefert ein erstes Zwischenergebnis aus dem noch laufenden Forschungsprojekt „Privatisierung und Entbürokratisierung. Öffentliche Unternehmen zwischen Privatwirtschaft und öffentlicher Verwaltung".

---

3   Richtlinie 96/92/EG des Europäischen Parlaments und Rates (Abl. EG 1997 Nr. L 27, S. 20). Bundesgesetzblatt 1998, Teil I Nr. 23 vom 28. April 1998.

Ausgangsfrage des Projektes ist es, inwieweit die öffentlichen Wirtschaft einen autonomen Bereich gegenüber Politik und Wirtschaft darstellt. Autonom in systemtheoretischer Hinsicht bedeutet hier die Existenz von Sinngrenzen, anhand derer Kommunikationen eindeutig den jeweiligen sozialen Systemen zurechenbar werden. Organisationen beziehen sich in ihren Entscheidungen auf diese Grenzen, um zwischen systemeigenen und systemfremden Ansprüchen unterscheiden zu können (Willke 1995). Für Verwaltungen besteht diese Entscheidungsgrundlage in der letztendlichen Orientierung an der Umsetzung politischer Entscheidungen, für private Unternehmen in den Anforderungen des Marktes.

Die Besonderheit öffentlicher Unternehmen muss demgegenüber in der Spezifik des Zielbildungs- wie des Zielumsetzungsprozesses gesehen werden. Als *öffentlich* konstituiert diese Unternehmen, dass ihre Ziele in einem politischen Prozess und nicht allein durch die Kräfte des Marktes formuliert werden (Abromeit 1985). Die Zielumsetzung erfolgt jedoch dann „unternehmerisch" und mit „marktkonformen Mitteln" (Eichhorn 1994b, S. 558).

Folgt man der öffentlichen Betriebswirtschaftslehre, liegt für öffentliche Unternehmen demnach die Sinngrenze gegenüber der öffentlichen Verwaltung in der *unternehmerischen Umsetzung* öffentlicher Aufgaben, gegenüber der Privatwirtschaft in *der Vorrangigkeit politisch definierter „Sachziele"* gegenüber rein wirtschaftlich orientierten „Formalzielen" (Gottschalk 1994). Das System „öffentliche Wirtschaft" gewänne seinen Sinnbezug in der marktkonformen Umsetzung von im politischen Prozess formulierten Zielen.

Diese Vermittlungsstellung öffentlicher Unternehmen zwischen Politik und Markt verweist zugleich auf ihre besondere Problematik, gegenüber den Ansprüchen dieser Bereiche eine autonome Handlungsorientierung aufrecht zu erhalten. Sowohl Forderungen nach einer Instrumentalisierung öffentlicher Unternehmen im Sinne ihrer politischen Eigner in der Art: „Koste es was es wolle", wie Ansprüche, allein nach wirtschaftlichen Kriterien zu handeln, „wie andere Unternehmen auch", werden der Besonderheit öffentlicher Unternehmen nicht gerecht und untergraben ihre Autonomie.

Organisationen inkludieren ihre Mitglieder über die Organisationsrolle (Luhmann 1976). Sie repräsentiert den Komplex von Anforderungen und Erwartungen an die Handlungen von Personen, die vom Standpunkt der Organisation aus wesentlich sind. Die Organisationsrolle verweist daher auf wesentliche Aspekte des organisatorischen Selbstverständnisses. In dem Maß, in dem es öffentlichen Unternehmen gelingt, eine eigene Handlungsrationalität gegenüber Politik und Wirtschaft herauszubilden, unterscheiden sich die Rollenanforderungen an ihre Führungskräfte qualitativ von denen in Verwaltung und Privatwirtschaft.

Vor diesem Ausgangspunkt ergeben sich die Forschungsfragestellungen wie folgt:

– Welche Hinweise lassen sich für eine eigenständige Handlungsorientierung öffentlicher Unternehmen in ihren organisatorischen Leitbildern, ih-

rer Umweltwahrnehmung und ihren internen Zielen, Strukturen und Rationalitätskriterien finden?
- Wie ist das konkrete Handlungsfeld öffentlicher Unternehmen in bezug auf Eigner, Öffentlichkeit und private Wirtschaftsakteure beschaffen?
- Worin unterscheidet sich die „Leitprofession" (Stichweh 1994) der öffentlichen Führungskraft von der des Verwaltungsbeamten und des Unternehmers? Welche organisatorischen Mitgliedschaftsbedingungen und Leistungskriterien bestehen? Woran orientieren sich die Führungskräfte tatsächlich?[4]

Orientierung des Managements: Gemeinwohl und öffentlicher Auftrag

Die hier vorgestellten Zahlen beruhen auf einer im Frühjahr und Sommer 1998 durchgeführten schriftlichen Befragung von Führungskräften der Geschäftsführungs- und Abteilungsleiterebene in vier Stadtwerken kleiner und mittelgroßer westdeutscher Städte.[5] Erhoben wurde unter anderem, welche Anforderungen an Führungskräfte in öffentlichen und privaten Unternehmen gestellt werden und inwieweit die Interviewten es für gerechtfertigt halten, zwischen dem Management in öffentlichen und privaten Unternehmen zu unterscheiden. Gefragt wurden die Führungskräfte auch, welche Kenntnisse und Fähigkeiten ihnen bei der Ausübung ihrer gegenwärtigen Tätigkeit vor allem wichtig sind und wie sie sich in ihrer jetzigen beruflichen Position sehen.

Befragt nach den spezifischen Anforderungen an Führungskräfte in öffentlichen und privaten Unternehmen werden von den Interviewten deutliche Unterschiede genannt (Abb. 1). So werde von den Managern in den privaten Unternehmen mehr Bereitschaft zum wirtschaftlichen Risiko, eine stärkere Ausrichtung der Entscheidungen am Markt und eine deutlichere Orientierung am wirtschaftlichen Erfolg verlangt. Für das öffentliche Management sei hingegen der Rückhalt in Parteien und Verbänden, die Balance zwischen wirtschaftlichen und politischen Zielen und die Orientierung am Gemeinwohl und am öffentlichen Auftrag kennzeichnend. Damit werden von den Führungskräften Unterschiede in der Anforderungsstruktur zwischen dem priva-

---

4 Bei der empirischen Erhebung wurden standardisierte Befragung mittels Fragebogen und qualitative Interviews kombiniert. Der Einsatz von Fragebögen sollte der Singularität der Ergebnisse weniger qualitativer Interviews entgegenwirken. Andererseits ermöglichten die leitfadengestützten Interviews aufgrund ihrer Tiefe die dichtere Beschreibung der Organisationswirklichkeit und unterstützten die Interpretation der aus der standardisierten Befragungen gewonnen Ergebnisse. Aus diesem Vorgehen erklärt sich die folgende Darstellungsweise.
5 Unter den 61 befragten Führungskräften waren 42 Abteilungsleiter und 14 Geschäftsführer bzw. Bereichsleiter.

ten und dem öffentlichen Management betont, die der gängigen Vorstellung von öffentlichen und privaten Unternehmen entsprechen.

Frage: „Legen sie bitte dar, welche Anforderungen an die Manager Ihres Unternehmens gestellt werden! Stellen sie diesen Anforderungen Ihre Vorstellungen von den Anforderungen des anderen Unternehmenstyps gegenüber!"

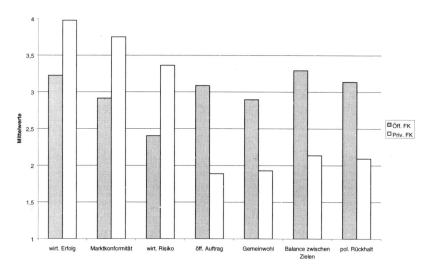

Abb. 1: Angenommene Unterschiede in den Anforderungen an Führungskräfte in öffentlichen Unternehmen und der Privatwirtschaft (Mittelwerte)

Werden die Führungskräfte jedoch danach gefragt, ob sie es für gerechtfertigt halten, zwischen dem Management öffentlicher und privater Unternehmen zu unterscheiden, divergieren die Ansichten. Während etwas weniger als die Hälfte der Befragten grundsätzlich oder in wesentlichen Aspekten einen Unterschied zwischen dem Management öffentlicher und privater Unternehmen machen, sind 56% der Befragten der Meinung, dass der Unterschied marginal oder praktisch bedeutungslos sei.

Eindeutiger sind die Antworten zu den benötigten Kenntnissen und Fähigkeiten in der täglichen Arbeit. Als besonders wertvoll schätzen die befragten Führungskräfte Führungskompetenz, kaufmännisches und technisches Fachwissen sowie Marktkenntnisse ein. Dagegen werden Fähigkeiten wie Verwaltungskenntnisse, politisches Fingerspitzengefühl und Beziehungen zur Politik als eher nachrangig eingestuft (Abb. 2). Dies widersprach unserer Erwartung, dass gerade diese Aspekte es öffentlichen Führungskräften ermöglichen würden, im Spannungsfeld zwischen politischem Auftrag und Wirtschaftlichkeitsgebot zu bestehen.

Leitbild Privatwirtschaft?

Frage: „Welche Kenntnisse und Fähigkeiten sind für Sie bei der Ausübung ihrer jetzigen Tätigkeit besonders wertvoll?"

Mittelwerte einer vierstufigen Skala mit den Antwortvorgaben: 4="sehr wichtig"-1="unwichtig")

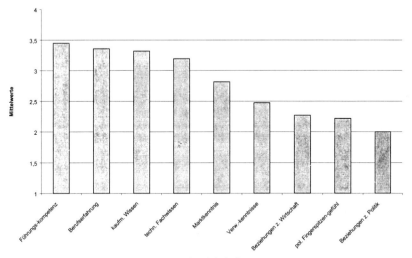

Abb. 2: Notwendige Kenntnisse und Fähigkeiten

Frage: "Wie sehen Sie sich ganz allgemein in ihrer Position?"

Mittelwerte einer vierstufigen Skale mit den Antwortvorgaben 4="vor allem" - 1="nicht"

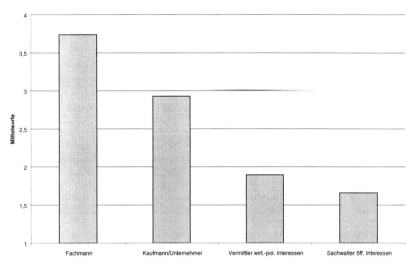

Abb. 3: Berufliche Selbsteinordnung

Ein in der Tendenz vergleichbares Bild ergibt sich, wenn die Führungskräfte nach ihrer beruflichen Selbsteinordnung befragt werden: Sie sehen sich in erster Linie als Fachmann, Kaufmann oder Generalist, kaum jedoch als Vermittler zwischen politischen und wirtschaftlichen oder Sachwalter öffentlicher Interessen (Abb. 3).

Zusammenfassend kann festgestellt werden, dass durch die Befragten zwar Unterschiede zwischen den Führungskräften öffentlicher und privater Betriebe entlang der gängigen Vorstellungen eines besonderen Einflusses der politischen Ebene sowie eines stärker am Gemeinwohl und am öffentlichen Auftrag orientierten Stadtwerkemanagements benannt werden. Bezüglich der eigenen Situation wird von mehr als der Hälfte der Befragten jedoch ein genereller Unterschied zwischen öffentlichem und privatem Management verneint. Dem entspricht, die Hervorhebung fachlicher gegenüber politisch vermittelnder Qualifikationen und die Betonung eines vor allem „fachmännisch" geprägten beruflichen Selbstverständnisses.

Leitbild „privates Management" in einer ungewissen Zukunft

In zwei der von uns untersuchten Stadtwerke wurden mit acht Managern offene, durch einen Gesprächsleitfaden gestützte Interviews geführt.[6] Die offenen Fragen sollten den Interviewten mehr Raum für ihre Sichtweisen und Beschreibungen betrieblicher Wirklichkeit bieten, als dies bei geschlossenen Fragen der Fall sein kann. Entsprechend der Fragestellung nach der Mitgliedsrolle und dem manageriellen Selbstverständnis standen weniger die individuellen Besonderheiten der Befragten als vielmehr die von ihnen gemeinsam benutzten begrifflichen Muster kollektiver Selbstbeschreibung im Zentrum unseres Forschungsinteresses.[7]

Die befragten Manager betonen, dass man sich in der Vergangenheit in einem geschützten Markt bewegt habe. In dieser Zeit habe man sich eine

---

6   Die Themen des Leitfadens sind: Wahrnehmung des eigenen Unternehmens, Veränderungsprozesse im Unternehmen, Rolle und Selbstverständnis der Führungskräfte.

7   Die Interviews wurden auf Band aufgezeichnet und anschließend transskribiert. Bei der Auswertung wurde an einer für die Beschreibung auch von manageriellem Selbstverständnis so wichtigen Suche nach Gegenhorizonten, wie sie Bohnsack (1993) mit seiner Dokumentarischen Interpretation vorschlägt, angeknüpft. Die Aussagen der Befragten wurden mit Blick auf die ihnen zugrundeliegenden Deutungsmuster interpretiert (vgl. Lüders 1991). Gemeinsam benutzte begriffliche Muster und Kontraste lassen sich dabei unter Anlehnung an die Diskursanalyse als Strategien der Selbstdarstellung deuten (vgl. Jäger 1993). Allerdings wurden diese Verfahren entsprechend der Fragestellung und der Fülle des insgesamt zu erwartenden Interviewmaterials abgewandelt. So wurde von einer streng sequentiellen Auswertung Abstand genommen und das Interviewmaterial statt dessen nach Themen gruppiert und analysiert (vgl. auch Lüders/Meuser 1997).

Leitbild Privatwirtschaft? 199

kostspielige Versorgungssicherheit leisten können. Kaufmännische Kriterien haben in dieser Zeit nur eine untergeordnete Bedeutung gehabt. Manches „politisch Gewollte", wie Schwimmbäder und der öffentliche Nahverkehr, sei subventioniert worden. Zudem habe sich unter dem Schutz eines geschlossenen Absatzgebietes auch manche Schwerfälligkeit und Aufblähung der eigenen Unternehmen entwickeln können.

Mit der Liberalisierung des Energiemarktes ändert sich die Situation der Unternehmen. Die befragten Manager betonen, dass ihre Stadtwerke sich nun auf den Wettbewerb einstellen müssen. Vorbild seien dabei die im Wettbewerb erfahrenen, privatwirtschaftlichen Unternehmen. Diesen privaten Unternehmen wird eine bessere Kundenorientierung, flachere Hierarchien, ein schlankerer Personalkörper, ein deutlicheres Kostenbewusstsein, kürzere Entscheidungswege und ein effizienteres, an den Kosten und am Markt orientiertes Management zugeschrieben als dem eigenen, öffentlichen Unternehmen. Das Pendant zum Vorbild des privaten Unternehmens stellt der „agile Managertyp", der nach Leistung bezahlt wird und seine Entscheidungen in erster Linie an den Erfordernissen der Gewinnmaximierung ausrichtet.

Als Negativbild dient den interviewten Managern die öffentliche Verwaltung, häufig in Gestalt der eigenen Kommunalverwaltung. Sie wird mit den üblichen Clichés, wie Schwerfälligkeit, mangelnder Kundenorientierung sowie formalistischen Entscheidungsprozeduren bedacht. Den Beschäftigten und den Führungskräften öffentlicher Verwaltungen wird Umständlichkeit und mangelnde Leistungsorientierung, eine so bezeichnete „Beamtenmentalität", zugeschrieben. Von dieser will man sich absetzten. Das Bedürfnis nach Abgrenzung verweist auch auf sein Gegenteil: dass Beschäftigte und Management in den Stadtwerken sich gerade in der Öffentlichkeit dem Vorwurf ausgesetzt fühlen, eben nicht die leistungsorientierten, flexiblen und auf den Kunden ausgerichteten Manager zu sein:

„.... also im Grunde fühlen wir uns gar nicht als städtische Mitarbeiter, sondern wir fühlen uns als Mitarbeiter eines privaten Betriebes. Und das machen wir auch deutlich. Ich muss das mal ganz deutlich sagen, wir machen das auch deutlich in der Kundschaft. Also, wissen Sie, wenn wir irgendwo hinkommen: ‚Ihr seid ja von der Stadt.' Und das versuchen wir als erstes abzubauen, dass wir eben nicht von der Stadt sind, weil die Stadt so ein schlechtes Image hat, und da möchten wir wirklich nicht in einen Topf geworfen werden..." (Abteilungsleiter eines Stadtwerkes).

In der Öffentlichkeit wird das Management der Stadtwerke mit dem Image konfrontiert, unflexibel, bürokratisch und behördlich zu sein, sich bisher nicht genügend um den Kunden bemüht zu haben, nicht „fit" für den Wettbewerb zu sein. Mit diesen Vorwürfen schließt sich der Kreis zwischen Vorbild und Negativhorizont. Die öffentliche Verwaltung steht für das, was man als Erbschaft aus Zeiten des früheren Monopols im Versorgungsbereich noch nicht ganz abgestreift hat. Zugleich ist man sich bewusst, dass es sich dabei bereits um Vergangenheit handelt. Für die Zukunft markiert das sich am freien Markt behauptende, privatwirtschaftliche Unternehmen mit seinem leistungsstarken, am Markt orientierten Management das, was man sein möchte.

Auf dem Weg dorthin wird der durch die Aufsichtsgremien vermittelte Einfluss der Kommunalpolitik von den befragten Managern als „Störfaktor" eingeschätzt. Ein öffentlicher Auftrag der Stadtwerke wird von ihnen lediglich noch in Form einer bislang gewährleisteten Versorgungssicherheit und einer Bezuschussung politisch gewollter, aber unrentabler Aufgaben, genannt. Allerdings wird diesen Aspekten zukünftig eine immer geringere Bedeutung zugeschrieben. Der Spielraum für Subventionen unrentabler Bereiche, wie des öffentlichen Nahverkehrs, werde kleiner werden. Und auch im bislang so profitablen Energiegeschäft werden die Margen geringer werden. Auf „politische Alibiprojekte", wie Photovoltaik und Blockheizkraftwerke, wird man deshalb zunehmend verzichten müssen. Denn noch mehr als in der Vergangenheit werde man sich in Zukunft in den betrieblichen Entscheidungen von wirtschaftlichen Kriterien leiten lassen müssen, um im schärfer werdenden Wettbewerb des Energiemarktes als Anbieter bestehen zu können.

Fazit

Angesichts der Ergebnisse aus der leitfadengestützten Befragung lassen sich auch die Ergebnisse aus den Fragebögen zu einem konsistenten Muster zusammenfügen: Von einem Selbstbild der Befragten, das das „Anderssein" gegenüber dem Management in der Privatwirtschaft selbstbewusst in den Vordergrund stellt, kann nicht gesprochen werden. Die eingangs aufgestellte These einer eigenen Handlungsrationalität im manageriellen Selbstverständnis ist deshalb zu modifizieren: Wenn Unterschiede gegenüber dem privaten Management, wie der Einfluss der öffentlichen Gesellschafter auf Unternehmensentscheidungen oder auch die Orientierung an einem öffentlichen Auftrag, benannt werden, gelten diese als Makel. Zukünftig, so hofft man, werden diese Unterschiede nicht mehr bestehen. Dass auf diese Differenzen zielende Managementfähigkeiten, wie politisches Fingerspitzengefühl und gute Beziehungen zur Politik, im Unterschied zu kaufmännischen und technischen Fähigkeiten, aber auch zur Führungsstärke und Marktkenntnis, eher als nachrangig beurteilt werden, wird vor diesem Hintergrund plausibel.

Der Befund einer „Identitätskrise öffentlicher Manager" (Eichhorn 1984) ist nicht ausschließlich als ein Produkt der neuesten Bestrebungen um Deregulierung und Marktliberalisierung zu werten (als Überblick vgl. Machura 1993). Zu stark war auch schon in früheren Zeiten die gesellschaftliche Dominanz des Bildes vom Manager eines privatwirtschaftlichen Betriebes, als dass sich dagegen die Idee eines sich politischen Zwängen unterwerfenden „Wirtschaftsspezialisten" als berufliches Leitbild hätte behaupten können (Staehle 1993). Neu ist jedoch das Gefühl der Bedrohung der eigenen beruflichen Existenz, mit dem sich öffentliche Führungskräfte nun konfrontiert sehen. Die Führungskräfte reagieren darauf mit dem Versuch, dem beruflichen Leitbild des „privaten Managers" noch näher zu kommen. Der Aspekt der politischen Einflussnahme wird nicht mehr nur als Makel, sondern zunehmend als Bürde bei der Anpassung an die neuen Marktbedingungen gesehen. Unter diesen Bedingungen wird es der kommunalen Politik in Zukunft noch schwerer fallen, in ihren Unternehmen Partner für gesellschaftliche Aufgaben zu finden. Inwieweit es dabei staatlicher Energiepolitik gelingen wird, die auch im neuen Energiegesetz nicht aufgegebenen Ziele Versorgungssicherheit, flächendeckende Anschlussbereitstellung und ökologisch orientierte Energieversorgung in Kooperation mit den sich nun ausschließlich an wirtschaftlichen Effizienzmaßstäben orientierenden Unternehmen zu verfolgen, muss abgewartet werden.

Literatur

Abromeit, H. 1985: Öffentlicher Zweck und öffentliche Kontrolle. Ansätze zu einer politischen Theorie der öffentlichen Unternehmung. In: Politische Vierteljahresschrift 26(1985), S. 287-305
Berliner Zeitung vom 29.9.1999: Aufbruch in der Strombranche: Die Monopolisten sind erwacht. S. 1
Bundesgesetzblatt 1998, Teil I Nr. 23 vom 28. April 1998
Bohnsack, R. 1993: Rekonstruktive Sozialforschung. Einführung in Methodologie und Praxis qualitativer Forschung. Opladen
Edeling, Th. 1998: Eine Firma zwei Kulturen? In: Lang, R. (Hg.) 1998
Edeling, Th., Sitter, R. 1999: Privatisierung oder Entbürokratisierung. Öffentliche Unternehmen zwischen Privatwirtschaft und öffentlicher Verwaltung. In: Berliner Debatte INITIAL 10(1999)3, S. 33-42
Eichhorn, P. 1984: Identitätskrise öffentlicher Manager. In: Managementverhalten in öffentlichen Unternehmen. Zeitschrift für öffentliche und gemeinwirtschaftliche Unternehmen 7(1984)Beiheft 6, S. 22-30
Eichhorn, P. 1994a: Herausforderungen für Führungskräfte in öffentlichen Unternehmen. In: Eichhorn, P., Engelhardt, W. (Hg.) 1994
Eichhorn, P. 1994b: Privates Eigentum ist kein Allheilmittel. In: Kommunalpolitische Blätter 46(1994)7
Eichhorn, P., Engelhardt, W. (Hg.) 1994: Standortbestimmung öffentlicher Unternehmen in der Sozialen Marktwirtschaft. Baden-Baden
Eickhof, N. 1998: Die Neuregelung des Energiewirtschaftsrechts. Universität Potsdam, Wirtschafts- und Sozialwissenschaftliche Fakultät, Volkswirtschaftliche Diskussionsbeiträge Nr. 20. Potsdam
Garz, D., Kraimer, K. (Hg.) 1991: Qualitativ-empirische Sozialforschung. Konzepte, Methoden, Analysen. Opladen
Gottschalk, W. 1994: Kommunale Unternehmen als Instrumente der Selbstverwaltung. In: Eichhorn P., Engelhardt, W. (Hg.) 1994
Hitzler, R., Honer, A. (Hg.) 1997: Sozialwissenschaftliche Hermeneutik. Opladen
Jäger, S. 1993: Text- und Diskursanalyse. Eine Anleitung zur Analyse politischer Texte. Duisburger Institut für Sprach- und Sozialforschung. DISS-Texte, Nr.16. Duisburg
Lang, R. (Hg.) 1998: Führungskräfte im osteuropäischen Transformationsprozess. München, Mering
Lüder, K. 1996: Triumph des Marktes im öffentlichen Sektor? In: Die öffentliche Verwaltung 49(1996), S. 93-100
Lüders, C. 1991: Deutungsmusteranalyse. Annäherung an ein risikoreiches Konzept. In Garz, D., Kraimer, K. (Hg.) 1991

Lüders, C., Meuser, M. 1997: Deutungsmusteranalyse. In Hitzler, R., Honer, A. (Hg.) 1997
Luhmann, N. 1976: Funktionen und Folgen formaler Organisation. 3. Aufl. Berlin, Speyer
Machura, S. 1993: Besonderheiten des Managements öffentlicher Unternehmen. In: Zeitschrift für öffentliche und gemeinwirtschaftliche Unternehmen 16(1993), S. 169-180
Meyer-Renschhausen, M., Sieling, M. 1999: Liberalisierung des Strommarktes – Wirkungen und Anpassungsstrategien der kommunalen Energieversorgungsunternehmen. In: Zeitschrift für öffentliche und gemeinwirtschaftliche Unternehmen 22(1999), S. 115-133
Müller-Jentsch, W. (Hg.) 1993: Konfliktpartnerschaft. Akteure und Institutionen der industriellen Beziehungen. München, Mering
Richtlinie 96/92/EG des Europäischen Parlaments und Rates (Abl. EG 1997 Nr. L 27 S. 20)
Stein, F. 1998: Realtypologie der Managementleistung öffentlicher Unternehmen. Eine empirische Untersuchung. Baden-Baden
Schmidtchen, D., Bier, C. 1997: Liberalisierte Strommärkte: strategische Herausforderungen für die Unternehmen und Konsequenzen für die Verbraucher. Tübingen
Staehle, Wolfgang H. 1993: Unternehmer und Manager. In Müller-Jentsch, W. (Hg.) 1993
Stichweh, R. 1994: Wissenschaft, Universität, Professionen. Frankfurt/Main
Willke, H. 1995: Systemtheorie III. Steuerungstheorie. Stuttgart

Ferdinand Schuster

Benchmarking als Ersatz für Wettbewerb. Können interkommunale Leistungsvergleiche ein Motor für Veränderungen sein?

1. Einleitung

Von außen betrachtet, hatte die öffentliche Verwaltung in Deutschland in der Vergangenheit nicht gerade den Ruf, ein Hort von Veränderungsbereitschaft – schon gar nicht im Sinne moderner betriebswirtschaftlicher Managementkonzepte – zu sein. Und doch bewegt sich hinter den Kulissen eine ganze Menge. Nicht zuletzt die Krise der öffentlichen Haushalte hat vor allem seit der deutschen Wiedervereinigung in erheblichem Maße Reformbereitschaft geweckt. Unter Schlagworten wie „New Public Management" oder gar „Reinventing Government" ist seit der zweiten Hälfte der achtziger Jahre ein weltweiter Trend zur Verwaltungsmodernisierung im Sinne einer vom Privatsektor beeinflussten Managementreform zu beobachten (Osborne/Gaebler 1992, Naschold 1993, Budäus 1995). Dabei sind zwar national deutliche Unterschiede zu beobachten, die deutlich ökonomisch geprägte Basis ist dabei in praktisch allen Ländern unverkennbar vorhanden. Wobei auffallend ist, dass offenbar aufgrund des besonderen Problemdrucks in den Städten, Gemeinden und Kreisen vor allem die Kommunen bedeutende Reformakzente gesetzt haben (Bertelsmann Stiftung 1996).

Unter den meist eher finanzwirtschaftlich geprägten Modernisierungsmaßnahmen deutscher Kommunen ist sicherlich der Leistungsvergleich eine der weniger bedeutenden, wenn auch einer der interessantesten Ansätze, geht es doch im Grunde um nichts weniger als den Versuch, das Instrument des Wettbewerbs auch in den Teil des öffentlichen Sektors einzuführen, der bisher und wohl auch in Zukunft keinerlei privatwirtschaftliche Konkurrenz zu fürchten brauchte. Das gegenseitige Aufspüren von Leistungs- und Qualitätsunterschieden von Verwaltungen untereinander, das Feststellen von Stärken und Defiziten und ein anschließender Lernprozess kennzeichnen den interkommunalen Leistungsvergleich, der vom instrumentellen Ansatz her dem in der Erwerbswirtschaft verbreiteten Benchmarking in weiten Teilen entspricht. Im Frühjahr 1999 engagierten sich immerhin über 250 deutsche Städte, Gemeinden und Landkreise mit ihren Verwaltungen in Leistungsvergleichen dieser Art.

Im Rahmen dieses Beitrags soll vor allem der Ansatz der Bertelsmann Stiftung, die 1989 mit dem Aufbau von Leistungsvergleichen begann, als empirische Basis dienen. Mit einer Projekterfahrung von insgesamt fast zehn Jahren handelt es sich hierbei um den wohl am längsten laufenden interkommunalen Leistungsvergleich, der zudem eine Pionierrolle unter den deutschen Kommunen eingenommen hat. Zunächst aber soll die „Reformlandschaft" der Kommunalverwaltung beleuchtet werden, ohne die eine Betrachtung des Leistungsvergleiches unvollständig wäre. Sodann soll die Rolle des Wettbewerbs, vor allem vor dem Hintergrund der eben schon erwähnten ökonomischen Prägung der Verwaltungsmodernisierung umrissen sein. Erst im Anschluss daran wird das Instrument des Leistungsvergleiches und seines „privatwirtschaftlichen Verwandten" Benchmarking in den Mittelpunkt rücken, wobei das Konzept, die Umsetzung mit ihren Problemen und schließlich auch der beobachtbare Erfolg jeweils eingehend gewürdigt werden sollen.

Mit dem vorliegenden Beitrag soll eine Antwort auf die Frage versucht werden, ob der interkommunale Leistungsvergleich eine geeignete Strategie sein kann, Veränderungen in der Kommunalverwaltung zu induzieren. Weiterhin sei gefragt, inwiefern diese Veränderungen wiederum geeignet sind, für die Bürger als „Kunden" der Verwaltung ein höheres Serviceniveau und eine verbesserte Qualität der Dienstleistung zu erzeugen. Behauptet wird, dass der interkommunale Leistungsvergleich für eine höhere Leistungsfähigkeit der Verwaltung im Sinne verbesserter Bürgerfreundlichkeit verantwortlich ist. Die zeitliche Entwicklung ausgewählter Kennzahlen sei in der Lage, diese Behauptung zu belegen.[1]

2. Die Elemente der kommunalen Verwaltungsmodernisierung

Ökonomische Paradigmen und Verwaltungsmodernisierung weisen in der deutschen Nachkriegsgeschichte eine gewisse Parallelität auf. Daher sind die Veränderungen in Privatunternehmen betrachtenswert, die in den siebziger und achtziger Jahren vor allem im Industriesektor zunehmend japanische Produktionskonzepte als Vorbild erwählt haben. Zu nennen sind Just-in-time-Konzepte, die u.a. verringerte Lagerhaltung ermöglichen, und Total-Quality-Management-Ansätze, die u.a. Ausschussquoten senken. Merkmale der Unternehmensreformen sind im Weiteren eine Refokussierung und Segmentierung der Unternehmenstätigkeit, Dezentralisierung sowie eine Optimierung der Ablauforganisation. In diesem Zusammenhang sind auch Reduzierungen der Fertigungstiefe wesentlich, die verbunden mit internen Umstrukturierungen unter dem Schlagwort der sogenannten „lean production" bekannt sind.

Den geschilderten Ansätzen der Neustrukturierung von Unternehmen kann zunehmend auch eine „normative Vorbildfunktion" für die öffentliche

---

[1] Der vorliegende Beitrag beruht über die angegebenen Quellen hinaus auch auf ausführlichen Interviews des Verfassers mit Mitarbeitern der Bertelsmann Stiftung und der Städte Dessau, Gütersloh, Pforzheim und Potsdam.

Verwaltung zugeschrieben werden (Naschold 1993, S. 65). Damit kann wiederum eine fast schon direkte Linie vom Leitbild der unternehmerischen „lean production" zur Vorstellung vom „schlanken Staat" gezogen werden. Diese Vorstellung ist durch eine „Hochschätzung des Marktes" geprägt, die auch die Verwaltung unter Anpassungsdruck setzt. Die Verwaltungsmodernisierung ist nicht mehr durch makropolitische Ansätze, sondern (mikro-) ökonomische Leitbilder bestimmt, der „schlanke Staat" soll auf Kernaufgaben reduziert, flexibler und dynamischer werden (Böhret/Konzendorf 1996/97, S. 74ff.).

Für die so beeinflussten Modernisierungsansätze, vor allem diejenigen in Großbritannien, Neuseeland und Australien, ist die Bezeichnung „New Public Management" geprägt worden, dessen theoretische Basis sowohl in neoliberalen Wirtschaftstheorien, wie auch in den bereits erwähnten neueren Managementmodellen verortet wird (König 1996). New Public Management bezieht sich im Wesentlichen auf folgende Reformansätze (Budäus 1995):

- Abbau von Staatstätigkeit durch Aufgabenkritik und Verzicht auf Aufgabenwahrnehmung,
- Aufgabenverlagerung ("Dritter Sektor"),
- Privatisierung,
- Public Private Partnership,
- Markt- und Wettbewerbsorientierung von Verwaltungstätigkeiten,
- Ausbau und Erhöhung von Partizipationschancen der Bürger,
- Abbau von Regelungsflut, generelle Deregulierung und Entbürokratisierung,
- Dezentralisierung von Staat und Verwaltung,
- Flexibilisierung der Finanzwirtschaft durch Globalbudgets und ergebnisorientierte Budgetierung,
- Einführung von Leistungskomponenten im Personalbereich,
- geändertes Politikverständnis im Sinne der Konzentration auf langfristige und strategische Entscheidungen und Vorhaben.

Die am Strang des New Public Management angelehnte kommunale Verwaltungsmodernisierung in Deutschland hat als bedeutendste Formulierung das von der Kommunalen Gemeinschaftsstelle für Verwaltungsvereinfachung (KGSt) 1991 entworfene Konzept einer dezentralen Ressourcenverantwortung in der Kommunalverwaltung, das Neue Steuerungsmodell.

Nach seiner später erfolgten, fortgeschritteneren Ausformulierung beruht die Grundstruktur des Neuen Steuerungsmodells der KGSt im Wesentlichen auf drei Grundelementen (KGSt 1993):

- der unternehmensähnlichen, dezentralen Führungs- und Organisationsstruktur,
- der Outputsteuerung,
- der Aktivierung der neuen Struktur durch Wettbewerb.

Diese Grundelemente werden durch folgende Prinzipien konkretisiert (Reichard 1994):

- verstärkte ziel- und ergebnisorientierte Steuerung,
- strategische Steuerung „auf Abstand",
- weitgehende Selbststeuerung dezentraler Einheiten bei zentraler Rahmensetzung,
- weitgehend delegierte Ergebnisverantwortung,
- Re-Integration von zuvor aufgeteilten Aufgaben und Leistungsprozessen mit dem Ziel einer Gesamtprozess-Optimierung (Re-engineering),
- deutliche Kunden- (Bürger-) orientierung,
- Markt- und Wettbewerbsorientierung,
- Konzentration auf Kernkompetenzen bei stärkerer Inspruchnahme externer Leistungsanbieter ("Gewährleistungsverwaltung"),
- verstärkte Kosten- und Leistungstransparenz,
- intensives Personalmanagement.

Das Neue Steuerungsmodell als Leitbild ist von erwerbswirtschaftlichen Vorbildern geprägt. Erkennbar wird dies, indem von einem „Dienstleistungsunternehmen Kommunalverwaltung" die Rede ist, wobei dies allerdings nicht immer unbestritten bleibt (KGSt 1993, Reichard 1994). Auf die zahlreichen weiteren Entlehnungen aus der Unternehmenswelt soll nicht näher eingegangen werden.

Besonders betont werden soll an dieser Stelle jedoch die mindestens in der Modellformulierung erhebliche Bedeutung des Wettbewerbs im Neuen Steuerungsmodell. Von der KGSt wird gesagt, dass strukturelle Veränderungen allein nicht die volle Leistungsfähigkeit des Dienstleistungsunternehmens Kommunalverwaltung sicherstellen können. Vielmehr sei Wettbewerb notwendig, um die neue Struktur „unter Strom" zu setzen. Da viele kommunale Leistungen Monopolcharakter hätten und vom Markt daher kein Wettbewerbsdruck ausgehe, müssten „Wettbewerbssurrogate" genutzt werden, wobei der interkommunale Leistungsvergleich und „Vergleiche mit privaten Preisen" vorgeschlagen werden. Interkommunale Leistungsvergleiche allein finden demnach im Bereich der Hoheits- und Eingriffsverwaltung Einsatz, während in anderen Gebieten, etwa bei Stadtwerksaufgaben, auch der Vergleich mit Angeboten privater Anbieter hinzutreten soll (KGSt 1993).

3. Die Leitidee Wettbewerb

Offenbar werden dem Wettbewerb – nicht zuletzt im Neuen Steuerungsmodell – bestimmte, positiv bewertete Wirkungen unterstellt. Dabei kann allerdings angenommen werden, dass weniger die „Alltagswirklichkeit" der Marktwirtschaft, die zu weiten Teilen durch oligopolistische Strukturen und starke Tendenzen zur Wettbewerbsbeschränkung geprägt ist, als vielmehr ein eher theoretisch unterlegtes Idealbild mit diesen Wirkungen in Verbindung gebracht wird.

Wettbewerb könnte als „Leistungskampf zwischen Wirtschaftseinheiten am Markt" charakterisiert werden. Wettbewerb als Leistungskampf wiederum bietet die Gewähr für die Belieferung des Marktes mit besseren Produkten zu niedrigsten Preisen (Gabler-Wirtschafts-Lexikon 1984, S. 2242). Allgemein betrachtet kann dem Wettbewerb eine innovations- und imitationsfördernde Wirkung sowie die Förderung leistungsbezogener Selektion und Motivation unterstellt werden. Damit wird deutlich, dass Wettbewerb mehr sein kann als ein lediglich ökonomischer Marktregulierungsmechanismus. Aufmerksam gemacht werden soll vor allem auf die Fähigkeit des Wettbewerbs, (Spitzen-) Leistungen einerseits sichtbar zu machen und ihnen andererseits auch zur Durchsetzung zu verhelfen. Dabei muss Klarheit darüber bestehen, dass Wettbewerb, um sich in diesem Sinne entfalten zu können, bestimmte Voraussetzungen auf dem Markt benötigt. Dazu gehört eine ausreichende Konkurrenz, d.h. Anbietern und Nachfragern müssen eine erhebliche Anzahl von Alternativen zur Verfügung stehen und sie müssen die Freiheit haben, unbefriedigende Möglichkeiten abzulehnen (Edwards 1975).

Auf der Basis idealisierter Bedingungen lassen sich fünf Funktionen des Wettbewerbs aus gesamtwirtschaftlicher Sicht aufführen (Kantzenbach 1975):

I. Der Wettbewerb steuert auf den Märkten für Produktionsfaktoren die funktionelle Einkommensverteilung nach der Marktleistung.
II. Durch den Wettbewerbsprozess wird die Zusammensetzung und Verteilung des laufenden Angebotes an Waren und Dienstleistungen nach den Käuferpräferenzen gesteuert.
III. Der Wettbewerb lenkt die Produktionsfaktoren in ihre produktivsten Einsatzmöglichkeiten.
IV. Der Wettbewerbsprozess bewirkt die laufende flexible Anpassung der Produktion und der Produktionskapazität an die außerwirtschaftlichen Daten, insbesondere an Nachfragestruktur und Produktionstechnik.
V. Der Wettbewerb beschleunigt die Durchsetzung des technischen Fortschrittes bei Produkten und Produktionsmethoden.

Während die ersten drei Funktionen eher statischen Charakter haben (sie werden nur im ideellen Zustand eines stationären, sozusagen „neoklassischen" Gleichgewichts vollkommen erreicht), machen die letzten beiden Funktionen auf den dynamischen Charakter des Wettbewerbs aufmerksam. Diese beiden Funktionen, Anpassungsflexibilität und Durchsetzung von Innovationen, sind neben den Effekten zur Förderung von Leistungstransparenz sicherlich die Faktoren, die sich den Befürwortern von Wettbewerb in der öffentlichen Verwaltung als besonders wünschenswert darstellen.

Wettbewerbliche Funktionen können sich allerdings nur dann entfalten, wenn die Nachfrage stets zum leistungsfähigsten Angebot wandert, wobei auf dem idealen Markt die Wirtschaftseinheiten versuchen, durch ständige Verbesserungen ihrer Leistungen ihre Position am Markt zu sichern. Die latente Drohung, welche die Wirtschaftseinheiten zu besseren Leistungen anspornt, ist letztlich der durch andauernde negative Nachfragewanderung erfolgende Positionsverlust am Markt, bis hin zum erzwungenem Marktaustritt, dem Konkurs.

Es ist intuitiv klar, dass ein so funktionierender Marktwettbewerb nicht ohne Transformationsprobleme in die Welt der öffentlichen Verwaltung übertragen werden kann. Als Hauptproblem erscheint hier zuerst die Tatsache, dass bestimmte grundlegende Voraussetzungen für funktionierenden Wettbewerb fehlen. Der vielleicht sichtbarste Mangel ist die bei vielen öffentlichen Leistungen fehlende Möglichkeit, den Anbieter zu wechseln. Trotzdem ist Wettbewerb auch bei öffentlichen Verwaltungen beobachtbar.

Wettbewerb im öffentlichen Sektor kann in unterschiedlichen Formen beobachtet werden, die sich drei Grundtypen zuordnen lassen (Reichard 1998):

- marktlicher Wettbewerb,
- quasi-marktlicher Wettbewerb,
- nicht-marktlicher Wettbewerb.

Marktlicher und quasi-marktlicher Wettbewerb haben die organisatorische Trennung der Verwaltung in Vergabebereiche (die über Auftragsvergabe und -kontrolle entscheiden) und Fachbereiche (die sich um die Ausführung von Aufträgen bewerben) zur Voraussetzung. Im Rahmen des marktlichen Wettbewerbs können private Anbieter bei der öffentlichen Leistungserstellung beteiligt sein. Wettbewerb zwischen mehreren privaten Wirtschaftseinheiten tritt etwa im klassischen Vergabewesen auf, wobei öffentliche Leistungen auf Zeit im Wege der Gewährleistung an private Unternehmen vergeben werden. Beobachtbar ist auch die Form des gemischten Wettbewerbs, wobei private und öffentliche Einheiten um die öffentliche Leistungserstellung konkurrieren. Auch die Form des Wettbewerbs mehrerer öffentlicher Einheiten ist möglich, etwa im Bereich von Freizeit-, Kultur- und Sozialeinrichtungen, die nicht den Charakter eines Angebotsmonopols haben. Beim quasi-marktlichen Wettbewerb werden auf der Basis von Leistungsvereinbarungen interne Leistungen unter Verrechnung von Kosten ausgetauscht. Dies betrifft etwa EDV-Dienstleistungen, die einer Gemeindeverwaltung vom öffentlichen regionalen Rechenzentrum gegen Geld zur Verfügung gestellt werden. Der interne Markt dürfte aber erst echte wettbewerbliche Effekte erhalten, sofern der Abnahmezwang für die Vergabebereiche aufgehoben ist und auch private Angebote eingeholt werden. Dann wäre die bereits genannte Form des gemischten marktlichen Wettbewerbs gegeben.

Der nicht-marktliche Wettbewerb schließlich umfasst vor allem alle Arten von Leistungsvergleichen zwischen öffentlichen Einheiten, u.a. diejenigen, die dem privatwirtschaftlichen Benchmarking ähneln. Hierbei werden Kosten und/oder Qualitätsmerkmale von erbrachten Leistungen einem standardisierten Vergleich unterzogen. Dazu zählen sowohl einmalig oder periodisch stattfindende Auszeichnungswettbewerbe (in Deutschland etwa der

Speyerer Qualitätswettbewerb u.a.), als auch auf Dauer gerichtete Vergleichsprojekte, denen Kommunen für einen längeren Zeitraum beitreten. Hierzu zählen auch die deutschen Wettbewerbskonzepte (Bertelsmann Stiftung, IKO-Netz der KGSt u.a.), die im Rahmen dieses Beitrages genauer beleuchtet werden sollen.

4. Das Konzept des Leistungsvergleichs

4.1. Voraussetzungen

Gerade wegen der Einordnung des interkommunalen Leistungsvergleichs in den nicht-marktlichen Wettbewerb wird er auch als „Wettbewerbssurrogat" bezeichnet (u.a. Reichard 1994, S. 61). Aus diesem Begriff lässt sich ablesen, dass Leistungsvergleiche versuchen sollen, den „echten", den Marktwettbewerb künstlich zu erzeugen bzw. zu simulieren. Dies geschieht jedoch nicht dadurch, dass künstliche Märkte erzeugt werden, wie dies beim erwähnten quasi-marktlichen Wettbewerb der Fall ist. Stattdessen müssen bestimmte andere Voraussetzungen geschaffen werden, die es möglich machen, dass die quantitative Sichtbarmachung von Verwaltungsleistungen und ihrer Qualität einen Anreiz auslöst, der bei den am Vergleich beteiligten Akteuren Bemühungen um Leistungssteigerung erzeugt.

Damit Leistungsvergleiche überhaupt funktionieren und eine wettbewerbliche Wirkung entfalten können, sind also zunächst zwei wesentliche Voraussetzungen notwendig:

- Leistungstransparenz durch interadministrativ standardisierte Parameter,
- Leistungsanreize, die administrative Akteure dazu veranlassen, in einen Wettbewerb einzutreten bzw. diesen aufrecht zu erhalten.

Interadministrativ standardisierte Parameter sind in der Praxis regelmäßig Kennzahlen bzw. Kennzahlensysteme, die zahlreiche Vorläufer in der Erwerbswirtschaft haben. Zu nennen wären hier von den bekannten Kennzahlensystemen etwa das DuPont-System of Financial Control oder das System des Zentralverbands der Elektrotechnischen Industrie (ZVEI-Kennzahlensystem) (Staehle 1968, Staudt u.a. 1985, Siegwart 1992, Botta 1997). Obwohl der erhebliche Erfahrungsvorsprung der Erwerbswirtschaft in der Anwendung von Kennzahlen nicht bestritten werden soll, so ist doch auch in der öffentlichen Verwaltung bereits eine gewisse Tradition in der quantitativen Messung der eigenen Arbeit und ihrer Auswirkungen zu verzeichnen. In den sechziger Jahren waren es vor allem die „Sozialindikatoren" genannten Messgrößen, die bei der Bestimmung sozialer Politikwirkungen auch in Kommunen Einsatz fanden. Parallel zum Erstarken eher managerialistisch ausgerichteter Steuerungsmodelle wandelte sich auch der Einsatz von Kennzahlen (Indikatoren) von der sozial- und politikwissenschaftlich orientierten

Sozialberichterstattung hin zu einem eher betriebswirtschaftlich ausgerichteten kommunalen Berichtswesen („Controlling-Ansatz") (Wollmann 1994). Solche Kennzahlen wiederum bilden nicht nur die Grundlage für eine binnenorientierte Leistungsbestimmung, sondern entwickeln ihre besondere Wirkung vor allem durch Vergleiche. Kennzahlenvergleiche können in dreierlei Weise vorgenommen werden:

- Soll-Ist-Vergleich,
- Zeitvergleich,
- Betriebsvergleich.

Dem Soll-Ist-Vergleich würde im kommunalen Bereich etwa die Richtzahlensammlung der KGSt entsprechen, die in Form von Kennzahlen bis Anfang der neunziger Jahre unter den deutschen Gemeinden Leistungsstandards verbreitet hat. Diese umfassten alle Verwaltungsbereiche und beruhten auf Organisationsuntersuchungen der Kommunen selbst. Darüber hinaus wurden durch die KGSt Kennzahlensysteme auf betrieblicher bzw. Amtsebene entwickelt, so etwa in den Bereichen Abwasserwirtschaft, Bestattungswesen, Rettungsdienst, Abfallwirtschaft und Baubetriebshof. In diesen Systemen war der interkommunale Vergleich (Betriebsvergleich) schon empfohlen worden. Dieser „Unternehmensvergleich" kann unterschiedlichen Methoden folgen, wobei an dieser Stelle das Benchmarking als nahe „verwandtes" Instrument näher beleuchtet werden soll.

4.2. Benchmarking in der Kommunalverwaltung

„Benchmarking ist ein kontinuierlicher Prozess, bei dem Produkte, Dienstleistungen und insbesondere Prozesse und Methoden betrieblicher Funktionen über mehrere Unternehmen hinweg verglichen werden. Dabei sollen die Unterschiede zu anderen Unternehmen offengelegt, die Ursachen für Unterschiede und Möglichkeiten zur Verbesserung aufgezeigt sowie wettbewerbsorientierte Zielvorgaben ermittelt werden. Der Vergleich findet dabei mit Unternehmen statt, die die zu untersuchende Methode oder den Prozess hervorragend beherrschen." (Horváth/Herter 1992, S. 5)

Hierbei beziehen sich die Kennzahlen nicht nur auf Kostengrößen – obwohl dies in der Praxis häufig der Fall sein soll – sondern auch auf Faktoren wie Zeit, Qualität und Kundenzufriedenheit. Benchmarking wird allerdings nicht so verstanden, dass es bei einem bloßen Kennzahlenvergleich bleibt, vielmehr beruht das Konzept auf der Identifikation von Spitzenlösungen ("best practice") bei anderen Organisationen, die im Anschluss an den Vergleich als Vorbild dafür dienen, die erkannte Lücke zwischen der eigenen Leistung und der „best-practice"-Lösung durch Lernprozesse zu schließen. „Systematisches Lernen von anderen dauerhaft in der eigenen Organisation zu verankern" (Rode 1996, S. 2) ist damit einer der Kerngedanken des Benchmarking, dessen Ziel deshalb frei formuliert bedeuten könnte, von den „Besten" zu lernen.

Dies kann durchaus auch als Zielsetzung interkommunaler Leistungsvergleiche angenommen werden (Adamaschek/Banner 1997), wobei ein bedeutender Unterschied betont werden soll. Benchmarking wird von erwerbswirtschaftlich strukturierten Unternehmen angewandt, um die eigene Stellung im marktlichen Wettbewerb zu verbessern, ist also ohne einen „harten" Wettbewerb eigentlich nicht denkbar, während dieses Instrument im kommunalen Zusammenhang – wie später noch gezeigt wird – letztlich den fehlenden Wettbewerb ersetzen soll.

Es können also nicht die „klassischen" Marktanreize – darunter vor allem letztlich die Angst vor dem Konkurs – sein, auf deren Wirksamkeit ein interkommunaler Leistungsvergleich vertrauen könnte. Kommunen stehen mit ihren gebietsmonopolistisch strukturierten Einrichtungen nicht in einem „echten" Wettbewerbsverhältnis zueinander, so dass einerseits zwar das aus privatwirtschaftlicher Sicht heikle Problem von Betriebsgeheimnissen keine Rolle spielt, andererseits sich aber die Frage stellt, wie denn dann leistungssteigernde Effekte ausgelöst werden können.

Hierzu soll als Beispiel das Projekt „Grundlagen einer leistungsfähigen Kommunalverwaltung" der Bertelsmann Stiftung herangezogen werden, in dem das Modell des nicht-marktlichen Wettbewerbs besonders deutlich wird. Statt Nachfragewanderung und Drohung des Ausscheidens aus dem Markt baut das Wettbewerbskonzept dieses Vergleichsprojektes auf folgenden vier Anreizfaktoren auf (Adamaschek 1997):

- Transparenz von Leistung,
- das Bedürfnis nach Anerkennung,
- der Ehrgeiz, „gut sein zu wollen",
- (öffentliche) Verantwortung für schlechte Leistungen.

Die Faktoren der Anreizstruktur könnten in zwei Gruppen gegliedert werden. Die eine Gruppe umfasst Anerkennungsbedürfnis (wobei hier nicht-materielle Anerkennung angenommen wird) und Ehrgeiz. Diese können als eher intrinsische Anreize aufgefasst werden. Die zweite Gruppe (Leistungstransparenz und (öffentliche) Verantwortung für Schlechtleistung) erscheinen demgegenüber als eher extrinsische Anreize. Inwieweit dieses Anreizbündel zu empirisch beobachtbarer Leistungssteigerung beitragen kann, soll im letzten Kapitel erörtert werden. Bereits an dieser Stelle sei aber darauf hingewiesen, dass aus organisationstheoretischer Sicht, aber auch im Hinblick auf die vielfach eher ernüchternde „Wettbewerbswirklichkeit" des erwerbswirtschaftlichen Marktes, gewisse Zweifel an der Wirksamkeit angebracht sind.

Zwar sind bei anderen Leistungsvergleichen, auch über die deutschen Grenzen hinaus, deutliche Unterschiede zum Bertelsmann-Ansatz zu verzeichnen, es kann aber doch angenommen werden, dass die dargestellte Anreizstruktur mit jeweils individuellen Akzentuierungen eine für Leistungsvergleiche allgemeine Gültigkeit besitzt. Letztlich erscheint jedes derartige Projekt auf solche Mechanismen angewiesen, die von marktlichen Wettbewerbsstrukturen doch ein großes Stück entfernt sind.

Nichtsdestoweniger wird von interkommunalen Leistungsvergleichen erwartet – nicht zuletzt die bereits erwähnte Bezeichnung „Wettbewerbssurrogat" zeigt es – dass sie den marktlichen Wettbewerb bis zu einem gewissen Grad ersetzen oder mindestens in der Lage sein können, ähnliche Wirkungen wie dieser hervorzurufen. Allgemein gesagt, soll eine Leistungssteigerung der Verwaltung erreicht werden, die eine verbesserte Dienstleistung gegenüber dem Bürger mit einer günstigen Wirtschaftlichkeitsentwicklung verbinden kann. Ob das Instrument des interkommunalen Leistungsvergleiches empirisch nachweisbar in der Lage ist, diesen Anspruch einzulösen, sollen die folgenden beiden Kapitel zu klären helfen.

5. Die Umsetzung

5.1. Angelsächsische Ansätze

Interkommunale Leistungsvergleiche sind international, aber auch in Deutschland selbst, nicht stets in gleicher Form vorhanden. Vielmehr sind unterschiedliche Ansätze anzutreffen, die teilweise kaum noch dem geschilderten „Vorbild" Benchmarking entsprechen. Obwohl Hinweise dafür sprechen, dass die deutschen Ansätze des interkommunalen Leistungsvergleiches, vor allem die der Bertelsmann Stiftung, im internationalen Vergleich als recht fortgeschritten einzustufen sind, soll an dieser Stelle auch auf Projekte außerhalb der deutschen Grenzen hingewiesen sein.

Die Citizen's Charter Initiative der britischen Regierung etwa ist ein Projekt, dass Leistungsvergleiche zwar beinhaltet, vom Ansatz her aber keinen Leistungsvergleich nach Benchmarking-Vorbild darstellt. Die Initiative hat vielmehr das allgemeine Ziel, den Bürgern mehr Rechte gegenüber der öffentlichen Verwaltung und deren Unternehmen in die Hand zu geben. Der Local Government Act 1992 verpflichtet die britischen Kommunalverwaltungen (Local Authorities), ihre Leistungen nach einem bestimmten Kennzahlensystem zu veröffentlichen. Für alle Kommunalverwaltungen in England und Wales wurde die Audit Commission beauftragt, ein System von Leistungsindikatoren (Kennzahlen) für Kommunalverwaltungen zu erarbeiten, die seitdem gemessen und seit 1994 nach detaillierten Vorschriften in den jeweiligen Lokalzeitungen veröffentlicht werden. Ziel der Maßnahme ist es, die Öffentlichkeit über die Leistungen des öffentlichen Dienstes zu informieren. Zielgruppen der Kennzahlen sind aber auch die Mitarbeiter kommunaler Einrichtungen und die gewählten Ratsmitglieder (Audit Commission 1993, 1994, 1994a).

Beim britischen Ansatz hervorzuheben ist an erster Stelle der offensive Umgang mit der Öffentlichkeit, die als eigentlicher Adressat der mitgeteilten Leistungsdaten im System fest verankert ist. Jährlich werden die ermittelten Daten der einzelnen Kommunalverwaltungen durch die Audit Commission landesweit in Leistungstabellen der Öffentlichkeit bekannt gemacht, wodurch der

Leistungsvergleich zu einer öffentlichen Angelegenheit wird. Kommentierungen und Erläuterungen zu den Leistungstabellen sollen einerseits dem Publikum die mitgeteilten Zahlen erläutern, andererseits aber auch Fragen und Diskussionen über Verbesserungen anregen. Damit wird auch hier deutlich, dass nicht nur Rechenschaftslegung, sondern auch Leistungssteigerung beabsichtigt ist. Der Erfolg der Citizen's Charter konnte bisher jedoch nicht eindeutig festgestellt werden: Zwar werden auf der einen Seite öffentliche Akzeptanz und bei bisher schlechtplazierten Kommunalverwaltungen Leistungsverbesserungen bis zu 60% beobachtet (Cowper/Samuels 1997), andere Autoren (Bowerman 1995, O'Conghaile 1996) dagegen behaupten, der Bekanntheitsgrad der Citizen's Charter sei gering, öffentliche Reaktionen auf kommunale Rankings würden fehlen und bestreiten praktische Effekte der Leistungskennzahlen.

Der zentralstaatlich veranlassten gesetzlichen Initiative in Großbritannien steht der amerikanische Ansatz der International City/County Management Association (ICMA), das Comparative Performance Measurement Program gegenüber, das 1995 begann. Der Leistungsvergleich umfasste zunächst die 44 Städte und Counties, die sich im ICMA Comparative Performance Measurement Consortium zusammengeschlossen haben. Es handelt sich hierbei um Gebietskörperschaften mit Einwohnerzahlen über 200.000, darunter auch große Großstädte. 1997 ist das Programm erweitert worden und umfasst nun auch kleinere Gebietsköperschaften, Mittel- und auch Kleinstädte. Zielsetzung des Programms ist es, genaue, gerechte und vergleichbare Daten über Qualität und Effizienz der Dienstleistungen gegenüber den Bürgern zu erhalten (ICMA 1999).

Die Unterschiede zum erwähnten britischen Leistungsvergleichsprojekt liegen auf der Hand: Es handelt sich bei der ICMA um eine Selbstorganisation der betroffenen Gemeinden, die ohne gesetzlichen Auftrag Vergleiche beginnen und durchführen. Damit ist auch verständlich, dass nicht die Information der Öffentlichkeit, sondern die Hilfe zur Leistungseinschätzung für die beteiligten Verwaltungen selbst im Vordergrund steht. Wohl aufgrund der bisher erst kurzen Laufzeit der Leistungsvergleiche liegen noch keine gesicherten Erkenntnisse über Erfolge der Leistungsvergleiche vor.

Neben den genannten zwei Projekten ließen sich noch weitere Beispiele für interkommunale Leistungsvergleiche außerhalb Deutschlands, etwa in Schweden oder Finnland, aufzählen.

5.2. Das IKO-Netz

Auch in Deutschland soll der Blick auf Leistungsvergleichsprojekte auf die zwei Ansätze beschränkt werden, die als die beiden bedeutendsten überregionalen eingestuft werden können. Es handelt sich hierbei um das IKO-Netz der KGSt, das zur Zeit mit Abstand größte überregionale Vergleichsprojekt, das wiederum die Aktivitäten der Bertelsmann Stiftung teilweise fortführt. Die Bertelsmann Stiftung verfügt mit ihren Vergleichsprojekten über vergleichsweise lange Erfahrungen auf deutschem Boden.

Die Gründung des IKO-Netzes als neuem Geschäftsbereich der KGSt erfolgte 1996. Die Bertelsmann Stiftung hat in das IKO-Netz die Ergebnisse der eigenen Arbeit eingebracht und die von ihr betreuten Vergleichsringe in das IKO-Netz übergeleitet. Das Angebot des IKO-Netzes erstreckt sich auf die erstmalige Entwicklung von Kennzahlensets, soweit nicht vorhandene Kennzahlensets genutzt werden können. In Vergleichsringen werden Kennzahlensysteme vorgestellt, angeboten, dann modifiziert und auf den jeweiligen Vergleichsring zugeschnitten. Hinzu treten Unterstützung bei der Datenerhebung und der Erarbeitung von Lösungskonzepten. Ziel ist ein System von Kennzahlen für alle kommunalen Handlungsfelder. Dem Austausch und gegenseitigen Lernprozessen der beteiligten Kommunen dient ein System von Vergleichsringen (Gruppen von i.d.R. vier bis zwölf Städten oder Kreisen) verbunden mit einer bundesweiten kommunalen Vergleichsdatenbank (KGSt 1996a).

Die Vergleichsarbeit des IKO-Netzes beruht auf der Zielsetzung, die in der öffentlichen Verwaltung fehlenden Marktmechanismen durch einen Quasi-Wettbewerb mit Hilfe eines benchmarkingähnlichen Leistungsvergleiches zu ersetzen. Die Kennzahlen werden im IKO-Netz jeweils für bestimmte Aufgabenbereiche gebildet, wobei die Zahlen nach „Berichtsfeldern" eingeteilt werden:

– Personal- und Verwaltungsorganisation,
– Bürger,
– Finanzen,
– Zukunftsorientierung.

Vergleichsstädte des IKO-Netzes können auf diese Berichtsfelder bei allen Kennzahldefinitionen zurückgreifen. Im Unterschied zur Konzeption der Bertelsmann Stiftung bestimmen die Teilnehmer eines Vergleichsringes Ziele, Inhalt, Aufwand und Zeitrahmen ihrer Vergleichsarbeit selbst, d.h. es hängt von den Teilnehmern ab, ob sie alle Berichtsfelder oder nur Teile davon nutzen. Zwar werden Ranking-Listen, die in Massenmedien veröffentlicht werden, abgelehnt, gleichzeitig aber betont, dass die Ergebnisse des interkommunalen Wettbewerbs an die Öffentlichkeit kommen müssten, sofern Markt und Wettbewerb gewünscht seien (KGSt o.J.). Über die Verwendung, auch die Offenlegung, ihrer Daten entscheiden aber allein die einzelnen Vergleichsringe bzw. die daran jeweils beteiligten Kommunen.

Zum Jahresbeginn 1999 sind im IKO-Netz insgesamt 65 themenbezogene Vergleichsringe tätig, die über 250 Städte, Gemeinden und Landkreise umfassen. Die Vergleichsringe erstrecken sich über 28 Aufgabenbereiche, wobei allein sieben Ringe dem Thema Sozialhilfe und je fünf Ringe den Bereichen Gebäudewirtschaft und Jugend gewidmet sind.

5.3. Das Grundlagen-Projekt der Bertelsmann Stiftung

Ansatz, Teilnehmer, Bereiche

Im Rahmen der Aktivitäten der Bertelsmann Stiftung im Bereich interkommunaler Leistungsvergleiche müssen drei einzelne Projekte unterschieden werden: „Grundlagen einer leistungsfähigen Kommunalverwaltung" (Vergleichsbeginn 1992), „Betriebsvergleich öffentlicher Bibliotheken" und „Wirkungsvolle Strukturen im Kulturbereich", die beide im Jahre 1991 ihre Tätigkeit aufnahmen. Im Rahmen dieses Beitrages soll allerdings nur das „Grundlagen"-Projekt näher betrachtet werden, an dessen Trägerschaft, wenn auch nicht der fachlichen Federführung, zunächst auch der Deutsche Beamtenbund beteiligt war.

Vom instrumentellen Ansatz her entspricht das Bertelsmann-Grundlagen-Projekt in großen Teilen dem erwerbswirtschaftlichen Benchmarking. Nach Bekunden der Stiftung haben die am Projekt beteiligten Unternehmensberater Benchmarking-Know-how einbezogen, das Projekt im Ganzen basiere aber nicht auf diesem Vorbild. Die Kosten für die Projektentwicklung, Untersuchungen und Auswertungen sowie Unternehmensberater übernahmen die Projektträger, wobei Finanzierung und Federführung bei der Bertelsmann Stiftung lagen.

1992 wurde die Arbeit mit den Städten Castrop-Rauxel, Gütersloh, Ludwigsburg und Pforzheim aufgenommen. Später kamen, offenbar durch ihre Erfahrungen mit Bürgerämtern motiviert, die Städte Unna und Böblingen mit Beobachterstatus hinzu, darauf folgend auch die ostdeutschen Kommunen Dessau und Potsdam, gleichfalls mit Beobachterstatus. Während Unna, Potsdam und Dessau ab Mitte 1993 in die Entwicklung voll integriert wurden, ist Böblingen aus dem Kreis der Teilnehmerstädte wieder ausgeschieden. Die ostdeutschen Städte haben das Projekt im Jahr 1996 gleichfalls verlassen. Das Abschlusssymposium für das Grundlagen-Projekt fand bereits 1997 statt. Nach dem Vorbild des eben dargestellten „Kernringes" haben sich während der Laufzeit des Grundlagen-Projektes (mit dem erwähnten Kulturprojekt zusammen) über 150 Städte und Gemeinden z.T. auf Initiative aus den Kernstädten oder auf Anregung durch die Stiftung in weiteren Vergleichsringen unter dem Dach „Netzwerk Leistungsvergleich" zusammengefunden. Teilweise werden dort auch neue Kennzahlensysteme für noch nicht abgedeckte Aufgabengebiete entwickelt. Die Kooperation mit dem seit 1996 existierenden IKO-Netz der KGSt ermöglicht es, die Bertelsmann-Leistungsvergleichsringe schrittweise in die Obhut des IKO-Netzes übergehen zu lassen (Adamaschek 1997).

Das Einwohnermeldewesen wurde aufgrund seiner beispielhaften Bedeutung für bürgernahe Serviceleistungen vom Bertelsmann-Projekt als Startbereich gewählt. Ab 1993/94 sind die Aufgabenbereiche Ausländeramt, Ordnungsamt, Standesamt, Stadtkasse, Steueramt und Sozialamt hinzugetreten. Später entfiel offensichtlich die Stadtkasse und wurde durch das Grünflächenwesen ersetzt. Die kommunalen, aufgabenbezogen gebildeten Fachteams wiederum sollten in den einzelnen Fachbereichen bzw. Ämtern die Organisationsentwicklung und die Erarbeitung von Indikatoren durchführen. Die Abstimmung der einzelnen Kennzahlensets und der interkommunale Vergleich hingegen, der eigentliche Kern des Projektes, fand in den aufgabenbezogenen, interkommunalen Fachteams statt, die sich aus den einzelnen Fachteams der jeweiligen Kommunen zusammensetzen (Bertelsmann Stiftung o.J.).

Im Projekt wurden zur konkreten Messung des Zielerreichungsgrades mit Hilfe von Kennzahlen vier sogenannte „Zielfelder" bzw. „Zieldimensionen" entwickelt, welche die Leistungsfähigkeit einer Verwaltung im Sinne des Projektes beschreiben sollen (Bertelsmann/Mummert/Zuendel 1996):

– Erfüllung des spezifischen Leistungsauftrages,
– Kundengerechte Dienstleistung,
– Zufriedenheit der Mitarbeiter,
– Wirtschaftlicher Einsatz von Ressourcen.

Diese Zielfelder sollen mangels einheitlicher Ziele der beteiligten Kommunen die Struktur für das interkommunale Berichtswesen vorgeben und haben bei der Produkt- und Kennzahlbildung den Charakter von Oberzielen (Bertelsmann Stiftung 1996a). Im Unterschied zum beschriebenen Ansatz des IKO-Netzes werden diese Ziele allerdings in jedem Fall durch Kennzahlen beschrieben und gemessen. Es ist für die Teilnehmer am Vergleichsring keine Wahlmöglichkeit vorgesehen.

In den sogenannten „Masterordnern", die für die jeweiligen Aufgabenbereiche bzw. Ämter die praktischen Anleitungen zur Kennzahlenbildung, -ermittlung und -auswertung enthalten, werden die Zieldimensionen (bzw. Oberziele) in Unterziele unterteilt. Diese ihrerseits werden durch Leistungskriterien beschrieben, die wiederum durch Indikatoren auf Produktebene operationalisiert und dort durch Kennzahlen erfasst und gemessen werden. Die Produkte, d.h. Leistungsergebnisse der Verwaltung, wurden in den interkommunalen Fachteams gemeinsam von den beteiligten Kommunen definiert. Im Rahmen der Kennzahlenstruktur sind die Produkte in erster Linie Kostenträger und werden mengenmäßig erfasst. Die erhobenen Daten fließen zum einen in die „Quartalsberichte" ein, die primär als Informationsinstrument für die Amts- und Bereichsebene gedacht sind und werden im Weiteren jahresweise zu „Managementberichten" zusammengefasst, die nach Absicht der Stiftung ursprünglich für die Verwaltungsführung und politische Gremien bestimmt waren.

Umsetzungsprobleme

Die Implementation dieses Ansatzes in die Verwaltungswirklichkeit der beteiligten Städte des „Kernringes" ist nicht immer ohne Probleme verlaufen. Die Datenerfassung durch Aufschreibung wie auch die Kostenzuordnung zu Produkten haben in den Teilnehmerstädten teilweise Probleme durch die deswegen erforderliche Mehrarbeit hervorgerufen. Dagegen treten die Probleme der Kennzahlendefinition und der Vergleich der ermittelten Kennzahlen mit den anderen Kommunen in den Augen der Betroffenen recht deutlich zurück. Die Datenerhebung konnte nur selten auf vorhandene Datensätze oder Statistiken zurückgreifen, vielmehr sind im wesentlichen Strichlisten und Erhebungsblätter von Hand geführt worden. Es hat sich herausgestellt, dass die kommunalen Fachteams nicht immer die im Hinblick auf die Datenqualität in sie gesetzten Hoffnungen erfüllt haben. Bürger- (Kunden-) zufriedenheit und Mitarbeiterzufriedenheit konnten durch Befragungen ermittelt werden, für den Zielerreichungsgrad bei Leistungsauftrag und Wirtschaftlichkeit aber waren interne Aufschreibungen der einzelnen Mitarbeiter notwendig. Da eine entwickelte Kostenrechnung keine Teilnahmevoraussetzung war und während der angestrebten Projektlaufzeit in keiner der Teilnehmerstädte eine ausgereifte Kostenrechnung existierte, wurden Kostendaten auch „per Hand" in Sonderauswertungen erfaSSt, wobei die Betrachtung sich auf die „Hauptkostentreiber" (sog. „80 Prozent-Methode") beschränkte. Im Einwohnermeldeamt waren dies etwa die Personal- und EDV-Kosten (Adamaschek 1997, S. 53f.).

Aus den Veröffentlichungen der Stiftung wird deutlich, dass die Messung der Zielerreichung offenbar oft auch durch fehlende Kennzahlen behindert worden ist. Weiterhin sei vielfach in den interkommunalen Teams die Steuerungsrelevanz sogenannter „multikausaler" Werte bezweifelt worden, Kennzahlen also, bei denen der kommunale Zielbeitrag nicht eindeutig festzumachen ist (Adamaschek 1997). Auf der anderen Seite wurde auch über die Relevanz der laufend erhobenen Zahlen diskutiert. Die Stiftung hat jährlich Änderungen an der Kennzahlenstruktur veranlaSSt und geprüft, welche Zahlen entfallen könnten und welche neu dazu genommen werden müssten. Dadurch ist nicht zuletzt der Zeitvergleich von Kennzahlen, der auch im Rahmen dieses Beitrags vorgenommen werden soll, stark erschwert worden.

Reaktionen

Aufschlussreich erscheint auch die Betrachtung der Reaktionen unterschiedlicher Gruppen in der Kommunalverwaltung auf das Leistungsvergleichsprojekt. Unmittelbar am meisten betroffen waren dabei die Mitarbeiter. Das Bertelsmann-Projekt hat offensichtlich besonders durch die Datenerfassung für die Mitarbeiter Belastungen bedeutet. An den Aufschreibungen hat es immer wieder Kritik gegeben. Der Sinn der Zählungen wurde bezweifelt und die Frage gestellt, ob der Einzelne durch die Aufschreibungen kontrolliert werden könnte. Trotz der spürbaren Mehrbelastung sind Behinderungen der Datenerfassung durch die Mitarbeiter in beiden Städten nicht bekannt geworden. Hinzu kommt, dass die im Grundlagen-Projekt angestrebte Dezentralisierung von Verantwortung herunter auf die einzelnen Ämter und deren Mitarbeiter nicht immer im von diesen gewünschten Umfang umgesetzt werden konnte. Als Ergebnis mussten viele Mitarbeiter Mehrarbeit sehen, der nicht entsprechende direkte Belohnungen oder auch nur ausreichende positive Veränderungen des eigenen Arbeitsumfeldes gegenüberstanden. Dadurch und durch ein gewisses Misstrauen gegenüber der Verwaltungsführung, der man von Mitarbeiterseite vielfach unterstellte, sie sei in erster Linie an Kostensenkungen und nicht an der Mitarbeiterzufriedenheit interessiert, sind Motivationseinbrüche im Verlaufe des Vergleichsprojektes erklärbar.

Bemerkenswerter noch fällt die Rolle der Verwaltungsführung, der Bürgermeister und Dezernenten der beteiligten Städte, aus. Nach den vorliegenden Erkenntnissen wurden der Verwaltungsführung die Berichte mit Vergleichsdaten offensichtlich regelmäßig zugeleitet. Damit ist klar, dass die Verwaltungsführung zum überwiegenden Teil Kenntnis von den Kennzahlen nehmen konnte. Dass allerdings die Dezernenten Vergleichsdaten zur Steuerung der Verwaltung eingesetzt haben, ist nur in wenigen Ausnahmen beobachtbar. Daneben steht die Tatsache, dass die Verwaltungsführungen dem interkommunalen Leistungsvergleich offensichtlich keine besondere politische Bedeutung zugemessen haben. Dies ist vor allem vor dem Hintergrund bedeutsam, dass es fast ausschließlich die Verwaltungsführungen waren, die ihre Städte erst zur Teilnahme am interkommunalen Leistungsvergleich veranlasst haben. Allerdings wird die Sinnhaftigkeit und Steuerungsrelevanz der Kennzahlen von den Dezernenten offensichtlich nur selten grundsätzlich in Frage gestellt. Damit bleibt zunächst die Frage offen, welche Hinderungsgründe die Mitglieder der Verwaltungsspitze bewogen haben könnten, die mit recht hohem Aufwand beschafften Daten nicht zu nutzen.

Ähnlich stellt sich die Haltung des Rates dar, wobei dieses Gremium in einigen Städten nur sehr geringfügig über das Vergleichsprojekt unterrichtet wurde. In Einzelfällen sind von der Verwaltung überhaupt keine Leistungsdaten oder Vergleichswerte an den Rat geliefert worden, womit sich eine aktive Rolle der Gemeindevertretung von vornherein erledigt hat. In den Fällen aber, in denen der Rat aktiv in das Vergleichsprojekt einbezogen worden ist, d.h. regelmäßig Vergleichsdaten erhalten hat, ist in noch stärkerem Maße als bei der Verwaltungsführung eine gewisse Passivität zu beobachten. Die Vergleichsdaten sind ganz überwiegend lediglich zur Kenntnis genommen und außer in sehr seltenen Einzelfällen ist darauf verzichtet worden, die Daten für Vorgaben der Verwaltung gegenüber zu nutzen. Das im Bertelsmann-Projekt eigentlich angelegte Kontraktmanagement, d.h. die Vereinbarung von Leistungszielen zwischen Rat und Verwaltung und deren Überwachung durch die Vertretungskörperschaft, ist damit im „Kernring" praktisch nicht zur Anwendung gekommen. Auch im Hinblick auf den Rat bleibt zunächst offen, warum die Chancen einer Leistungstransparenz der Verwaltung nicht genutzt werden konnten.

Zwar ist die Mitwirkung der Öffentlichkeit im Grundlagen-Projekt nicht derart zentral, wie dies etwa im dargestellten Ansatz der britischen Citizen's Charter verankert ist; die ganz auf Kundenzufriedenheit bezogene Zieldimension mit ihren Kundenbefragungen allerdings weist der Öffentlichkeit eine deutliche Aufgabe zu. Beachtet werden muss dabei jedoch, dass die Öffentlichkeit weitgehend in ihrer Eigenschaft als Menge von „Verwaltungskunden", nicht in ihrer Rolle als demokratischer Souverän, d.h. letztlich Auftraggeber der Verwaltung, angesprochen wird. Möglicherweise ist dies ein Grund dafür, dass die Öffentlichkeit im Vergleichsprojekt so gut wie nicht in Erscheinung getreten ist. Zwar hat es Veröffentlichungen über die Ergebnisse von Kundenbefragungen und über Verbesserungen der Verwaltungsleistungen, wenn auch nicht in allen Städten des „Kernringes", in gewisser Regelmäßigkeit gegeben, doch liegen die öffentlichen Reaktionen darauf überwiegend unterhalb der Wahrnehmungsschwelle.

6. Der Erfolg

6.1. Messbare Ergebnisse

Um nun abschließend den Erfolg des interkommunalen Leistungsvergleiches beurteilen zu können, seien drei Kennzahlen aus dem „Kernring" des Bertelsmann-Grundlagen-Projektes im Zeitvergleich herangezogen. Im Sinne der eingangs formulierten Fragestellung sei dabei vor allem auf Veränderungen geachtet, die für die Bürger als „Kunden" der Verwaltung ein höheres Serviceniveau und eine verbesserte Qualität der Dienstleistung erzeugen können. Hierbei erscheinen die Öffnungszeiten als ein wesentlicher Parameter. Die Abb. 1 zeigt die zeitliche Entwicklung der Öffnungszeiten über den Projektverlauf im Einwohnermeldeamt, wie bereits erwähnt des Amtes, das im Vergleichsprojekt als Startbereich gedient und damit die längste Laufzeit vorzuweisen hat.

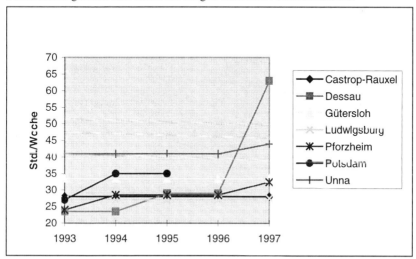

Quelle: O.A. 1994, 1995; Bertelsmann/Mummert/Zuendel 1996a, 1998; Gütersloh 1997

Abb: 1: Öffnungszeiten in Einwohnermeldeämtern
(Bertelsmann-Grundlagen-Projekt)

Deutlich wird daraus zum einen, dass mit zwei Ausnahmen alle Städte zwischen 1993 in 1997 die Öffnungszeiten ihrer Einwohnermeldeämter, z.T. in mehreren Schritten, ausgeweitet haben (Gütersloh hat bereits in 1993 seine Öffnungszeiten ausgedehnt). Sichtbar wird auch die Vorrangstellung von Unna, dessen Bürgeramt unter den Teilnehmerstädten mit Ausnahme von Dessau bis 1997 über die längsten Öffnungszeiten verfügte. Dessau war wie auch Pforzheim standen in der Anfangsphase des Leistungsvergleiches auf den letzten Plätzen und haben beide im Unterschied zu den anderen Teilnehmerstädten ihre Öffnungszeiten mehrfach erhöht. Demgegenüber ist die größere Unbeweglichkeit im Mittelfeld bemerkenswert, was u.U. einen Hinweis darauf darstellt, dass das im Abschnitt 4. beschriebene Anreizsystem des interkommunalen Wettbewerbs vor allem dann Wirkung zeigt, wenn relativ besonders schlechte Kennzahlen vorhanden sind. Sofern eine mittlere oder gar eine gute Plazierung vorliegt, wäre demnach eher anzunehmen, dass es bei dem bisherigen Serviceniveau bleibt. Eine Ausnahme hiervon würde dann Potsdam darstellen, wo die Öffnungszeiten trotzdem erweitert worden sind. Aufgrund des Ausstiegs der Stadt aus dem Projekt liegen für die Jahre nach 1995 keine Daten vor.

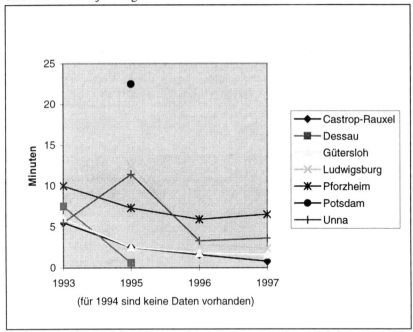

Quelle: O.A. 1994, 1995; Bertelsmann/Mummert/Zuendel 1996a, 1998; Gütersloh 1997

Abb. 2: Wartezeiten in Einwohnermeldeämtern (Bertelsmann-Grundlagen-Projekt)[2]

---

2 Lücken in den Kurven sind auf fehlende Werte in den jeweiligen Managementberichten zurückzuführen.

Eine erhebliche Bedeutung für die Kundenzufriedenheit kann auch der Wartezeit zugeschrieben werden, die von Besuchern aufgebracht werden muss, bis sie bedient werden. Die zeitliche Entwicklung dieser Größe zeigt die Abb. 2.

Die Entwicklung der Wartezeiten zeigt nach 1995 einen recht deutlichen Trend nach unten. Möglicherweise ist interkommunaler Wettbewerb dafür verantwortlich, dass 1997 keine Wartezeiten von über zehn Minuten mehr vorhanden sind.

Schließlich soll auch die Wirtschaftlichkeit der Leistungserstellung in einer Kennzahl dargestellt werden, um die höhere Leistungsfähigkeit der Verwaltungen auch in kostenwirtschaftlicher Hinsicht zu belegen. Hierzu sei wieder aus dem Grundlagen-Projekt der Bertelsmann Stiftung der Kostendeckungsgrad herangezogen (Abb. 3).

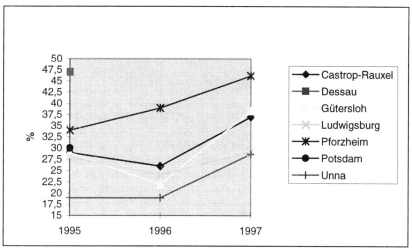

Quelle: O.A. 1994, 1995; Bertelsmann/Mummert/Zuendel 1996a, 1998; Gütersloh 1997

Abb. 3: Kostendeckungsgrad im Einwohnermeldewesen
(Bertelsmann Grundlagen-Projekt)

Zwar ist aus der Abb. 3 zu erkennen, dass der Kostendeckungsgrad sich bei fast allen (westdeutschen) Teilnehmerstädten erhöht hat, der deutliche „Sprung" im Jahre 1997 könnte seine Ursache aber durchaus auch in einer Neudefinition der Kennzahl haben und ist daher mit einer gewissen Vorsicht zu behandeln.

Sicherlich können die drei hier präsentierten Kennzahlen keine eindeutigen Ergebnisse liefern, die den klaren Schluss auf die wettbewerbliche Triebkraft des interkommunalen Leistungsvergleiches erlauben; eine Tendenz zur Leistungssteigerung ist bei aller Vorsicht – auch gegenüber den Zahlen als solchen – jedoch kaum zu bestreiten. Der interkommunale Leistungsvergleich, so kann hier behauptet werden, hat zudem die Durchsetzung der Innovation des Bürgeramtsansatzes, der im „Kernring" durch Unna repräsentiert war, befördert. Dessau und Pforzheim, in geringerem Maße aber auch andere Teilnehmerämter, haben Unna zum Vorbild gewählt, weil dessen gewisse Überlegenheit, nicht zuletzt durch die vergleichsweise breite Angebotspalette, in den Vergleichen zum Ausdruck kam. Unter den hier dargestellten Kennzahlen wird das höhere Serviceniveau besonders an den Öffnungszeiten deutlich.

Gerade bei der Entwicklung der Öffnungszeiten ist aber auch Skepsis angebracht. So haben einige Städte ihre Öffnungszeiten überhaupt nicht angepasst. An die bei der Analyse bereits geäußerte Vermutung, dass ein gewisses Beharrungsvermögen im „Mittelfeld" hierfür verantwortlich sein könnte, sei nochmals erinnert. Bei Wartezeit und Kostendeckungsgrad ist in den Jahren 1995 und 1996 sogar eine Verschlechterung der Kennzahlausprägungen zu beobachten, was entweder auf geänderte Kennzahldefinitionen oder aber einfach auf mangelnde Wirksamkeit der wettbewerblichen Anreize zurückgeführt werden kann.

6.2. Die Wirksamkeit des Anreizsystems

Das Anreizsystem des interkommunalen Leistungsvergleichs nach Bertelsmann-Muster, das maßgeblich auf intrinsische Faktoren wie Ehrgeiz und Anerkennungsbedürfnis beruht, ist schon im Abschnitt 4. in seiner Wirksamkeit angezweifelt worden. Wenn es einen stets wirksamen, aus Ehrgeiz und Anerkennungsbedürfnis gespeisten „Wettbewerbstrieb" gäbe, wären die Aufsichts- und Kartellbehörden zur Einhaltung wettbewerblicher „Spielregeln" in der Marktwirtschaft überflüssig. Es ist vielmehr eine starke Tendenz zur Beschränkung und sogar zur Vermeidung von Wettbewerb zu beobachten. Wenn aber schon unter den marktwirtschaftlichen Bedingungen Zweifel an der Wirksamkeit dieser intrinsischen Faktoren gegeben sind, so kann für die Bedingungen der öffentlichen Verwaltung schon intuitiv keine günstigere Annahme gelten.

So verbleiben die Anreizfaktoren öffentliche Verantwortung bei Schlechtleistung und Leistungstransparenz. Abgesehen von der Tatsache, dass schon in der Anlage des Bertelsmann-Grundlagen-Projektes die Rolle der Öffentlichkeit diffus erscheint, so kann doch zunächst angenommen werden, dass die Transparenz von Leistung erst die Voraussetzung ist, sich für schlechte Leistungen öffentlich rechtfertigen zu müssen. Ob aber ein theoretischer Anreiz für die Verwaltung dafür besteht, gegenüber Verwaltungsführung und Rat Transparenz herzustellen bzw. für die Verwaltungsführung, die Leistungen der von ihr geführten Verwaltung gegenüber Rat und Öffentlichkeit offenzulegen, soll in der Folge analysiert werden.

Theoretische Analyse

Basis hierfür bilde die principal-agent-Theorie. Principal-agent-Situationen entstehen, wenn ein Individuum oder eine homogene Gruppe (principal) von den Aktionen oder Leistungen anderer (agent) abhängt. Zwei Voraussetzungen sind dazu notwendig: Auf der einen Seite muss der agent die Maximierung eigenen Nutzens (statt des Nutzens des principals) anstreben, auf der anderen Seite muss zwischen beiden Akteuren eine asymmetrische Informationsverteilung zu Lasten des principal vorliegen (Streim 1994).

Für die Analyse der erwähnten Wettbewerbsanreize erscheinen zwei typische principal-agent-Situationen betrachtenswert. Zunächst ist es das Verhältnis zwischen der gewählten ("politischen") Verwaltungsführung als principal und der Verwaltung als ausführendem agent.

Zwischen der gewählten Verwaltungsführung und der nicht-gewählten Bürokratie kann ein Interessenkonflikt angenommen werden. Vorausgesetzt sei also, dass die Bürokratie in erster Linie an der Maximierung eigenen Nutzens interessiert ist. Dies könnte sich in dem Streben nach Macht, Prestige, Arbeitsplatzsicherheit, Einkommenssicherung, der Verminderung von Arbeitsanstrengung und der Attraktivitätssteigerung der Arbeitsbedingungen äußern. Damit sind die nutzenmaximierenden Bürokraten tendenziell für eine Budgetmaximierung eingestellt. Für die gewählte Verwaltungsführung hingegen steht das Wiederwahlinteresse im Vordergrund, wobei die eigenen Arbeitsbedingungen von eher geringer Bedeutung sind. Aufgrund der asymmetrischen Informationsverteilung zugunsten der Bürokratie, die naturgemäß viel besser über die eigene Tätigkeit informiert ist und zudem nur schwer extern kontrollierbar ist, kommt es dazu, dass die Verwaltung ihrem Eigeninteresse folgt, statt an der Serviceverbesserung für die Wähler mitzuwirken (Streim 1994).

Die für die Wirksamkeit der Anreizfaktoren des Bertelsmann-Ansatzes entscheidende Leistungstransparenz erscheint damit gefährdet. Leistungstransparenz würde die bisher asymmetrische Informationsverteilung zugunsten der Verwaltungsführung verschieben, was bedeutet, dass dieser die Kontrolle der Verwaltung und die Durchsetzung der eigenen wiederwahlfixierten Interessen erleichtert würde. Umgekehrt würde die Bürokratie ihren Informationsvorsprung erheblich verringern, wenn nicht sogar einbüßen, was für sie wiederum eine Schwächung der eigenen Position gegenüber der Verwaltungsführung bedeutete. Parallel zur Schlussfolgerung der beiden vorangegangenen Abschnitte ist damit eine freiwillige Kooperation der Verwaltung zur Herstellung von Leistungstransparenz gegenüber der Führung eher unwahrscheinlich. Zwangsmaßnahmen, die ohnehin dem auf Kooperation ausgerichteten Charakter des Bertelsmann-Projektes widersprechen, können die Informationsasymmetrie kaum überwinden und dürften an einem nichtkooperativen Verhalten der Verwaltung scheitern.

Ähnlich könnte auch das Verhältnis zwischen Wählerschaft (principal) und der von ihr gewählten Vertretungskörperschaft, dem Rat (agent) oder auch die

Relation zwischen der Wählerschaft als principal und der Verwaltungsführung als agent, betrachtet werden. Auch in diesen beiden Beziehungen lägen Informationsasymmetrien vor, die durch die Herstellung von Leistungstransparenz verschoben würden. Vor dem Hintergrund der zum Verhältnis Verwaltung-Verwaltungsführung angestellten Überlegungen ist gleichfalls die Herstellung von Leistungstransparenz eher unwahrscheinlich. Im Bertelsmann-Leistungsvergleich ist jedenfalls kein Anreizinstrumentarium erkennbar, das die Ratsmitglieder bzw. ihre Parteien dazu veranlassen könnte, die sie begünstigende Informationsasymmetrie gegenüber der Wählerschaft zu beseitigen. Diese Schlussfolgerung kann auch für die gewählte Verwaltungsführung gelten.

Zusammenfassend kann im Lichte der principal-agent-Ansätze nicht nachvollzogen werden, warum sowohl die Verwaltung gegenüber der Verwaltungsführung, wie auch die Verwaltungsführung bzw. der Rat gegenüber der Wählerschaft von sich aus Transparenz über die jeweiligen eigenen Leistungen herstellen sollten. Ohne Leistungstransparenz aber – das soll hier noch einmal festgehalten werden – erscheinen sowohl die Verantwortung bei Schlechtleistung, wie auch die Ausnutzung von Anerkennungsbedürfnis und Ehrgeiz – so debattierbar diese Anreize schon an sich sein mögen – nicht denkbar.

Implementationsbedingungen

Eine zweite Möglichkeit der Erklärung der beobachteten Schwächen des Leistungsvergleiches könnte in der Betrachtung der Implementationsbedingungen liegen, obwohl davon ausgegangen werden kann, dass der „technische" Ansatz des Leistungsvergleiches, mindestens soweit es die unmittelbare Kennzahlenentwicklung und den Vergleich als solchen betrifft, ohne gravierende Änderungen umgesetzt werden konnte. Offenbar nicht zu überwinden war aber die „Politikschwelle", ein Phänomen, das sich darin äußert, dass sowohl die gewählte Verwaltungsführung, wie auch der Rat eine starke Zurückhaltung im Hinblick auf die Instrumente des Leistungsvergleichs an den Tag gelegt haben. Vor diesem Hintergrund erscheint die fehlgeschlagene Einbindung des Vergleichs in den demokratischen Prozess, d.h. die Verwendung von Vergleichsdaten für die Wahlentscheidung und die demokratische Kontrolle, fast schon folgerichtig. Einerseits können die oben dargestellten agency-theoretischen Überlegungen für das Scheitern des Leistungsvergleiches an der Politikschwelle bereits plausible Erklärungen liefern. Auf der anderen Seite aber darf nicht unbeachtet bleiben, dass die Einführung des Leistungsvergleichs, ja bereits der einfachen Leistungsmessung mit Kennzahlen ohne Wettbewerbskomponente, der bisherigen politisch-administrativen „Steuerungslogik" widerspricht.

Zwischen einer „rationalen", outputorientierten Steuerung der Verwaltung mit Leistungstransparenz und Wettbewerb (also gewissermaßen einer Verwaltung im Sinne einer „Endstufe" des Neuen Steuerungsmodells) auf der einen Seite und der „herkömmlichen" Verwaltungsstruktur, die durch administrative und politische Eigeninteressen geprägt ist, auf der anderen Seite zeichnet sich ein beträchtlicher Gegensatz ab (Wollmann 1995). Damit besteht die Frage, inwiefern überhaupt die ökonomisch geprägte Rationalität des Wettbewerbsprinzips mit der politisch-administrativen Rationalität der Verwaltung vereinbar ist. Die geschilderten Vermittlungsprobleme in Städten des Bertelsmann-Projektes im Hinblick auf Rat, Verwaltungsführung und Öffentlichkeit könnten hierfür ein erster empirischer Beleg sein.

Um nun die Wirksamkeit des Leistungsvergleiches abschließend beurteilen zu können und damit auch die Frage zu beantworten, ob es sich hierbei um eine geeignete Veränderungsstrategie handeln könnte, sei eine kurzfristige und eine langfristige Perspektive unterschieden.

Kurzfristig erscheint es durchaus möglich, dass der Leistungsvergleich positive Effizienzeffekte hervorrufen kann, wofür die zahlenmäßigen Ergebnisse auch Belege liefern können. Allein der Einsatz eines für die Verwaltung bisher neuen und ungewohnten Instrumentes ist möglicherweise mit einem gewissen Bonus behaftet, der ähnlich einer selbsterfüllenden Prophezeiung aufgrund der damit verbundenen Erwartungen positive Effekte hervorrufen sollte. Wie an der Entwicklung der Öffnungszeiten bereits erkennbar wurde, lässt das Instrumentarium aber schon im abgebildeten Verlauf des Bertelsmann-Projektes die dem marktlichen Wettbewerb vertraute Dynamik vermissen, die immer wieder neue Anstrengungen zur Leistungsverbesserung erzwingt. Ob daher langfristig der interkommunale Leistungsvergleich den marktlichen Wettbewerb mit seiner sogar bereits als zerstörerisch bezeichneten Wirksamkeit ersetzen kann, muss bezweifelt werden. Die Anreize des „echten" Marktes mit Nachfragewanderung und der Befürchtung, durch den Verlust an Nachfrage aus dem Markt ausscheiden zu müssen, erscheinen ungleich effektiver, um bessere Leistungen zu erzwingen. Dagegen beruht der interkommunale Wettbewerb auf einem Anreizsystem, das – wie eben ausgeführt – mit hoher Wahrscheinlichkeit keine dauerhafte Wirkung entfalten kann. Um nachhaltige Veränderungen zu erreichen, die langfristige und unumkehrbare Effekte hervorrufen, ist es wohl aussichtsreicher, die Kommunalverwaltungen stärker noch als bisher marktlichem Wettbewerb auszusetzen.

Literatur

Adamaschek, B. 1997: Interkommunaler Leistungsvergleich. Leistung und Innovation durch Wettbewerb. Eine Dokumentation zu dem Projekt des Deutschen Beamtenbundes und der Bertelsmann Stiftung „Grundlagen einer leistungsfähigen Kommunalverwaltung". Gütersloh

Adamaschek, B.; Banner, G. 1997: Bertelsmann Stiftung: Der interkommunale Leistungsvergleich – Eine neue Form des Wettbewerbs zwischen Kommunalverwaltungen. In: Pröhl, M. (Hg.) 1997

Adamaschek, B. (Hg.) 1997: Interkommunaler Leistungsvergleich. Einwohnerwesen. Eine Dokumentation zu dem Projekt des Deutschen Beamtenbundes und der Bertelsmann Stiftung „Grundlagen einer leistungsfähigen Kommunalverwaltung". Gütersloh

Arndt, H. 1975: Wettbewerb der Nachahmer und schöpferischer Wettbewerb. In: Herdzina, K. (Hg.) 1975
Audit Commission 1993 (The Audit Commission for Local Government and the National Health Service in England and Wales): Citizen´s Charter Indicators. Charting a Course. o.O.
Audit Commission 1994 (The Audit Commission for Local Government and the National Health Service in England and Wales): Read All About It. Guidance on the Publication by Local Authorities of the Citizen's Charter Indicators. o.O.
Audit Commission 1994a (The Audit Commission for Local Government and the National Health Service in England and Wales): Watching Their Figures. A guide to the Citizen's Charter Indicators. London
Banner, G. 1997: Verwaltungsreform als Staatsdilemma. In: Verwaltung & Management 3(1997), S. 337-341
Bertelsmann Stiftung (Hg.) 1994: Betriebsvergleich an Öffentlichen Bibliotheken. Ein Zwischenbericht aus dem Projekt der Bertelsmann Stiftung. Gütersloh
Bertelsmann Stiftung (Hg.) 1996: Carl Bertelsmann-Preis 1993. Demokratie und Effizienz in der Kommunalverwaltung. Band 1. Dokumentationsband zur internationalen Recherche. 4. Auflage. Gütersloh
Bertelsmann Stiftung (Hg.) 1996a: Der interkommunale Leistungsvergleich. (Werbebroschüre). Gütersloh
Bertelsmann Stiftung o.J.: Projekt „Grundlagen einer leistungsfähigen Kommunalverwaltung" (unveröffentlichtes Manuskript)
Bertelsmann Stiftung/Mummert + Partner/Zuendel & Partner (Hg.) 1996 (zitiert als Bertelsmann/Mummert/Zuendel 1996): Masterordner Grundlagen einer leistungsfähigen Kommunalverwaltung. Controlling- und Steuerungssystem für die Produktgruppe Einwohnermeldewesen. (unveröffentlichtes Manuskript). Gütersloh, Hamburg, Heidelberg
Bertelsmann Stiftung/Mummert + Partner/Zuendel & Partner (Hg.) 1996a (zitiert als Bertelsmann/Mummert/Zuendel 1996a): Jahres-Managementbericht Einwohnermeldewesen 1995 für Pforzheim. 3.4.1996
Bertelsmann Stiftung/Mummert + Partner/Zuendel & Partner (Hg.) 1998 (zitiert als Bertelsmann/Mummert/Zuendel 1998): Beispiel eines Managementberichtes (Managementbericht Produktgruppe Einwohnerwesen) I/97 bis IV/97. Stand: 6.7.1998
Böhret, C., Konzendorf, G. 1996/97: Verwaltung im gesellschaftlichen und ökonomischen Umfeld. In: König, K.; Siedentopf, H. (Hg.) 1996/97
Botta, V. 1997: Kennzahlensysteme als Führungsinstrumente: Planung, Steuerung und Kontrolle der Rentabilität im Unternehmen. 5. neubearbeitete Auflage. Berlin
Bowerman, M. 1995: Auditing Performance Indicators: The Role of the Audit Commission in the Citizen's Charter Initiative. In: Financial Accountability & Management, May 1995, S. 171-183
Budäus, D. 1995: Public Management: Konzepte und Verfahren zur Modernisierung öffentlicher Verwaltungen. 3. unveränderte Auflage. Berlin
Buschor, E., Schedler, K. (Hg.) 1994: Perspectives on Performance Measurement and Public Sector Accounting. Bern, Stuttgart, Wien
Camp, R. C. 1989: Benchmarking. The Search for Industry Best Practices that lead to Superior Performance. Milwaukee
Cowper, J., Samuels, M. 1997: Performance Benchmarking in the Public Sector: The United Kingdom Experience. In: Organization for Economic Co-Operation and Development (OECD) (Hg.) 1997
Edwards, C.D. 1975: Die Erhaltung des Wettbewerbs: Das Ziel. In: Herdzina, K. (Hg.) 1975
Gabler-Wirtschafts-Lexikon 1984. Taschenbuchausgabe. Wiesbaden
Gütersloh, Stadt 1997 i.V. mit Bertelsmann Stiftung/Mummert + Partner/Zuendel & Partner: Managementbericht Einwohnermeldewesen 1996 Gütersloh, erstellt: 26.2.1997

(unveröffentlichtes Manuskript) mit Kommentierung 32/Einwohnermeldestelle v. 7. März 1997

Herdzina, K. (Hg.) 1975: Wettbewerbstheorie. Köln

Hillen, J. 1997: Benchmarking von Dienstleistungen. Inländischer Zahlungsverkehr der Commerzbank auf dem Prüfstand. In: Controlling (1997)1, S. 54-62

Horváth & Partner (Hg.) 1996: Neues Verwaltungsmanagement: Grundlagen, Methoden und Anwendungsbeispiele 12/96. Düsseldorf

Horváth, P, Herter, R.N. 1992: Benchmarking. Vergleich mit den Besten der Besten. In: Controlling (1992)1, S. 4-11

ICMA 1999 (International City/County Management Association): About the ICMA Center for Performance Management. Internet-Seite: http://www.icma.org/abouticma/programs/performance/about.cfm. Copyright 1999

Kantzenbach, E. 1975: Die Funktionsfähigkeit des Wettbewerbs: Weite Oligopole als Wettbewerbsbedingung. In: Herdzina, K. (Hg.) 1975

KGSt (o.J.): Ziele finden, Zahlen kennen, Handeln können. (Darstellungsbroschüre des KGSt-IKO-Netz, Köln)

KGSt 1993: Das Neue Steuerungsmodell. Begründung, Konturen, Umsetzung. KGSt-Bericht Nr. 5/1993. Köln

KGSt 1996: Kommune und Wettbewerb – Erste Überlegungen und Empfehlungen. Bericht Nr. 8/1996. Köln

KGSt 1996a: Der neue Geschäftsbereich in der KGSt. IKO-Netz. Der interkommunale Vergleich. Kommunale Zukunft gemeinsam gestalten. KGSt-Info Nr. 19 S, 16. Oktober 1996

KGSt 1996b: IKO-Netz. Dokumentation des Gründungssymposiums 16. Oktober 1996 in Hannover. Sonderinfo Nr. 24 S. Köln, 31. Dezember 1996

König, K. 1996: On the Critique of New Public Management. Speyerer Forschungsberichte 155. Speyer

König, K., Füchtner, N. (Hg.) 1998: „Schlanker Staat" – Verwaltungsmodernisierung im Bund. Zwischenbericht, Praxisbeiträge, Kommentare. Speyerer Forschungsberichte 183. Speyer

König, K., Siedentopf, H. (Hg.) 1996/97: Öffentliche Verwaltung in Deutschland. Baden-Baden

Leibfried, K. H.J., Mc Nair, C.J. 1993: Benchmarking: Von der Konkurrenz lernen – die Konkurrenz überholen. Freiburg/Breisgau

Mohn, R. 1994: Effizienz und Evolutionsfähigkeit im öffentlichen Dienst. Gütersloh

Naschold, F. 1993: Modernisierung des Staates: Zur Ordnungs- und Innovationspolitik des öffentlichen Sektors. Berlin

O.A. 1994: Management-Bericht Einwohnermeldewesen Quartal IV/93 Ludwigsburg, er stellt: 07.07.94 ("Beispieldaten, z.T. fiktiv")

O.A. 1995: Management-Bericht Einwohnermeldewesen Quartal IV/94 Pforzheim, erstellt 10.03.95

O'Conghaile, W. 1996: Current and future Developments in Service Quality Initiatives in Portugal, France and the United Kingdom. In: Organization for Economic Co-Operation and Development (OECD) (Hg.) 1996

Organization for Economic Co-Operation and Development (OECD) (Hg.) 1997: Benchmarking: Evaluation and Strategic Management in the Public Sector. Papers Presented at the 1996 Meeting of the Performance Management Network of the OECD's Public Management Service; OCDE/GD(97)50. Paris

Organization for Economic Co-Operation and Development (OECD) (Hg.) 1996: Responsive Government. Service Quality Initiatives. Paris

Osborne, D., Gaebler, T. 1992: Reinventing Government. How the Entrepreneurial Spirit is Transforming the Public Sector. Reading, Massachusetts

Pröhl, M. (Hg.) 1997: Internationale Strategien und Techniken für die Kommunalverwaltung der Zukunft. Innovationen und Reformbeispiele von Praktikern für Praktiker. Gütersloh

Reichard, C. 1994: Umdenken im Rathaus. Neue Steuerungsmodelle in der deutschen Kommunalverwaltung. Berlin

Reichard, C. 1998: Kommentierung aus wissenschaftlicher Sicht (zu: Wettbewerbselemente in der öffentlichen Verwaltung). In: König, K.; Füchtner, N. (Hg.) 1998

Rode, U. 1996: Von anderen lernen. Mit Benchmarking Leistungspotentiale ermitteln und nutzen. In: Horváth & Partner (Hg.) 1996, Abschnitt B 1

Schmidt, K. 1997: Vom Zahlenwerk zur Organisationsentwicklung. Qualitätssteigerung durch interkommunale Leistungsvergleiche (Serie Bertelsmann). In: Verwaltung Organisation Personal 19(1997)10, S. 22-24

Schmithals, E. 1997: Arbeiten im IKO-Netz. Kennzahlenorientierte Steuerung und interkommunale Vergleiche. In: Der Landkreis 67(1997)1, S. 15-17

Schulze-Böing, M., Johrendt, N. (Hg.) 1994: Wirkungen kommunaler Beschäftigungsprogramme. Basel u.a.

Schuster, F. 1998: Der interkommunale Leistungsvergleich – Ein Wundermittel auch für Brandenburgs Kommunen?. In: Kommunalwissenschaftliches Institut der Universität Potsdam (KWI) (Hg.): Modellkommunen Newsletter (1998)6, S. 9-13

Siegwart, H. 1992: Kennzahlen für die Unternehmensführung. 4. überarbeitete und erweiterte Auflage. Bern, Stuttgart, Wien

Staehle, W.H. 1967: Kennzahlen und Kennzahlensysteme. Ein Beitrag zur modernen Organisationstheorie. Dissertation, Staatswirtschaftliche Fakultät der LMU München. 24.7.1967

Staehle, W.H. 1994: Management. Eine verhaltenswissenschaftliche Perspektive. München

Staudt, E., Groeters, U., Hafkesbrink, J., Treichel, H.-R. (zit. als Staudt u.a.) 1985: Kennzahlen und Kennzahlensysteme. Grundlagen zur Entwicklung und Anwendung. Bibliographie deutschsprachiger Veröffentlichungen. Berlin

Streim, H. 1994: Supreme Auditing Institutions in an Agency-Theoretic Context. In: Buschor, E., Schedler, K. (Hg.) 1994

Wollmann, H. 1994: Evaluierungsansätze und -institutionen in Kommunalpolitik und -verwaltung. Stationen der Steuerungs- und Planungsdiskussion. In: Schulze-Böing, M., Johrendt, N. (Hg.) 1994

Wollmann, H. 1995: „Neue Steuerung". Stärkung oder Schwächung der Gemeindevertretung? In: Die innovative Verwaltung (1995)5, S. 47-51

Zapf, W. (Hg.) 1974: Soziale Indikatoren. Konzepte und Forschungsansätze Bd. I. Sektion Soziale Indikatoren in der Deutschen Gesellschaft für Soziologie. Berichte und Diskussionen 1972. Frankfurt/Main, New York

Christiane Büchner, Jochen Franzke

Organisationswandel auf Kreisebene. Leitbild, Implementierung und Zwischenbilanz sechs Jahre nach der brandenburgischen Kreisgebietsreform

Der Organisationswandel bei der Modernisierung öffentlicher Verwaltungen besitzt auch eine territoriale Dimension. Beim Aufbau einer demokratisch-rechtsstaatlichen Verwaltung in den ostdeutschen Ländern nach der deutschen Vereinigung entstand die Notwendigkeit, den territorialen Zuschnitt der Kreisebene zu verändern, um diese zu stärken. Dabei konnte auf Erfahrungen zurückgegriffen werden, die bei den Gebietsreformen in den westdeutschen Ländern in den 60er und 70er Jahren gemacht worden waren.

In diesem Beitrag soll als ein Fallbeispiel für territoriale Reformen und Organisationswandel auf Kreisebene die Kreisgebietsreform im Land Brandenburg analysiert werden. Ausgehend vom Leitbild der öffentlichen Verwaltung in Brandenburg und dem Platz, den leistungsstarke Kreise in dessen zweistufiger Landesverwaltung einnehmen, sollen in einem Werkstattbericht erste Thesen zu den langfristigen Wirkungen der Kreisgebietsreform dargestellt werden.

Zur Evaluierung dieser Wirkungen wird seit Herbst 1998 ein Forschungsprojekt am Kommunalwissenschaftlichen Institut der Universität Potsdam durchgeführt.[1] Erste empirische Grundlagen bilden Interviews mit Politikern der Kreistage, Landräten, ausgewählten Führungskräften der Kreisverwaltungen (u.a. den Leitern der Haupt-, Personal- bzw. Planungsämter) sowie Personalräten und Gleichstellungsbeauftragten.[2] Diese Interviews fanden in den Landkreisen Oder-Spree, Spree-Neiße, Märkisch-Oderland, Havelland und Potsdam-Mittelmark zwischen November 1998 und Januar 1999 statt. Die Befragungen zu den verbleibenden Kreisen werden im 1. Quartal 2000 abgeschlossen.

---

1 Eine erste Befragung von Kommunalpolitikern und Leitungskräften der Kommunalverwaltungen auf Kreisebene war bereits unmittelbar nach der Kreisgebietsreform an der Universität Potsdam im Wintersemester 1994/1995 durchgeführt worden.
2 Als Lehrforschungsprojekt wurden die Interviews von studentischen Mitarbeitern durchgeführt (unter Mitwirkung von Ralph Ettrich, Ulrike Hecht, Günther Hess, Harald Petzold, Sandra Rechlin, Sandra Russe, Felix Schenke, Jenny Schwandt und Susan Thieme.). Die Landräte wurden durch die Projektleiter Dr. Büchner und Dr. Franzke befragt.

1. Organisationswandel der Kreisebene in den westdeutschen Ländern

Bereits ab den 60er Jahren stellten die immer enger werdenden Verflechtungen zwischen Staat, Gesellschaft und Wirtschaft in der Bundesrepublik höhere Anforderungen an eine moderne öffentliche Leistungsverwaltung auf den verschiedenen politischen Ebenen. Die wirtschaftlichen und sozialen Lebensverhältnisse hatten sich nach dem Zweiten Weltkrieg grundlegend verändert. Deren Anforderungen gerieten immer mehr in Widerspruch zu den bestehenden Verwaltungsgrenzen auf kommunaler und kreiskommunaler Ebene, die überwiegend noch aus der Mitte des 19. Jahrhunderts stammten. Eine Maßstabsvergrößerung war daher sowohl aus raumordnungs- als auch aus verwaltungspolitischen Zielsetzungen erforderlich.

Die Diskussion um die Notwendigkeit einer Kreis- und Gemeindegebietsreform in den westdeutschen Ländern wurde im Jahr 1964 auf dem 45. Juristentag initiiert. Die kommunalpolitische Sektion thematisierte damals erstmals die gestiegene Aufgabenfülle auf den unteren Ebenen der Verwaltung und forderte deren Neuzuschnitt. In der Bundesrepublik gab es zu diesem Zeitpunkt 425 Landkreise; davon hatten nur 48 mehr als 150.000 Einwohner, aber 127 weniger als 50.000 Einwohner, elf (überwiegend bayerische) Kreise sogar weniger als 20.000. Die Landkreise waren durchschnittlich 562 km² groß. Zwischen 1945 und Mitte der 60er Jahre waren die Grenzen der Kreise unverändert geblieben.

In verwaltungs- und organisationswissenschaftlichen Untersuchungen waren vier Dimensionen für den Neuzuschnitt der Kreisebene herausgearbeitet worden: die Einwohnerzahl, die Anzahl der Kreisgemeinden, die Fläche des Kreises und deren Bevölkerungsdichte. Als Untergrenzen für effizient arbeitende Kreisverwaltungen hatten sich Einwohnerzahlen zwischen 80.000 (Bayern) und 200.000 (NRW) ergeben. Die oberen Richtwerte schwankten zwischen 150.000 und 500.000 Einwohnern (Seele 1985, S. 51). Wagener (1958, S. 52) stellte z.B. fest: „Die 33 typischen Kreisaufgaben werden am besten von einer Größenstruktur von 170.000 Einwohnern erbracht." Das Verhältnis der Anzahl kreisangehöriger Städte und Gemeinden zum Kreis sollte 1:10-12 gemeindliche Verwaltungsträger sein (Laux 1998, S. 171).

Generell verfolgte die Neugliederung der Kreisebene in den westdeutschen Bundesländern folgende Zielsetzungen (Seele 1985, S. 47f.):

- Anpassung der Kreise an die neugegliederte Ortsstufe unter entsprechender Abschichtung in der Aufgabenstellung,
- Ausrichtung der Kreise auf eine großräumige kommunale Planungs- und Entwicklungspolitik,
- Stärkung der Fähigkeit der Kreise, Träger für leistungsfähige überörtliche Einrichtungen der Daseinsvorsorge in allen Teilen der Bundesrepublik zu sein,

– Stärkung der Ausgleichs- und Ergänzungsfunktion der Kreise vor allem in ländlichen Gebieten,
– Etablierung einer fachtechnisch spezialisierten Verwaltung mit hinreichenden Mindeststandards an Verwaltungskraft und Übernahme von erstinstanzlichen Verwaltungskompetenzen durch staatliche Mittelbehörden,
– Förderung der Einheit der Verwaltung in der Kreisstufe durch Eingliederung staatlicher Sonderbehörden.

Die ursprüngliche Absicht, die Kreise zu Trägern der Regionalplanung auszubauen, wurde hingegen im Verlauf des Reformprozesses nicht weiter verfolgt. Die Neuordnung der Kreise unter raumordnerischen und infrastrukturellen Aspekten sollte zur Schaffung gleichwertiger Lebensbedingungen und -verhältnisse zwischen Stadt und Land beitragen und eine geordnete Entwicklung sowohl im ländlichen Raum als auch in großstädtischen Verdichtungsräumen sichern.

Zwischen 1968 und 1977 wurden dann in den acht westdeutschen Flächenländern die Kreise neu zugeschnitten. Deren Zahl verringerte sich von zuvor 425 auf 237. Die durchschnittliche Einwohnerzahl je Kreis verdoppelte sich auf 168.000, die durchschnittliche flächenmäßige Kreisgröße verdoppelte sich ebenfalls auf 1.000 km² (Tab. 1).

Tabelle 1: Quantitative Ergebnisse der Kreisgebietsreformen in den westdeutschen Ländern (1968 bis 1977)

Land	Zahl der Kreise		Veränderungen	Zahl kreisfreier Städte		Veränderungen
	vorher	nachher		vorher	nachher	
Baden-Württemberg	63	35	28 -44,5%	9	9	0 0,0%
Bayern	143	71	72 -5o,3%	48	25	23 -47,9%
Hessen	39	21	18 -46,2%	9	5	4 -44,4%
Niedersachsen	60	38	22 -36,7%	15	9	6 -40,0%
Nordrhein-Westfalen	57	31	26 -45,6%	37	23	14 -37,8%
Rheinland-Pfalz	39	24	15 -38,5%	12	12	0 0,0%
Saarland	7	6	1 -14,3%	1	0	1 -100,0%
Schleswig-Holstein	17	11	6 -35,3%	4	4	0 0,0%
Damaliges Bundesgebiet	*425*	*237*	*188 -44,2%*	*135**	*87**	*48 35,6%*

* plus Berlin, Hamburg, Bremen und Bremerhaven als kreisfreie Städte

Quellen: Zusammengestellt und teilweise bearbeitet nach Statistisches Bundesamt (Hg.) 1999: Statistisches Jahrbuch für die Bundesrepublik Deutschland 1999. Wiesbaden; Hans-Günter Henneke 1994: Kreisebene in der Bundesrepublik Deutschland nach der Gebietsreform in den neuen Ländern. In: Der Landkreis (1994)4, S. 147ff.

Die Kreisgebietsreformen der 60er und 70er Jahre fanden unter spezifischen Umständen statt. Die Bundesrepublik befand sich in einer Phase wirtschaftlicher Prosperität und sozialer Stabilität. Zugleich war diese Zeit „durch Reformeifer und Aufbruch zu neuen Ufern gekennzeichnet..." (Püttner 1990, S. 1). Insbesondere die um sich greifende Planungseuphorie beförderte die Reformbereitschaft erheblich. Kennzeichnend war desweiteren eine wissenschaftliche Begleitung dieser Reform von Anfang an (Thieme/Prillwitz 1981).

Die Ergebnisse der Gebietsreform werden heute differenziert bewertet. Vielfach gilt sie als Jahrhundertwerk. Nach Laux (1993, S. 458) gehört sie zu den „besten Leistungen in der Organisationspolitik der Bundesrepublik". Kritiker wie Seibel (1996, S. 30) weisen allerdings zugleich darauf hin, dass diese Reform „in vielfacher Hinsicht auch (eine) traumatische Reform gewesen (sei)". Diese Kritik bezieht sich allerdings in erster Linie auf die teilweise unsensible Zusammenlegung von Gemeinden. Eine völlige Homogenität der Kreisorganisation im Bundesgebiet entstand im Ergebnis des Neuzuschnittes der Kreise allerdings nicht. Regionale Unterschiede blieben deutlich fühlbar.

2. Organisationswandel der Kreisebene in Brandenburg

2.1. Vorgeschichte und Rahmenbedingungen

Die von der DDR überkommene Struktur der Landkreise war im Wesentlichen im Zuge einer großen Gebietsreform im Jahre 1952 geschaffen worden. An die Stelle der fünf Länder traten 14 Bezirke sowie Ost-Berlin als Hauptstadt der DDR. Aus den bestehenden 132 Kreisen entstanden 191 überwiegend kleinräumige Landkreise sowie 27 kreisfreie Städte. Die Kreise waren politisch sowie planwirtschaftlich in das System des demokratischen Zentralismus eingeordnet (Bernet 1993, Stüer/Landgraf 1999). Innerhalb dieses Systems dominierte die in Berlin ansässige Zentralverwaltung. Eine starke Stellung hatten die Bezirke inne. Den Kommunen war eher eine untergeordnete Rolle zugewiesen. Ohne weitergehende eigene Befugnisse, Selbstverwaltung und eigene Finanzquellen waren die Kreise „zur eigenen Verwaltung nur bedingt fähig" (Ellwein 1993, S. 36).

Dieses Verwaltungssystem zu überwinden und durch rechtsstaatliche Verwaltungsstrukturen zu ersetzen, war zentrales Anliegen der Verwaltungsreformen in den ostdeutschen Ländern nach 1990. Eine effiziente öffentliche Verwaltung sollte dazu beitragen, die wirtschaftliche, soziale und kulturelle Entwicklung schneller voranzutreiben. Dabei sollten Strukturen errichtet werden, die sich an den Vorbildern aus den westdeutschen Bundesländern orientierten und mit diesen kompatibel sein sollten.

Eine besondere Rolle im Gesamtkomplex der Verwaltungsreformen nahm die Bildung starker, flächenmäßig vergrößerter Landkreise ein. Deren Verwaltungskraft sollte gestärkt werden, um die freiwilligen und gesetzlich zugewiesen Aufgaben mit gleichem Qualitätsanspruch wie in den westdeutschen Ländern erledigen zu können. Damit sollte zugleich eine funktionsfähige kommunale Selbstverwaltung gestärkt werden.

Die Rahmenbedingungen der Gebietsreformen in den ostdeutschen Bundesländern in den 90er Jahren sind mit denen der Reformen in den westdeutschen Bundesländern einige Jahrzehnte zuvor nicht vergleichbar. Durch den rapiden Zusammenbruch der DDR und den raschen Vereinigungsvorgang hatten diese „ihre arteigene Grundlage" (Stüer/Landgraf 1999, S. 235). Sie standen somit unter ganz besonderen Schwierigkeiten, Startnachteilen und Restriktionen (Wollmann 1997, Laux 1998).

Erstens befanden sich gleichzeitig alle staatlichen und kommunalen Verwaltungsebenen im Osten Deutschlands im Umbau. Der Aufbau der Landesverwaltung hatte gerade erst begonnen. Eine Gemeindegebietsreform wurde aus politischen Gründen vorerst nicht vollzogen, Die Ämterbildung in Brandenburg und Mecklenburg-Vorpommern konnte dieses Defizit nur z. T. ausgleichen.

Zweitens erschwerten die mangelhafte Finanzausstattung, die ungeregelten Fragen des Kommunaleigentums sowie die Notwendigkeit, bestimmte aus der DDR überkommene soziale, kulturelle und andere Einrichtungen auf Kreisebene (zumindestens zeitweise) zu betreiben, die Stabilisierung der Kreisverwaltungen.

Drittens erforderten die soziale Abfederung der Folgen der wirtschaftlichen Rezession, des wegbrechenden wirtschaftlichen Umfeldes sowie die anhaltend hohe Arbeitslosigkeit besondere, zusätzliche Anstrengungen der Kreise.

Viertens besaßen die Verwaltungsreformen in den ostdeutschen Ländern eine einzigartige personelle Dimension. „Altpersonal Ost", „Neupersonal Ost", „Altpersonal West" und „Neupersonal West" mussten sich in den ostdeutschen Kreisverwaltungen zusammenfinden.

Fünftens war die Mehrzahl der Akteure, die in den federführenden Kommunalabteilungen der Innenministerien der ostdeutschen Länder sowie in den kommunalen Spitzenverbänden die Kreisgebietsreform vorantrieben, Leihbeamte oder frisch Übergesiedelte aus den westdeutschen Ländern (Bernet 1992). Diese „transportierten" ihre Erfahrungen mit den Gebietsreformen in Westdeutschland in die ostdeutschen Länder.

2.2. Leitidee und Gestaltungsoptionen

Das Land Brandenburg übernahm von der DDR bei seiner Gründung eine kommunale Verwaltungsstruktur mit 38 Landkreisen mit im Durchschnitt nur wenig mehr als 50.000 Einwohnern, 6 kreisfreien Städten und 1.787 kreisangehörigen Gemeinden. 1.100 Gemeinden hatten weniger als 500 Einwohner. Die kommunale Verwaltungsebene war atomisiert. Ihre Neuordnung war unumgänglich.

Die in Brandenburg 1990-1994 regierende „Ampelkoalition" (SPD, FDP, Bündnis 90) hatte frühzeitig eine gemeinsame verwaltungspolitische Leitidee festgelegt (Seibel 1996, S. 25, Jann 1997, S. 55). Diese umfasste folgende politische und organisatorische Aspekte:

– Zweistufigkeit der Landesverwaltung unter Verzicht auf Mittelinstanzen,
– Vorrang für die allgemeine untere Landesverwaltung bei Reduzierung der Zahl staatlicher Sonderbehörden,

- Kommunalisierung der unteren staatlichen Verwaltungsbehörden;,
- Dezentralisierung und Bürgernähe,
- Nutzung der Verwaltungsstandortpolitik zur Strukturförderung des ländlichen Raumes.

Damit dominierten – wie Stephanie Reulen nachgewiesen hat – beim Verwaltungsaufbau in Brandenburg „effizienzorientierte Begründungsmuster" (siehe Seibel 1996, S. 119ff.). Die Landesregierung hielt an dieser Leitidee auch in der Folgezeit fest. Frenzel (1995, S. 115) hat als „typisch brandenburgisch" den Primat der „administrativen Strukturentwicklung" bei der Kreisgebietsreform herausgearbeitet. Territoriale Verwaltungsreformen sollten auch maßgeblich zur Regionalentwicklung beitragen. Diesem Ziel seien Besitzstandswahrungsinteressen der Landkreise, landsmannschaftliche Bindungen und historische Verbundenheit, aber auch parteipolitische Kalküle weitgehend untergeordnet worden.

Ausgehend von dieser vorgegebenen Leitidee entwickelten Experten im für die Kreisgebietsreform federführenden Innenministerium Gestaltungsoptionen, wie diese Reform unter den Bedingungen Brandenburgs am besten umzusetzen sei. Dabei sollten Fehler vermieden werden, die bei den Gebietsreformen in den westdeutschen Ländern aufgetreten waren. Erstens musste eine optimalere Lösung der Stadt-Umland-Problematik gefunden werden. Zweitens gebot der ländliche Charakter des Bundeslandes eine „gegensteuernde Verwaltungsstandortpolitik" (Seibel 1996, S. 30). Als wichtigster Hebel dafür erwies sich die Bestimmung der künftigen Kreissitze. Wenn von ihnen überörtliche Entwicklungsimpulse ausgehen sollten, dann durften diese nicht in ohnehin schon privilegierten kreisfreien Städten angesiedelt werden.

Folgende Gestaltungsoptionen bei der Umsetzung der Kreisgebietsreform kristallisierten sich im Verlauf der Diskussion um den Neuzuschnitt der Kreise schließlich im Einzelnen heraus:

- Schaffung von Sektoralkreisen und Verhinderung von „Kragenkreisen" um Berlin,
- keine Teilung von Alt-Kreisen,
- kein Kreissitz in kreisfreie Städte,
- Kreissitze nur in Städten, die bereits Kreissitz waren,
- Kreisfreiheit nur für Oberzentren.

2.3. Realisierung der Kreisgebietsreform 1991/1993

Mit Beschluss vom 19.1.1991 hatte die brandenburgische Landesregierung auf eine Gemeindegebietsreform verzichtet. Es wurde die Bildung von Ämtern und eine sich daran anschließende Kreisgebietsreform beschlossen. Als Ziel wurde festgelegt, Landesaufgaben weitestgehend auf die Ebene der kommunalen Selbstverwaltung zu verlagern. Die Landkreise sollten dabei ein Höchstmaß an Koordinierung im Aufgabenvollzug übernehmen (Humpert 1994).

Zwischen Januar 1991 und September 1992 folgte dann ein intensiver Prozess der inhaltlichen Vorbereitung des Neuzuschnitts der Kreise. Maßgeblich daran beteiligt war die „Unabhängige Arbeitsgruppe Kreisgebietsreform" (Stähler-Kommission), deren Vorstellungen die Landesregierung in ihrem Kabinettsbeschluss „Leitlinien zur Kreisgebietsreform" vom 10. März 1992 überwiegend folgte. Die Kreistage, Landräte und Oberbürgermeister nahmen ebenso im Verlauf dieses Prozesses mehrfach Stellung. Die Zahl der vorgesehenen Landkreise wurde auf vierzehn festgelegt. Der später realisierte Kreiszuschnitt entspricht exakt den „Leitlinien" (Ministerium des Inneren 1991; siehe auch Hendele 1993, Frenzel 1995, Seibel 1996, Büchner/Franzke 1999).

Über die oben genannten Gestaltungsoptionen des Innenministeriums hinaus wurden nachfolgende Kriterien festgeschrieben (siehe auch Pappermann/Stollmann 1993):

– Die Landkreise sollten der Regeleinwohnerzahl entsprechen,
– Es sollten flächenmäßig große Kreise geschaffen werden,
– Es sind Kreise mit großer Verwaltungskraft zu bilden,
– Die Aufgaben sind zwischen Land, Kreisen, Ämtern und Gemeinden klar zu verteilen,
– Es sind Sektoralkreise zu bilden, von denen landesentwicklungspolitische Impulse ausgehen,
– Kreisidentität soll gestiftet werden,
– Die Einräumigkeit der Verwaltung ist zu sichern,
– Die Vergabe des Kreissitzes soll gesondert erfolgen. Von ihm sollen überörtliche Entwicklungsimpulse ausgehen.

Umstritten waren hingegen die Regeleinwohnerzahlen für die neu zu bildenden Kreise in Brandenburg. Die für die westdeutschen Länder ermittelten Regeleinwohnerzahlen bei Landkreisen (150.000 Einwohner) ließen sich nicht auf Brandenburg übertragen. Allerdings hat die Verwaltungswissenschaft bereits in den westdeutschen Bundesländern bei Kreisen mit einer Siedlungsdichte von unter 200 Einwohnern pro km² Abstriche gemacht.
In Brandenburg erreichte vor der Kreisgebietsreform nicht ein Alt-Kreis diese Einwohnerdichte. Nur zehn Landkreise hatten eine Dichte von über 100 Einwohner pro km², während 28 Kreise weit unter 100 Einwohnern pro km² lagen. In 14 Kreisen wurden nicht einmal 50 Einwohner pro km² erreicht. Mit 91 Einwohnern pro km² hatte der Flächenstaat Brandenburg zu diesem Zeitpunkt neben Mecklenburg-Vorpommern die geringste Bevölkerungsdichte unter den Bundesländern. Deren Durchschnitt betrug damals 248 Einwohner pro km².
Unter diesen Umständen wurden die Regeleinwohnerzahlen der künftigen Kreise – vom Innenministerium als das wichtigste Reformkriterium betrachtet – immer weiter nach unten korrigiert: Von ursprünglich 160.000 bis 200.000 Einwohnern auf schließlich 120.000 bis 150.000.
Die Landesregierung brachte am 30.9.1992 ihren Gesetzentwurf zur Neugliederung der Kreise und kreisfreien Städte in den Landtag ein. Der Entwurf

sah die Bildung von 14 Kreisen vor. Am 16.12.1992 wurde das Kreisneugliederungsgesetz vom Landtag verabschiedet. Eine Kampfabstimmung gab es zum Vorschlag der CDU-Fraktion, einen Kreis Guben/Eisenhüttenstadt zu bilden. Dieser Vorschlag wurde nur knapp mit 41:38 Stimmen abgelehnt.

Die neben der Kreisneubildung heiß umstrittenen Entscheidungen über die Kreisnamen und die Kreisstädte wurden vertagt. Da jedoch keine einvernehmliche Lösung gefunden werden konnte, musste der Landtag in 14 Einzelgesetzen Kreisnamen und Verwaltungssitz bestimmen. Die Kreissitze sollten in strukturschwachen und dünnbesiedelten Gebieten in ausreichender Entfernung von Berlin mit seiner Sogwirkung angesiedelt werden.

Da die Grundprinzipien der Landesregierung für die Kreissitzfestlegung allgemein akzeptiert wurden, gelang es ihr, trotz vielfacher, teilweise vehementer Kritik innerhalb des Parlaments die entsprechenden Gesetze im Landtag durchzubringen. Nur in einem Fall (Festsetzung von Neuruppin statt Wittstock als Kreissitz) wurde der Gesetzentwurf der Landesregierung nachträglich abgeändert.

Mit der Verabschiedung der 14 Einzelgesetze zur Bestimmung des Kreissitzes am 31.3.1993 durch den Landtag war die Kreisreform in Brandenburg erfolgreich auf den Weg gebracht. Sie trat mit den Kommunalwahlen vom 5. Dezember 1993 in Kraft. Damit war Brandenburg das erste ostdeutsche Land, das die Verhältnisse auf der Kreisebene grundsätzlich neu geregelt hatte.

Versuche, die Kreisgebietsreform zu korrigieren, waren erfolglos. Ein angestrebter landesweiter Volksentscheid zum Kreisneugliederungsgesetz kam nicht zustande, da bei einem Volksbegehren im Juni 1993 nur 9.259 gültige Stimmen zusammenkamen. 80.000 wären notwendig gewesen. Ein Volksentscheid zum Thema „Kreisstadt Finsterwalde" im Dezember 1993 scheiterte ebenfalls, da nur 6.125 gültige Stimmen abgegeben wurden.

Die Kreisgebietsreform in Brandenburg erwies sich als gerichtsfest. Das brandenburgische Landesverfassungsgericht wies die Verfassungsbeschwerden der Alt-Kreise Guben, Eisenhüttenstadt, Kyritz und Pritzwalk als unbegründet zurück, da eine Verletzung ihres Selbstverwaltungsrechts nicht gegeben sei (Stüer/Landgraf 1999, S. 241ff., Nierhaus 1996).

Die Kreisgebietsreform in Brandenburg wird in der wissenschaftlichen Literatur allgemein als positiv charakterisiert. Seibel (1996, S. 108) wertet Sie als Erfolgsfall. Als „solide und zukunftsträchtig" kennzeichnet Köstering (1993, S. 22) die Reform. Jann (1997, S. 59) spricht von einem „bemerkenswerten Ergebnis", bei dem „Brandenburg im Vergleich zu allen anderen neuen Bundesländern hervorragend da(stehe)"; Brandenburg habe die „bei weitem leistungsfähigsten Kreise der neuen Bundesländer geschaffen".

2.4. Der Kreisneuzuschnitt in Brandenburg im Vergleich zu den anderen ostdeutschen Ländern

Ein Vergleich der Kreisgebietsreformen in den ostdeutschen Bundesländern stützt diese Einschätzung und fällt für Brandenburg insgesamt grundsätzlich positiv aus:

Brandenburg hat von allen ostdeutschen Ländern das günstigste Verhältnis von Neukreisen zu Altkreisen. Dieses Verhältnis beträgt in Brandenburg fast 37%, d.h. es wurde beinahe eine Drittelung der Kreise erreicht. Nur Mecklenburg-Vorpommern erreichte eine ähnlich gute Bilanz. In den anderen ostdeutschen Ländern wurde ein deutlich schlechteres Verhältnis der Neukreise zu Altkreisen erreicht (Tab. 2).

Tabelle 2: Quantitative Ergebnisse der Kreisgebietsreformen in den ostdeutschen Ländern (1993-1994)

Land	Zahl der Kreise		Veränderungen	Zahl kreisfreier Städte		Veränderungen	
	vorher	nachher		vorher	nachher		
Brandenburg	38	14	24 -63,2%	6	4	-2	-33,3%
Mecklenburg-Vorpommern	31	12	19 -61,3%	6	6	0	0,0%
Sachsen**	48	22	26 -54,2%	6	7	+1	+16,7%
Sachsen-Anhalt	37	21	16 -43,2%	3	3	0	0,0%
Thüringen***	35	17	18 -51,4%	5	6	+1	+20,0%
Neue Bundesländer	*189*	*86*	*103 -54,5%*	*26*	*26*	*0*	*0,0%*
Zum Vergleich: Westdeutsche Länder	*425*	*237*	*188 -44,2%*	*135*	**87**	*48*	*35,6%*

* plus Berlin, Hamburg, Bremen und Bremerhaven als kreisfreie Städte
** Angaben für 1996
*** Angaben für 1998

Quellen: Zusammengestellt und teilweise bearbeitet nach Statistisches Bundesamt (Hg.) 1999: Statistisches Jahrbuch für die Bundesrepublik Deutschland 1999. Wiesbaden; Hans-Günter Henneke 1994: Kreisebene in der Bundesrepublik Deutschland nach der Gebietsreform in den neuen Ländern. In: Der Landkreis (1994)4, S. 147ff.

Bezüglich der Einwohnerzahl (Tab. 3) erreichte Brandenburg mit durchschnittlich 143.000 Einwohnern die höchsten Werte in Ostdeutschland und liegt auch vor Rheinland-Pfalz und Bayern (je 116.000). Es entstanden Landkreise zwischen 105.000 Einwohnern (Prignitz) und 189.000 Einwohnern (Oder-Spree). Sieben Kreise haben zwischen 100.000 und 150.000 Einwohner, ebenfalls sieben zwischen 150.000 und 200.000 Einwohner. Aus verwaltungswissenschaftlicher Sicht ist dies ein relativ guter Wert.

Brandenburg war das einzige ostdeutsche Bundesland, das Einkreisungen vorgenommen hat. Von den bislang 6 kreisfreien Städten wurden zwei (Schwedt und Eisenhüttenstadt) eingekreist. Im Gegenzug dafür wurde ihnen ein finanzieller Ausgleich und eine Aufgabenprivilegierung (erhöhter Aufgabenbestand als normale kreisangehörige Städte) zuerkannt. In Sachsen und Thüringen war die Zahl der kreisfreien Städte im Zusammenhang mit der Kreisgebietsreform sogar erhöht worden.

Tabelle 3: Einwohnerzahlen nach der Kreisgebietsreform in den ostdeutschen Ländern (Stand 1993)

Land	Durchschnittliche Einwohnerzahl	Einwohnerschwächster Kreis		Einwohnerstärkster Kreis	
Brandenburg	143.000	105.000	Prignitz	189.000	Oder-Spree
Mecklenburg-Vorpommern	103.000	72.000	Müritz	126.000	Ludwigslust
Sachsen	138.000	83.000	Elstertalkreis	230.000	Leipziger Land
Sachsen-Anhalt	102.000	66.000	Saalkreis	161.000	Burgenland
Thüringen	119.000	70.000	Hildburghausen	199.000	Wartburgkreis
Neue Bundesländer	*122.000*	*66.000*	*Saalkreis*	*230.000*	*Leipziger Land*
Zum Vergleich Westdeutsche Länder	*180.000*	*50.000*	*Lüchow-Dannenb.*	*655.000*	*Recklinghausen*

Quellen: Zusammengestellt und teilweise bearbeitet nach Statistisches Bundesamt (Hg.) 1999: Statistisches Jahrbuch für die Bundesrepublik Deutschland 1999. Wiesbaden; Hans-Günter Henneke 1994: Kreisebene in der Bundesrepublik Deutschland nach der Gebietsreform in den neuen Ländern. In: Der Landkreis (1994)4, S. 147ff.

Als Folge der in weiten Teilen dünnen Besiedlung und der Anlage der neuen Landkreise als Sektoralkreise sind in Brandenburg besonders große Kreise entstanden (Tab. 4). Ob dies ein Erfolgskriterium ist, muss sich noch zeigen. Die Größe der brandenburgischen Kreise liegt zwischen 1.216 km² (Oberspreewald-Lausitz) und 3.054 km² (Uckermark). Letzterer ist damit flächenmäßig der größte Kreis Deutschlands. Im Durchschnitt erreichen die brandenburgischen Kreise eine Fläche von 2.033 km². Sie liegen damit deutlich vor allen anderen Bundesländern.

Tabelle 4: Flächenverhältnisse nach der Kreisgebietsreform in den ostdeutschen Ländern (Stand 1993)

Land	Durchschnittliche Fläche in km²	Kleinster Kreis		Größter Kreis	
Brandenburg	2.033	1.216	Oberspreewald-Lausitz	3.054	Uckermark
Mecklenburg-Vorpommern	1.942	973	Rügen	2.544	Ludwigslust
Sachsen	769	286	Stollberg	1.377	Niederschlesischer Oberlausitzkreis
Sachsen-Anhalt	953	371	Weißenfels	2.423	Östliche Altmark
Thüringen	935	569	Altenburg	1.416	Wartburgkreis
Neue Bundesländer	*1.211*	*286*	*Stollberg*	*3.054*	*Uckermark*
Zum Vergleich: Westdeutsche Länder	*997*	*222*	*Main-Taunus-Kreis*	*2.880*	*Emsland*

Quellen: Zusammengestellt und teilweise bearbeitet nach Statistisches Bundesamt (Hg.)1999: Statistisches Jahrbuch für die Bundesrepublik Deutschland 1999. Wiesbaden; Hans-Günter Henneke 1994: Kreisebene in der Bundesrepublik Deutschland nach der Gebietsreform in den neuen Ländern. In: Der Landkreis (1994)4, S. 147ff.

3. Thesen zu den voraussichtlichen Ergebnissen

Bekanntlich fängt der Prozess der institutionellen Reformen nach deren politischen Durchsetzung, Verabschiedung und Implementation überhaupt erst an (Scharpf 1987, S. 144). Die neuere Implementationsforschung hält eine Frist von zehn bis zwanzig Jahren für geboten, um die Wirkungen solcher Reformen hinreichend beurteilen zu können (Sabatier 1986). Schließlich ist zu berücksichtigen, dass institutionelle Reformen „nur selten die ursprünglichen Hoffnungen erfüllen" (Scharpf 1987, S. 112). Sechs Jahre nach der Kreisgebietsreform in Brandenburg sind daher nur erste, vorläufige Aussagen zu den Ergebnissen möglich.

Erstens: Es ist zu erwarten, dass die erfolgte Maßstabsvergrößerung beim Neuzuschnitt der Kreise in Brandenburg langfristig zu einer institutionellen Stärkung der Kreisebene führt. Erste Ergebnisse dieses Prozesses sollten sechs Jahre nach der Kreisgebietsreform bereits messbar sein. Mit den Kommunalwahlen von 1993 wurden die notwendigen legitimatorischen Grundlagen für jene Führungsakteure geschaffen, die über die notwendigen Ressourcen und Eigeninteressen verfügen, den binnenstrukturellen Organisationswandel innerhalb der neugeschaffenen Kreisverwaltungen voranzutreiben. Die erwartete „neue Integration" auf der Kreisstufe lässt das Entstehen von „intakten Organisationen" und eine „Annäherung an die (ursprünglichen – d. A.) Reformziele" (Scharpf 1987, S. 142) erwarten. Zugleich sollte der neue territoriale Zuschnitt der Kreisverwaltungen (zentralisiert oder dezentralisiert) im Wesentlichen abgeschlossen sein. Es ist in diesem Zusammenhang davon auszugehen, dass die Reorganisationsphase, in der ein vorübergehender Funktionsverlust in Kauf genommen werden muss, abgeschlossen ist und sich die Kreisverwaltungen in einer Stabilisierungsphase befinden.

Zweitens: Es ist allerdings damit zu rechnen, dass diese Stabilisierung labil ist. Zum einen verhindert die bis heute ausgebliebene Gemeindegebietsreform voraussichtlich eine weitere Stabilisierung der Kreise, da sie deren Gestaltungsspielräume einschränkt. Die Leistungsschwäche der Gemeinden (die durch die Ämter nur teilweise kompensiert wurde) erfordert eine umfangreiche Unterstützung und Ergänzung durch den Kreis als Gebietskörperschaft des größeren Raumes. Neben den gesetzlichen Aufgaben müssen die Kreise in Brandenburg daher zusätzliche eigene Einrichtungen vorhalten. Eine zweite Ursache für die wahrscheinlich suboptimale Aufgabenerfüllung auf Kreisebene sind die unzureichenden Resultate der in Brandenburg 1994/1996 durchgeführten Funktionalreform. Die Fortexistenz zahlreicher staatlicher Sonderbehörden auf Kreisebene verhindert eine mögliche Optimierung der Arbeit der Kreisverwaltungen und entsprechende Synergieeffekte.

Drittens: Positive regionalstrukturelle Auswirkungen – eine zweite Zielsetzung der Kreisgebietsreform – hängen als binnenstrukturelle Organisationsentwicklungen in starkem Maße von den äußeren Rahmenbedingungen ab, die in wesentlich geringerem Maße steuerbar sind. Es ist in dieser Hinsicht zu erwarten, dass – zumindestens in einzelnen Sektoralkreisen – erste positive Auswirkungen des Neuzuschnitts der Kreise erkennbar sind. Viel scheint dabei von der Entwicklung und Ausstrahlungskraft der neuen Kreissitze abzuhängen.

Viertens: Reformprozesse nach einer erfolgten Organisationsänderung müssen vor allem in der reformierten Organisation selbst stattfinden. Von außen können diese allenfalls angestoßen, aber weder erzwungen noch gesteuert werden (Scharpf 1987, S. 145). Der Reformprozess gewinnt an zusätzlichen Ressourcen, wenn er bottom-up unterstützt wird. Es ist in diesem Zusammenhang davon auszugehen, dass die mit der Kreisgebietsreform verbundenen Zielsetzungen unter den Mitarbeitern heute weitgehend akzeptiert sind.

Fünftens: Der Umfang der Fähigkeiten zur Selbstorganisation spielt bei der Personalentwicklung eine besondere Rolle. Angesichts ihrer im brandenburgischen Personalvertretungsgesetz verankerten umfangreichen Rechte nehmen die Personalräte dabei eine herausgehobene Stellung ein. Deren Positionen werden daher in der Befragung gesondert untersucht. Es wird erwartet, dass der notwendige Personalabbau sechs Jahre nach der Kreisgebietsreform im Wesentlichen abgeschlossen ist. Soziale Verträglichkeit wird dabei allerdings eher im Mittelpunkt gestanden haben als Qualitätskriterien.

Sechstens: Bezüglich der Entwicklung einer Identität der neuen Kreise werden – unter anderem ausgehend von den Erfahrungen in den westdeutschen Ländern – keine kurzfristigen Ergebnisse erwartet. Allerdings erwarten wir, dass sich die Kreisverwaltungen bezüglich der Herausbildung einer Kreisidentität politisch engagieren.

Siebtens: Bezüglich weitergehender Steuerungs- und Managementreformen ist zu erwarten, dass – angesichts der Vielzahl von Verwaltungsreformen, von denen die Kreisebene direkt oder indirekt betroffen wurden – dafür keine freien Kapazitäten vorhanden sind. Allenfalls punktuelle Reformansätze (Organisationsveränderungen, Personalentwicklungskonzepte, Einführung der Budgetierung u. ä.) erscheinen möglich.

4. Die langfristigen Ergebnisse der Reform im Spiegel der Befragung

Eine kurze Zusammenfassung der ca. 40 Interviews mit Befragten aus den Kreisverwaltungen Oder-Spree, Spree-Neiße, Märkisch-Oderland, Havelland und Potsdam-Mittelmark ergibt folgendes Bild:

Erstens: Die erwartete institutionelle Stärkung der Kreisebene durch deren Neuzuschnitt im Jahre 1993 ist eingetreten. Die notwendige Phase der Reorganisation ist bereits seit längerer Zeit überwunden. Alle Kreisverwaltungen befinden sich in einer Stabilisierungsphase. Ihre Fähigkeit, öffentliche Aufgaben rechtsstaatlich wahrzunehmen (Verwaltungskraft) sowie die Eignung zur Trägerschaft öffentlicher Einrichtungen (Veranstaltungskraft) hat sich seit 1993 überwiegend positiv entwickelt. Im Prozess der territorialen

Zusammenführung der Kreisverwaltungen setzte sich – mit Ausnahme des Havellandes – das Konzept der schrittweisen Zentralisierung der Verwaltungen in den jeweiligen Kreisstädten bei Fortbestehen von Außenstellen mit relativ wenigen Mitarbeitern durch.

Zweitens: Die Stabilisierung der Kreisebene in Brandenburg bleibt allerdings labil. Dazu tragen vor allem die mangelnde finanzielle Ausstattung der Kreise durch das Land und die zunehmende Verschuldung einer wachsenden Zahl von Kreisen bei. Zur weiteren Stabilisierung könnten die Schaffung leistungsstarker Gemeinden durch eine möglichst bald durchzuführende Gemeindegebietsreform sowie eine konsequent fortgeführte Funktionalreform beitragen.

Drittens: Positive regionalstrukturelle Auswirkungen des Neuzuschnitts der Kreise sind entgegen den Erwartungen bislang kaum eingetreten. Mit wenigen Ausnahmen werden die bis heute erzielten strukturpolitischen Ergebnisse der Sektoralkreisbildung sehr kritisch bewertet. Diese hat die „Strukturheterogenität" der verschiedenen Altkreise nicht zu lösen vermocht. Da die Aufnahmefähigkeit des „Speckgürtels" noch nicht erschöpft ist, kommt die angestrebte strukturpolitische Ausgleichsfunktion der Kreise erst in Ansätzen zum Tragen. Aus dem engeren Verflechtungsraum kommen bis heute kaum Impulse für den äußeren Entwicklungsraum.

Viertens: Die Befragung zeigt, dass die mit der Kreisgebietsreform verbundenen Zielsetzungen unter den Mitarbeitern der Kreisverwaltungen heute weitgehend akzeptiert sind. Die 1993 durchgeführte Kreisgebietsreform gilt heute als „notwendig" und „alternativlos". Aufgrund der beschränkten Leistungskraft der Altkreise habe es zu größeren Verwaltungseinheiten und damit zur Bündelung der Kräfte keine Alternative gegeben. Die Forderung nach einer erneuten Kreisgebietsreform wurde in keinem Fall erhoben.

Fünftens: Die Befragung zeigt ebenso, dass – wiederum entgegen den Erwartungen – der notwendige Personalabbau sechs Jahre nach der Kreisgebietsreform noch nicht abgeschlossen ist. Dieser hält zumindest in Kreisen mit starken Bevölkerungsverlusten weiter an. Hingegen kann die personelle Zusammenführung der Kreisverwaltungen nach Ansicht der Befragten als gelungen und abgeschlossen betrachtet werden. Dabei haben sowohl die Kriterien soziale Verträglichkeit als auch fachliche Qualifikation im Mittelpunkt gestanden.

Sechstens: Die Mehrzahl der Befragten ist sich einig, dass die Schaffung einer „Kreisidentität" politisch wünschenswert und die Förderung diesbezüglicher Aktivitäten Aufgabe der Kreisverwaltungen ist. Die Bemühungen, den neuen Kreisen eine solche Identität zu verleihen, sind in mehrfachem Sinne schwierig: Die Bürger identifizieren sich eher mit ihren Heimatkommunen, jahrzehntelange Gewohnheiten verbinden sie eher mit den alten Kreisen, und schließlich bestehen starke regionale Bindungen, die sich nicht an Kreisgrenzen orientieren. Mehr als erste Schritte zur Herausbildung einer neuen Kreisidentität sind daher seit der Kreisgebietsreform nicht erreicht worden.

Siebtens: In den Interviews wurde deutlich, dass gegenwärtig an die Einführung Neuer Steuerungsmodelle nicht gedacht ist. Dafür seien keine personellen und finanziellen Ressourcen vorhanden. Mangelnde gesetzliche Freiräume sowie der geplante weitere Personalabbau erschweren grundsätzliche Reformen zusätzlich. Hinzu kommen in einigen Kreisen Probleme im Verhältnis zwischen Politik und Verwaltung bezüglich der Zielsetzung, des Tempos und der inhaltlichen Ausgestaltung solcher Reformen. Diese Absage an ganzheitliche innere Verwaltungsreformen schließt nicht aus, dass einzelne Elemente einer solchen Verwaltungsreform in allen untersuchten Kreisverwaltungen eingeführt worden sind bzw. diskutiert werden. Dies betrifft Bemühungen um ein besseres Personalmanagement, Veränderungen in den Organisationsstrukturen und die Einführung flexibler Arbeitszeitmodelle.

Literatur

Bernet, W. 1992: Die Verwaltungs- und Gebietsreformen in den Gemeinden und in den Landkreisen der Länder Mecklenburg-Vorpommern, Brandenburg, Sachsen-Anhalt, Sachsen und Thüringen. Jena, Speyer

Bernet, W. 1993: Zu Grundfragen der kommunalen Gemeindeverwaltungs- und Kreisgebietsreform in den neuen Ländern. In: Landes- und Kommunalverwaltung 3(1993), S. 393-397

Büchner, Ch., Franzke, J. 1999: Kommunale Selbstverwaltung in Brandenburg. In: Büchner, Ch., Franzke, J. (Hg.) 1999

Büchner, Ch., Franzke, J. (Hg.) 1999: Kommunale Selbstverwaltung. Beiträge zur Debatte. Berlin

Ellwein, T. 1993: Tradition – Anpassung – Reform. Über die Besonderheiten der Verwaltungsentwicklung in den neuen Bundesländern. In: Seibel, W., Benz, A., Mäding, H. (Hg.) 1993

Ellwein, Th., Hesse, J.J., Mayntz, R., Scharpf, F.W. (Hg.) 1987: Jahrbuch zur Staats- und Verwaltungswissenschaft. Baden-Baden

Franzke, J. 1995: Brandenburgische Kommunalpolitiker zur Kreisgebietsreform und ihren Folgen. Potsdam

Frenzel, A. 1995: Die Eigendynamik ostdeutscher Kreisgebietsreformen. Eine Untersuchung landesspezifischer Verlaufsmuster in Brandenburg und Sachsen. Baden-Baden

Hendele, Th. 1993: Die Kreisgebietsreform im Land Brandenburg. In: Landes- und Kommunalverwaltung 3(1993), S. 397-399

Henneke, H.-G. 1994: Kreisebene in der Bundesrepublik Deutschland nach der Gebietsreform in den neuen Ländern. In: Der Landkreis 64(1994)4, S. 146-149

Humpert, P.-P. 1994: Brandenburg vollzog als erstes der fünf neuen Bundesländer die Kreisneugliederung. In: Der Landkreis 64(1994)4, S. 153-154

Jann, W. 1997: Kommunal- und Funktionalreform in Brandenburg. In: Jann, W. (Hg.) 1997

Jann, W. (Hg.) 1997: Berlin-Brandenburg. Chance der Erneuerung von Landesverwaltungen. Berlin

Köstering, H. 1993: Neue kommunale Verwaltungsstrukturen im Land Brandenburg – Eine Wertung der Kreisgebietsreform. In: Brandenburg kommunal (1993)5/6, S. 22-23

Köstering, H. 1994; Grundlagen und Probleme einer Funktionalreform im Land Brandenburg; in: Die öffentliche Verwaltung, 6/1994, S. 238-249

Laux, E. 1993: Vom Verwalten. Beiträge zur Staatsorganisation und zum Kommunalwesen. Baden-Baden

Laux, E. 1998: Erfahrungen und Perspektiven der kommunalen Gebiets- und Funktionalreformen. In: Wollmann, H., Roth, R. (Hg.) 1998
Ministerium des Inneren (Hg.) 1991: Kreisgebietsreform. Vorschlag der unabhängigen Arbeitsgruppe „Kreisgebietsreform". Zur Neuordnung der Kreise im Land Brandenburg. Potsdam
Nierhaus, M. 1996: Die Neugestaltung der Kommunalverfassung im Land Brandenburg. In: Nierhaus, M. (Hg.) 1996
Nierhaus, M (Hg.) 1996: Kommunale Selbstverwaltung. Europäische und nationale Aspekte. Berlin
Pappermann, E., Stollmann, F. 1993: Kreisgebietsreform in den neuen Bundesländern: Kriterien für den Zuschnitt des Kreissitzes und die Bestimmung des Kreissitzes. In: Neue Verwaltungswissenschaftliche Zeitung 12(1993), S. 240-246
Püttner, G. 1990: Kommunale Gebietsreform in den neuen Ländern. In: Die öffentliche Verwaltung 43(1990), S. 1
Sabatier, P. A. 1986: Top-Down and Bottom-Up Approaches to Implementation Research: A Critical Analysis and Suggested Synthesis. In: Journal of Public Policy 6(1986)1
Scharpf, F.W. 1987: Grenzen der institutionellen Reform. In: Ellwein, Th. u.a. (Hg.) 1987
Seele, G. 1985: Bestands-, Verfassungs- und Organisationsstrukturen der neuen Kreise. In: Verein für die Geschichte der Deutschen Landkreise e.V. (Hg.) 1985
Seibel, W. 1991: Verwaltungsreform in den ostdeutschen Bundesländern. In: Die öffentliche Verwaltung 44(1991), S. 198-204
Seibel, W. 1996: Verwaltungsaufbau in den neuen Ländern. Zur kommunikativen Logik staatlicher Institutionenbildung, Berlin
Seibel, W., Benz, A., Mäding, H. (Hg.) 1993: Verwaltungsreform und Verwaltungspolitik im Prozess der deutschen Einigung. Baden-Baden
Stüer, B., Landgraf, B. 1999: Gebietsreformen in den neuen Bundesländern – Bilanz und Ausblick. In: Büchner, Ch., Franzke, J. (Hg.) 1999
Thieme, W., Prillwitz, G. 1981: Durchführung und Ergebnisse der kommunalen Gebietsreform. Baden-Baden
Verein für die Geschichte der Deutschen Landkreise e.V. (Hg.) 1985: Der Kreis. Ein Handbuch. Strukturen und Perspektiven der neuen Kreise. Dritter Band. Köln , Berlin
Wagener, F. 1968: Neubau der Verwaltung. Speyer
Wollmann, H. 1997: Transformation der ostdeutschen Kommunalstrukturen: Rezeption, Eigenentwicklung, Innovation. In: Wollmann, H. u.a. (Hg.) 1997
Wollmann, H , Derlien, H.-U., König, K., Renzsch, W., Seibel, W. (Hg.) 1997: Transformation der politisch-administrativen Strukturen in Ostdeutschland. Opladen
Wollmann, H., Roth, R. (Hg.) 1998: Kommunalpolitik. Politisches Handeln in den Gemeinden. Opladen

Autorenverzeichnis

Blutner, Doris, Dipl.-Soz., Tassostr. 5, D-13086 Berlin

Büchner, Christiane, Dr., Kommunalwissenschaftliches Institut, Universität Potsdam, PF 900 327, D-14439 Potsdam

Franzke, Jochen, Dr., Wirtschafts- und Sozialwissenschaftliche Fakultät, Universität Potsdam, PF 900 327, D-14439 Potsdam

Kühl, Stefan, Dr., Institut für Soziologie, Sozialwissenschaftliche Fakultät, Ludwig-Maximilians-Universität München, Konradstr. 6, D-80801 München

Lieske, Sören, Dipl.-Pol., Wirtschafts- und Sozialwissenschaftliche Fakultät, Universität Potsdam, PF 900 327, D-14439 Potsdam

Lohr, Karin, Dr., Institut für Sozialwissenschaften, Philosophische Fakultät III, Humboldt-Universität zu Berlin, Unter den Linden 6, D-10099 Berlin

Rogas, Karsten, Dr., Wirtschafts und Sozialwissenschaftliche Fakultät, Universität Potsam, PF 900 327, D-14439 Potsdam

Schuster, Ferdinand, *Beethovenweg 43, D-14532 Kleinmachnow*

Sitter, Roger, Dipl.-Soz., Wirtschafts- und Sozialwissenschaftliche Fakultät, Universität Potsdam, PF 900 327, D-14439 Potsdam

Wagner, Dieter, Prof. Dr., Lehrstuhl für Betriebswirtschaftslehre – Organisation und Personal, Wirtschafts- und Sozialwissenschaftliche Fakultät, Universität Potsdam, PF 900 327, D-14439 Potsdam

Wolff, Birgitta, Dr., Institut für Organisation, Ludwig-Maximilians-Universität München, Ludwigstr. 28, D-80539 München

Wollmann, Hellmut, Prof. Dr., Institut für Sozialwissenschaften, Philosophische Fakultät III, Humboldt-Universität zu Berlin, Unter den Linden 6, D-10099 Berlin

Zündorf, Lutz, Prof. Dr., Institut für Sozialwissenschaften, Fachbereich Wirtschafts- und Sozialwissenschaften, Universität Lüneburg, D-21332 Lüneburg